"信毅教材大系"编委会

主　　任　王　乔

副 主 任　邓　辉　　王秋石　　刘子馨

秘 书 长　陈　曦

副秘书长　王联合

编　　委　许基南　匡小平　胡宇辰　李春根　章卫东
　　　　　　袁红林　陆长平　汪　洋　罗良清　毛小兵
　　　　　　邹勇文　蒋悟真　关爱浩　叶卫华　尹忠海
　　　　　　包礼祥　郑志强　陈始发　陆晓兵

联络秘书　宋朝阳　张步云

信毅教材大系

税收经济学

• 万 莹 编著

The Economics
of Taxation

復旦大學 出版社

内容提要

本书以税收与个体行为、经济增长、社会发展间的相互关系为核心，沿着"税收的起源与课税原则——税收负担的度量和比较——税负转嫁与归宿——税制结构与税制设计——税收的微观和宏观经济效应——最优税制选择"的逻辑脉络，分11章系统阐述了税收经济学相关的理论学说与实践发展。全书的主要特点为：理论分析与税收实践相结合；知识性与趣味性并重；案例讨论更具开放性和互动性。

本书主要作为税务专业、财政专业本科生与研究生的主修课教材以及其他经济类、管理类、法学专业本科生、研究生的选修课教材使用，也可以作为非全日制税务、公共管理、工商管理等专业硕士相关课程的辅修教材使用，同时还可以作为专业工具书，给对税收问题感兴趣的财税、财务、法律、经济管理工作者提供理论参考。

总 序

世界高等教育的起源可以追溯到 1088 年意大利建立的博洛尼亚大学,它运用社会化组织成批量培养社会所需要的人才,改变了知识、技能主要在师徒间、个体间传授的教育方式,满足了大家获取知识的需要,史称"博洛尼亚传统"。

19 世纪初期,德国的教育家洪堡提出"教学与研究相统一"和"学术自由"的原则,并指出大学的主要职能是追求真理,学术研究在大学应当具有第一位的重要性,即"洪堡理念",强调大学对学术研究人才的培养。

在洪堡理念广为传播和接受之际,德国都柏林天主教大学校长纽曼发表了《大学的理想》的著名演说,旗帜鲜明地指出"从本质上讲,大学是教育的场所","我们不能借口履行大学的使命职责,而把它引向不属于它本身的目标"。强调培养人才是大学的唯一职能。纽曼关于"大学的理想"的演说让人们重新审视和思考大学为何而设、为谁而设的问题。

19 世纪后期到 20 世纪初,美国威斯康星大学查尔斯·范海斯校长提出"大学必须为社会发展服务"的办学理念,更加关注大学与社会需求的结合,从而使大学走出了象牙塔。

2011 年 4 月 24 日,胡锦涛总书记在清华大学百年校庆庆典上,指出高等教育是优秀文化传承的重要载体和思想文化创新的重要源泉,强调要充分发挥大学文化育人和文化传承创新的职能。

总而言之,随着社会的进步与变革,高等教育不断发展,大学的功能不断扩展,但始终都在围绕着人才培养这一大学的根本使命,致力于不断提高人才培养的质量和水平。

对大学而言,优秀人才的培养,离不开一些必要的物质条件保障,但更重要的是高效的执行体系。高效的执行体系应该体现在三个方面:一是科学合理的学科专业结构;二是能洞悉学科前沿的优秀的师资队伍;三是作为知识载体和传播媒介的优秀教材。教材是体现教学内容与教学方法的知识载体,是进行教学的基本工具,也是深化教育教学改革,提高人才培养质量的重要保证。

一本好的教材,要能反映该学科领域的学术水平和科研成就,能引导学生沿着正确的学术方向步入所向往的科学殿堂。因此,加强高校教材建设,对于提高教育质量、稳定教学秩序、实现高等教育人才培养目标起着重要的作用。正是基于这样的考虑,江西财经大学与复旦大学出版社达成共识,准备通过编写出版一套高质量的教材系列,以期进一步锻炼学校教师队伍,提高教师素质和教学水平,最终将学校的学科、师资等优势转化为人才培养优势,提升人才培养质量。为凸显江财特色,我们取校训"信敏廉毅"中一前一尾两个字,将这个系列的教材命名为"信毅教材大系"。

"信毅教材大系"将分期分批出版问世,江西财经大学教师将积极参与这一具有重大意义的学术事业,精益求精地不断提高写作质量,力争将"信毅教材大系"打造成业内有影响力的高端品牌。"信毅教材大系"的出版,得到了复旦大学出版社的大力支持,没有他们卓越视野和精心组织,就不可能有这套系列教材的问世。作为"信毅教材大系"的合作方和复旦大学出版社的一位多年的合作者,对他们的敬业精神和远见卓识,我感到由衷的钦佩。

王 乔

2012 年 9 月 19 日

前　言

美国著名大法官霍尔姆斯(Oliver Wendell Holmes，1841—1935)曾说过："税收是我们为文明社会付出的代价"(Taxes are what we pay for civilized society)。毋庸置疑，税收的历史和国家一样久远，它伴随着人类文明的足迹一路走来，是文明演进的一个重要组成部分，与人类文明相辅相成。

自从税收诞生以来，人类社会一直对税收怀着一种爱恨交织的矛盾心情：一方面，人类社会离不开税收。国防、公共安全、社会秩序、公共设施、环境保护、文教科卫、社会公平、社会保障等公共品和准公共品，需要由国家来提供或者补充，而国家提供公共品的资金主要来自税收。因此，交税是为了满足人们的公共需要，税收在本质上是我们为公共物品所支付的价格。另一方面，没有人愿意交税。税收作为一种无偿的课征，直接构成个人、家庭和企业的经济负担和经营成本，进而减少了纳税人的可支配收入。法国政治家科尔伯特(Jean-Baptiste Colbert，1619—1683)曾形象地把课税的艺术比作拔鹅毛——如何拔最多的鹅毛、听最少的鹅叫唤。对古往今来任何一个执政者来说，最考验其政治智慧的事情，莫过于如何在最少的社会反感和抵触之下，征收到最大可能的税收收入，以满足其履行各项政府职能的需要。如若征税的分寸把握不当，以致苛捐杂税，轻则经济停滞、民生凋敝，重则社会动荡、政权颠覆。在现代社会，人们对于税收的这种矛盾心情表现得尤为明显。原因有二：一是随着经济社会的发展，国家通过税收满足公共品的范围日益扩大，人们的生老病死等莫不与政府税收有着千丝万缕的联系，从而增大了人们对税收收入的需求；与此同时，人们对税收的经济、社会调控功能的期望值也不断提高、依赖性日益增强，从资源配置到收入分配、从产业发展到促进就业、从环境治理到物价稳定，无一不渗透着税收政策的调控。二是随着社交媒体和网络通讯的飞速发展，税收的透明度日益增强，纳税人的权利意识不断觉醒，提升了大众对税收负担和税收公平的关注，加剧了大众对税收的怀疑和不安，甚至形成税收焦虑，有些时候税收也可能沦为人们发泄对社会问题不满的替罪羊和出气筒，从而把税收推到一个备受瞩目的舆论的风口浪尖。那么，面对纷繁复杂的税收现象，我们应如何解读各项税收数据和税收政策，避免情绪化和随波逐流，正确辨识、理解和评判税收对经济社会的影响以及税收的职能和作用呢？答案就在于掌握正确的税收经济学理论分析工具和方法。因此，在经济发展和社会转型的背景下，人们对税收经济学基础理论知识的需求越来越迫切。

税收经济学就是主要运用经济学基本原理，研究税收的本质属性和运行规律，探讨税制设计和优化的依据、原则，用以指导、分析和评价税收实践的一门税收专业课程。本书以税收与个体行为、经济增长、社会发展间的相互关系为核心，沿着"税收的起源与课税原则——税收负担的度量和比较——税负转嫁与归宿——税制结构与各税制度设计——税收的微观和宏观经济效应——最优税制选择"的逻辑脉络，分11章，系统阐述了税收经济学的理论学说与实践发展。本书致力于梳理、构建一整套解释、评判税收现象的理论体系，培养学生掌握现代社会条件下的税收学理论范式、研究方法以及对待税收问题的逻辑思维。在具体内容安排上，本书着重于税收学基本理论的阐释，并特别注意了与其他税收学领域相关专业课程的前后衔接，把市场失灵、外部性、现行税制、税收征管、税收管理体制以及国际税收问题留给《财政学》《公共经济学》《中国税制》《税收管理》《国际税收》等课程，以避免不同课程内容上的重复。

本书紧密结合国内外税收理论的最新成果和税收实践的最新发展，力求做到：在内容上，理论与实践相结合，既重视理论阐述的综合性和系统化，又注意吸纳税收实践的最新进展和变革；在行文上，知识性与趣味性并重，加入了大量税收发展史料、热点改革议题讨论和典型案例分析；在课后习题设计上更好体现了开放性和互动性，注重培养学生的实践探索和开拓创新精神。在具体结构安排上：(1)每一章开篇均配有"案例导入"和"本章要点"。其中"案例导入"选择与本章内容相关的税收史话、社会热点或典型事件，以激发学生主动学习的兴趣；"本章要点"简要概括本章所讲授的主要知识点,引导学生快速把握学习重点。(2)每一小节中间均穿插有1—3个与本节内容密切相关的"资料链接",内容涉及相关理论和实践的背景、发展前沿、经典案例、热点讨论和统计数据,以丰富教材的内容,提供拓展性前沿知识,同时也起到活跃版面的作用。(3)每一章结束均附有"本章小结""复习思考题""案例讨论题""延伸阅读文献"。其中,"本章小结"帮助学生及时梳理所学知识点;"复习思考题"方便学生进行自我测试和复习;"案例讨论题"考察学生理论联系实际、用税收理论分析现实税收问题的能力,提供学以致用的平台;"延伸阅读文献"给感兴趣的同学提供更多相关领域的经典文献资料,以进一步加深对所学理论的认知。(4)书后附有"网络资料链接",以便给希望进一步了解相关税收理论前沿和实践进展的学生提供资料信息来源。

  本书由万莹主编,具体编写分工如下:万莹负责本书大纲设计,以及第一章、第二章、第四章、第七章、第九章的编写;徐崇波负责第三章、第五章和第六章的编写;邱慈孙负责第八章、第十章、第十一章的编写;最后由万莹总纂并定稿。本书在编写过程中参考和借鉴了大量国内外相关著作和教材,在此谨向这些作者一并表示诚挚的谢意。当然,由于编者学识有限,书中难免存在一些错漏和不足之处,欢迎阅读本书的各位老师、同学和实践工作者提出宝贵的修改意见。本书编写者的电子邮箱为:jxcjdx_wy@163.com。

  本书主要作为税务专业、财政专业本科生、研究生的主修课教材以及其他经济类、管理类和法学专业本科生、研究生的选修课教材使用,也可以作为非全日制税务、公共管理、工商管理等专业硕士相关课程的辅修教材使用,同时还可以作为专业工具书,给对税收问题感兴趣的财税、财务、法律、经济管理工作者提供理论参考。本书配有电子课件,可以提供给将本书作为教材的教师使用。如有需要,请直接联系复旦大学出版社教学支持中心,联系邮箱为:

目 录

第一章 税收概论 ... 001
第一节 税收的产生和发展 ... 001
一、税收的产生 ... 002
二、税收的发展 ... 008
三、税收法定原则确立 ... 011
　资料链接1-1　我国税收法定原则的新发展 ... 013
四、主要经济学派税收观点的演变 ... 014
第二节 税收的概念 ... 016
一、西方学者对税收概念的界定 ... 017
二、我国学者对税收概念的界定 ... 018
　资料链接1-2　税字由来 ... 019
三、中外学者对税收概念的共识 ... 020
四、税收的形式特征 ... 021
五、税收与其他财政收入形式的区别 ... 022
　资料链接1-3　我国税费改革历程 ... 023
　资料链接1-4　我国政府的收入结构 ... 025
第三节 税收依据学说 ... 026
一、公共需要说 ... 026
二、利益说 ... 027
三、牺牲说 ... 027
四、社会政策说 ... 028
五、市场失灵说 ... 028
六、公共产品补偿说 ... 029
　资料链接1-5　我国税收依据的选择 ... 029
第四节 税收的职能作用 ... 030
一、财政收入职能 ... 031
二、资源配置职能 ... 031
三、收入分配职能 ... 031
四、经济稳定职能 ... 032

五、我国税收职能作用的演变 ······················· 032
　　　　资料链接1-6　税收法治观念与中西文化差异 ······ 036
　本章小结 ··· 037
　复习思考题 ······································· 038
　案例讨论题 ······································· 038
　延伸阅读文献 ····································· 039

第二章　税收原则 ································ 040
第一节　税收原则理论的演变 ····················· 041
　　一、我国早期的治税思想 ······················· 041
　　　　资料链接2-1　赵奢治税　秉公执法 ·········· 045
　　二、西方早期的税收原则理论 ··················· 045
第二节　税收的财政原则 ························· 052
　　一、充分原则 ································· 052
　　二、弹性原则 ································· 053
　　　　资料链接2-2　我国的税收增长弹性 ·········· 055
第三节　税收的公平原则 ························· 055
　　一、税收公平原则的内涵 ······················· 056
　　二、税收公平的判断标准 ······················· 056
　　三、支付能力的衡量标准 ······················· 058
　　　　资料链接2-3　房地产税应如何实现公平 ······ 062
第四节　税收的效率原则 ························· 063
　　一、税收的行政效率 ··························· 063
　　　　资料链接2-4　中外征税成本比较 ············ 064
　　二、税收的经济效率 ··························· 066
　　　　资料链接2-5　法国的门窗税 ················ 067
　　　　资料链接2-6　美国机票税的超额负担 ········ 070
　本章小结 ··· 072
　复习思考题 ······································· 073
　案例讨论题 ······································· 073
　延伸阅读文献 ····································· 075

第三章　税收负担与宏观税负率 ···················· 076
第一节　税收负担分类 ··························· 077

一、名义负担与实际负担 …………………… 077
　　二、直接负担与间接负担 …………………… 077
　　三、宏观负担与微观负担 …………………… 077
　　资料链接3-1　税收的显著性 ………………… 078
第二节　税收负担水平的衡量 …………………… 079
　　一、宏观税收负担率 ………………………… 079
　　二、微观税收负担率 ………………………… 080
　　三、中观税收负担率 ………………………… 081
　　资料链接3-2　宏观税负与微观税负不一致的原因
　　　　　　　　　……………………………… 082
第三节　宏观税负的影响因素 …………………… 082
　　一、经济因素 ………………………………… 082
　　二、政策因素 ………………………………… 086
　　三、制度因素 ………………………………… 087
　　四、征管因素 ………………………………… 088
　　资料链接3-3　税收增长与经济增长的非同步性 …… 088
第四节　我国的宏观税负率 ……………………… 089
　　一、我国宏观税负率的不同口径 …………… 090
　　二、我国宏观税负率的演变 ………………… 091
　　资料链接3-4　我国财政收入规模及国际比较 …… 092
本章小结 …………………………………………… 093
复习思考题 ………………………………………… 094
案例讨论题 ………………………………………… 094
延伸阅读文献 ……………………………………… 095

第四章　税负转嫁与归宿 …………………… 096

第一节　税负转嫁与归宿概述 …………………… 097
　　一、税负转嫁与归宿的概念 ………………… 097
　　二、税负转嫁理论的演变 …………………… 097
　　三、税负转嫁的形式 ………………………… 099
　　资料链接4-1　税收资本化案例 ……………… 101
　　四、税负归宿的形式 ………………………… 101
第二节　税负转嫁与归宿的局部均衡分析 ……… 102
　　一、商品税的税负转嫁与归宿 ……………… 102

资料链接4-2　烟草税能限制烟草消费吗？ ……… 107
　　资料链接4-3　汽油税归宿计算举例 ……………… 109
　二、要素税的税负转嫁与归宿 ……………………… 110
　　资料链接4-4　劳动力供给弹性的经验分析 ……… 111
　三、市场结构对税负转嫁的影响 …………………… 112
　四、市场期限对税负转嫁的影响 …………………… 115
　五、其他影响税负转嫁的因素 ……………………… 116
　　资料链接4-5　局部税收均衡分析的局限性 ……… 117
第三节　税负转嫁与归宿的一般均衡分析 …………… 118
　一、一般均衡分析的前提条件 ……………………… 119
　二、一般均衡分析的税收等价关系 ………………… 120
　三、一般均衡分析的结论 …………………………… 121
　　资料链接4-6　一般均衡税收模型的发展 ………… 125
本章小结 ………………………………………………… 125
复习思考题 ……………………………………………… 126
案例讨论题 ……………………………………………… 126
延伸阅读文献 …………………………………………… 127

第五章　税种设置与税制结构 ………………………… 128
第一节　税种设置与分类 ……………………………… 129
　一、税种设置 ………………………………………… 129
　二、税种分类 ………………………………………… 132
　　资料链接5-1　OECD税种分类指南 ……………… 136
第二节　税收制度构成要素 …………………………… 137
　一、纳税人 …………………………………………… 138
　二、课税对象与税目 ………………………………… 138
　三、税率 ……………………………………………… 139
　四、税收优惠 ………………………………………… 145
　　资料链接5-2　OECD国家税收支出比较 ………… 152
　五、其他税制要素 …………………………………… 155
第三节　税制结构 ……………………………………… 156
　一、税制结构的类型 ………………………………… 156
　二、税制结构的内涵 ………………………………… 158
　三、税制结构的演变 ………………………………… 160

资料链接 5-3　我国税制结构的演变 …………… 165
　四、税制结构的影响因素 ………………………… 166
　　资料链接 5-4　发达国家和发展中国家税制结构比较
　　………………………………………………………… 167
　　资料链接 5-5　美国为什么没有增值税？………… 170
本章小结 …………………………………………………… 171
复习思考题 ………………………………………………… 172
案例讨论题 ………………………………………………… 172
延伸阅读文献 ……………………………………………… 173

第六章　商品税 ………………………………………… 174
第一节　商品税概述 ……………………………… 175
　一、商品税的特点 ………………………………… 175
　二、商品税的设置 ………………………………… 176
　三、商品税的分类 ………………………………… 178
　四、商品税课税模式的选择 ……………………… 179
第二节　增值税 …………………………………… 180
　一、增值税的产生与发展 ………………………… 180
　二、增值税的类型 ………………………………… 181
　三、增值税的计算方法 …………………………… 182
　四、增值税的征税范围 …………………………… 184
　　资料链接 6-1　增值税的免税项目 ……………… 185
　五、增值税的税率 ………………………………… 186
　　资料链接 6-2　增值税税率的演变趋势 ………… 189
　　资料链接 6-3　赞成和反对低税率的理由 ……… 191
　六、增值税的经济效应 …………………………… 192
　　资料链接 6-4　我国的增值税扩围改革 ………… 193
第三节　消费税 …………………………………… 195
　一、消费税概述 …………………………………… 195
　二、消费税的特点 ………………………………… 196
　三、消费税的征税范围 …………………………… 197
　四、消费税的税率 ………………………………… 199
　五、消费税的经济效应 …………………………… 201
　　资料链接 6-5　成品油消费税服务治霾 ………… 202

第四节　关税 … 203
一、关税的类型 … 203
二、特殊关税 … 205
资料链接6-6　中国反倾销调查报告 … 207
三、关税的税则 … 208
四、关税的经济效应 … 209
资料链接6-7　我国进口车价格为何居高不下 … 210

本章小结 … 211
复习思考题 … 212
案例讨论题 … 212
延伸阅读文献 … 214

第七章　所得税 … 216

第一节　所得税概述 … 217
一、所得税的特点 … 217
二、应税所得的界定 … 218
三、所得税的课税范围 … 220
资料链接7-1　非法所得的可税性 … 220

第二节　个人所得税 … 221
一、个人所得税的纳税人 … 221
资料链接7-2　美国盯上伦敦市长 … 224
二、个人所得税的课税模式 … 224
三、个人所得税的纳税单位 … 226
资料链接7-3　美国个人所得税纳税单位的演变 … 227
四、个人所得税的费用扣除 … 229
资料链接7-4　不同国家生计扣除比较 … 232
资料链接7-5　美国个人所得税的法定费用扣除 … 233
五、个人所得税的税率 … 235
资料链接7-6　累进税率的设计 … 236
资料链接7-7　单一税的产生和发展 … 238
六、个人所得税的征收方式 … 239
资料链接7-8　预填申报制度 … 240
七、个人所得税的经济效应 … 240
资料链接7-9　法国的巨富税 … 241

八、最低税负制 …………………………………… 242
　　资料链接 7-10　美国的最低税负制 …………… 245
　　九、负所得税 ……………………………………… 247
　　资料链接 7-11　美国的 TANF 补助制度 ……… 249
第三节　公司所得税 ……………………………………… 250
　　一、公司所得税存在的必要性 …………………… 250
　　二、公司所得税的类型 …………………………… 252
　　资料链接 7-12　公司所得税类型的演变 ……… 254
　　三、公司所得税的纳税人 ………………………… 255
　　资料链接 7-13　各国公司所得税居民身份判别标准
　　　　　　　　　　比较 ……………………………… 256
　　四、公司所得税的税基 …………………………… 257
　　五、公司所得税的税率 …………………………… 260
　　六、公司所得税的亏损结转 ……………………… 262
　　七、公司所得税的税收优惠 ……………………… 263
　　八、公司所得税的经济效应 ……………………… 264
第四节　资本利得税 ……………………………………… 265
　　一、资本利得的特点 ……………………………… 266
　　二、资本利得税的课税模式 ……………………… 266
　　三、资本利得税的税务处理 ……………………… 268
　　资料链接 7-14　英国再投资递延纳税 ………… 269
第五节　社会保障税 ……………………………………… 270
　　一、社会保障税的特点 …………………………… 271
　　二、社会保障税的模式 …………………………… 272
　　三、社会保障税的纳税人 ………………………… 273
　　四、社会保障税的税率 …………………………… 274
　　五、社会保障税的征收管理 ……………………… 274
　　六、社会保障税的经济效应 ……………………… 275
　　资料链接 7-15　我国社会保障费改税之争 …… 276
本章小结 …………………………………………………… 277
复习思考题 ………………………………………………… 278
案例讨论题 ………………………………………………… 278
延伸阅读文献 ……………………………………………… 279

第八章　财产税 ………………………………………………… 281

第一节　财产税概述 ……………………………………………… 282
一、财产税的特点 …………………………………………… 282
二、财产税的分类 …………………………………………… 283
三、财产税的经济效应 ……………………………………… 284

第二节　静态财产税 ……………………………………………… 285
一、特别财产税 ……………………………………………… 285
资料链接 8-1　我国车船税立法引争议 ………………… 285
资料链接 8-2　我国房地产税改革方向 ………………… 288
二、一般财产税 ……………………………………………… 289
资料链接 8-3　法国财富税 ……………………………… 290

第三节　动态财产税 ……………………………………………… 290
一、开征遗产税的理论依据 ………………………………… 291
二、遗产税的类型 …………………………………………… 292
资料链接 8-4　日本的遗产税 …………………………… 293
三、赠与税 …………………………………………………… 294
四、遗产税的社会经济效应 ………………………………… 295
资料链接 8-5　为什么有些国家停征遗产税 …………… 296

本章小结 ……………………………………………………… 297
复习思考题 …………………………………………………… 298
案例讨论 ……………………………………………………… 298
延伸阅读文献 ………………………………………………… 299

第九章　税收的微观经济效应 ………………………………… 300

第一节　税收对经济行为的作用机理 …………………………… 301
一、税收的收入效应和替代效应 …………………………… 301
二、税收对生产者的收入效应和替代效应 ………………… 301
三、税收对消费者的收入效应和替代效应 ………………… 302

第二节　税收对劳动供给和需求的影响 ………………………… 303
一、税收对劳动供给的影响 ………………………………… 304
资料链接 9-1　税收对劳动供给影响的实证分析 ……… 306
二、税收对劳动需求的影响 ………………………………… 311
资料链接 9-2　社会保障税对劳动需求的影响 ………… 312

第三节　税收对家庭储蓄的影响 ………………………………… 313

一、生命周期模型 ……………………………………… 313
　　资料链接9-3　税收对储蓄影响的实证分析 ……… 316
　　二、不同税率形式对储蓄的影响 ……………………… 316
　　三、不同税种对储蓄的影响 …………………………… 317
　　资料链接9-4　不能高估税收对储蓄的影响 ……… 318
　第四节　税收对私人投资的影响 ………………………… 319
　　一、税收对投资收益的影响 …………………………… 319
　　二、税收对投资成本的影响 …………………………… 320
　　三、税收对资产组合和投资风险的影响 ……………… 322
　　四、税收对人力资本投资的影响 ……………………… 324
　　资料链接9-5　我国税收对区域风险投资的影响 … 326
本章小结 ……………………………………………………… 326
复习思考题 …………………………………………………… 327
案例讨论题 …………………………………………………… 327
延伸阅读文献 ………………………………………………… 328

第十章　税收的宏观经济效应 …………………………… 330
　第一节　税收与经济增长 ………………………………… 331
　　一、国民收入的构成 …………………………………… 331
　　二、税收对国民产出的影响 …………………………… 332
　　三、宏观税负与经济增长 ……………………………… 334
　　资料链接10-1　拉弗曲线的提出 …………………… 335
　第二节　税收与经济稳定 ………………………………… 337
　　一、税收对就业的影响 ………………………………… 337
　　二、税收对物价的影响 ………………………………… 337
　　三、税收调控政策的类型 ……………………………… 339
　　资料链接10-2　财政政策的两难选择 ……………… 341
　　四、税收调节的时滞 …………………………………… 341
　　资料链接10-3　当代对罗斯福新政的反思 ………… 343
　第三节　税收与收入分配 ………………………………… 344
　　一、收入分配理论基础 ………………………………… 344
　　二、税收对收入分配的影响 …………………………… 345
　　资料链接10-4　库兹涅茨曲线 ……………………… 347
　　三、税收收入分配效应的评价 ………………………… 347

　　　　资料链接10-5　我国的基尼系数 …………………………… 349
　本章小结 ……………………………………………………………… 349
　复习思考题 …………………………………………………………… 350
　案例讨论题 …………………………………………………………… 350
　延伸阅读文献 ………………………………………………………… 351

第十一章　最优税制理论 …………………………………………… 352
第一节　最优税制理论概述 ………………………………………… 353
　　一、最优税制理论的产生和发展 ………………………………… 353
　　二、最优税制理论的研究方法 …………………………………… 354
第二节　最优商品税理论 …………………………………………… 355
　　一、最优课税范围 ………………………………………………… 355
　　二、最优税率结构 ………………………………………………… 357
　　　　资料链接11-1　拉姆齐法则的局限性 ……………………… 359
　　　　资料链接11-2　最优商品税理论前沿问题 ………………… 360
第三节　最优所得税理论 …………………………………………… 361
　　一、埃奇沃思模型 ………………………………………………… 361
　　二、最优线性所得税 ……………………………………………… 362
　　三、最优非线性所得税 …………………………………………… 362
第四节　商品税与所得税的选择理论 ……………………………… 365
　　一、希克斯和约瑟夫的理论 ……………………………………… 365
　　二、莫格的理论 …………………………………………………… 365
　　三、弗里德曼的理论 ……………………………………………… 366
　　四、李特尔的理论 ………………………………………………… 366
　　五、科利特和黑格的理论 ………………………………………… 367
　　　　资料链接11-3　最优税制理论的发展趋势 ………………… 367
　本章小结 ……………………………………………………………… 368
　复习思考题 …………………………………………………………… 368
　案例讨论题 …………………………………………………………… 369
　延伸阅读文献 ………………………………………………………… 369

参考文献 ……………………………………………………………… 370
网络资源链接 ………………………………………………………… 372

第一章 税收概论

【本章要点】

1. 税收的起源和产生条件
2. 税收的历史发展与演变
3. 税收的概念和形式特征
4. 税收与其他财政收入形式的区别
5. 税收依据学说
6. 税收的职能和作用

案例导入

美国经济学家奥尔森(M. Olson,1932—1998)在讨论国家的起源时,提出了一种有意思的税收起源观。他假定:国家出现以前,兵荒马乱,土匪横行,而土匪又分为两种,一是"流寇",二是"坐寇"。"流寇"到处抢掠,流窜犯案,行踪不定。"坐寇"在固定的地理区域内活动。"流寇"到处奔走,走累了,就逐渐转变为"坐寇"。"坐寇"不可能再像"流寇"那样无限度地掠夺财产,因为过度掠夺的结果,很可能未来再也抢不到任何财物了。经过漫长的历史演变,"坐寇"开始理性地思考如何以最优的方式从其势力范围内长久地、可持续地获得财物。渐渐地,"坐寇"给势力范围内的居民提供安全和其他保护措施,而受到保护的当地居民就要按照规定的标准向"坐寇"进贡。最后,"坐寇"演变成了国家,而居民进贡就演变成了税收。

资料来源:刘军宁、王焱、贺卫方,经济民主与经济自由,公共论丛(第三辑),生活·读书·新知三联书店,1997年版,第21—31页。

从税收产生到现在几千年的历史长河中,人类社会几经变迁,古今中外的政治家、史学家、经济学家、伦理学家乃至神学家们一直在探索着税收的奥秘,但直到资本主义生产方式建立以后,才逐步形成一个比较科学的认识。

第一节 税收的产生和发展

税收是人类社会发展到一定历史阶段的产物,是一个历史范畴。随着人类社会的发展和演变,税收得以产生和不断发展,在人类社会的政治、经济、文化生活中发挥着越来越重要的作用。

一、税收的产生

在社会发展的历史长河中，人类历经了原始社会、奴隶社会、封建社会、资本主义社会和社会主义社会五种社会形态，而税收制度诞生于奴隶社会，至今已有近5 000年的悠久历史。

（一）税收的起源

世界各国的具体历史条件不同，税收产生的过程也不相同，下面结合西方和我国的历史，分别对西方税收的起源和我国税收的起源进行阐述。

1. 西方税收的起源

西方税收的起源可以追溯至古埃及、古巴比伦、古希腊、古罗马时期。不同古代文明的历史背景不同，其税收形成的过程也不尽相同。

世界上已知最早的税收制度产生于公元前3000年至公元前2800年间古埃及的第一王朝①。公元前3100年左右，随着社会贫富分化和阶级矛盾的产生，古埃及由氏族部落跨进了专制的奴隶制国家。当时古埃及的最高统治者是专制君主法老，掌握着全国的政治、军事和司法权。埃及土地的最高所有权属于法老，很大部分土地作为法老的"王庄"，由王室派官经营，相当数量的土地赏给大臣、贵族和神庙，收取贡赋；此外，国内大片的土地仍归公社占用，由公社农民使用，公社农民通过公社和地方管理机构，向法老缴纳租税并为国家服役②。《圣经》中《创世纪》第47章第24节对此进行了描述，"当谷物成熟之后，其中的五分之一交给法老，剩下的五分之四，你可以保留作为种子以及作为自己和家庭成员的食物。"③这是人类社会有历史记载以来最早征收的实物税。

处于两河流域的古巴比伦是另一个古代文明发祥地，早在公元前3000年左右，在巴比伦尼亚地区先后出现了数十个苏美尔城邦，每个城邦由几个农村公社围绕一个中心城市组成，城市的中心建筑为神庙。城邦的部分土地被神庙占有，少则四分之一，多则有一半。神庙占有的土地不得买卖，这些土地一是作为神庙公用地，由神庙奴隶耕种，二是作为神庙份地，以服务为条件分配给神庙服役人员的份地，三是作为神庙出租土地，出租给佃户（大部分都是神庙的服役人员）耕种，收取地租。剩余的土地作为农村公社的土地，分配给各个家族，可以买卖，但村社农民需要向国家纳税、服役，如去修建寺庙、宫殿和水利工程等④。

在古希腊文明兴起之前约800年，爱琴海地区出现了克里特文明和迈锡尼文明。公元前1500年左右，迈锡尼人建立奴隶制社会，除了公社共有土地外，已经出现了由贵族占有的私有土地。公元前8世纪至公元前6世纪，希腊各地先后建立了200多个奴

---

① Taxes in the Ancient World，University of Pennsylvania Almanac，Vol. 48，No. 28，April，2002.
② 崔连仲. 世界史（古代史）. 人民出版社，1981年版，第59—60页.
③ https：//en.wikipedia.org/wiki/Tax#History.
④ 税收概论编写组. 税收概论. 中国财政经济出版社，1991年版，第21页.

隶制城邦,如斯巴达和雅典等。在氏族贵族的统治下,氏族内部分化出贵族和平民,其中平民有权占有土地、财产,从事农业、手工业和商业,但需要向国家纳税和服兵役。各个奴隶制城邦间战争不断,被征服的城邦被称为同盟国,需要按期向盟主纳贡。由于战争不断,公元前5世纪至公元前4世纪,繁荣的古希腊文明开始衰退。军费开支浩大,仅靠自愿者纳贡、地产地租收入无法满足庞大的军费开支,因此需要增加财政收入的来源。许多城邦提高同盟国纳贡的标准,如在伯罗奔尼撒战争开始后,雅典把同盟国的贡金从600塔斯特提高到1 000塔斯特[1];还有的城邦精心规划出一套十分严密的课税制度,包括徭役、关市之征、特别税、财产税等。税收的征收与社会成员的等级相关,徭役主要是直接征用奴隶;在城门口就进出城门的商品征收关税,对在市场上买卖的物品征收市场税;对私人财产如土地、奴隶的出售征收特别税;社会地位低下的自由民需要根据其拥有财产的多少缴纳财产税。这些税收不仅负担沉重,而且极其不公平,大多都转嫁到土著居民的身上。此外古希腊还出现了私人承包国家赋税的现象。

古罗马的"王政"时代,随着铁器工具的广泛使用,社会生产力得到了迅速的发展,家长制的家庭逐渐从氏族中分化出来,成为社会的基本经济单位,手工业从农业中分离出来,商品交换得到初步发展,财富积累不断增加。随着私有制的出现,形成了以贵族和平民、保护人和被保护人为基础的家长奴隶制。平民虽然有人身自由,可以占有地产,但是必须纳税和服兵役。在古罗马共和时期,罗马平民人数超过贵族人数,罗马的工商业大多是由平民经营,所以税收的很大一部分来自平民。进入帝国时期,古罗马的税收制度进一步发展。古罗马的赋税名目繁多,其中主要和固定税项有土地税(tributum soli)、人头税(tributum capitis)、贡赋(tributum)和关税(portoria)。在罗马帝国时期,最重要的税是土地税,一直是政府稳定的收入来源,税率高达收获量的三分之一。在戴克里先实行税收改革后,土地税根据土地质量和种植场的性质而有区别地确定税额,但是没有达到预期的效果。在戴克里先时期,人头税的征收以人口普查为基础,不管是奴隶还是自由人、业主还是佃户或者是无土地者,都要征收同样的人头税[2]。古罗马的关税,实际上是对通过其海港和桥梁的货物征收的一种税,不仅指对边境的货物征收的税,也包括省际货物的进出口税。古罗马次要的和不固定的税项有遗产税、释奴税、营业税和商品税以及其他各种杂税(如拍卖税、售奴税、贩卖税、王冠金、买奴税、兵役金、金银税等)。遗产税在帝国初期开征,奥古斯都于公元6年建立了军用财库,以税率为5%的遗产税和拍卖税作为财源[3]。到了罗马帝国后期,国力衰退,但是税收却日益加重,还加征附加杂税以及强制性贷款等,总的税负比当时任何国家都重,而且帝国后期也采用过包税的征收办法。不公平的苛捐杂税加剧了罗马帝国的灭亡。

2. 我国税收的起源

我国税收的产生与土地所有制的发展密切相关。我国早期农业的形式是"游农"形

---

[1] 崔连仲. 世界史. 人民出版社, 1985年版, 第230—233页.
[2] 罗斯托夫采夫. 罗马帝国社会经济史. 马雍, 厉以宁译, 商务印书馆, 1985年版, 第535页.
[3] 王三义. 古罗马"赋税名目"考略. 史学月刊, 2002年第6期.

式,农业生产方式非常原始,必须经常更换耕地,不能定居生活,因此土地的占有方式只能是氏族公有,而且只是临时占用,不是固定分配,更不能由个人占有①。随着人们的生活从游牧走向定居,土地所有制度逐渐明朗,逐步形成了井田制度。夏代最先开始实行井田制,到了西周时已经发展成熟,是西周时期典型的土地制度。

在夏朝的井田制度下,全国的土地都归国王所有,国王对其拥有的土地,除了部分归王室直接管理外,大部分赐给诸侯臣属作为俸禄,小部分土地则授予自由平民耕种。他们只有土地的使用权,而不拥有土地所有权,因此称为"公田"。他们还需要从"公田"的收获物中拿出一部分,以"贡"的形式缴纳给国王作为财政收入,《史记》中对此有记载:"自虞、夏时,贡赋备矣。""贡"体现的是夏代凭借国家政权力量进行强制课征的形式。到了商代,"贡"法演变成了"助"法,"助"法即"借民力而耕之"。《孟子·滕文公(上)》记载,"商人始为井田之制,以六百三十亩之地,画为九区,区七十亩。中为公田,其外八家各授一区。"八家同力"助耕公田",公田上收获的农产品全部上缴国家财政,其余八区则"不复税其私田"。因此"助"法实际上也是一种力役税,以征取劳役地租的形式实现财政收入。到了周代,"助"法进一步演变为"彻"法。"彻"法打破了井田内"公田"和"私田"的界限,将全部的公田分给平民耕种,收获后,要将一定数量的土地收获物缴纳给王室,即"民耗百亩者,彻取十亩以为赋"。《孟子》所曰:"夏后氏五十而贡,殷人七十而助,周人百亩而彻,其实皆什一也。"夏"贡"、商"助"、周"彻",都是国家对土地收获物强制课征的形式,具有地租和赋税的双重特征,因此还不是纯粹的税收,但它们确实是我国税收的起源,是我国税收的雏形。

从周朝到春秋时期,"私田"开始不断增加,"公田"的收入则不断下降。公元前594年,鲁国鲁宣公决定改革周代的"彻"法,实行"初亩税"制度,即不论是公田、私田,一律按亩征税,即"履亩而税"。标志着井田制度开始从全盛走向瓦解,封建土地私有制度得到了相应的发展。"初亩税"制度首次承认了土地私有制的合法性,首开按田亩征收田赋的先河,标志着这我国典型意义上的税收的诞生。但是此时租税中既含有凭借土地所有权征收的"租",又包含了凭借公权力征收的"税",依旧呈现了"租税不分"的事实。公元前483年,鲁哀公将军赋和田税合并。到了战国时期,井田制度全面瓦解,被封建土地所有制取代。土地所有制的发展推动了地租和赋税的分离,土地所有者向农民收取地租并向国家缴纳赋税。

除了农业赋税外,我国还出现了工商税收。在商代,商业和手工业已经开始有所发展,但是当时还没有对工商业征收赋税,即"市廛而不税,关讥而不征"。到了周代,商业和手工业进一步发展,开始对经过关卡或上市交易的物品征收"关市之征",对伐木、采矿、狩猎、捕鱼、煮盐等征收"山泽之赋"。这是我国最早的工商税收。

进入封建社会之后,在自给自足的自然经济条件下,农业仍是经济基础,手工业发展缓慢,因此历代封建王朝基本上都是将土地和人丁作为主要的课征对象,将对耕地征收的田赋作为主要的税收,同时对人丁征收人头税和徭役。秦代以人头税为主,到了汉代逐步形成以"田有租、人有赋、力有役"为特征的赋税制度,人头税占重要的地位,并长

---

① 傅筑夫.中国经济史论丛(上).生活·读书·新知三联书店,1980年版,第2页.

期实行轻"田租"的税收政策。

随后经过三国、两晋、南北朝、隋朝的发展,唐代初期在均田制、计口授田的基础上,实行租、庸、调制,即"有田则有租、有身则有庸、有户则有调"。田租,每丁年纳粟2石;调,随乡土所产,每丁纳绢两文或布2丈4尺;庸,每丁每年为官府服劳役20天,不服役的1天纳绢3尺代役①。租庸调制对初唐农业生产的恢复与发展起到了积极的作用。但到了中唐时期,藩镇专擅,户籍混乱,租庸调制表现出极端的不公平,不但难以保证财政收入,还严重阻碍和破坏了经济的发展。唐德宗建中元年(780年),杨炎废除租庸调制,推行"两税法"。"两税法"仍然以土地和人丁为课税对象,依照量入为出的原则,根据国家财政支出计算出应征赋税总额,分配到各地,不论是主户还是客户,不分定居和行商,也不分年龄大小,一律按贫富、按拥有土地和财产的多少划分等级缴纳赋税;并将"旬输月送"变为夏秋两次征收,分为"夏税"和"秋税",因此又被称为"两税法"。唐代以后的五代、宋、元直至明中叶都沿用"两税法"。

明万历年间,宰相张居正推行"一条鞭法","赋役合一,按亩计税,以银交税"。即将各州县的田赋、徭役以及其他杂征并在一起,合并征收银两,按亩折算缴纳。"一条鞭法"大大简化了征收手续,使农民不再直接负担徭役,有更多的时间耕种土地、发展农业,而且计亩交银的方式,使农民有了更大的人身自由,促进了城市手工业的发展,同时也促进了实物税向货币税的过渡。

到了清代,自康熙年间开始在全国逐步推行"摊丁入亩、地丁合一"的办法,即固定丁银不变,最后把丁银完全摊入土地征收。这种地银和丁银合一的课征办法,彻底废除了简单按人丁课征的人头税,实现了从人丁税和土地税并重的税制向以土地税为主体的税制的彻底转变,完全过渡到对物课征。至此,我国古代社会税收制度发展达到了最高水平。

在封建社会,除了土地税和人丁税外,随着商业和手工业的发展,被称为杂税的各种工商税收也日益增多。在秦、汉时期就有盐税、铁税、酒税、鱼税等物产税,还有关税、市租等。汉武帝时期还曾向商人、高利贷者或手工业者征收"算缗钱",向车船所有者征收"算商车"。到了唐代,还征收茶税、矿税、间架税、除陌钱等;清代还有牙税、当税、机织税、子口税、厘金等。

(二) 税收产生的条件

从西方国家和我国税收的起源和演进分析发现,税收是人类社会发展到一定阶段的历史产物,税收的产生取决于两个相互制约的条件:一是经济条件,即私有制的存在;二是政治条件,即国家公权力的产生和存在。

1. 经济条件

税收作为一种经济范畴,它产生的条件首先应该从经济基础本身去探索。原始社会末期,随着生产力的不断增加,金属工具、牛耕等新的生产工具和方法的发明,直接促进了相对剩余产品的出现,而对剩余产品的不公平分配产生了私有制。财产私有制是社会发展的必然产物,而私有制是国家税收产生的经济条件。一方面,国家本来就是在

---

① 刘昫等.旧唐书,卷二十八,食货(上).

私有制基础上阶级矛盾不可调和的产物,没有私有制,没有阶级,没有国家,就没有课税的前提;另一方面,如果国家直接拥有所有土地的所有权,那么国家可以直接占有土地收获物来获取收入,就不需要依赖征税。只有对那些不属于国王或者国王不能直接占有的财产,才有必要通过征税的形式来使之转化为国家所有①。

因此,在私有制条件下,单位和个人是以生产资料私人占有为依据,即凭借财产权利参与社会产品分配;而国家要参与社会产品分配可以依据两种权利,一是财产权利,例如取得租金、利润等形式的公产收入,二是政治权利,如税收、罚没等强制性收入。国家征税,实际上是对私有财产的一种"侵犯",即国家凭借政治权力对私人财产强制行使了支配权,使其转变为国家所有。正如恩格斯所言:"纳税原则本质上是纯共产主义的原则,因为一切国家征税的权利都是从所谓的国家所有制来的。的确,或者是私有制神圣不可侵犯,这样就没有什么国家所有制,而国家也就无权征税;或者是国家有这种权利,这样私有制就不是神圣不可侵犯的,国家所有制就高于私有制,而国家也就成了真正的主人。"②由此可见,私有制的存在,是税收产生必不可少的经济条件。

2. 政治条件

从税收的起源来看,税收产生的政治条件是国家公共权力的产生与存在。从人类发展的历史来看,税收的产生与国家的产生密切相连,税收是国家引起、发动并充当主体的一种经济范畴。

对于国家的产生,恩格斯认为,国家权力最初产生于原始公社经济的社会需要,在原始公社中,"一开始就存在着一定的共同利益,维护这种利益的工作,虽然是在全社会的监督之下,却不能由个别成员来担当,如解决争端;制止个别人越权;监督用水,特别是在炎热的地方;最后,在非常原始的状态下执行宗教的职能……这些职能被赋予了某种全权,这是国家权力的萌芽。"③国家的产生是社会经济关系变化的结果,孕育于维护社会共同利益,协调社会经济矛盾的行为之中,赋予了国家公权力,执行"社会公共职能"。同时私有制的产生和阶级的矛盾,使国家具有暴力的特征。国家执行的"社会公共职能"包括建立法律规范社会行为,通过军队、警察、监狱、司法机关、行政机关等国家机器实行法律,防范不法行为,抵抗外来侵略和自然灾害,保护环境和维护社会秩序等。国家公共权力的存在,一方面使税收的产生成为必要,另一方面国家公共权力的存在也为税收的产生提供了可能条件。国家为了行使其公共权力,执行其"社会公共职能",需要依靠征税权取得相应的物质基础,而征税权则需要依赖国家的各种强制性公共权力。

马克思、恩格斯在其著作中,对国家与税收的关系做了大量经典的论述。马克思认为"赋税是政府机器的经济基础,而不是其他任何东西"④,"赋税是官僚、军队、教士和

---

① 税收概论编写组. 税收概论. 中国财政经济出版社,1991年版,第20页.
② 马克思,恩格斯. 马克思恩格斯全集(第2卷). 人民出版社,1958年版,第615页.
③ 马克思恩格斯全集(第3卷). 人民出版社,1976年版,第218页.
④ 马克思恩格斯全集(第19卷). 人民出版社,1963年版,第32页.

宫廷的生活源泉,一句话,它是行政权力整个机构的生活源泉。强有力的政府和繁重的赋税是一回事"[1],"赋税是喂养政府的娘奶;政府是镇压的工具,是权威的机关,是军队,是警察,是官吏、法官和部长,是教士"[2],"捐税体现着表现在经济上的国家存在。官吏和僧侣、士兵和女舞蹈家、教师和警察、希腊式的博物馆和哥特式的尖塔、王室费用和官阶表,这一切童话般的存在物于胚胎时期已经安睡在一个共同的种子——捐税之中了"[3]。恩格斯认为:"为了维持这种公共权力,就需要公民缴纳费用——捐税,捐税是以前的氏族社会完全没有的,但是现在我们却十分熟悉它了。随着文明时代的进展,甚至捐税也不够用了;国家就发行期票、债券,即发行公债。"[4]可见,国家公权力的存在是税收产生的前提,而税收的产生则是为了维护国家公权力的存在和实现其职能的需要。

3. 市场失灵与税收

20世纪60年代发展起来的"公共部门经济学",从国民经济运行的角度——市场失灵的角度阐述了税收存在的客观性和必要性。

古典经济学派认为,在完全竞争的市场结构下,当消费者和生产者都按照竞争规则自由贸易、市场处于均衡状态时,资源配置达到帕累托最优。但是在现实经济活动中,完全竞争市场结构只是一种理论假设,现实中基本不可能满足。由于垄断、外部性、公共品和信息不对称等因素的存在,市场在资源配置方面无法自动实现帕累托最优,也就出现了市场失灵。在市场失灵的条件下,为了实现资源配置效率的最优,就不得不借助于政府的干预。

为此,政府需要通过财政政策或货币政策对市场活动进行干预,引导经济资源的合理流动和重新配置,从而矫正市场失灵问题。税收政策作为财政政策重要组成部分的事实,决定了利用税收手段解决市场失灵问题的客观性和必要性。例如,对于公共品的有效供给,由于公共品消费的非竞争性和非排他性,很容易出现"搭便车"问题,导致公共品的自愿价格体系失灵。为了避免"搭便车"问题,政府就有必要采取税收的形式向每个人征收一定的费用。又如,对于外部性问题,外部性分正外部性和负外部性两种,政府通过对正外部性行为给予财政补贴、对负外部性行为征收矫正性税收的方式,补贴或征税的金额刚好等于外部边际收益或边际损害成本,促使外部收益或成本内部化,市场主体面对真实的社会收益和社会成本来组织生产和消费,从而使资源得到有效配置。所以,从这个意义上说,市场失灵也是税收产生和存在的前提条件。

尽管在现代社会,市场失灵和税收之间确实存在紧密的联系,但这种关联性只能用于解释特定社会发展阶段中的税收现象,而不能解释所有社会形态下的税收存在。

综上所述,税收是私有制和国家公共权力存在的必然产物,税收的产生离不开一定的经济条件和政治条件,两个条件缺一不可。

---

[1] 马克思恩格斯全集(第8卷).人民出版社,1961年版,第221页.
[2] 马克思恩格斯全集(第7卷).人民出版社,1959年版,第94页.
[3] 马克思恩格斯全集(第4卷).人民出版社,1958年版,第342页.
[4] 马克思恩格斯全集(第21卷).人民出版社,1965年版,第195页.

二、税收的发展

随着社会生产力的发展和社会经济情况的变化,税收经历了从简单到复杂、从低级到高级的发展过程。下面从税收的确立方式、税收制度结构、税收的地位和作用、税收的征税权力以及税收征收实体五个方面梳理税收的发展历程。

(一)税收确立方式的发展

从西方国家和我国税收的起源和发展来看,伴随着人类文明的演进,税收的确立方式经历了"自由纳贡""承诺纳税""专制课征"和"立宪课税"四个阶段。

1. 自由纳贡阶段

在人类文明从氏族社会步入奴隶社会后的很长一段时期内,大多数由原始部落联盟演变成国家,还没有形成中央集权制度,国家的赋税主要依赖社会成员和被征服部落自由贡献的物品和劳力。社会成员可以自由地选择贡献物品的种类、贡献的数量和时间等,具有较大的自发性和随意性,各国并没有设定统一的贡献标准,因此从严格意义上来说还不能称为真正的税收,只能看作是处于税收的萌芽阶段。

2. 承诺纳税阶段

随着奴隶制国家的发展和君权的扩大,军费支出和王室费用不断地增加,单靠公产收入和社会成员的自由纳贡已经难以维持。当遇到紧急事故或发生临时财政需要时,特别是遇到战争时,君主会设法开征新税。但是当时王权还受到一定的限制,开征新税或临时税,需要得到社会成员的承诺,之后再将税款分摊下去,然后把筹集到的资财上缴给君主。在这个阶段,赋税不再是自愿和随意的形式,开始具有契约式的约束性和固定性,在某种程度上具有了税收的基本特征,但还不是很完备。

3. 专制课征阶段

奴隶社会末期至封建社会初期,各国陆续建立中央集权制度和常备军制度,君权不断扩大,国家不断发展,财政支出和王室的费用也随之不断地膨胀。国王不得不废除以前的承诺制度,实行专制课征,社会成员必须履行纳税义务,这样可以实现不受约束地任意增加税收。与此同时,为了笼络贵族和教士,减少统治阶级内部的阻力,赋予了他们免税的特权。此时,税收的专制色彩日益增强,已经具有政治权利和私有财产权利对抗的意义,税收开始从不成熟形态走向成熟形态。

4. 立宪课征阶段

随着社会生产力的进步和私有财产权的发展,在封建社会末期,税收成为政府主要的财政收入来源,税收成了私有财产权固定和经常性的负担。因此,社会成员要求建立相应的制度来对封建君主随意征税的行为进行适当约束,即通过立宪的方式征税。在资产阶级夺取政权后,废除了封建君主专制制度,实行资产阶级民主制和选举制。在现代资本主义国家,不管是采取君主立宪制还是采取议会共和制,一般都需要制定宪法和法律,国家征收任何税收都必须经过立法程序,君主、国家元首或行政长官不得擅自决定征税,并逐步确立了依照法定标准课税的立宪课税和税收法定观念。

(二) 税收制度结构的发展

税制结构是指国家税收体系的整体布局和主辅搭配,是构成税收制度的各税类、各税种在社会生产中的分布状况及其相互之间的结构比例关系。根据主体税种特征的不同,税制结构的类型大致可以分为三种:以所得税为主体的直接税税制结构、以货物和劳务税为主体的间接税税制结构、货物劳务税和所得税并重的双主体的税制结构。历史上税制结构的发展可以划分为以下四个阶段:

1. 古老的直接税制阶段

在古代的奴隶社会和封建社会,自给自足的自然经济占统治地位,商品经济极不发达,国家统治者只能采取直接对人或物征收简单的直接税,最主要是土地税和人头税。这一阶段的税制结构以农业税收为主体。虽然当时也开始出现对城市商业、手工业及进出口贸易的课税,但数额很少,仅作为税收制度的补充。

2. 间接税制阶段

18世纪中叶工业革命后至第二次世界大战前,发达国家的税制结构转向以消费税和关税等间接税为主体,直接税作为补充。进入资本主义社会后,商品经济日益发达,为对商品交换和流通行为课税提供了广阔的税源,逐步形成以间接税为主的税收制度。1940年,发达国家的税收收入中,消费税是第一大税种,所占的比重平均达到了59%,而个人所得税、企业所得税和社会保障税三项直接税合计所占的比重仅有24%[1]。但这一时期末期所得税和社会保障税的逐步确立为二战后发达国家税制结构的变革奠定了基础。

3. 现代直接税制阶段

二战前后至20世纪80年代,发达国家的税制结构转向以所得税、社会保障税为主体税种,间接税作为重要的补充。随着个人收入水平的不断提高,个人所得税税基拓宽,个人所得税的收入比重迅速提高,成为了一种"大众税";另外随着福利国家的兴起,社会保障支出在公共支出中所占的比重不断加大,从而使社会保障税所占的比重也不断加大。如美国所得税和社会保障税所占的比重从1935年的30.2%提高到1945年的83.7%[2]。

4. 现代复合税制阶段

自20世纪80年代以来,逐步形成了以所得税、社会保障税和货物劳务税为主体,财产税等其他税收为补充的复合税制结构。继20世纪50年代法国开征增值税后,越来越多的国家开征增值税,增值税为各国提供了重要的收入来源,逐步成为了许多发达国家的第三大税种。经过长期的发展,目前世界各国的税制结构相对稳定,并呈现一定的趋同化趋势。

(三) 税收地位和作用的发展

随着时间的推移,人们对税收地位和作用的认识也不断深入。税收不仅可以作为政府收入的重要来源,而且在筹集收入的过程中,通过征税与免税、轻税与重税的区别

---

[1] 肯·梅塞. 二十一世纪税收及其未来. 税收译丛,2000年第2期.
[2] 财政部税收制度国际比较课题组. 美国税制. 中国财政经济出版社,2000年版,第6页.

对待,还可以起到调节生产和消费,影响人们经济行为和经济、社会发展的作用。影响税收地位和作用的因素主要有:一是经济发展水平。一般来说,越是经济发达的国家,税收的地位和作用越显突出和重要。二是所奉行的经济理论和财政政策。因为一国的社会发展和经济建设主要是以该国占统治地位的经济理论为依据开展的,财政实践也是如此。一般来说,在崇尚经济自由化的国家,税收的地位和作用相对较弱;而在奉行国家干预政策的国家,税收的地位和作用就相对更强。三是所选择的经济管理体制。该因素的影响主要存在于社会主义国家,如在传统高度集中的计划经济体制下,国家直接把握经济命脉,往往采取利润上缴等更直接的形式来获得财政收入,因此,税收占政府收入的比重相对较低。

1. 税收地位的发展

税收地位的发展变化,主要体现为税收收入在政府财政收入中所占比重的变化及其对经济、社会的影响程度。在封建社会制度下,政府收入的主要来源是公产收入和特权收入,只有当政府收入中公产收入和特权收入不足时,才征收税收,税收在社会生活和国民经济中处于从属地位。但随着资本主义经济的发展,资产阶级民主政治取代封建专制制度,公产收入、特权收入逐渐减少,税收收入在财政收入中所占比重越来越大,逐步成为当今世界各国政府规范财政收入的最主要来源。在我国,改革开放特别是两步利改税之后,国有经济上缴利润占财政收入较大比重的地位迅速被税收取而代之。

2. 税收作用的发展

早期税收的主要作用是筹集政府收入,弥补财政收入的不足。随着税收规模的不断增长,税收的作用日渐多元化。从最初筹集资金满足国家各项支出的需要,发展为宏观调控的重要工具。特别是在资本主义社会进入垄断阶段之后,世界各国的税收在促进资源优化配置、调节收入分配、稳定经济发展等各方面发挥着日益重要的调控作用。虽然在理论和实践层面不时有人再三提出所谓税收中性原则,但毋庸置疑的是,税收政策已然成为当今世界各国政府调控经济资源、引导收入分配的不可替代的重要手段。

(四) 税收征税权力的发展

税收征税权力的发展变化体现为国家税收管辖权范围的演变。税收管辖权是指一个国家在征税方面所掌握的权力,是各级征税当局行使征税权力的依据。国家遵循"属地主义"和"属人主义"的指导思想,确立了两种不同的税收管辖权,分别为地域管辖权和居民(或公民)管辖权。

地域管辖权,是按照属地原则来确定的,一个实行地域管辖权的国家,它只对纳税人来源于本国领土范围内的应税收益、所得以及存在于本国领土范围内的应税一般财产价值征税。也就是说,一个纳税人不管是外国公民还是本国居民,只要有来源于本国领土范围内的收益,都要征税。居民(公民)管辖权,则是按照属人原则确定的,一个实行居民(公民)管辖权的国家对居住在本国的居民,或者属于本国公民的一切应税收益、所得或一般财产价值征税。也就是说只要是属于本国的居民(公民),所有来源于国内、国外的收益都要缴税。

税收征税权力的发展与国际贸易的发展密切相关。在奴隶社会、封建社会以及资本主义社会初期,由于国家之间的经济往来较少,征税对象一般不发生跨国转移,因此国家税收管辖权通常只局限于一国领土之内,即行使地域管辖权。到了资本主义社会中期,国际交往日益增多,跨国经营逐步发展。生产经营的国际化必然带来纳税人收入的国际化。一些国家为维护本国的利益,开始对本国纳税人在国外的收入征税和对外籍人员在本国的收入征税。这意味着征税权力超过了领土范围,而主要以人的身份和收入的来源地确定一国的税收管辖权范围。这种被扩大了的税收管辖权等于延伸了税收征收权力,即从地域范围扩大到人员范围,行使居民(公民)管辖权。

如今,尽管世界各国采用的税收管辖权确立标准各不一致,但为了最大限度地保护本国的税收利益,大多数国家都同时行使地域税收管辖权和居民(公民)税收管辖权;也有极少数国家(地区)行使单一税收管辖权,例如中国香港、新加坡等行使单一的地域税收管辖权,不行使居民管辖权。两种税收管辖权并存的状况,导致出现大量国际重复征税问题。

(五) 税收征收实体的发展

税收征纳形式的发展变化,体现为力役、实物和货币等征收实体的演变。在奴隶社会和封建社会初期,自然经济占统治地位,物物交换是主要的商品交换形式,税收的征收和缴纳也基本上以力役形式和实物形式为主。在自然经济向商品货币经济过渡的漫长封建社会中,对土地课征的田赋一直都是以农产品为主。尽管对商业、手工业征收的工商税和特产税,以及对财产或经营行为征收的各种杂税,有的以货币形式出现,但货币征收形式在当时远不占主要地位。直到进入商品经济高度发达的资本主义社会,货币经济逐渐占据统治地位,经济活动高度货币化,货币不但是一切商品和劳务的交换媒介,而且成为税收征纳的主要形式,实物征收形式逐渐减少乃至最终消亡。

三、税收法定原则确立

税收法定原则是指税收活动主体的权利和义务必须由法律加以规范,税收制度的各个构成要素必须并且只能由法律予以明确规定,没有法律依据,任何主体都不得征税,社会成员也不得被要求缴纳税款。税收法定原则是依法治税的体现,强调征税主体依法征税,纳税主体依法纳税,税收法定原则是保障人民财产权利的重要手段。

税收法定原则的核心理念是民主和法治[1]。税收法定原则指导着税收立法、执法和司法,对规范政府征税权、保障纳税人权利至为关键。税收法定原则的内容体现在以下五个方面:

第一,政府征税权法定。征税权是政府公共权力体系的核心内容,政府征税权法定,即将政府的核心权力——征税权关进法律的"笼子"里,政府是否应征税以及如何征税,都应当由法律来规定,法律未规定的税种政府不得向人民征收。

第二,纳税义务法定。包含两层意思,一是法律规定的纳税义务必须履行,否则纳税义务人需要承担相应的法律责任;二是纳税人应当履行的纳税义务必须由法律明确规定,没有法律依据,公民和法人不应承担或有权拒绝承担缴纳税款的义务。纳税义务法定一方面约束纳税人的纳税行为,保障国家的财政权益;另一方面约束政府的征税权

---

[1] 刘剑文.如何准确理解税收法定原则.经济参考报,2013年12月3日。

力,保护纳税人的合法利益。

第三,课税要素法定。税法的纳税人、征税对象、税率、纳税环节、纳税期限、税率、纳税环节、税收优惠和税收处罚等课税要素,都必须由法律作出明确的规定。凡是没有正式法律规定,只是以部门或单位规定形式出现的课税规定,均属无效;所有课税要素和税收征收程序的规定,内容要尽量准确,不能出现歧义和模棱两可的现象。对于不明确的课税要素,应由代议机构审查,并作出法律解释,严禁税法的扩张解释、类推解释和补充解释。

第四,征税程序法定。征税行为是行使国家权力的过程。税务机关行使征税权力,必须严格依照法律规定,税务机关无权变动法定课税要素和法定征收程序,征税机关和纳税人都不得自行确定开征、停征、减免税、退补税及延期纳税等事项。

第五,解决税收争议与税收处罚法定。当纳税人因为自身违反税收法律的行为而应该受到税务机关处罚时,处罚的程序和结果必须严格按照有关规定依法执行。如果纳税人不服征税机关的征税决定或处罚决定时,有权依照一定的程序解决税收争议,保护纳税人的合法权益。

(一) 西方税收法定原则的确立

在西方国家,法治的思想源远流长。古代西方最伟大的思想家亚里士多德(公元前384年—公元前322年)认为,通过法律进行统治是最好的统治,法律是"没有感情"的智慧,它具有一种人治所做不到的公正特点。亚里士多德的这种法治思想在西方占据统治地位,对资产阶级统治地位的确立和税收制度的形成起了重大的作用。

税收法定原则起源于英国。在欧洲中世纪时期,英国王室遵循着"国王生计自理"的财政原则,王室及政府的开支由国王负担,而国王的收入主要是由王室的地产收入、法庭收入、贡金等来支撑,除非发生对外战争,一般不得向臣民征税。但是在英国进入封建社会后,由于战争、王室奢靡等因素的影响,王室的收入已经难以维持其整个财政支出的需要。为了缓解财政上的紧张局面,王室开始在自有收入之外通过借款、出卖官职甚至巧立名目肆意征税等手段来增加自己的收入。这些行为与"国王未征求意见和得到同意,则不得行动"的传统观念相违背,这使英国民众与国王之间的矛盾逐渐加深,并展开了与国王争夺课税权的斗争。自视为国民代表的大贵族开始寻求建立未经批准国王不得擅自征税的制度。1214年贵族会议拒绝了诺曼王朝约翰王提出的征税要求,导致内战爆发。1215年,贵族在这场斗争中取胜,约翰王被迫签署了《大宪章》,规定"一切盾金或援助金若不是基于朕之王国一般评议会的决定,则不许课征"。这是人类历史上第一次以法律形式确认"非赞同毋纳税"原则。1225年英国重新颁布了《大宪章》,并补充了御前会议有权批准赋税的条款。之后经过议会和国王之间长达几个世纪的斗争,英国又先后制定了《无承诺不课税法》(1295)、《权利请愿书》(1628)。1689年英国建立国会,国会制定的《权利法案》中重申国王不经国会同意而任意征税属于非法。这从根本上剥夺了国王的任意课税权,税收法定主义最终得以确立。

目前,税收法定原则已经被西方国家普遍接受,使其得到较好的践行,这体现在以下几个方面:第一,许多国家把税收法定主义写进了宪法,例如,法国宪法第34条规定"各种性质的赋税的征税基础、税率和征收方式必须以法律规定",意大利宪法规定"不根据法律,不得规定任何个税或财产税",美国宪法第1条规定"一切征税议案应首先在众议院提出"。西方国家的政府机构的设置,使任何税收法案都必须经过多部门、多利益集团的反复激烈辩论和利益均衡后才做出决定。第二,西方国家不管是属于大陆法系还是普通法系,税法都相对较具体、明确和细致,而且税务部门虽然有独立依法征税的权利,但受到国会弹劾、舆论监督、纳税人诉讼以及司法部门审判活动的约束。第三,西方国家民众遵守税法、自觉纳税程度较高。

(二)我国税收法定原则的确立

我国税收法定原则的确定时间较晚。中国古代皇权政治社会更崇尚人治而轻视法治,"德主刑辅"的德治和"为政在人"的人治思想在中国古代一直被奉为统治人民的基本方法。在夏、商、周时期,崇尚"刑不上大夫,礼不下庶人"的等级"礼治"思想;到了春秋战国时期,儒家维护礼治,并提出了"德治""仁政"和"人治"的主张,法家则主张"不别亲疏、不殊贵贱、不断于法"。"法治"思想最早在秦朝得以实施,却因为严刑峻法、横征暴敛、滥用民力而被人民和历史唾弃。汉朝初期曾崇尚无为而治,但后来汉武帝"罢黜百家,独尊儒术",儒家思想占了统治地位。在中国古代社会,税收法定原则似乎一直被忽视,历代历朝,税收政策和税收负担水平都是由皇帝或政府决定,老百姓没有参与的权利。中国历朝历代也有税法,对偷漏税及官吏截留偷盗国家税款的处罚也非常严厉。但是在古代,这些严厉的法律并没有得到严格的遵守,法律的遵行因人而异,人情成为处理问题的第一原则。特别是在一个朝代的后期,大兴土木、挥霍浪费及战争频繁等现象使苛政暴敛成为必然,税法流于形式,征税的随意性很大。

在新中国成立之后,我国废除了为官僚资本家和买办阶级服务的旧税法,着手进行社会主义税收法治建设,确立了"依法办事、依率计征"的原则。税收法定原则在我国逐步得到重视和运用,但是税收法定原则并没有得到完全的实现。首先,我国宪法第56条规定:"中华人民共和国的公民有依照法律纳税的义务。"但是宪法中对征税主体依法征税并没有规定,而税收法定原则最主要的作用在于对征税主体权利的限制;其次,我国现行的税收立法体系是行政主导型,大量的税收立法属于授权立法的形式,我国目前开征的税种中以法律形式明确规定的只有企业所得税法、个人所得税法、车船税法;最后,在税收立法的实践中,公民在税收立法上的广泛参与性未能得有效的体现,税收立法中很少实行听证制度,税收立法在决策、起草、审议和公布等诸多环节中,主要是税务部门自行制定,而未经过人大或人大常委会的讨论。这些现象的存在使我国税收存在立法层次低、行政法规越权立法、立法程序不规范等现象,税收法定原则在我国的运用还任重而道远。

资料链接 1-1

我国税收法定原则的新发展

2013年11月12日,十八届三中全会通过的《中共中央关于全面深化改革若干重大问题的决定》明确提出"落实税收法定原则",这是我国"税收法定原则"第一次写入党的重要纲领性文件中,充分展现了党中央对税收法定原则的高度重视,凸显未来我国加强税收立法的顶层设计。2014年11月至2015年1月,在国际油价暴跌的背景下,财政部、国家税务总局在不到45天的时间里连续三次上调成品油消费税税率。此次消费税调整引发了关于合法性的热议,"税收法定原则"更是得到了前所未有的关注。

2015年3月,十二届全国人大二次会议发言人傅莹明确表示,到2020年,全国人大将全面落实"税收法定原则",财政部部长楼继伟也做出了同样的表述,税收法定原则的落实有了明确的时间表。2015年3月15日,十二届全国人大三次代表大会通过《立法法修正案》,明文规定,"税种的设立、税率的确定和税收征收管理等税收基本制度只能制定法律",使税收法定原则在法律层面得到更为清晰、具体的确立。然而2015年5月7日,财政部、国家税务总局发出了《关于调整卷烟消费税的通知》(财税〔2015〕60号),将卷烟批发环节从价税率由5%提高至11%,并按照0.005元/支加征从量税。这次提高烟草税税率依然是经国务院批准,并没有通过人民代表大会审批,与3月份出台的《立法法修正案》的规定明显相违背。

虽然说国家层面上提出要全面实施税收法定原则,列出的时间表也是比较客观的。但税收法定原则的实现,不可能只用一个乃至几个月的时间,把所有税收法规都变成法律,这既不太现实也会降低立法的质量。有了具体的时间表,对于如何实现税收法定原则的问题还需要制定具体的路线图。2020年前相关立法工作安排:(1)不再出台新的税收条例;拟新开征的税种,将根据相关工作的进展情况,同步起草相关法律草案,并适时提请全国人大常委会审议。(2)与税制改革相关的税种,将配合税制改革进程,适时将相关税收条例上升为法律,并相应废止有关税收条例。在具体工作中,有一些税种的改革涉及面广、情况复杂,需要进行试点,可以在总结试点经验的基础上先对相关税收条例进行修改,再将条例上升为法律。(3)其他不涉及税制改革的税种,可根据相关工作进展情况和实际需要,按照积极、稳妥、有序、先易后难的原则,将相关税收条例逐步上升为法律。(4)待全部税收条例上升为法律或废止后,提请全国人民代表大会废止《全国人民代表大会关于授权国务院在经济体制改革和对外开放方面可以制定暂行的规定或者条例的决定》。(5)全国人大常委会将根据上述安排,在每年的立法工作计划中安排相应的税收立法项目。

资料来源:北京青年报,落实税收法定原则"路线图"明确,2015年3月26日.

四、主要经济学派税收观点的演变

在税收理论发展的过程中,出现了多种税收观点和思想,总结起来大致可以分为古典学派、凯恩斯学派和供给学派。

(一)古典学派的税收观点

古典学派产生于17世纪中叶的英国,完成于19世纪中叶。古典经济学派的税收理论在西方税收理论发展史上占有非常重要的地位,古典经济学派的税收理论最早由威廉·配第建立雏形,经过亚当·斯密、大卫·李嘉图、西斯蒙第、庇古、萨伊等古典经济学家得以发展。古典经济学派的税收观点认为,国家经费属于非生产性费用,要压缩经费,实行廉价政府;并主张经济自由放任、自由竞争,反对国家干预经济,提出税收转嫁与归宿的理论。

威廉·配第(1623—1687)是英国古典政治经济学的创始人,他十分强调税收的经济效果,反对重税负。他认为过分地征收赋税会使国家资本的生产力相应地减少,因而会导致国家利益的损失。他主张在国民经济的循环过程中把握税收的经济效果,根据税收经济效果的优劣相应决定税制结构的取舍。

亚当·斯密(1723—1790)的税收观点是在威廉·配第理论基础上的自由延伸。亚当·斯密在经济上主张自由放任,反对政府干预。立足于经济自由主义的基本点,他提出了平等、确定、便利和最少征收费用四项税收原则,奠定了税收制度的基本原则。亚当·斯密把税收分为地租税、利润税、劳动工资税和消费税,提出要建立利润税、工资税、地租税三位一体的中性税制,不赞成对流转中的货物征税,并主张实行轻税政策。

大卫·李嘉图(1772—1823)继承和发展了亚当·斯密经济学说中的科学成分,把英国古典经济政治学推上了理论的高峰。大卫·李嘉图在《政治经济学及赋税原理》中,对税收问题进行了非常全面的论述。除了对税收原则问题的研究外,还提出了税收转嫁理论,他把税收负担分为由地主负担的税、由资本家负担的税和由消费者负担的税,认为所有的税收都可以转嫁。大卫·李嘉图与亚当·斯密相比,更加侧重于税收对经济运行的影响分析,他认为,资本积累是经济增长的根本原因,凡是妨碍资本积累的因素都有害于经济增长。由于赋税不是来自资本就是来自收入,赋税都有减少积累能力的趋势,如果没有赋税,资本和收入都会比有赋税时要多得多,因此,赋税对资本的积累和收入的增加都是有害的。

(二) 凯恩斯学派的税收观点

20世纪30年代,资本主义社会发生了一场世界范围内的严重经济危机,这次经济危机几乎波及了整个西方资本主义国家,严重地损害了资本主义经济的发展,使人们对古典经济学派的放任自由理论产生了质疑。继而以政府干预为核心的凯恩斯学派诞生,并迅速地成为西方各国的主流经济学派。20世纪30—60年代,凯恩斯学派的税收观点一直占据统治地位。凯恩斯学派的税收观点认为政府征税除了筹集公共需要的财政资金之外,更重要的职能是运用税收政策,调节经济运行,调节资源配置,调节国民收入与财富分配以及有效需求,以稳定经济的发展。凯恩斯主义学说后来分化出新古典综合学派和新剑桥学派。凯恩斯学派的主要代表人物有凯恩斯、汉森和萨缪尔森等。

凯恩斯(1883—1946),现代西方经济学的创始人。他重点研究税收在实现充分就业、防止经济和社会危机中的作用。他在《就业、利息与货币通论》中提出,现代社会不能提供充分就业以及财富与所得的分配有欠公平两个问题,并提出刺激有效需求和调节财富分配两方面的税收政策。对消除财富分配不公问题,凯恩斯主张对食利阶层课以重税,主张征收高额的遗产税,因为这种税既有利于提高消费倾向,又能刺激投资。

汉森(1887—1975),美国当代经济学家,新古典综合学派的主要代表人物之一。他对凯恩斯理论进行了许多补充和发展,他提出了长期停滞理论,并认为税收减免可以有效应对经济衰退,提出可以运用所得税作为刺激私人投资的工具,对收入中用于新投资的部分实行减免税、亏损结转、加速折旧和对再投资于固定资本的那部分收入实行部分退税制度。虽然税率在反经济周期中也有重要的作用,但是汉森并不赞成随意变动税率,主张由政府根据经济中的周期状况,相机抉择地运用税率、减免税等手段调节经济运行,维持充分就业和经济稳定。

萨缪尔森(1915—2009),美国著名的经济学家,师从于阿尔文·汉森。他提出了"混合经济"的概念,认为当代资本主义国家经济是一种混合经济,政府的作用日益增强。他认为以累进制所得税为主体的税收体系具有"自动稳定器"的功能,经济过度繁荣、通货膨胀时,由于所得税税基扩大和适用较高税率的税基扩大,税收收入的增加将超过国民收入的增加,产生抑制需求的效果。反之当经济萧条时,所得税税基减少和适用较高税率的税基减少,就会使税收收入的减少幅度超过国民经济下降的幅度,相应抵消一部分因居民收入减少而导致需求减少的消极效果。所得税累进程度越高,这种效应也越大。因此政府应充分运用"相机抉择"的税收收入手段,通过变动税率应对短期衰退要比其他财政手段更为有效。

(三) 供给学派的税收观点

20世纪70年代,西方国家普遍出现通货膨胀和经济停滞现象,凯恩斯主义政策失灵。在凯恩斯主义破产的情况下,产生了一个保守主义经济学流派即供给学派。供给学派采用静态分析方法,研究如何通过市场机制实现供给和需求平衡,使市场经济摆脱经济滞胀而谋求长期经济增长。供给学派把滞胀的原因归咎于凯恩斯主义的需求管理政策,主张市场自由调节,反对国家干预。在税收方面,减税是供给学派税收经济理论的核心观点。

供给学派认为,高税率会严重挫伤人们的劳动热情,缩减个人和企业储蓄,使商品成本增加,物价提高,促使"地下经济活动"的发展,从而使生产要素得不到有效的利用。而通过减税,影响供给和需求,增加人们的收入,提高生产和储蓄的积极性,增加社会供给水平,而且还不会引起价格水平的提高,从而可以同时达到经济增长和价格稳定的目标。供给学派代表经济学者之一的美国经济学家阿瑟·拉弗(1941—)提出了著名的"拉弗曲线",认为税收收入总量与税率并不成正比,政府最优宏观税负有一个临界点,在这一点可以获得最高数额的税收收入,一旦超过这个临界点,就会进入税率禁区,税收收入不但不上升反而会下降。而且,既定的税收规模可以采用高税率或低税率两种方式,但不同的税率对税基和供给的影响不同,高税率对供给的负面影响较大。

第二节 税收的概念

税收本身是一个发展的概念。税收的概念旨在回答什么是税收。在不同的历史时期,由于社会生产力发展水平、社会制度以及政府职能存在差异,人们对税收的认识和理解也各不相同。

一、西方学者对税收概念的界定

以下按照时间顺序,梳理不同历史阶段西方学者对税收概念的理解以及税收概念的发展。

(一) 早期西方学者对税收概念的界定

在古典经济学派诞生之前的早期西方社会,对税收的认识并不全面,更多地是从政治、法学和哲学的角度来表达对税收范畴的认识,但其中也包含了一些税收思想的精髓。

1651年英国政治学家、哲学家托马斯·霍布斯认为"主权者向人们征收的税,不过是公家给予保卫平民各安生业的代甲者的薪饷。"①

1748年法国著名法学家孟德斯鸠认为"税收是公民所付出的自己财产的一部分,以确保他所余财产的安全或快乐地享用这些财产。"②在该概念中,他对税收的作用进行了明确界定,税收是为了购买某种服务而支付的代价,这种服务实际上起到一种产权保护作用,能够使纳税人获得一种安全感,保障其剩余财产的安全并且可以快乐地享用。

法国路易十四时期的政治家科尔伯特对税收提出了一个很形象的比喻,"征税的艺术就是拔最多的鹅毛又使鹅叫声最小的技术"③。

(二) 近代西方学者对税收概念的界定

近代西方社会对税收概念的认识逐渐深入。在这一时期,西方学者对税收概念的界定更多地是从经济学的角度出发。

英国古典经济学的创始人亚当·斯密1776年在《国民财富的性质和原因的研究》一书中明确指出"税收是人民拿出自己一部分私有的收入,上缴给君主或国家,作为一笔公共收入"。亚当·斯密在其定义中明确了税收的来源和税收的去向,即税收来源于人民的一部分私有收入,去向则是作为国家使用的公共收入。

法国经济学家让·巴蒂斯特·萨伊在1803年发表的代表作《政治经济学概论》中指出,"所谓赋税,是指一部分国民产品从个人之手转到政府之手,以支付公共费用或提供公共消费",并提出"赋税是政府向人民征收他们的一部分产品或价值"④。

英国古典政治经济学派的大卫·李嘉图认为税收是来自劳动产品的价值,在其1817年完成的《政治经济学及赋税原理》中提出"赋税是一个国家的土地和劳动产品中由政府支配的部分,它最后总由该国的资本或是由该国的收入中支付"。

德国财政学家海因里希·劳在1832年所著的《财政学》中提出"税收并不是市民对政府的回报,而是政府根据一般市民的义务,按照一般的标准,向市民的课征"。

---

① 托马斯·霍布斯.利维坦.商务印书馆,1936年版,第269页.
② 孟德斯鸠.论法的精神(上册).商务印书馆,1997年版,第213页.
③ 哈维·罗森.财政学(第八版).中国人民大学出版社,2009年版,第288页.
④ 萨伊.政治经济学概论.商务印书馆,1982年版,第501—506页.

德国社会政策学派财政学的著名代表阿道夫·瓦格纳在1877年所著的《财政学》中给税收定义如下,"所谓租税,从财政意义上讲,就是公共团体为满足其财政上的需要,凭借其主权,作为对公共团体的事务性设施的一般报偿,依据一般原则和准则,以公共团体单方面所决定的方法及数额,强制地征自个人的赋课物;再从社会政策的意义上说,所谓赋税,就是满足财政上的必要的同时,或不问财政上有无必要,以纠正国民收入的分配及国民财富的分配,借以矫正个人所得与个人财产的消费为目的所征收的赋课物。"①

(三)现代西方学者对税收概念的界定

现代西方社会对税收概念的认知已经比较成熟,尤其是对税收的特征、目的、用途以及税收与其他财政收入形式之间的差别等方面都进行了界定。

20世纪上半叶,英国财政学家巴斯特布尔指出:"所谓赋税是人民或私人团体为供应公共机关的事务费用而被强制征收的财富。"②美国财政学家塞里格曼在其《租税各论》中指出:"赋税是政府对于人民的一种强制征收,用以支付谋取公共利益的费用,其中并不包含是否给予特种利益的关系。"③美国现代经济学家萨缪尔森在其1948年出版的经典著作《经济学》中指出:"国家需要钱来偿付它的账单,而偿付它的支出的主要来源是税收"④英国税收问题专家西蒙·詹姆斯和克里斯托弗·诺布斯将税收定义为"由公共政权机构不直接偿还的强制征收。"⑤

除了学者外,许多税收工具书也对税收的概念进行了界定。例如英国《新大英百科全书》对税收的定义是:"在现代经济中,税收是国家收入最重要的来源。税收是强制和固定的征收;它通常被认为是对政府财政收入的捐献,用以满足政府开支的需要,而并不是为了某一特定的目的。税收是无偿的,它不是通过交换来取得。这一点与政府的其他收入不大相同,如出售公共财产和发行债券等等。税收是为了全体纳税人的福利而征收,每一个纳税人承担的税负与其所获得的利益无关。"⑥

二、我国学者对税收概念的界定

我国财税理论体系最早是在清朝末年从日本和欧美国家引进来的,因此在新中国成立之前,我国对税收概念的界定与西方学者的认识基本相同。新中国成立以后,我国处于计划经济时期,由于受到"非税论"思想的影响,税收的地位较低。因此在这个阶段,我国学者对税收问题没有进行较深入的研究。直至改革开放之后,税收的地位得到了重新的认识,我国学者才开始深入研究税收理论,并对税收的概念进行独立思考。当前,我国学者对税收概念的表述方法有很多,但归纳起来主要是从两个角度出发:一是

---

① 坂入长太郎.欧美财政思想史.中国财政经济出版社,1987年版,第304—305页.
② 同上.
③ 塞里格曼.租税各论.商务印书馆,1934年版,第632页.
④ 萨缪尔森.经济学(上册).商务印书馆,1979年版,第228页.
⑤ 西蒙·詹姆斯,克里斯托弗·诺布斯.税收经济学.中国财政经济出版社,2002年版,第10页.
⑥ 王美涵.税收大辞典.辽宁人民出版社,1991年版,第936页.

财政收入的角度,二是分配关系的角度。

(一)从财政收入角度

部分学者从财政收入的角度出发,将税收界定为一种财政收入形式。代表性的观点如下:

胡怡建认为,税收是"国家为满足公共需要,凭借政治权利,按预定的标准,向居民和经济组织强制、无偿地征收取得的一种财政收入"[1]。

董庆铮认为,税收是"国家为了实现其职能,制定并依据法律规定的标准,强制地、无偿地取得财政收入的一种手段"[2]。

(二)从分配关系角度

部分学者从分配关系的角度出发,将税收界定为一种分配关系。代表性的观点如下:

侯梦蟾认为,税收是国家为了满足一般的社会共同需要,按事先确定的对象和比例,对社会剩余产品所进行的强制、无偿的分配[3]。

王诚尧认为,税收是政府凭借政治权力,按照预定标准,无偿地集中一部分社会产品形成的特定分配关系[4]。

朱明熙认为,税收是国家为了满足一般的社会公共需要,补偿由此发生的社会公共费用,按照法律规定的对象和标准,占有和支配一部分剩余产品而形成的一种特定的分配形式[5]。

许建国认为,税收是国家为了实现其职能、满足社会公共需要,凭借其政治权力,按照法律规定,参与国民收入再分配的一种形式[6]。

资料链接 1-2

税 字 由 来

汉语中的"税"字,最早见于孔子所修编年史《春秋》一书中关于"初税亩"的记载。"税"字由"禾"和"兑"两个字构成,其中"禾"泛指农产品,而"兑"有送达的意思。可见"税"的字面含义就是社会成员向政府交纳一部分农产品或者说是政府从社会成员那里取得一部分农产品。

在中国古代税收发展历程中,"税"还有其他各种各样的名称,如"赋""租""捐""调""算""庸""粮"以及"榷布"等。但是"税""赋""租"之间稍有差别,敛财曰赋,敛谷曰税,田税曰租。赋主要是用于军队给养,而税和租满足政府一般开支。"税谓

---

[1] 胡怡建.税收学.中国财政经济出版社,1996年版,第1页.
[2] 董庆铮.国家税收(修订本).东北财经大学出版社,1991年版,第1页.
[3] 侯梦蟾.税收概论.中国人民大学出版社,1986年版,第1页.
[4] 王诚尧.国家税收(第二次修订本).中国财政经济出版社,1988年版,第9页.
[5] 朱明熙.税收学.西南财经大学出版社,1996年版,第7页.
[6] 许建国,薛刚.税收学.经济科学出版社,2004年版,第12页.

公田什一及工、商、衡虞之入也。赋共车马、兵甲、士徒之役,充实府库、赐予之用。税给郊、社、宗庙、百神之祀,天子奉养、百官禄食庶事之贲。"后世对租、税、赋就不再严格区分,有时"税"字还经常与"赋""租""捐"等字连用,形成"赋税""租税"和"捐税"等词语,这与西方的税收(Tax)概念一致。目前,我国港台地区仍使用"赋税"和"租税"等词语。

虽然在中国古代既有"税"字,也有"收"字,但是这两者从未连缀成词。直至1916年,贾士毅在《民国财政史》一书中首次使用"税收"一次,此后,"税收"的使用范围不断扩大,并为人们普遍接受。

资料来源:马国强,税收学原理,中国财政经济出版社,1991年版,第14—16页;杨斌,税收学原理,高等教育出版社,2009年版,第1页.

三、中外学者对税收概念的共识

虽然中外学者对税收概念的界定表述不一,但是从他们的表述来看,中外学者对税收概念的认识存在诸多共性。

(一)课税主体是国家

税收的课税主体是国家或者政府,包括各级政府及其财税部门,包括中央政府和地方政府,以及政府设置的相应的专职机构,如我国的海关、国家税务总局、各级地方税务系统等。其他任何形式的社会团体、机构或组织(除了国家赋予某些机构或组织有代收代缴的权利外)都无权征税。

(二)课税目的是为了实现国家职能和满足公共需要

一个国家,不管是在哪个朝代,实行哪种政治制度,履行公共职能和管理社会公共事务都是一个国家存在的客观基础。国家需要承担的基本职能包括政治职能、经济职能和社会职能,这些职能也体现了社会公众的公共需要。国家在履行其职能、管理公共事务的过程中需要消耗一定数量的财力和物力。税收就是这部分财力和物力的主要来源。

(三)课税依据是国家的政治权力

税收产生的政治条件是国家公权力的产生与存在。国家取得任何一种财政收入,总要依据某种权力。而国家的权力,归根到底不外乎两种,正如马克思所说"在我们面前有两种权力,一种是财产权力,也就是所有者的权力;另一种是政治权力,即国家的权力"[①]。国家取得税收收入所依据的正是政治权力。凭借这种政治权力,国家可以对任何经济形式、社会团体和个人征税,可以渗透到国民经济的方方面面。

(四)税收本质上体现了特定的分配关系

税收作为国家取得财政收入的一种方式,在社会再生产过程中处于分配环节。国

---

① 马克思恩格斯选集(第1卷).人民出版社,1972年版,第170页.

家征税的过程,就是把一部分社会产品和国民收入强制地转变为国家所有的分配活动,同时,国家征税的结果,必然会引起社会成员之间占有社会财产比例的变化,一部分社会成员占有财产的比例因此增加,另一部分社会成员占有财产的比例相应减少。而在这一分配活动的背后,隐藏着政府与社会成员之间的分配关系以及由此派生出来的不同社会成员之间的分配关系。可见,税收本质上体现了一种以国家为主体的特定分配关系。

(五)课税须借助法律形式进行

现代政府课税必须借助法律形式进行,因为政府征税涉及社会各阶层的经济利益,需要一定的法律来规范、约束和调整征纳双方的权利和义务。法律从税收的纳税人、课税对象、课税范围、税率、征收方法等基本要素对税收制度进行规范。对征税方而言,征税必须要有相应的法律依据,征税也必须严格遵守法律的规定,不得多征也不得随意少征。对纳税人而言,不论是否愿意,都必须严格按照法律规定纳税,否则将会受到法律的制裁。

(六)税收是政府取得财政收入的基本形式

政府取得财政收入的形式多种多样,除了税收之外,还包括公债、国有企业利润上缴、公有财产收入以及货币的财政发行等形式。但是税收是政府最主要、适用范围最广、最有效的筹集财政资金的形式。

依据中外学者对税收概念的共识,本书将税收的概念界定为:税收是指政府为了实现其职能和满足公共需要,凭借国家的政治权力,按照法律的规定,向社会成员强制征收而取得的财政收入,体现了国家与纳税人之间的税收利益分配关系。

四、税收的形式特征

税收的形式特征是税收这一范畴区别于其他财政收入形式的基本特征,即强制性、无偿性和固定性。凡是同时具备这三个基本特征的事物则属于税收范畴,否则就不属于税收范畴。

(一)强制性

税收的强制性是指任何按照法律规定负有纳税义务的单位或个人都必须遵守税法,依法纳税,否则就要受到法律的制裁。

税收的强制性以国家的政治权力为依托。国家不直接占有生产资料,不掌握财产所有权,因此为了取得财政收入以提供满足社会公共需要的公共品和服务,国家必须运用政治权力参与社会产品的分配。税收的强制性是政府取得财政收入的基础,是税收分配活动顺利进行和实现国家职能的必要保证。另外,强制性也是税收作为公共产品价格这一公共属性所决定的。政府提供的公共品和公共服务具有非竞争性和非排他性的特点,很容易出现"搭便车"的行为。如果不采取强制性的征收方式,会产生大量的偷逃税现象,政府的财政收入就无法得到保证。但是,税收的强制性并不意味着政府有无限大的权力随意征税,政府的征税行为也必须受到相应法律法规的约束。

税收的强制性在各国的法律中得到了明显的体现。许多国家在法律中明确规定纳税人有依法纳税的义务,例如我国宪法规定"中华人民共和国公民有依照法律纳税的义务",并在税法和刑法等法律中明确规定了各种税制要素和相关的罚则。

(二) 无偿性

税收最核心的基本特征是无偿性。与公债到期要给购买者还本付息或商品买卖的等价交换形式不同,政府征税后,政府不需要直接向对应的纳税人支付任何代价,也不需要偿还。正如列宁所说的:"所谓赋税,就是国家不付任何报酬而向居民取得东西。"[1]国家以征税的方式筹集资金,由国家统一安排和使用于社会公共需要,用于促进经济发展和调节收入分配等。因此,如果政府征收的税款需要在征收时或征收后直接以相等的代价返还给纳税人,那么税收就无法保证国家实现其职能的需要。

但是这种无偿性,只是形式特征上的表现,是就政府和具体纳税人对社会资源的占有关系而言的。从本质上说,税收是有偿的。首先,政府将所取得的税收收入用于满足社会公众需要,为全体纳税人提供公共产品和服务,纳税人"无偿"地享受了政府提供的公共服务带来的利益。因此,从这个层面来说,税收是对纳税人来说是有偿的。其次,税收的有偿性是整体有偿性,而不是个别有偿。纳税人享受到的利益和他所缴纳的税收并不成正比例关系,缴税多的纳税人并不一定从政府提供的公共品或服务中享受等量的甚至较大的利益,同理缴税少的纳税人也并不一定享受较少的利益。

(三) 固定性

税收的固定性,也被称为规范性和确定性。税收的固定性是指,税收的征税对象、征收范围、纳税人、税率水平、征税方式以及罚则等都必须通过法律的形式事先明确规定,以便征纳双方共同遵守,不得随意变动。

税收的固定性,对纳税人而言,由于税收直接减少了纳税人的经济利益,因此事先固定的征税规则,有利于纳税人预测生产经营成果,从长安排生产经营活动和消费活动。对征税方而言,固定的征税规则有利于限制征税方的权利,不得随意改变征收范围和标准,过多地征税,防止侵害纳税人的合法权益。对国家而言,可以保证取得稳定可靠的财政收入。对社会经济来说,固定的税收与临时性的摊派或一次性的罚没收入相比,可以更充分有效地发挥调节作用。但是,税收的固定性并不意味着税收是一成不变的,随着社会经济的发展和政治经济条件的变化,税收制度也会进行相应的改革和调整,但是这些调整必须经过一定的法律程序。

税收的三个基本特征是一个统一的整体,三者有各自的内涵,但又相互联系,缺一不可。没有强制性就不能保证国家能无偿地取得固定的财政收入,而没有固定性和无偿性,税也就不能成为税了。不管在哪个历史时期,强制性、无偿性和固定性都是税收的共性,是税收区别于其他财政收入的基本标志。

五、税收与其他财政收入形式的区别

除税收以外,政府取得财政收入的形式还包括国有企业上缴利润、收费、发行公债、

---

[1] 列宁全集. 人民出版社,1958年版,第32卷第275页.

罚没收入、专卖收入和货币发行收入等。税收作为政府取得财政收入最主要的形式,与其他形式有着明显的区别。

(一) 税收与国有企业上缴利润的区别

国有企业上缴利润与税收都是国家参与企业纯收入分配的形式。国有企业之所以要上缴利润,是因为国有企业属于全民所有,因此必须让全民分享国有资本收益。税收与国有企业上缴利润的区别体现在以下三个方面:

第一,对象不同。税收的课税对象具有广泛性,只要符合税法规定的征税范围,不管是个人还是企业单位,也不区分企业的经济性质和国籍,都需要按照规定缴税。而利润上缴只适用于国有企业,国家不能以利润上缴的形式参与其他企业和个人纯收入的分配。

第二,强制性不同。税收以法律为依据,具有强制性。但是利润上缴属于在同一所有制内部的分配,不须具备强制性。

第三,固定性不同。税收具有固定性,法律事先规定征收的标准。而利润上缴则是依据实现利润的多少来决定上缴的数量,实现利润多的多缴,实现利润少的少缴,而且上缴的比例和数额经常变动。

(二) 税收与费的区别

从政府机关收费的角度来看,费是政府机关为单位和个人提供某种特定的服务,或批准使用国家的某种权力而收取的一种费用。总的来说,可以分为三类:一是事业收入,如房管部门收取的房租、环保部门收取的排污费等;二是规费收入,包括公安、民政、司法、卫生和工商管理等部门向有关单位和个人所收取的工本费、手续费、诉讼费、商标注册费和市场管理费等费用;三是资源管理费收入,如矿产管理部门收取的采矿权使用费、矿山管理费、矿产资源补偿费等各项费用。

税与费都构成相关主体的财务负担,征收标准都必须事先约定,具有固定性特征。税与费的区别表现在以下两个方面:第一,偿还性不同。税收具有无偿性,费则具有有偿性。第二,征收主体不同。税收的征收主体是代表国家的各级税务机关和海关,而费一般是由经济、社会、行政管理部门和事业单位收取。

资料链接 1-3

我国税费改革历程

按照社会主义市场经济关于转变政府职能和建立公共财政的要求,针对主要领域的税费关系进行的调整和完善,从 2000 年到现在,我国税费改革历经农村、公路交通和房地产税费改革。

农村税费改革开始于 2000 年 3 月国务院下发的《关于进行农村税费改革试点工作的通知》,通知中决定先在安徽全省进行试点,试点内容主要包括"三个取消,一个逐步取消,两个调整和一项改革"。2003 年,各地根据国务院统一部署,全面推进农村税费改革试点工作,取得积极成效。2004 年,农村税费改革依据三种模式运行:一是 8 省市全部免征农业税,二是 12 个省份的农业税税率降低 3 个点征收,三是 11 个省份的农业税税率降低 1 个点征收。2005 年农村税费改革进一步提速,原计划于 2008 年全面取消农业税提前到 2006 年完成,农民除承担农业生产中的要素投入成本支出外,不再需要向政府缴纳其他税费。

公路交通税费改革开始于 2008 年国务院下发的《国务院关于实施成品油价格和税费改革的通知》,通知规定从 2009 年 1 月起在全国范围内实施燃油税费改革,取消公路养路费等六项收费和政府还贷二级公路收费,采取提高现行成品油税额的方式依法筹措交通建设资金,使交通建设的投融资方式和资金管理方式发生根本变化。

房地产税费改革开始于 2011 年 1 月 28 日实施的上海、重庆两地个人住房房产税试行改革,改革细则中对征收对象、征收税率等做出明确规定。2012 年 11 月,原财政部长谢旭人在论及两地房产税试点改革时表示,将统筹推进房地产税费改革,逐步改变目前房地产开发、流转、保有环节各类收费和税收并存的状况。

排污费在中国已经实施 30 余年了,目前我国为了更好地对环境进行保护,推进排污费改税成为重头戏。十八届三中全会提出要加快资源税改革,推动环境保护费改税。排污费改税的实行与发展不再是仅仅停留在理论层面的争论,很快就会正式进入实践阶段。

资料来源:王庆,我国税费改革的历程、特征及指导原则探析,湖南财政经济学院学报,2013 年第 4 期.

(三) 税收与公债的区别

政府为了满足经济建设和财政预算的需要,通常还会通过发行国债、地方债、专项建设债券等方式筹集资金。公债是国家以政府信用为担保,以还本付息为条件获取资源支配权的一种方式。税收与公债的区别表现在以下三个方面:

第一,强制性不同。税收具有强制性,而公债作为一种信用关系,发行方和认购方的法律地位平等,而且以债权人自愿认购为前提,不能强迫推销,因此公债不具有强制性。

第二,偿还性不同。税收具有无偿性,而公债是认购者与国家之间是债权债务的关系,以还本付息为前提条件,遵循有借有还的原则,因此公债是有偿的。

第三,固定性不同。税收具有固定性,而公债是遵循债权人和债务人双方协商的原则,所以公债也不具备固定性。

(四) 税收与专卖收入的区别

专卖收入是指通过独占某些商品的生产和经营所获取的收入,与税收有着本质的区别,主要体现在以下四个方面:

第一,强制性不同。税收是国家通过法律规定的一种义务,具有强制性。而专卖收入反映商品交易中的买卖关系,是国家通过对某些商品的生产、收购和销售实行完全的或者非完全的垄断而获取的高额利润,不具有强制性。

第二,偿还性不同。税收具有无偿的,国家在向纳税人征税时不需要支付相应的代价。而专卖收入是在一种买卖关系中获得的收入,国家出售某种商品而获得了一部分代价,因此是有偿的。

第三,对象不同。税收的课税对象比较广泛。而专卖收入要受到专卖物品种类的限制,因为国家不可能对所有的物品都实行垄断专卖。

第四,固定性不同。税收的固定性决定了税收的相对稳定可行性。而专卖收入受到专卖物品的价格和成本变化的影响,因此不能成为一种稳定的财政收入来源。

(五) 税收与罚没收入的区别

罚没收入是对违反国家法律法规的行为采取的一种经济惩罚。罚没收入与税收相比,具有更明显的强制性和无偿性的特征,但是罚没收入和税收又具有本质的区别,主要体现在以下两个方面:

第一,固定性不同。罚没收入是以违法行为的发生为前提,没发生违法行为,国家就无法获得这部分收入。而且罚没收入是一次性处罚,不存在时间上的连续性和对象上的固定性。这点与税收的固定性明显不同。

第二,功能定位不同。税收的最重要目的是获得财政收入,税收收入越多越好。而罚没的目的是维护法律的严肃性,尤其是打击违法犯罪行为。罚没收入不能作为财政收入的经常性手段和主要手段,只能作为行政管理和财政管理的辅助手段,罚没收入越少越好。

通过上述比较,可以看出税收与其他收入形式相比具有不可比拟的优势。首先,税收的适用范围广且不受限制,普遍适用于所有的社会成员和生产经营领域。其他收入如专卖收入则要受到产权和经营范围的限制。其次,税收可以保证稳定的财政收入,而公债则需要到期还本付息,公债只是临时的筹资手段,最终需要归还。最后,税收不但可以带来规范、稳定的财政收入,还可以起到优化资源配置、调节收入分配、促进经济稳定增长的宏观调控功能。税收的这些优点,使其成为各国政府最重要、最基本的财政收入形式。

资料链接 1-4

我国政府的收入结构

我国政府财政收入的来源主要分为四个方面:一是预算内的公共财政收入,分为税收收入和非税收入;二是政府性基金收入,含土地出让收入;三是国有资本经营收入;四是社会保险基金收入。2012 年我国政府收入的具体情况如表 1-1 所示:

表 1-1 2012 年我国政府收入结构

项 目	绝对额(亿元)	占政府收入比(%)
一、公共财政收入	117 253.5	64.74
其中:税收收入	100 614.3	55.55

（续表）

项　　目	绝对额（亿元）	占政府收入比（%）
二、政府性基金收入	37 534.9	20.72
其中：土地出让收入	28 892.1	15.95
三、国有资本经营收入	1 495.9	0.83
四、社会保险基金收入	31 411.0	17.34
五、扣除重复计算部分	6 579.5	3.63
（一）中央公共财政收入调入政府性基金资金	47.4	0.00
国家重大水利工程建设基金增值税返还	32.4	0.00
车辆购置税划转水利建设基金	15.0	0.00
（二）国有资本经营收入调入公共财政资金	182.6	0.00
（三）公共财政对社会保险基金的补助支出	6 349.4	3.51
政府收入合计	181 115.9	100.00

由表1-1可知，在我国政府的预算内公共财政收入当中，税收收入是主要收入项目，占全部公共财政收入的85%以上；而预算外政府收入中，最大的收入来源是各种政府性基金，占全部政府收入的20%以上，特别是其中的土地出让收入达到全部政府性基金收入的四分之三；相比较而言，国有资本上缴利润占政府收入的比重小于1%，几乎可以忽略不计。由于大量预算外收入项目的存在，税收收入占全部政府收入的比重仅有55.56%。所以，在维持我国整体政府收入规模基本稳定的基础上，通过清费立税，调整财政收入结构，使其规范化、合理化、透明化是未来财政收入制度改革的重要内容。

资料来源：财政部网站，我国财政收入规模及国际比较，2014年5月5日.

第三节　税收依据学说

围绕政府为什么有权利向公民征税以及公民为什么有义务向政府纳税的问题，形成了税收依据学说。税收依据学说既是税收理论的基础内容，也是税收理论发展史中争议较多的一个问题。中外学者就此问题都进行了长期探索，并形成了诸多代表性的学说。

一、公共需要说

公共需要说起源于17世纪德国旧官房学派（cameralism），代表学者有德国学者克洛克(Klock)和法国学者波丹(Bodin)。公共需要说认为,国家的职能是满足公共需要和增进公共福利,税收是为了给国家实现这一职能提供物质条件。克洛克曾指出:"租税倘非出于公共福利需要者,即不得征收,如果征收,则不能认为是正当的租税。"①

17世纪初期,当时还处于君主专制的时代,君主专制国家更多的是压迫和剥削劳动人民。资本主义学者能提出以增进公共福利为课税依据,是一种历史进步,但是也掩盖了封建国家税收具有的剥削性特点。

二、利益说

利益说,也称交换说,产生于社会契约论兴起的17世纪,盛行于18世纪西方资本主义自由竞争时期,与市场经济的发展息息相关。主要代表人物有霍布斯(Hobbes)、亚当·斯密(Smith)、卢梭(Rousseau)和蒲鲁东(Proudhon)。利益说是以自由主义国家观为基础,认为国家和个人都是独立平等的实体,人民从国家的活动中受益,就需要支付相应的代价。

英国哲学家霍布斯最早对利益说进行论述,他认为:"人民为公共事业缴纳税款,无非是为换取和平而付出代价,分享这一和平福利的部门,必须以货币或劳动之一的形式为公共福利做出自己的贡献。"②亚当·斯密也曾指出,所谓税收公平,即国家应以每个人在国家保护下所享得利益的数量来确定纳税标准。法国启蒙思想家卢梭认为国家是人民契约而成的,人民的利益要由国家来保障,所以人民应以其部分财产作为国家保护其利益的交换条件,这样国家征税和人民纳税就与法律上的买卖契约相同。

在利益说的基础上,衍生出了"保险说",认为国家保护人民的利益,人民缴纳税收就像是向保险公司交付保险费一样。代表学者是法国的梯埃尔(Thiers),他认为:"赋税当以人民受自国家的利益而按比例给付,犹如被保险人当按保险金额的比例交付保险费一样。"③但是税收与保险还是不一样的,因为保险是一种有偿服务,救济数额和受灾损失数额之间密切相关,而税收是无偿征收,缴纳数额与受益数额之间并无必然联系。因此税收与保险两者本质不同。

三、牺牲说

牺牲说,又称义务说,产生于19世纪的欧洲国家。当时黑格尔的国家主义思想盛行,国家主义者宣扬国家是人类社会组织的最高形式,个人依存于国家,没有国家就没有个人,因此人们应当牺牲个人的利益效忠于国家。在这种思潮的影响下,一些学者反对社会契约论,认为税收是国家向人民的强制课征,对人民而言就是一种纯粹的牺牲。

---

① 税收概论编写组.税收概论.中国财政经济出版社,1991年版,第12页.
② 托马斯·霍布斯.利维坦.商务印书馆,1936年版,第22页.
③ 小川乡太郎.租税总论.商务印书馆,1934年版,第64页.

牺牲说的主要代表人物有法国的萨伊(Say)、英国的穆勒(Mill)和巴斯特布尔(Bastable)。萨伊最早提出"租税是一种牺牲,其目的在于保存社会与社会组织"①。穆勒在萨伊的基础上进一步发展牺牲说,并依据纳税人的能力赋税原则提出均等牺牲说的观点。英国财政学者巴斯特布尔进一步对穆勒的均等牺牲原则进行阐述,认为均等牺牲原则不过是均等能力原则的另一种表现,均等能力意味着负担牺牲的能力均等②。

四、社会政策说

19世纪末,资本主义社会的阶级矛盾日益激化,为了缓和阶级矛盾,一些资产阶级学者提出可通过借助税收作为调整社会财富与所得分配不均问题的手段。因此形成了"社会政策说",主要的代表人物有德国社会政策学派的财政学家瓦格纳(Wagner)和美国著名财政学家赛里格曼(Seligman)。瓦格纳指出:"所谓租税,从财政意义上讲,就是公共团体为满足其财政上的需要,凭借其主权,作为对公共团体的事务性设施的一般报偿,依据一般原则和准则,以公共团体单方面所决定的方法及数额,强制地征自个人的赋课物;再从社会政策的意义上说,所谓赋税,就是满足财政上的必要的同时,或不问财政上有无必要,以纠正国民收入的分配及国民财富的分配,借以矫正个人所得与个人财产的消费为目的所征收的赋课物。"③赛里格曼主张利用累进所得税来缓解收入与财产分配不均的问题。因此税收不能单纯理解为从国民经济年产出中的扣除,还应当包括纠正分配不公的积极目的。社会政策说既肯定了税收的财政职能,又从社会正义的角度提出了税收的目的,具有一定的先进性。

五、市场失灵说

市场失灵说,又称经济调节说,产生于20世纪30年代,强调税收是国家调节经济的重要杠杆。20世纪30年代,资本主义社会发生严重经济危机。为了解决资本主义国家的经济危机,凯恩斯主义在欧美国家盛行。凯恩斯主义反对古典学派的自由放任政策,倡导国家干预经济,主张政府应该通过税收和财政支出等政策刺激投资和消费需求,促进就业,并强调国家应运用税收杠杆调节经济,税收可以作为"内在稳定器":当经济萧条时,通过减税可以克服经济萧条;当经济过热时,通过增税可以抑制通货膨胀。美国经济学家萨缪尔森指出:"我们很幸福,因为我们现行的税收制度含有一定程度的自动伸缩性,税收在通货膨胀的时期趋于上升,在经济萧条时期趋于下降,这是稳定经济活动和减轻经济周期波动的一个有利因素。"④

---

① 萨伊.政治经济学概论.商务印书馆,1982年版,第509—510页.
② 坂入长太郎.欧美财政思想史.中国财政经济出版社,1987年版,第367—368页.
③ 同上书,第304—305页.
④ 萨缪尔森.经济学.商务印书馆,1988年版,第507页.

六、公共产品补偿说

在利益说的基础上,瑞典经济学家维克赛尔(Wicksell)和林达尔(Lindahl)提出了"税收价格说",即公共产品价格补偿说。该学说立足于市场等价交换的角度,认为税收是政府为了补偿其提供的公共品和服务的成本而向从公共产品和服务中受益的社会成员收取的一种特殊形式的价格。

公共产品补偿说认为税收是对公共品和劳务成本的补偿。从经济学的角度来看,人的需要包括个体需要和群体需要。人的需要的分类决定着社会产品分为私人产品和公共产品。私人产品可以由企业和家庭经济部门通过市场提供,然而公共产品由于具有非竞争性和非排他性,使公共品的消费普遍存在"搭便车"的心理,没有人愿意真实显示自己对公共品的实际需求,因此公共品就无法形成市场价格,更无法通过市场机制实现最优配置。因此,为了满足人们对公共品的需求,实现资源配置的效率目标,必须由政府来提供公共品。为了补偿公共品的生产成本,政府通常选择征税的方式来筹集资金。可见,税收是政府提供公共品的基本资金来源,是对政府提供公共品和劳务成本的补偿。

上述六种税收依据学说都结合了当时社会经济形式的变化,从不同的侧面分析了政府征税的原因,具有一定的合理性,但是也存在一定的历史局限性。其中,"利益说""义务说"和"公共需要说"的影响力较大。

资料链接 1-5

我国税收依据的选择

新中国成立后,长期实行的计划经济体制使我国的税收制度被极度简化,再加上"非税论"的影响,直接导致我国税收理论的贫乏和滞后。除传统的"国家分配论"简单地把税收根据归结为国家的政治权力外,基本上没有形成系统的税收根据理论。改革开放以后,国内学者开始对税收根据理论进行研究,先后提出了"国家政治权力说""国家职能说""社会公共需要说"和"国家最高所有权说"等;进入 20 世纪 90 年代后,我国理论界就税收根据又提出了一些新的论说或就以前提出的观点作了补充论述,如"国家社会职能说""法律权利交换说""独立经济利益说"和"税收债务关系说"等。近些年来,也有不少学者在借鉴西方公共产品理论的基础上,直接用"税收价格说"来解释我国的税收根据。

我国在确立社会主义市场经济体制目标后,国内学者逐步将利益因素引入"国家政治权力说"中,提出了"权益说",认为国家为实现其社会管理职能,满足公共需要,为公众谋利益,就需要消耗一定的社会财富,因自身不直接创造物质财富,只能凭借其政治权力,对纳税人进行强制课征,当然纳税人则负有自觉纳税义务。这里充分体现了"权力""义务"与"利益"的有机结合。在市场经济条件下,企业和个人有着自

税收经济学

身独立的经济利益,税收的课征直接减少他们的经济利益。为了克服纳税人维护自身私利所产生的利益冲突和矛盾,税收只能凭借政治权力表现出应有的形式特征。"权益论"者认为要正确处理国家和纳税人之间的征纳关系,必须坚持"权益说"这一征税依据,即把"权力说"(对国家征税来说)、"义务说"(对纳税人来说)和"利益说"(纳税人受益)这三者统一起来。其中,"权力说"指的是作为征税主体的国家(政府)凭借政治权力征税;"利益说"指的是纳税人享受国家给予的公共产品与服务的利益;"义务说"指的是纳税人承担纳税义务。可见,"权益说"既坚持了税收的最深层次的征税理论依据,又吸收了"义务说""利益说"和"交换说"的有益内容。因此,在社会主义市场经济条件下,应当坚持"权益说"。

资料来源:邓子基,"权益说"还是"交换说",税务研究,2002年第8期;王玮,我国税收根据理论的比较研究,税务与经济,2000年第6期。

第四节 税收的职能作用

税收的职能是税收本质的体现,是税收本身固有的基本属性。税收的职能是客观存在的,不以人们的主观意志为转移。然而人们对税收职能作用的认识受制于当时的社会经济形势,随着人类社会经济形势的变化,人们对税收职能的认识也不断变化并且逐步深化。

人们对税收职能作用的认识与其对市场和政府关系的认识密切相关。19世纪下半叶,经济自由主义在理论上和实践上占据着重要地位,经济自由主义认为政府应当充当"守夜人"的角色,不应对经济运行进行干预。而且在这一时期,社会生产力水平相对较低,生产和消费基本上是以家庭为单位来进行,从社会财富的生产、分配和消费三个方面来看,都不需要政府进行太多的调节和控制。因此,在这个时期,主流经济理论对税收职能的认识,仅定位为取得财政收入。

到了19世纪下半叶,资本主义自由竞争开始走向垄断,资本日益集中,社会财富分配不公日益严重,社会阶级矛盾日益尖锐,不但妨碍经济的发展,还威胁到社会的稳定。在这种情形下,以德国社会政策学派为代表的学者们提出政府要制定相应的社会政策来承担起调节财富分配的责任。因此在这一阶段,对税收职能的认识不再仅仅停留在取得财政收入上,认为税收的职能还包括调节社会财富的分配,促进社会公平,对税收职能的认识进一步加深。

20世纪30年代,资本主义国家爆发严重经济危机,"市场万能"的理论被人们抛弃,认为单靠市场机制不能保持宏观经济的平稳运行,还需要政府通过货币政策和财政政策对经济运行进行干预和调节。而税收政策作为财政政策的重要组成部分,利用税收"自动稳定器"功能以及政府对财政政策的"相机抉择",不但可以取得财政收入和实现社会公平,最重要的是可以实现调节宏观经济运行的职能,人们对税收职能的认识更加全面。

概括而言,税收具有取得财政收入、资源配置、收入分配和经济稳定四种职能。

一、财政收入职能

税收的财政收入职能,是国家对税收最基本的要求,是税收最重要的职能目标。国家是凌驾于社会之上的上层建筑,不直接占有物质资料进行生产,因此国家为了实现其各项职能,需要借助税收把分散在各部门、各企业以及个人手中的一部分国民收入,强制、无偿地集中起来,形成集中性国家财力。税法明确规定了纳税人、课税对象、税率、纳税义务发生时间和纳税期限,因此可以保证税收收入的稳定性和及时性,有利于国家稳定、及时地取得财政收入,保证预算资金的正常安排。而且,不论是在资本主义国家,还是社会主义国家,税收都是财政收入中最重要的组成部分,绝大部分现代国家税收收入占财政收入的比重都达到了八成以上。

二、资源配置职能

资源配置是指对社会经济活动中人力、财力和物力等资源的分配和使用。相对于人们的需求而言,经济资源总是表现出相对的稀缺性,从而要求人们对有限的资源进行合理的配置,以获得最佳的效益。在市场经济中,市场机制是资源配置的决定性力量。但是市场在资源配置方面客观上会存在一些不足,例如许多公共品无法通过市场来提供和满足,外部性无法通过市场来矫正,信息不对称使市场配置存在一定的盲目性等。当市场经济运行失调或存在某种缺陷时,需要政府利用财税政策矫正失调或弥补缺陷,从而改善资源配置状况,增进社会福利。国家利用差异化的税收政策(课税与免税、轻税与重税),调节资源在不同地区之间、产业部门之间以及政府部门和非政府部门之间进行配置,以实现合理的地区生产力布局、产业结构以及公共品和私人产品的供给结构。

三、收入分配职能

在市场经济领域,"效率优先,兼顾公平"是初次分配的基本原则。这种以效率为先,更注重起点公平的初次分配必然会导致较大的收入分配差异问题。如果一个国家国民收入获得了较大的增长,但是收入差距却不断拉大,甚至出现贫富悬殊问题,从全社会的角度来看,这种经济增长是不可持续的,因为收入分配差距过大不仅会影响到社会的稳定,而且会阻碍经济的进一步增长。

税收作为财政参与国民收入分配和再分配最常用的手段之一,税收的收入分配职能,就是通过税收手段,对富人多征税、对穷人少征税的方式实现对收入再分配的调整,将收入差距控制在社会可接受的范围之内。例如通过征收所得税和财产税性质的税种,可以直接起到调节个人收入水平与财富占有的作用,又如对高端消费产品或劳务课

税收经济学

以重税,对普遍消费的生活必需品实行免税或课以低税可以间接调节各收入阶层承担的税负水平。另外,政府将征收的税款通过公共支出和转移支付等方式,向社会公众提供公共品等社会福利,或将财政资金直接、无偿地分配给特定地区、单位和个人等救助对象,进一步调节收入的再分配。

四、经济稳定职能

由于市场机制存在盲目性、滞后性和自发性等特点,市场的自发力不能保证总供给和总需求在充分利用社会资源的水平上实现均衡,可能出现无法有效地配置商品和劳务的情况,因此会周期性地发生通货膨胀、失业、增长波动和贸易失衡等经济问题,即市场失灵。针对这种情况,税收作为政府直接掌握的经济工具,应充分发挥其经济稳定的职能,平抑经济波动,解决市场失灵问题。

税收政策的经济稳定职能体现在两个方面。一是税收的自动稳定机制,也称"内在稳定器"功能。政府税收会随着经济景气状况自动进行增减调整,从而"熨平"经济周期波动。税收的自动稳定机制主要是通过采用累进税率的个人所得税和公司所得税得以实现,当经济出现衰退,个人和企业的收入下降,这时即使不改变个人和公司所得税的税率,征收的所得税额也会自动下降;在经济高涨时,个人与企业的收入水平上升,征收的所得税额也会自动增加。税收的这种"反周期调节"——在衰退时减税、高涨时增税的机制能够起到缓和经济波动的作用。二是相机抉择的税收政策。即政府根据经济景气情况,有选择地实施减税和增税措施,当经济萎缩时,采用扩张性税收政策;当经济高涨时,采用紧缩性的税收政策,以促进经济的稳定增长。

五、我国税收职能作用的演变

纵观新中国成立后我国税收的发展历史,税收的职能和作用经历了税收无用论、税收万能论和辩证认识税收作用三个阶段。

表1-2 1950—2013年中国税收收入占财政收入比重

年份	财政收入（亿元）	税收收入（亿元）	税收占比（%）	年份	财政收入（亿元）	税收收入（亿元）	税收占比（%）
1950	62.17	48.98	78.78	1957	303.20	154.89	51.09
1951	124.96	81.13	64.92	1958	379.62	187.36	49.35
1952	173.94	97.69	56.16	1959	487.12	204.71	42.02
1953	213.24	119.67	56.12	1960	572.29	203.65	35.59
1954	245.17	132.18	53.91	1961	356.06	158.76	44.59
1955	249.27	127.45	51.13	1962	313.55	162.07	51.69
1956	280.19	140.88	50.28	1963	342.25	164.31	48.01

(续表)

年份	财政收入（亿元）	税收收入（亿元）	税收占比（%）	年份	财政收入（亿元）	税收收入（亿元）	税收占比（%）
1964	399.54	182	45.55	1989	2 664.90	2 727.40	102.35
1965	473.32	204.3	43.16	1990	2 937.10	2 821.86	96.08
1966	558.71	221.96	39.73	1991	3 149.48	2 990.17	94.94
1967	419.36	196.63	46.89	1992	3 483.37	3 296.91	94.65
1968	361.25	191.56	53.03	1993	4 348.95	4 255.30	97.85
1969	526.76	235.44	44.70	1994	5 218.10	5 126.88	98.25
1970	662.90	281.2	42.42	1995	6 242.20	6 038.04	96.73
1971	744.73	312.56	41.97	1996	7 407.99	6 909.82	93.28
1972	766.56	317.02	41.36	1997	8 651.14	8 234.04	95.18
1973	809.67	348.95	43.10	1998	9 875.95	9 262.80	93.79
1974	783.14	360.4	46.02	1999	11 444.08	10 682.60	93.35
1975	815.61	402.77	49.38	2000	13 395.23	12 581.51	93.93
1976	776.58	407.96	52.53	2001	16 386.04	15 301.38	93.38
1977	874.46	468.27	53.55	2002	18 903.64	17 636.45	93.30
1978	1 132.26	519.28	45.86	2003	21 715.25	20 017.31	92.18
1979	1 146.38	537.82	46.91	2004	26 396.47	24 165.68	91.55
1980	1 159.93	571.70	49.29	2005	31 649.29	28 778.54	90.93
1981	1 175.79	629.89	53.57	2006	38 760.20	34 804.35	89.79
1982	1 212.33	700.02	57.74	2007	51 321.78	45 621.97	88.89
1983	1 366.95	775.59	56.74	2008	61 330.35	54 223.79	88.41
1984	1 642.86	947.35	57.66	2009	68 518.30	59 521.59	86.87
1985	2 004.82	2 040.79	101.79	2010	83 101.51	73 210.79	88.10
1986	2 122.01	2 090.73	98.53	2011	103 874.43	89 738.39	86.39
1987	2 199.35	2 140.36	97.32	2012	117 253.52	100 614.28	85.81
1988	2 357.24	2 390.47	101.41	2013	129 209.64	110 530.70	85.54

数据来源：国家统计局，http://data.stats.gov.cn/workspace/index?m=hgnd。

1950—2013年我国税收收入占预算内财政收入的比重如表1-2所示（表中财政收入中不包含国内外债务收入），由表1-2可知，我国税收占财政收入的比重变化可以划分为三个阶段：

第一阶段：1950—1984年，我国税收收入占财政收入的比重一直维持在40%—57%之间，处于较低的水平，这与当时我国处于传统计划经济时期，经济管理体制高度集中,并且受到"税收无用论"思想的影响有关。在"非税论"的影响下,国有经济税收和社会主义税收的必要性遭到否定,税收被计划价格和利润上缴等形式取代,税收制度多次被简化直至近乎单一税制。

第二阶段:1984—1994年,这一时期对税收职能和作用的认识得到纠正,税收作为重要经济杠杆的地位得以确立。我国开始实行工商税制改革和两步"利改税",逐步建立了"多税种、多环节、多层次"的复合税制。从1985年起税收收入占财政收入的比重大幅提高,税收占财政收入的比重达到96%以上。

第三阶段:1994年分税制改革后至今。从1995年起,我国税收占财政收入的比重开始逐步小幅下降,2006年之后下降到90%以下,近几年稳定在85%—86%。出现这种情况,与我国非税收入的迅猛增长直接相关。在分税制改革后,地方政府财权和财力收缩,地方政府的财政压力促使地方政府乱收费以及出让土地等手段获得大量的非税收入。

(一) 税收无用论阶段

20世纪30年代,苏联基本上完成了对生产资料所有制的社会主义改造,为了适应社会主义经济成分在整个社会经济中占据统治地位的新形势,进行了税制改革,国家对国营企业只征收周转税和提取利润提成。苏联部分学者认为,社会主义国家的生产资料交换并不发生所有权的转移,国营企业生产资料创造的收入属于社会主义国家所有,因此无论是征税还是利润提成,所有权都没有发生转移,从而产生了"非税论"。"非税论"实质上是否认社会主义国家对国营企业征税具有税收性质的一种理论观点。

20世纪50年代,"非税论"的观点从苏联传入我国,当时我国社会主义改造完成后,在左的思想指导下,打破了多种经济并存的格局,变成了国营和集体两种公有制一统的天下。在这种经济政治形势下,"非税论"很快被我国接受,并且由此引申出了"税收无用论"。"税收无用论"思想,是对税收职能作用的错误认识,导致我国税收的地位下降,1954—1975年,税收在财政收入中的比重大约在40%,甚至税收在财政收入中的比重低于企业收入比重。当时,我国除了对公营企业和公私合营企业以上缴利润形式代替所得税之外,对农村曾一度实行财政包干制度不再征税、城市试行利税合一的政策。农村财政包干制度把原来人民公社应当上缴的工商税、农业税等收入,改为由公社统一包干上缴国家,不再分别计算上缴,即在农村范围内全面取消税收。在试行农村包干的同时,又在部分城市对国家和定息的公私合营企业试行了税利合一,在公营、公私合营企业范围内整个工商税收彻底取消,试行全面的以利代税。农村财政包干和城市试行税利合一政策试行不久,就暴露出了各种问题,不仅仅不能保证财政收入,还引起税负不公平、滋生浪费等问题,这些政策试行不久,在1959年5月就不得不明确恢复征税政策。

另外,"税收无用论"的另一表现是以简化税制为名,大量削减税种。依据1950年正式颁布实施的《全国税政实施要则》,规定我国除农业税外,全国统一开征货物税、工商业税、盐税、关税、薪给报酬所得税、存款利息所得税、印花税、遗产税、交易税、屠宰税、房产税、地产税、特定消费行为税和车船使用牌照税等14种工商税。1953年对原工商税制作了一些修订,修订后有12种工商税。随后在"保证税收,简化税制"的思想指导下,我国税制又经历了两次大的简化。第一次是1958年,合并商品流通税、货物税的同时,把营业税、印花税也合并进去,开征了工商统一税,此次改革后留下9种工商税。第二次是在1973年进行工商税制改革,把互不相干的城市房地产税、车船使用牌照税、盐税、屠宰税与工商统一税及其附加5个税种合并起来,改征工商税。而且在1959年停征了存款利息所得税,1966年废除了文化娱乐税。这样一来,我国对全民所有制企业只征收工商税,对集体所有制企业只征收工商税和所得税,1950年建立的复合税制基本上改成了单一税制,税收的职能作用几乎被全盘否定。在"税收无用论"思想的指导下,在改革开放前的30年间,我国税制建设受到了极大的干扰和破坏,税务机构被大量撤并,大批税务工作者被下放、或改行,税收在经济领域中的活动范围大大缩小,严重地影响了税收职能作用的正常发挥。

(二) 税收万能论阶段

与"税收无用论"截然相反的是"税收万能论"。"税收万能论"认为税收是解决改革过程中出现种种问题的"灵丹妙药",过分夸大税收的功能和作用,认为现实生活中的一切问题都可以用税收来解决。税收作为重要的经济杠杆,产生一种"税收杠杆论"的认识,税收被赋予"给我一个支点,我就能撬动整个地球"的功能。"税收万能论"事实上与"税收无用论"一样,都脱离了客观实际,是税收在认识论上唯心主义的反映。

在改革开放初期,随着全国上下思想得到解放,对税收作用的认识得到了提升,税收的作用重新得到了认可和重视。1984年开展了两步"利改税"和工商税制改革,将原工商税废止,并出台产品税、增值税、营业税、盐税、国营企业奖金税、建筑税(后改为固定资产投资方向调节税)、城市维护建设税、国营企业工资调节税、城乡个体户所得税、私营企业所得税、中外合资企业所得税、外国企业所得税、个人收入调节税、集体企业奖金税、事业单位奖金税、特别消费税、资源税、烧油特别税、城镇土地使用税、车船使用税、房产税、城市房地产税、个人所得税等多个税种。到1993年12月,我国税种数量达到了42种之多,逐步形成"多税种、多环节、多层次"的复合税制。

但是我国并没有很好地给税收在社会经济中的作用进行合理的定位,许多税种的设立都受到了"税收万能论"思想的不利影响。筵席税就是一个最好的例证。1988年我国发生严重的通货膨胀,投资和消费膨胀,为了"合理引导消费,提倡勤俭节约的社会风尚",我国寄希望于税收,开征筵席税,规定举办筵席的单位和个人为纳税人,按次征收,起征点为200—500元,税率为15%—20%。但是筵席税并没有达到预期的目的,饮食业主和消费顾客联合采取尽量不开发票或者一笔餐饮消费金额开具多张发票的方式来逃避税款。大吃大喝、铺张浪费的现象是一种不良的社会风气,更多的是体制层面上的问题,大大超出了税收的作用边界,单靠简单的筵席税是不可能解决这一复杂的社会问题的,筵席税最终不得不黯然退出历史舞台。

由此看来,在"税收万能论"思想的指导下,人们对税收政策寄予了太高的期望,把税收的功能不切实际地扩大化,只要出现什么问题就寄希望于开征什么样的特定税收来解决,如此一来只会导致税种越来越多、税制越来越复杂,税制改革将越来越不规范。税收杠杆超越自身的能量来替代其他经济杠杆"工作",其作用必将是适得其反。

(三) 辩证认识税收作用阶段

不管是"税收无用论"还是"税收万能论",都是对税收地位和作用的误解,对税收发挥作用的领域认识不到位。税收既不是无用的,更不是万能的。在社会经济发展过程中,税收的存在是客观的,税收与其他所有事物一样,具有固有的局限性,因此税收的职能作用是相对的。首先,税收作用的空间相对有限。税收作用的范围被限制在征税范围之内,作用的对象是纳税人,而对于非税的领域,税收就不能发挥作用。其次,税收的作用效力也是有限的。税收在发挥刺激经济活动或调节收入分配的作用时,其作用效果不仅取决于经济主体对税收政策反应的及时性和敏感度,还取决于税收的执行力度和征管水平,税收的作用效力更多的是"锦上添花",而不是"雪中送炭"。再次,税收制度设计和实施过程中存在一些缺陷,可能会限制税收作用的发挥。此外,税收制度需要经过一系列复杂的法定程序批准,具有相对稳定性,因此无法实现随时依据经济发展状况进行及时调整,存在一定的时滞性。

随着社会主义市场经济的发展,我国对税收职能作用的认识开始理性化,逐步地从"税收万能论"过渡到"辩证认识税收作用"的阶段。1994年,我国对税收制度进行了大幅度的调整,建立了以规范化的增值税为核心,消费税和营业税相互协调配套的商品税体系,统一内资企业所得税和个人所得税,并取消集市交易税、牲畜交易税、奖金税和工资调节税,新开征土地增值税,调整了城市维护建设税。2004年以后,我国税收制度进一步完善,先后改革了消费税制度,取消了农业税和农林特产税,统一了内外资企业所得税和实现了增值税的转型等。2013年十八届三中全会提出全面深化财税体制改革,完善地方税体系,逐步提高直接税比重,推进增值税改革,适当简化税率,调整消费税征收范围、环节、税率,把高耗能、高污染产品及部分高档消费品纳入征收范围,逐步建立综合与分类相结合的个人所得税制,加快房地产税立法并适时推进改革,加快资源税改革,推动环境保护费改税。随着税制改革的不断推进,我国步入了科学、理性和辩证地认识税收职能作用的新阶段。

资料链接 1-6

税收法治观念与中西文化差异

依法治税是依法治国基本方略的重要组成部分,坚持依法治税更是税收工作的灵魂,税收法治观念应当深入每个税务工作者和纳税人的心中。然而在一定的条件下,一个国家的文化对该国制度的选择和观念的形成起着决定作用。任何制度、观念均有其存在的文化基础。受中西方文化差异的影响,中西方税收法治观念的发展也存在显著差异。

英国、美国、德国等西方国家在文化上存在以下显著特点:一是宗教信仰普遍性、深入性、统一性较高,即使是在现代科技高度发达的今天,社会的宗教性并没有降低。二是价值从内在途径获得,而不是从别人的评价中来检验。虽然也有人情和关系,但人情和关系远没有成为高于法律之上的社会规则。三是追求经济成功的手段以严格的核算为基础而理性化,在生活和行为方式中具有注重精确的特征。四是超越血缘关系的信任普遍化,非常善于与人合作,也非常合群。西方国家的这些文化特征带来了重信用、讲民主、法制化等重要社会治理特征。在这些社会治理特征下,治税和纳税都注重法律的规定,而不是"人情关系",讲求法律面前人人平等,税法的执行和税务违法的预期成本(包括道德成本)很高、处罚非常严格,一般不受人情、关系所左右,税收法制化的观念深入人心。

与西方国家不同,中国的现实文化存在以下显著特征:一是经济行为缺乏长期性、长远性考虑,具有短期性的特点。中国属于无神论、泛神论和多神论国家,多数人没有宗教信仰,不存在超道德价值的范畴;二是讲究面子的传统习惯导致从外在途径获得价值的表现形式;三是人情至上、注重关系的传统使法律难以严格实行,内外有别的关系网络秩序导致信用的非普遍化。在这种重人情、讲面子、搞关系的文化氛围中,法律显得苍白无力。在多数情况下,往往会舍法律而就人情,在一定条件下,人情才是这个社会所接受的基本道德规范。因此在中国不存在必须按照字面规定严格遵守法律的传统,因人而异地执行法令、规章似乎成了理所当然。在这样的文化和社会治理特征下,税收工作者和纳税人的税收法治观念淡薄,依法治税更是成为一件难事。

鉴于我国文化与西方文化的差异,税收法制化的观念浅薄的情况,我国在选择或设计税收制度时要考虑与文化相容,做到既顾及又不迎合面子、人情和关系的现实文化,即要求提高处罚的预期成本和做到税法规定明确、具体、规则详细,避免含糊不清,让执法者没有权利灵活变通,从而抑制面子、人情、关系的影响,从而实现依法治税的目标。

资料来源:杨斌,税收学原理,高等教育出版社,2008年版,第95—98页.

本 章 小 结

1. 税收的产生取决于两个相互制约的条件,一是经济条件,即私有制的存在;二是政治条件,即国家公共权力的产生和存在。

2. 随着人类历史的发展和演变,税收在确立方式、税收制度结构、税收的地位和作用以及税收的征税权力等方面发生了根本性的变化。税收的确立方式历经了"自由纳贡"、"承诺纳税"、"专制课征"和"立宪课税"四个阶段;税制结构历经了古老的直接税阶段、间接税阶段、现代直接税阶段和现代复合税阶段四个阶段;税收在政府收入体系中的地位不断提升;税收征税权力由属地的地域管辖权向属人的居民(公民)管辖权拓展和延伸。

3. 对税收概念主要从财政收入的角度和分配关系的角度两个方面进行界定。税收是指政府为了实现其职能和满足公共需要,凭借国家的政治权力,按照法律的规定,向社会成员强制征收而取得的一种财政收入,体现了国家和纳税人之间的税收利益分配关系。税收具有强制性、无偿性和固定性三个形式特征,是税收区别于其他财政收入形式的基本标志。

4. 围绕政府为什么有权利向公民征税以及公民为什么有义务向政府纳税的问题，形成了税收依据学说，主要有公共需要说、利益说、牺牲说、社会政策说和市场失灵说。

5. 税收的职能是税收本质的体现，是税收本身固有的基本属性。税收具有四个方面的职能，分别是财政收入职能、资源配置职能、收入分配职能和经济稳定职能。我国对税收职能和作用的认识历经了税收无用论、税收万能论和辩证认识税收作用三个阶段。

复习思考题

1. 结合我国的历史，阐述税收产生的前提条件。
2. 从税收确立方式的角度来看，税收的历史演变经过了哪几个阶段？每个阶段的税收具有什么特点？
3. 结合我国的历史和财政发展情况，讨论不同历史时期税收的地位和作用。
4. 结合税收的形式特征，分析税收与其他财政收入形式的区别。
5. 在社会主义市场经济体制下，我国应当秉持何种税收依据学说？
6. 税收具有哪些职能作用？政府应如何通过合理制定和安排税收政策以实现相应的税收职能作用？
7. 结合我国的历史和当前税制改革的趋势，谈谈你对税收法定原则的理解。

案例讨论题

税收不是包治百病的灵丹妙药

最近几年来，社会上总有一种现象：只要哪里出了问题，一些"有关专家"就建议开征新税。比如，看到目前环境恶化，有人提议开征生态环境保护税、气候变化税、能源税、碳税、碳排放基金和信托交易基金；看到房价高企难抑，有人建议开征房产税、物业税；看到交通拥堵，有人建议开征机动车拥堵税。给人的总体感觉，似乎税收就是一个包治百病的灵丹妙药，只要哪里出了问题，新税一征，药到病除。

毋庸置疑，作为宏观调控的重要杠杆，税收在经济领域的确发挥着非常重要的调节作用，但这些调节作用必定是有限的，其作用不能被无限放大。税收对于调剂、促进、彰显、限制和禁止行业发展、经济结构调整、人类消耗限制等方面，在体现国家发展方向、产业政策和经济宏观调控方面，能够发挥一定的积极效应，产生一定的引导作用和正面影响。但是，要说税收万能，那就是一种以偏概全的错误了。在很多时候，税收政策还要跟土地政策、金融政策、财政政策等其他政策措施配合使用，方能奏效。夸大税收的作用，鼓吹"税收万能论"，贻害无穷。正如人有病不治，只吃绿豆，不仅会延误最佳治疗时机，而且会引发新的病痛一样，社会在某些方面出了问题不能够及时"确诊"、及时"用药"，同样会把一个小问题变为大问题，给社会经济发展带来更大的障碍。

资料来源：凤凰网资讯，http://news.ifeng.com/gundong/detail_2013_10/17/30396203_0.shtml。

选取某一具体经济、社会问题(如房价问题、环境保护问题、收入分配问题等),结合我国实际情况,分析讨论我国税收对经济、社会生活的调控作用及其功能定位,我国应如何正确看待税收的调控功能。

延伸阅读文献

1. 坂入长太郎. 欧美财政思想史. 中国财政经济出版社,1987.
2. 邓子基."权益说"还是"交换说". 税务研究,2002(8):43-45.
3. 刘剑文. 落实税收法定原则的现实路径. 政法论坛,2015(5):14-25.
4. 刘尚希,应亚珍. 个人所得税:功能定位与税制设计. 税务研究,2003(6):24-30.
5. 孙飞. 马克思主义税收思想及其现实意义. 当代经济研究,2006(6):10-13.
6. 孙翊钢. 中国赋税史. 中国税务出版社,2007.
7. 熊伟. 法治视野下清理规范税收优惠政策研究. 中国法学,2014(12):154-168.
8. 胥玲,邢丽. 基于国际比较视角正确认识房产税职能. 税务研究,2012(10):16-20.
9. 叶青,陶醉."经济决定税收"思想的历史回顾. 税务研究,2015(9):110-113.
10. 张馨等. 当代财政与财政学主流. 东北财经大学出版社,2000.

第二章　税收原则

【本章要点】

1. 税收原则理论的历史演变
2. 税收财政原则的内涵
3. 税收公平原则的内涵
4. 税收效率原则的内涵
5. 税收经济效率与超额负担

案 例 导 入

中国社会科学院发布的《中国住房发展报告2015—2016》建议，出台对居民家庭购买首套普通商品住房按揭贷款利息抵扣个人所得税政策，降低购房还款负担，实现居者有其屋和藏富于民的双重目标。当然，由此延伸出来的是个人可支配收入的增加与购房成本的实际下降，房地产行业将因此受益，其他消费也会随之扩大，房地产行业去库存的速度将因此加快，有利于经济稳定增长，整个社会亦将受益。

虽然购房抵个税是一项惠及千家万户的政策，但也有业内人士指出，房贷利息抵个税也存在潜在的负效应，特别是可能加剧财富分配的不平均。房贷利息抵扣个税，从表面上看，似乎利好于每一个贷款购房者，但实际上更有利于一线城市的高收入、高端住宅者的需求者。对于低收入阶层、无房阶层来说，却享受不到这种抵扣。为了保证抵扣额度的公平，抵扣应有最高限度。这个限度要结合社会所能接受的住房标准来定。抵扣限度也应有动态调整机制。为了让住房税收优惠待遇更加公平，全款购房者、租房户的税收优惠待遇同样要在税制设计中得到体现。

另有分析指出，房贷利息抵税还可能造成楼市新一轮投机热，使楼市运行偏离轨道。一方面，房贷利息抵税释放出鼓励贷款购房的信号，将影响多层次住房供应体系的稳定性。在同等居住条件下，如果房租不能抵税，贷款利息可以抵税，这无疑是引导消费者远离租赁市场，可能会阻碍住房消费市场的结构优化，人为加剧供需矛盾。

此外，考虑到个税在地方税收体系中的地位，特别是不同地区个税收入的重要性差异不同，房贷利息抵个税对地方税收收入的影响也要加以评估。

资料来源：购房有望可抵个税，你怎么看？，中山楼市网，2015年12月18日．

税收原则理论是税收理论的核心内容之一。一国政府在设计税收制度以及实施税收政策的过程中必须遵循一定的行为准则,同时该准则也是评价和判断该国税制好坏优劣、衡量税务行政管理机构运行绩效水平的基本尺度,该准则就是税收原则,是决定税收制度存、废、改、立的深层次理念体系。

第一节 税收原则理论的演变

从税收发展的角度看,在不同历史时期、社会阶段,人们对于税收原则的理解和认识是不同的。所以,税收原则的主要内容并不是一成不变的。随着整个社会经济、政治、文化的发展,政府职能的不断改变以及人们认识的不断加深,税收原则也同时经历着不断向前发展和逐步自我完善的过程。

一、我国早期的治税思想

在财税史学研究中,中国近代社会以前的税收原则大多以治税思想的概念来表达,并未形成系统化的理论体系。历朝历代的一些思想家、政治家曾提出过许多治税思想[1]。

(一) 管仲的治税思想

管仲(公元前723—公元前645)有句名言:"仓廪实则知礼节,衣食足则知荣辱。"他以朴素唯物主义的观点,指出了管理国家必须从发展经济入手,把财政经济问题放在首位。

管仲认为,统治者在征收赋税方面要懂得将欲取之,必先予之的道理,"知予之为取者,政之宝也"。对民有所予,才能向民有所索求。予正是为了取,没有予也就没有取,多予才能多取,只取不予,最终什么也取不上来。这是管仲赋税思想最重要的方面,说明他已懂得对立的两个方面可以相互转化的朴素辩证法的道理。

管仲把他的取予之道全面地贯彻于经济改革中:他实行"相地衰征"政策,次地轻征,增产多得,"与之分货";由于生产量增加,政府所得赋税收入也随之增加。管仲不仅认识到在取予关系上必须先予后取,取之有序,而且认识到必须取之有度,即主张对人民的征收要适度,要注意数量界限:"取于民有度,用之有止,国虽小必安;取于民无度,用之不止,国虽大必危。"国家的安危系于"有度""无度"之间,这种认识是十分深刻的。

(二) 孔子的治税思想

孔子(公元前551—前479)主张征收赋税必须"度于礼"。他认为,轻税是周礼的一条基本原则,指出:"君子之行也,度于礼,施取其厚,事举其中,敛从其薄。"他主张使民于农闲之时,征发徭役不能影响农业生产。他认为按照礼的要求"使民以时",人民就会

---

[1] 许建国,薛钢主编.税收学.经济科学出版社,2004年版,第49页.

"劳而不怨"。他坚决反对赋税征收上的"贪冒无厌"。他认为:"百姓足,君孰与不足;百姓不足,君孰与足",要求国家赋税建立在百姓富足的基础上。这是历史上第一次出现重视税源培养的观点,具有重要的历史价值。

(三) 商鞅的治税思想

商鞅(约公元前390—前338),先秦法家主要代表人物之一,曾推行一系列政治与经济改革使秦国"兵革强大,诸侯畏惧",史称"商鞅变法"。

"赋税平"的平均税负思想。商鞅的这项措施主要是针对地主阶级上层人士大量隐瞒田产而采取的,要求对一切耕地重新丈量,按亩征税。只有清丈出隐瞒的田产,迫使隐瞒者按照国家规定纳税,才真正做到了按耕地面积公平负担税负,使地主阶级不再依赖其所拥有的地位和特权而逃税漏税,达到税负公平。"訾粟而税,则上壹而民平",即量粟征产量税,公平负担,这是对"为田开阡陌封疆而赋税平"的补充规定,同面积的土地肥沃程度往往不一样,必须"訾粟而税",按产量不同折成标准亩。这在当时对封建地主阶级和贵族是一个沉重的打击。

不同的阶层征收不同数量的赋税。商鞅对于赋税徭役轻重的规定,完全是从是否有利于农战政策的推行这一角度考虑的,赋税、徭役的数量必须能保证战争及国家其他财政力量的需要。因此,他反对无差别的轻徭薄税,采取农轻商重的原则。对于从事农业生产的农民,主张减少农业税,禁止滥兴劳役。

商鞅的赋税思想在历史上占有重要的地位,但也有一些消极的影响。例如,重农抑商的重征商税政策,为历代封建统治者所沿用,成为他们打击商品货币经济发展的主要手段,严重地影响了中国社会经济的发展进程。

(四) 傅玄的治税思想

傅玄(217—278)字体奕,北地泥阳(今陕西耀县东南)人,魏晋时期著名儒学思想家、文学家。傅玄赋税思想的核心是"安上济下,尽利用之宜",即国家制定赋税政策,既要保证国家安定,又要有利于民生,并且要尽力做到财政开支与民力相适应。傅玄主张"度时宜而立制"。他不是简单地重复儒家轻徭薄赋的观点,而是认为赋税的轻重应根据客观条件加以确定,"世有事,即役烦而赋重;世无事,即役简而赋轻"。社会安定时期的轻税政策,可使人民休养生息,发展生产;而社会动荡时期的重税政策,可保证必不可少的军需国用。该重的时候重,该轻的时候能轻得下来;有轻有重,轻重结合,是为"至平"。他认为只要国家的政策"随时益损而息耗之,庶几虽劳而不怨"。傅玄针对豪强地主向农民转嫁赋税负担的情况,提出要根据农民的贫富程度(负担能力)确定征发赋役的数量,使赋役负担大体均平的观点,即"随时质文,不过其节,计民丰约而平均之,使为足以供事,财足以周用"。傅玄反复强调,征收赋税决不能超过人民的负担能力,指出:"海内之物不益,万民之力有尽",必须"量民力以役赋"。他经常以"昔者东野毕御,尽其马力,而颜回知其必败"的典故说明"况御天下,而可尽人之力也哉"的道理。指出秦朝之所以速亡,就是因为时人不懂得这个道理,竭泽而渔,导致民怨沸腾,揭竿起义。傅玄怀有儒家传统的天下为公、世界大同的社会理想,认为赋税和徭役应"积俭而趣公"。赋役必须为国家公利而征发,是为"趣公",而决不能用于统治者个人的私利,必须去"私"。他提倡"唯公然后可正天下",认为只要是为公利而征税,并且这种征收"俭而有节",那么即使老百姓劳苦一些,也是能够接受的。他又主张国家征税要有一定的制度,规定正常的纳税标准,即"国有定制,下供常事;赋役有常,而业不废","乃立壹定之制,以为常典,甸都有常分,诸侯有常职焉"。定制颁布后,一般不轻易作更动。这样做的好处,是可以避免赋役制度紊乱,防止地方官吏诛求扰民。"上不兴非常之赋,下不进非常之贡,上下同心,以奉常教,民虽输力致财,而莫怨其上者,所务公而制有常也。"反之,"赋役无常,横求相仍,弱穷迫不堪其命,若是者民危"。

(五) 杨炎的治税思想

杨炎(727—781)于唐德宗时期担任宰相,在任两年中,在财政方面做出了重大的贡献,进行税制大变革,创立了两税法。

两税法代替租庸调制,并随之提出一系列卓有见地的赋税思想。量入为出是历代统治者标榜的财政信条,杨炎却反其道而行之,提出量出为入的原则。他指出:"凡百役之费,一钱之敛,先度其数而赋于人,量出以制入"。这一思想是在唐大历年间"纪纲废弛,百事从权,至于率税多少,皆在牧守裁制"的特定背景下产生的,因而具有约束赋税征敛、减轻百姓负担的积极意义。

两税法以前的税制极为繁杂,除租庸调外,又加征户税、地税、青苗钱等,弊病很多。杨炎提出简化税制的要求,"请作两税法,以一其名","其租庸杂徭悉省",规定"夏秋两征之","夏税无过六月,秋税无过十一月"。矫正了此前"科敛之名数百"及百姓"旬输月送无休息"的积弊。杨炎强调负担能力,差别课税,提出"唯以资产为宗,不以丁身为本"的计税原则。在两税法中规定"户无主客,以见居为簿;人无丁中,以贫富为差"。这一思想顺应了封建社会土地关系的趋势,具有深远的历史影响。

(六) 王安石的治税思想

王安石(1021—1086),宋神宗时任参知政事、同中书门下平章事,主持变法。他指出:农业生产不发达的原因,一是豪强地主兼并土地,二是政府的赋役征发过于沉重。他采取的政策是:发展生产、减轻负担、摧抑兼并。王安石具有赋税与生产的统一观。

他提出的赋税原则是:"因天下之力以生天下之财","人致己力,以生天下之财",并在制定推行新法时充分贯彻了这一原则。农田水利法在兴修农田水利以利农业生产方面具有重要意义,可直接提高农村的生产力。对于百姓集资兴修的项目,政府不仅给予贷款,而且加以奖励;青苗法的作用在于抑制高利贷盘剥,暂解青黄不接之际农民的燃眉之急;免役法明令废除旧的职役制,改由官府出钱雇人应役,可使较多的劳动力投入农业生产。这两项措施都具有减轻农民负担、保护农村生产力的作用。北宋王朝建立后,实行"不抑兼并"的政策,致使上地(即肥沃的土地)兼并日益加剧,百姓流离失所,严重影响了政府的赋税收入。王安石主张"以摧抑兼并,均济贫乏,变通天下之财"作为他改革赋税的中心思想,并将其贯彻于各项改革措施之中,力求从地主豪强手中分割部分权益,以弥补财政亏空,同时也使中小地主和自耕农民得到一些好处。在工商税方面,他主张首先促进商品流通的发展,认为只有流通渠道畅通,工商税收才会增加。他曾以"将欲取之必先予之"的古训批评那些聚敛之臣是"尽财利于毫末之间,而不知与之为取之过也"。

(七) 朱熹赋税思想

朱熹(1130—1200),字元晦、仲晦,原籍婺源(今属江西)。南宋著名哲学家。南宋初年,外有金族入侵,内有农民的反抗斗争,国内民族矛盾、阶级矛盾十分尖锐。朱熹看到了深刻的社会危机,指出:"盖臣房观今日天下大势,如人之有重病,内自心腹,外达四肢,盖无一毛一发不受病者"。他认为克服危机的关键在于"正君心"。为了使人民不致因饥饿造反,他一方面要求朝廷减轻人民的赋税负担,另一方面在他权力所及的范围内革除了一些弊政,实行了一些有助于缓和阶级矛盾的措施。朱熹具有鲜明的均税思想。他分析了赋税不断加重的趋势,批评政府不实行"量入以为出"的财政原则,而是"计费以取民",主张逐州逐县地重新计算民田产量及财政收支项目,均节各地税额,"有余者取,不足者与,务使州县贫富不至甚相悬",使"民力之惨舒亦不至大相绝"。均税的途径,朱熹认为是"正经界"。他指出"版籍不正,因税不均"最为公私奠大之害,因为"贫者无业而有税,则私家有输纳欠负追呼监系之苦;富者有业而无税,则公家有隐瞒失陷岁计不足之患",所以实行经界"其利在于官府、佃民,而豪家大姓、猾吏、奸民皆所不便"。光宗同意他先在漳州实行经界,但终因遭到豪强地主的反对而作罢。

(八) 魏源的治税思想

魏源(1794—1857),字默深,湖南邵阳人。清后期著名思想家。在赋税问题上,魏源主张培植和保护税源,指出:"善赋民者,譬植柳乎,薪其枝而培其本根"。他指责苛重税敛,"不善赋民者,譬则剪韭乎,日剪一畦,不罄不止",认为重税破坏了纳税人的财产,也就破坏了国家赖以生存的基础:"彼贪人为政也,专朘富民;富民渐罄,复朘中户;中户复然,遂致邑井成墟","有因何不种稻稷? 秋收不给两忙税,洋银价高漕斛大,纳过官粮余秸秆。"魏源主张国家利用赋税手段保护工商业的发展,认为"士无富民则国贫,士无中户则国危,至下户流亡而国非其国矣"。他所强调的富民主要是指工商业者。提出这一思想,有助于民族资本主义在中国的发展。魏源还对生产经营成本高的原因及其对财政税收的影响作了一定的分析,例如他认为淮盐成本之高是由于细商所支付的浮费和勒索太多。如果废除细商专卖制度允许散商凭票运销,即可大大降低成本从而降低价格,这样既可促进食盐销售,抵制走私,又可增加国家的盐税收入。魏源的这一观点在我国 19 世纪以前的经济思想中是极为罕见的。

通过了解上述古代治税思想的,我们大概可以将发生在中国数千年封建社会中所产生的治税思想火花概括为以下四个方面[①]:

(1) 从筹集财政收入的角度看,提出征税要普遍、弹性、税民所急;
(2) 从争取民心、稳定社会的角度看,强调要公平、合乎道义;
(3) 从经济发展的角度看,指出征税时要适度、选择正确的时间和培养税源;
(4) 从税务管理的角度看,提倡征税要确切、便利、统一和有效率。

这些具有积极意义的治税思想火花,对于中国现阶段的税制改革和完善仍然有着积极的指导和借鉴意义。

---

① 许建国,薛钢. 税收学. 经济科学出版社,2004 年版,第 51 页.

资料链接 2-1

赵奢治税　秉公执法

赵奢是我国春秋战国时期赵国的名将,年轻的时候,曾担任赵国征收田税的小官。在担任税官期间,赵奢可谓忠于职守,秉公办事,不畏权势。一次,赵奢到平原君赵胜家去征收田税。赵胜是赵王的弟弟,又是当时赵国的丞相,可以说是位高权重。平原君赵胜的管家见赵奢前来收税,根本不把他放在眼里,态度十分骄横,蛮不讲理,并招来九个家丁,把赵奢围了起来,不但拒交田税,还无理取闹。赵奢为了维护税法的尊严,冒着被杀的危险,依照当时的国家法律,严肃地处理了这件事,杀死了九个上前阻挠执行公务的家丁。这件事惹怒了平原君,他气势汹汹地找赵奢算账,扬言要杀了赵奢。而赵奢却镇定自如,慷慨陈词:"您是赵国的国家重臣,不应该放纵家人违反国家法令。如果大家都不遵守国家法律,都拒交国家田税,那国家的力量就会削弱,国力削弱了就会招致别国的军事威胁,甚至还会把我们赵国灭掉。如果到了那一天,您平原君还能保住现在这样的富贵吗?以您当今的地位,如果能带头遵守国家各项法令制度,带头缴纳田税,使全国上下团结一致,国家才能强盛,政权才能稳定。"一番话说的平原君心服口服,也对赵奢以国家利益为重、秉公办事的态度十分赞赏。之后,他把赵奢推荐给赵王,赵王命赵奢统管全国的税收事务,此后赵国税赋公正合理,国库得到充实,老百姓也富裕起来。赵国也由一个弱小的国家,变成战国七雄之一。

资料来源:张天雁,古人治税逸事,税收征纳,2011年第8期.

二、西方早期的税收原则理论

税收原则理论是西方税收理论重要的组成部分,它对资本主义国家税制的设立和发展完善,以及相关税收政策制定等,起着重要的指导作用。因此,税收原则也成为资产阶级经济学家乐此不疲的讨论对象。从历史上看,英国重商主义前期的财政学家托马斯·霍布斯(1588—1667)首先比较明确地提出了税收原则,英国重商主义后期的经济学家威廉·配第(1623—1687)和德国代表经济学家尤斯蒂(1705—1771)等也纷纷提出了相关理论,其中又以配第和尤斯蒂的税收原则较为具体,但是他们并没有系统地阐述自己的税收原则思想;亚当·斯密(1723—1790)在1776年发表《国民财富的性质及原因的研究》,首次将税收原则系统化、上升到理论高度,形成独立课税原则理论。以后,伴随着资本主义经济的不断发展,西方一些经济学家根据自己所处的立场和时代的需要,对税收原则理论进行了不断的补充和完善,从而提出了各种具有历史阶段性和连续性的税收原则学说。

(一)配第的税收原则

最早提出税收原则的是英国古典政治经济学创始人、财政理论的先驱威廉·配第。配第发表过不少经济学理论著作,为经济学的发展做出了重要贡献,其中最著名的代表作是《政治算术》和《赋税论》。在这两本著作当中,配第对税收问题进行了较为深入的研究,并且首次提出了税收原则理论。

"公平负担税收"是配第税收原则理论的基本观点。他认为当时英国的税制紊乱、复杂,税收负担过重且极不公平,对于经济的发展是起反作用的。当时的英国还处于资本主义阶段的早期,当时的经济结构仍旧是封建时期的模式。表现在税收上,就是它"并不是依据一种公平而无所偏袒的标准来课征的,而是听凭某些政党或是派系的掌权者来决定的。不仅如此,赋税的征收手续既不简单,费用也不节省"①。配第提出公平、便利、节省这三条标准是税收应当遵从的。所谓公平,就是要对任何人、任何团体"无所偏袒",税负不能过重;所谓便利,就是征收手续不能过于繁琐,方法要简便,符合纳税人的习俗和具备的条件;所谓节省,就是征税费用不能过多,应尽量注意节约②。

配第主张轻税负,反对过重的税负,并且关注国家财税制度对经济的影响,十分重视税收的经济效应。"如果国王确能按时得到他所需要的款项,则预先将税款全部从臣民手中征收过来,并把它储藏在自己的金库中,这对于他自己也是一种很大的损失。因为货币在臣民手中是能够通过贸易而增值的,而储藏在金库中不但对自己没有用处,而且容易为人求索而去或被浪费掉。"③在配第看来,赋税的过度征收,将会产生国家资本的生产力减少的效果,对于国家而言是一种损失。因此他提出,税制结构的制定要和税收的经济效果相适应。把握好税收在国民经济中的效果才能制定出合理的税制结构。

(二) 尤斯蒂的税收原则理论

尤斯蒂是德国的著名经济学家,其一生著作颇丰,仅就财政学相关的书籍就有《国家经济学》(1755)、《赋税与捐税研究》(1762)、《财政体系论》(1776)等。他在其财政学代表作《国家经济学》第二卷第一部分"国家收入论"中指出:"所有国家的终极目的,是在增进国民的福利,……臣民并非为君主而存在。"尤斯蒂的这种国家观具有典型官房学派的特色,即确立和加强专制王权的财政基础,把国家置于经济与社会之上。因此,尤斯蒂的财政学是站在官房学派的国家观立场上,研究如何管理国家财产,如何适当征收赋税,以及如何加强赋税管理与经营,从而维护和提高君主与臣民公共福利的科学④。

尤斯蒂指出,国家征税时,必须注意不得妨碍纳税人的经济活动,而且,只有在实属必要的场合,国家才能征税。因此,他在承认国库原则是课税的最高原则基础上,还提出了如下六大原则:

(1) 自发纳税原则:促进自发纳税的课税方法。

(2) 合理负担原则:不得侵犯臣民的合理的自由和加重对人民生活及工商业的危害。

---

① 郝春虹. 税收经济学. 南开大学出版社,2007年版,第144页.
② 威廉·配第. 政治算术. 商务印书馆,1981年版,第72页.
③ 威廉·配第. 赋税论. 商务印书馆,1978年版,第30页.
④ 郭庆旺,苑新丽,夏文丽. 当代西方税收学. 东北财经大学出版社,第211页.

(3) 平等原则:平等课税。
(4) 确实原则:具有明确的法律依据,征收迅速,期间没有不正之处。
(5) 费用最小原则:挑选征收费用最低的货物课税。
(6) 便利原则:纳税手续简便,税金分期纳税,时间安排得当。

从前两个课税原则我们可以看出尤斯蒂强调了纳税人的生活必需品与基本财产是不可侵犯的,站在赋税利益说的立场上,说明了赋税的依据与负担的分配原理。尤斯蒂有关于税收原则的思想为后来英国的亚当·斯密吸收,成为著名的"税收四原则"的重要组成部分。尤斯蒂的后四个原则与后来的斯密的原则一致,但区别在于,尤斯蒂是站在征税的立场上,而斯密则是站在被征税的立场上。①

(三) 斯密的税收原则理论

亚当·斯密(1723—1790),18世纪英国资产阶级古典经济学的创始人,他反对封建主义和重商主义的国家干预政策、在经济上他主张自由放任和自由竞争。基于经济自由主义这一基点,斯密提出了著名的赋税四原则:平等、确定、便利和最少征收费用。

1. 平等原则

"每个国家的国民,都应尽量按照各自能力的比例,即按照各自在国家保护下享有的收入的比例,缴纳赋税,以维持政府。"斯密的平等原则(the Principle of Equality)指社会的每个成员就其在国家的保护下获得的收入按照一定的比例,向国家缴纳税款。该原则要求税收保持"中立",对每个成员平等对待,不论是贵族还是平民都要依法纳税。

2. 确定原则

"每个国民应当完纳的赋税必须是确定的,不得随意变更。完纳的日期、方式和数额都应当让一切纳税者及其他所有人了解得十分清楚。"斯密所强调的确定原则(the Principle of Certainty),目的是既要让纳税人明白应该纳哪些税,纳多少税以及如何纳税,同时又防止税吏贪赃枉法。

3. 便利原则

"各种赋税征收的日期和方法,必须给予纳税者最大的便利。"斯密的便利原则(the Principle of Convenience),要求政府在纳税时间、地点、方法和形式上,都应尽可能地为纳税人履行纳税义务提供方便。

4. 最少征收费用原则

"一切赋税的征收要有所安排,设法使从人民那里的征收,尽可能等于最终国家得到的收入。"斯密的最少征收费用原则(the Principle of Minimum Cost),要求在征收任何一种税的过程中,政府取得的实际收入额与纳税人缴纳的数额间的差距越小越好,也就是说税务部门征税时所耗的费用应减少到最低程度。

西方税收学界认为斯密是最早明确、系统地阐述税收原则的经济学家。斯密认为资本主义生产如果不让其自由,就得不到发展;如果不让个人的活动得到自由,就会妨碍他们的活动。因此,他提出政府应该少干预经济,要发挥"看不见的手"这条价值规律

---

① 郭庆旺,苑新丽,夏文丽.当代西方税收学.东北财经大学出版社,1994年版,第211页。

的作用,政府应充当"守夜人"的任务。他通过对资本主义自由竞争发展的不断研究,以纳税人的角度出发将税收原则提到理论高度,这一理论的形成很快成为当时各国税收制度建设的指导原则。

斯密的税收四原则是针对当时复杂的税收制度、税负不公以及机构的腐败情况,在总结前人税收原则理论的基础上提出的。他的税收原则不仅成为当时世界各国制定税收制度与政策的理论指导,对后世税收原则的发展也有重要的影响[①]。

(四)西斯蒙第的税收原则理论

自资本主义工业革命后,资本主义国家财政收入的主要来源是通过税收筹集的,伴随着税制的不断发展和完善,作为评判一个税制优劣的重要评判标准之一的税收原则内容也不断丰富。法国古典经济学家西斯蒙第(1773—1842)处于资本主义经济发展的时期。在肯定了斯密税收原则的基础上,他也提出了税收四项原则:

1. 不能对资本征税

"一切赋税必须以收入而不以资本为对象。对前者征税,国家只是支出个人所应支出的东西;对后者征税,就是毁灭应该用于维护个人和国家生存的财富。"[②]

一切税收应该以税收作为课税对象,不应以资本作为课税对象,对资本课税就是毁灭用于维持个人和国家生存的财富。

2. 不能对收入征税

"制定赋税标准时,不应该把每年的总产品和收入混淆不清,因为每年的总产品除了年收入还包括全部流动资本,必须保留这部分产品,以维持或增加各种固定资本,以一切积累起来的产品保证或提供所有生产工人的生活。"[③]

不应该以每年的总产品作为课税标准,因为总产品中除了年收之外,还包括全部流动资本。

3. 纳税人的最低生活费不予征税

"赋税是公民换得享受的代价,所以不应该向得不到任何享受的人征税。就是说,永远不能对纳税人维持生活所必需的那部分收入征税。"[④]

4. 不可使本国资本流向国外

"不能因为征税导致本国的资本流向国外,所以在对最容易逃出国外的财富进行征税的时候,应该特别缜密考虑。赋税决不应该触及保持这项财富所必需的那部分收入。"[⑤]

西斯蒙第是从资本主义经济发展的角度来研究税收的,认为如果对资本课税,"国家就会很快地陷于贫困、破产,甚至灭亡。"此外,为了适应资本积累的要求,他着力倡导轻税的原则。他的第三、第四条原则,补充了亚当·斯密在经济方面的空白,是一种新的贡献。

---

① 郝春虹.税收经济学.南开大学出版社,2007年版,第147—148页.
② 西斯蒙第.政治经济学新原理.商务印书馆,1982年版,第368页.
③ 同上.
④ 同上.
⑤ 同上.

(五) 萨伊的税收原则理论

生活于法国资产阶级革命后社会矛盾开始激化时期的法国古典经济学家让·巴蒂斯特·萨伊(1767—1832)认为,政府通过征税筹集资金是指向私人部门征收一部分财产,用于保障公共需要,纳税人缴纳税收后,政府不再返还。政府是非生产性的单位,因此预算的最小化就是最好的财政预算,同样的,最轻的税负就是最好的税收。据此,他提出了税收五项原则:

1. 税率适度原则

萨伊指出政府征税事实上剥夺了纳税人购买用于满足个人需要的或用于再生产的产品,所以,税率越低,相应的税负越轻,那么对纳税人的剥夺就越少,对再生产的破坏作用也越小,这样有利于社会财富的增加。

2. 节约征收费用原则

萨伊强调税收的征收费用对人民是一种负担,而且对国家也没有益处,因此他主张节省征收费用。这样便达到了既减少纳税人的负担烦忧又不给国库增加困难的效果。

3. 社会成员公平负担原则

萨伊认为税收对于纳税人而言是一个负担,当每个纳税人承受同样的(相对的)税收负担时,每个人的负担必然是最轻的。如果税负不公平,那么势必引起相对不公平的纳税人反对,甚至抗税,损害个人的利益,也有损于国家的收入。

4. 妨碍再生产最小化原则

萨伊认为资本的积累有利于再生产,而税收的存在会妨碍生产性资本的积累,最终危害生产的发展。所以,对资本课税应当是最轻的。

5. 有助于国民道德提高的原则

萨伊指出,税收不仅是政府获取公共收入的工具,还可以有效地作用于改善或败坏人民道德,促进勤劳或懒惰以及鼓励节约或奢侈的行为。因此,政府征税必须着眼于普及有益的社会习惯和增进国民道德。

(六) 瓦格纳的税收原则理论

阿道夫·瓦格纳(1835—1917)是德国19世纪社会政策学派的主要代表人物,他所处的时代是自由资本主义向垄断资本主义转化和形成的阶段,他主张由国家调节社会生活,缓和阶级矛盾,实行社会改良。在财政税收上,主张运用财政政策,尤其是累进所得税的使用实现社会政策目标。正是基于这种思想,瓦格纳提出了著名的"四端九项"税收原则。

1. 财政政策原则

财政政策原则(the Principle of Fiscal Policy)又被称为财政收入原则,瓦格纳认为税收要以供给公共支出、满足政府实现其职能的经费需要为主要目的。所以税收来源应该充分并富有弹性。财政政策原则具体包括收入充分和收入弹性等内容。

(1) 收入充分原则。收入充分原则意味着当非税的收入不能满足财政支出时,财政支出的需要应由税收收入来满足,这样可以尽可能地避免产生财政赤字。同时他还认为,由于社会经济的发展,政府职能将不断扩大,从而论证了公共支出持续不断增长的规律,即通常所说的"瓦格纳法则"。为了保证财政收入的充足与稳定,税种的选择也应该是具有税源充足、收入及时等性质。

(2) 收入弹性原则。收入弹性原则即税收收入应该随着财政需要和经济发展的增长而增长。这就要求当政府的财政支出增加或由于政府的收入减少时,税收能够自动随着经济增长而自然增加,或者通过提高税率的方式,或者开设新的税种等来满足财政支出增长的需要。

2. 国民经济原则

国民经济原则(the Principle of National Economy)要求政府征税不能损害国民经济的发展,更不能危及税源,并应在可能的范围内,达到有助于资本形成的效果。国民经济原则具体包括慎选税源和慎选税种两个方面的内容。

(1) 慎选税源的原则。慎选税源原则指应慎重的选择税源,应有利于保护税本,而不能伤害税本。一般来说,税源分为所得、资本、财产三项。正确选择的税源应该是以国民所得为税源,若选择资本和财产作为税源,则可能会伤害税本,导致税源枯竭。但同时瓦格纳也强调,并不能将所得作为唯一的税源,如果政府出于某些原因比如国家的经济、社会需要等,也可以适当地选择某些资本或财产作为税源。

(2) 慎选税种的原则。慎选税种原则要求税种的选择最好是那些不易转嫁或不能转嫁税负的税种,税负转嫁关系到国民收入的分配和税收负担的公平。选择难以转嫁或转嫁方向明确的税种的目的是使税收负担真正归于应承担该税负的人,以免税负不公平,甚至影响市场经济活动的效率。

3. 社会正义原则

瓦格纳所主张的社会正义原则(the Principle of Social Ethics)是其社会政策的直接体现。由于税收可以影响社会财富的流向以至于影响个人相互间的社会地位,因而政府可以通过征税来矫正社会财富分配过程中的不公平和贫富两极分化。也就是说,税收负担应普遍、公平地分配给社会中的每个成员。该原则具体包括普遍和平等两个方面。

(1) 普遍原则。普遍原则指的是对不同阶层纳税人征税应当一视同仁,不能因其身份、地位等不同而有所区别。一切从政府提供的公共产品和服务中享受利益的国民,都应当向政府履行纳税义务,每个社会成员均应分担税收负担。然而,社会上存在一部分低收入的劳动者,为了体现社会的人文关怀且稳定社会,对于这部分人可适当给予减免税的照顾。

(2) 平等原则。平等原则要求纳税人都应该依其纳税能力的大小承担相应的税收负担,使税收负担与纳税人的负担能力相称。为此,他主张采用累进税制,对高收入者和非勤劳及意外所得课重税,对低收入者和劳动所得以及财产所得税率从低,对低收入者生存必需的收入应减轻负担,对贫困者免税。

4. 税务行政原则

税务行政原则(the Principle of Tax Administration)又被称为课税技术原则,它体现的是对税收行政管理的要求。税务行政原则具体包括确实、便利和节省等内容。

(1) 确实原则。确实原则要求税收法令必须明确,纳税的数额、时间、地点和方法均应事先明确下来并告诉纳税人,不得随意变更,使纳税人有所遵从,以避免征纳过程中发生误解产生额外的损失。

(2) 便利原则。便利原则是指政府征税手续要简便,在纳税时间、地点和具体的方式等方面应尽量给纳税人以便利。

(3) 节省原则。节省原则指的是税收的征收管理费用应力求节省,以及纳税人在纳税过程中负担的各种直接与间接费用应尽可能节约。

由此可见,瓦格纳的税收原则较亚当·斯密的税收四原则更全面和具体,对各国税收制度的设计以及税收政策的制定都具有指导意义。同亚当·斯密的消极财政原则不同,瓦格纳的税收原则不仅要求税收收入要充分,从而能够满足国家财政支出的需要,而且还要求税收收入是有弹性的,可以随着国家经济状况的变化而及时发生相应的变化。此外,瓦格纳明确将国民经济作为税收的一个原则,说明了保护税本是进行税源和税种选择的前提,这在当时的社会经济条件下也是有积极意义的。

瓦格纳提出税收原则时,正值资本主义从自由竞争阶段进入垄断阶段,各种社会矛盾日益激化,在他的税收原则中,各家的学说都得到了相应的归纳和反映。正因为如此,西方经济学界视瓦格纳为前人税收原则理论的集大成者。

(七) 马斯格雷夫的税收原则理论

理查·A. 马斯格雷夫(1910—2007)是美国现代著名财政学家。被誉为"现代财政学之父"。他认为,现代国家的税收不仅要用于满足政府的财政收入需要和矫正社会财富的分配,而且要体现国家调节经济运行的政策目标。为此,马斯格雷夫在1973年发表的代表作《财政理论与实践》中,对斯密以来经济学家的税收原则理论进行了理论总结归纳,提出了自己的六项税收原则理论:

1. 公平原则

税收负担的分配应当公平,应使每个人支付他"适当的份额"。

2. 效率原则

要求对征税方法进行选择,尽量不干预有效市场上的经济决策。也就是说,税收的额外负担应该减少到最低限度。

3. 政策原则

如果将税收政策用于刺激投资等其他目标,则税收政策对公平性的干扰应尽可能少。

4. 稳定原则

税收结构应当有助于以经济稳定和经济增长为目标的财政政策的实现。

5. 明确原则

税收制度应当明晰而无行政争议,便于纳税人理解。

6. 省费原则

税收管理和征纳费用应在考虑其他目标的基础上尽可能地节省。

马斯格雷夫的税收原则不仅体现了矫正财富分配和提高税务行政效率的要求,而且体现了税收调节经济稳定运行的要求。这与其所持的现代财政职能观点是一脉相承的,两者在思想上表现出高度的一致性。

从上述税收原则理论的历史演变来看,不同国家、不同时期的税收原则受制于多种经济、政策、社会因素的影响,既受制于客观经济、社会的发展水平,又反映了特定的国家治理理念和政策调控目标,具有鲜明的时代特色。

自 20 世纪中后期以来,对税收原则理论的研究思路从不断细化转向高度概括的整合归纳,并在借鉴福利经济学派的公平和效率标准的基础上,形成了包含财政原则、公平原则、效率原则三大原则的现代税收原则理论体系。

第二节 税收的财政原则

税收是国家财政收入的主要来源,尤其是近代以来,税收为国家完成各项职能的正常运行提供了重要的物质及经济保证。政府征税的主要目的是使取得的财政收入在满足了财政收入目标的基础上通过税收政策调控经济。如果财政收入对于一个国家是无足轻重的,那么税收也就没有存在和发展的必要了。税收财政原则的基本含义是:一国税制的建立和完善,必须保障税收收入数额满足一定时期的财政支出需要。为了确保政府及时足额地提供公共产品和服务,通过税收取得的收入既要充足,又要富有弹性。

一、充分原则

财政原则最基本的要求就是通过征税获得的收入在数额上能充分满足一定时期财政支出的需要。为此,就要求合理地确定税制结构,尤其是合理选择税制结构中的主体税种。因为通过主体税种获得的税收收入占整个财政收入的比重最大,对税收收入的影响也最大。一般说来,应当注意选择税源充裕而收入可靠的税种作为主体税种。实践证明,发展中国家大多以商品税作为本国税制的主体税种,因为该税种具有税基宽而稳定、随物价的上升而增加、征管措施容易到位、税源便于控制等优势。与此同时,税率水平也应适当,过高的税率非但不能增加税收,反而可能因刺激逃避税行为而减少税收收入。

当然,充分原则并不意味着税收收入越多越好,我们知道政府不具有生产性,税收是政府从国民经济中获取的,如果税收过重势必挫伤生产的积极性,导致社会财富的下降。政府课税的直接目的在于为社会提供适度规模的公共产品和公共服务,因此我们应以社会福利最大化为标准,从国民经济整体运行的角度来评判税收收入的规模,看它是否有助于提高公共产品与私人产品之间的资源配置效率。税收规模和社会福利之间的关系如图 2-1 所示。

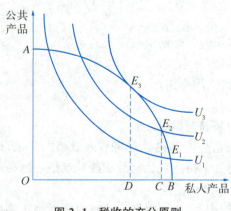

图 2-1 税收的充分原则

在图 2-1 中，生产可能性曲线 AB 表示经济社会在既定资源和技术条件下所能生产的各种商品最大数量的组合，也就是一个社会所能生产的公共产品与私人产品的组合情况，U_1、U_2、U_3 代表社会从公共产品和私人产品中获得的不同效用水平的社会无差异曲线。E_3 点为生产可能性曲线和 U_3 的切点，代表着在社会的现有约束条件下提供的公共品和私人品所能达到的最高社会效用水平。如果没有政府，那么由于公共品消费的非竞争性、非排他性特点会使人有搭便车的机会，导致市场极少量甚至不提供公共产品的情况发生。一旦这种情况发生，此时的社会资源在公共产品和私人产品之间的配置就会徘徊在 B 点附近，我们假设为 E_1 点。从图中我们可以看出，E_1 点是无差异曲线 U_1 和生产可能性曲线 AB 的交点，代表此时社会的效用水平远低于 E_3 点所能达到的效用水平。如果有政府的存在，政府征收 BC 数量的税收，这些税收能够提供 CE_2 数量的公共产品，我们可以看到此时社会的效用水平为 U_2，高于没有政府介入时的效用水平，但还是比 E_3 点这个公共产品和私人产品实现最优配置状态时的效用水平低，说明当前的公共产品供给还是不充分，也意味着税收收入不足。通过分析我们可以看出当政府征收 BD 数量的税收、提供 DE_3 数量的公共产品和服务，才能使社会的效用水平达到最高，此时实现了公共产品和私人产品的最优配置，也就满足了税收充分原则的要求。

二、弹性原则

历史经验数据显示，无论是发展中国家还是发达国家，长期来看，财政支出的绝对规模和相对规模都呈现出不断增长的趋势，这就决定了税收财政原则的第二个要求就是税收收入要有充分弹性，即税收收入应能够随着国民经济的发展而增长，满足日益增长的财政支出需要。在西方税收理论中，瓦格纳最早提出税收弹性理论。他指出，财政需求增大或者税收以外的收入减少的时候，税收应能在法律框架内增加税收或能有自动增收的效果。目前，税收弹性理论不仅在经济发达国家，而且在不少发展中国家都得到了重视和应用。

通过之前的分析，我们了解到任一社会在既定资源和技术条件下，公共产品和私人产品之间总存在一个最优的产品组合以实现全社会效用水平的最大化。而社会经济是不断向前发展的，技术也是不断更新进步的，那么一个国家可资利用的社会资源必然会较前一时期有所增加，这就意味着与之相对应的生产可能性曲线也会随之向外移动，即下一时期的生产可能性曲线总是处于前一时期生产可能性曲线的右上方。由此导致公共产品和私人产品之间的最优组合发生改变，相应要求通过税收筹集的财政收入数额随之改变。

如图 2-2 所示，生产可能性曲线 AB、$A'B'$、$A''B''$ 分别对应第一、二、三时期。U_1、

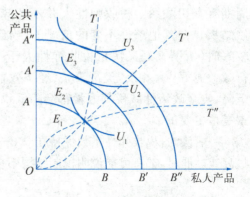

图 2-2　税收的弹性原则

U_2、U_3 分别代表不同效用水平的无差异曲线,生产可能性曲线和无差异曲线分别相切于 E_1、E_2、E_3 点,将这些相切点用一条光滑的曲线连接起来,就会形成一条逐步上升的曲线 OT。该曲线的含义是:随着经济的发展,社会对公共产品的需求不断增长,能够有效满足这一需求增长的税收就是有弹性的税收。如果实际的税收增长轨迹为 OT' 或 OT'',则意味着该税收无法满足随经济的发展而日益增长的公共产品和服务的需求,该税收就被认为是无弹性或缺乏弹性的。

税收增长弹性系数是衡量税收收入是否具有弹性的基本指标。所谓税收弹性系数(Tax Elasticity),是指税收收入增长率与经济增长率之间的比值,用公式表示为:

$$E_T = \frac{\Delta T/T}{\Delta Y/Y}$$

其中:E_T 表示税收增长弹性系数;T 表示税收收入;ΔT 表示税收收入变化量;Y 表示国民经济总量;ΔY 表示国民经济变化量。

税收增长弹性可在一定程度上反映税收收入对经济变化的敏感程度。当 $E_T = 0$ 时,表明税收对经济增长没有反应;当 $E_T = 1$ 时,表明税收与经济是同步增长的;当 $E_T > 1$ 时,表明税收收入的增长速度快于经济增长速度,税收随经济的发展而增加,并且税收参与国民经济分配的比例呈上升趋势;当 $0 < E_T < 1$ 时,表明税收的增长速度落后于经济的增长速度,这时,税收的收入绝对量尽量增加,但税收收入占整个国民经济的比例却有所下降。理论上说,为确保税收收入有弹性应使 E_T 等于 1 或略大于 1,以保证国家财政收入能与国民收入同步增长,而无需通过经常调整税基、变动税率或者开征新的税种来增加收入。

有一种观点认为"税收增长弹性大于 1 才是正常的",即税收收入增长越快越好,这种观点是值得商榷的。税收增长速度是高于还是低于国民经济增长速度受许多复杂因素的共同影响。首先,受经济结构和税制结构的影响。当第二产业所占的比重较大且流转税税制结构不变时,单单就流转税这一个类别的税收增长而言,基本同步于国民经济的增长。其次,税收弹性大于 1 还是小于 1 与经济发展的周期有密切联系。税收弹性大并不意味着实行增税政策,而可能是经济发展的自然结果。在其他条件不变的情况下,当经济形势好、国民经济增长快且经济效益比较好时(所谓又好又快),税收弹性大于 1 为正常现象。税收弹性越大说明经济运行效益越好[1]。相反,经济萧条、经济效益降低、出口减少、进口增加、税收征管水平下降、实施政策性减税等因素都会降低税收弹性。在税收弹性的影响因素中,经济因素是最主要的。

一般认为,税收弹性系数保持在 0.8—1.2 的区间内是较为合理的数值。当该数值过高或过低时,都有可能说明税制结构不合理或者税收征管等方面存在问题。

---

[1] 杨斌. 税收学原理. 高等教育出版社,2008 年版,第 141—142 页.

资料链接 2-2

我国的税收增长弹性

改革开放之后,中国在经济、社会各领域的发展取得长足的进步。在此背景下,我国税收收入的绝对量和相对规模也都经历了快速的增长。但总体来说,两者增长的步调并不完全匹配。1979—2014 年我国税收增长弹性系数如表 2-1 所示:

表 2-1 1979—2014 年我国税收增长弹性

年 份	税收弹性	年 份	税收弹性	年 份	税收弹性
1979	0.31	1991	0.36	2003	1.05
1980	0.53	1992	0.43	2004	1.17
1981	1.34	1993	0.93	2005	1.22
1982	1.26	1994	0.56	2006	1.23
1983	0.90	1995	0.68	2007	1.36
1984	1.06	1996	0.85	2008	1.04
1985	4.60	1997	1.75	2009	1.42
1986	0.18	1998	1.82	2010	1.29
1987	0.14	1999	2.45	2011	1.27
1988	0.47	2000	1.67	2012	1.24
1989	1.09	2001	2.05	2013	1.04
1990	0.35	2002	1.57	2014	1.07

资料来源:根据《中国统计年鉴》(2014)的 GDP 和税收数据计算,2014 年数据来自国家统计局和财政部的统计快报.

由表 2-1 可知,我国的税收增长弹性系数的变化趋势大致可以分为三个阶段:第一个阶段,1979—1996 年,这期间除 80 年代初期两步利改税的特例外,税收弹性普遍低于 1,税收收入的增长普遍慢于国民经济的增长。第二阶段,1997—2012 年,1994 年工商税制改革后,税收收入进入快速增长的通道,税收增长弹性稳定保持在 1 以上,税收收入的增长普遍快于国民经济的增长。第三阶段,自 2012 年之后,伴随我国进入经济结构转型期,经济增长由高速增长步入中高速增长的新常态,税收增速明显放缓,税收弹性回归接近 1 的理想取值。

第三节 税收的公平原则

税收应当是公平的。自亚当·斯密以来,许多经济学家都将公平原则置于税收诸原则之首。税收公平不仅仅是一个经济问题，也是一个政治和社会问题。从税收制度的角度看，税收公平对维持税收制度的正常运转也是非常重要的。

一、税收公平原则的内涵

税收公平原则的基本要求就是，具有相同纳税条件的人，应当缴纳相同的税收，而具有不同纳税条件的人，缴纳不同的税收，即税收的横向公平(Horizontal Equity)和纵向公平(Vertical Equity)。

(一) 横向公平

横向公平是指具有同等纳税条件的相同纳税人，应当缴纳相同数额的税收。这种税收公平表明，税收不应该是专断和有差别待遇的。现代社会对税收横向公平的基本原则并无异议，但对应该以什么标准衡量哪些纳税人是具有相同纳税条件或相等纳税能力却存在不同看法。

(二) 纵向公平

纵向公平是指具有不同纳税条件的不同纳税人，应当缴纳不同数额的税收。虽然，这一原则已被社会所公认，但是，按照这一原则设计税收制度的难点在于，如果已经知道两类纳税人的纳税条件不同，政府将如何实行差别课税，才能有效地体现社会公平。

二、税收公平的判断标准

要实现税收横向公平和纵向公平的关键问题是明确到底该用什么标准来衡量税收公平。衡量税收公平原则的标准主要有如下三种观点。

(一) 机会原则

机会原则主张税收负担应按照纳税人获利机会的多少来分摊，而获利机会的多少则是由其拥有的经济资源决定的，这些经济资源包括诸如人力资源、财力资源以及自然资源等。一般来说，纳税人在拥有相同的经济资源条件下，在平均资金利润率决定价格的条件下，就会有相同的获利机会。按照纳税人拥有的经济资源的多寡来分担税收，不仅符合税收的公平原则，还有利于经济资源的合理使用，以减少资源浪费，符合税收效率原则。尤其是当我们对自然资源课征资源税时，可以促进对自然资源的合理开发和充分利用。机会原则从理论上看似乎是合理的，但在实际运用中也存在局限性。一是纳税人所拥有的经济资源只是其取得利润或收益的前提，或者说是可能。纳税人此时并没有真正获得该收益，至于在经营中能否取得收益及多少还受到其他一些主观或客观因素的制约，比如劳动者的素质、设备的先进程度和地理位置的优劣等。所以按照机会原则要求纳税人缴纳税收，可能造成税收负担与价值创造脱节。所以从这点来看，机会原则也许是不公平的。此外，对纳税人所拥有的经济资源的盈利能力，进行质和量的评估，在实践中不仅导致税收成本大幅增加，而且也不是一件容易的事情。比如，当我们评估一个纳税人拥有人力资源的多寡，除了与受教育程度有关，还与许多潜在的、不可量化的因素相关。因此,机会原则就其整体来说,在实践中是行不通的。现实中机会原则较多地适用于一些特殊税种,比如对自然资源的开采和利用征收的资源税。

(二) 受益原则

早期的思想家和政治经济学家比如斯密、边沁关于公平的一个主要观点是:税收负担应根据各人从税收提供资金的政府支出中享受的利益来确定。受益原则要求纳税人根据从政府提供的公共服务中获得受益的程度及大小来分担税收。经济学家认为,纳税人从不同的公共服务中获得的利益不同,导致纳税人之间的福利水平不同,享受相同利益的纳税人具有相同的福利水平,应缴纳相同的税收;而享受到较多利益的纳税人具有较高福利水平,自然就应缴纳较高的税收。受益原则把征、纳税过程中双方的权利与义务结合起来考虑,这样,在一定程度上不仅可以提供关于税收公平的某种准则,而且有利于引导资源的有效配置。

受益原则具体可以细化为以下三个方面[①]:第一,一般受益原则。在严格的受益原则下,每个纳税人缴纳的税收都应当与他对政府提供公共产品和服务的需求相一致。然而由于每个人对公共产品和服务偏好不同,因而也就没有一个能够适用于所有人的一般税收规范。第二,特定受益原则。要实行受益原则,就必须知道每个纳税人从政府财政支出中受益的多少,但真正做到这一点,只限于某些特定的场合。特定受益原则要求对政府提供特定公共产品和服务的使用者,按照受益程度的大小来课税或收取费用。第三,间接替代受益原则。直接衡量纳税人从某种公共产品和服务中得到多少利益,存在技术上的困难,所以在许多场合下,人们都以间接替代的方式来实现受益原则。如政府出资修建公路,但对公路的使用直接进行征收较为困难,于是就可以采用征收汽油税、汽车税和其他汽车产品税,以此作为对公路使用的间接替代征收。

以受益作为公平税制的原则,其最主要特征是,把政府收入与支出联系起来,而不仅仅是从税收自身角度考虑问题,公平税制依支出结构的不同而不同。从严格意义上说,受益原则不仅应该用于评判税收制度,也应该用于评判整个政府收支结构。

尽管受益原则在理论上很有吸引力,但在实践中却有很大的局限性,该原则的应用主要存在如下三大缺陷:第一,受益原则的应用因公共物品的消费具有非排他性而受到极大限制。公共品在消费中具有的非竞争性和非排他性决定了消费者不仅不会主动显露自己对政府公共服务的偏好,甚至为了达到少纳税的目的而隐瞒自己的偏好,也就是我们常说的"搭便车"。由于很多公共产品不受市场定价的约束,总体税收按受益原则进行分摊是不可行的。由此可见,在税收负担的分配中,受益原则很难作为公平的基本标准而广泛应用。第二,受益原则要求每个纳税人缴纳的税收和他对公共产品的需求保持一致,而政府的大部分支出都具有公共利益性,如国防、法律、公安、社会公益事业等,就大多数支出项目而言,估计每个人从公共产品当中所获得的利益实际上是不可能的。第三,受益原则还忽视了初始的收入公平分配问题,无法解释政府的转移支付。受益原则维护的是收入分配规则的公平,而无助于实现收入分配结果的公平。如我们

---

① 理查德·A. 马斯格雷夫,佩吉·B. 马斯格雷夫. 财政理论与实践. 中国财政经济出版社,第 233—234 页.

所知,转移支付和社会福利支出的主要受益人是穷人,是低收入者甚至无收入者,他们的纳税能力很弱或者完全无纳税能力。如果按照受益原则,判定他们获得的公共利益更多,应该向他们征收更多的税收,这显然违背了公平原则。

综上所述,按受益原则征税只能解决税收公平的部分问题,而不能解决所有问题。虽然受益原则不具有普遍意义,但这并不排除其在某些特定场合下对税制建设的指导作用。比如,中国以及许多国家对成品油和汽车的普遍课税都是收益税的具体例证。

(三) 支付能力原则

支付能力原则(Ability-to-pay Principle)亦称"量能课税原则",是指根据纳税人的支付能力大小来确定其应该承担的税收,支付能力强的纳税人多纳税,而支付能力弱的纳税人则少纳税。支付能力相同的纳税人缴纳相同的税收。虽然有部分经济学家对这一原则还不能完全满意,但是从实践的角度来看,该原则是迄今为止公认的比较合理又易于操作的标准,已广泛地被人们所接受。

三、支付能力的衡量标准

支付能力原则的运用,首先要明确是什么特征赋予了纳税人以支付能力,即纳税能力以什么为衡量标准。对此,理论界主要存在客观标准和主观标准两类不同的观点。

(一) 客观标准

客观标准主张以纳税人拥有客观财富的多少作为测度其支付能力的标准,而财富多以收入、财产和支出等外在形式来表示,纳税人的支付能力的测度,也就可具体分为收入、支出和财产三种标准。

1. 收入标准

收入通常被认为是最能够反映纳税人支付能力的尺度,因为收入体现了一定时期内纳税人对经济资源的支配权,它决定着特定时期内纳税人增加财富或消费的能力。收入的增加使纳税人负担税收能力的提高最为显著,而且使纳税人增加消费支出或财产积累成为可能。收入越多者表明其纳税能力越强,反之则越弱。

尽管将收入作为纳税人支付能力的衡量标准被绝大多数国家所采用,但这一标准并非完美。一是多数国家征税的收入是以货币形式表示的收入,而许多纳税人可取得除货币以外的实物收入,若对除货币以外的实物收入不征税,显然不够公平。然而在具体的征税活动中,又缺乏一个度量不同形式实物收入的客观标准,使对实物收入的课税往往难以有效执行。二是纳税人的收入有多种来源,既包括勤劳收入,也包括不劳而获的意外收入或其他收入,比如赠予收入和赌博获利等。对不同来源的收入不加区分,统一视作一般收入来征税,亦有失公平。三是单以收入作为衡量纳税能力的标准并不准确,纳税人支付能力的确定,还受其他一些因素的影响,如身体状况、家庭状况、财产状况等。极端的例子是一个拥有万贯家财的人和一个一无所有的乞丐即使两人都没有任何收入,显然两者的支付能力还是明显有差别的。可见,收入并不是衡量纳税人支付能力足够精准的标准,所以就需要支出标准、财产标准加以补充。

2. 支出标准

消费支出可作为测度纳税人支付能力的又一尺度。由于按照收入的多少确定税收负担的分配,存在对储蓄和投资所得的重复课税,在一定程度上是鼓励消费而不利于储蓄和投资。更为重要的是,是消费支出而不是获取收入体现着纳税人对经济资源的实际使用或占有。因此,消费支出更好地反映了一个人的支付能力。消费多者,其纳税能力相应更大;消费少者,其纳税能力相应更小。以消费支出作为衡量纳税人支付能力的标准,不会使纳税人在当前消费和未来消费之间的选择产生扭曲,有利于储蓄和资本积累,能促进经济增长。

同样,该标准也存在不足之处。一是按消费支出纳税会延迟国家税收的入库时间,因为是消费者先消费然后政府再征税,所以如果消费者不消费或延迟消费,那么就可能导致政府难以及时筹集到足额的税收收入。二是由于不同个人、家庭的边际消费倾向大小不同,如甲、乙两个家庭,每个家庭消费费用都为 8 000 元,但甲每年收入是 10 000 元,乙仅为 8 000 元,假如都以消费支出来确定支付能力的话,也会产生不公平。三是由于边际消费倾向递减规律,对消费支出的课税整体上不可避免地带来税负累退性问题,从而不利于税收公平。

3. 财产标准

财产也可以被看作是衡量纳税人支付能力的合适尺度。财产代表着纳税人一种独立的支付能力。一方面,纳税人可以利用财产赚取收入,仅仅拥有财产本身也可使其产生某种满足;另一方面,纳税人通过遗产的继承或财产的获赠而增加的财富,同样会增加其纳税能力。因此财产也被认为是衡量纳税人支付能力的一项重要指标。

但按纳税人拥有的财产来衡量其纳税能力,也有一些缺陷。一是拥有较多的财产并不一定就会给纳税人带来较多的利益,当拥有财产多少和获取的收益多少不对等时,以财产作为衡量税收负担能力的依据就有失公平。二是财产并不能全面反映纳税人的负担能力,有的纳税人在拥有财产的同时还有负债,拥有相同财产的负债者和无债者的纳税能力就不相同,有的纳税人拥有的财产中不动产所占的份额大,有的纳税人却是动产所占的份额大,很难用一个统一的标准来度量财产。三是财产存在形式多种多样,实践上难以一一查实和价值评估,特别是对无形资产。所以单以财产作为衡量税收负担能力的标准也不够准确和公平。

从客观标准主张的三种衡量纳税人支付能力的尺度来看,三者各有利弊,互为补充。绝对准确且公允测度支付能力的尺度,实际上难以找到。因此各个国家在设计税收制度时,也都是综合考虑三种税基,尽可能将三种税基都涵盖在税收制度中,以最大限度地体现税收的公平原则。但相对而言,收入标准因其征管的便利性是三种标准中使用最多的客观标准。

(二) 主观标准

主观标准以纳税人因纳税而感受到的效用减少即牺牲大小作为测定其支付能力的尺度。这种观点认为,政府征税使纳税人货币收入减少,效用水平下降,对纳税人而言,纳税无论如何都是经济上的牺牲,如果征税行为能使每一个纳税人所感受到的牺牲程度相同,那么征税的数额也就同各自的支付能力相符,这样的税收制度就是公平的。由于人们对公平有着不同的理解,所以效用均等牺牲又分为绝对均等牺牲、比例均等牺牲和边际均等牺牲三种不同的标准。图 2-3 阐释并比较了这三种均等牺牲标准的不同内涵。

图 2-3 中,横轴表示收入,纵轴表示边际效用。假定有两个纳税人——高收入者 H 和低收入者 L,两人偏好已知且相同;随收入增加,总效用以递减的比率增加,即收入的边际效用递减,MU_L、MU_H 分别为低收入者和高收入者的边际效用曲线。假设对高收入者和低收入者征收总额为 T 的税收、则在三种主观牺牲标准下,税收负担的分配情况是各不相同的。

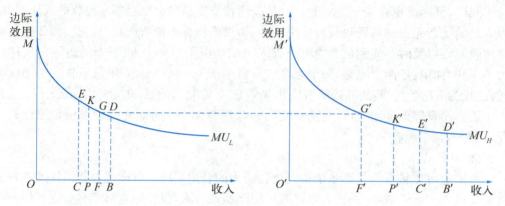

图 2-3 均等牺牲标准的税收负担分配

1. 绝对均等牺牲标准

绝对均等牺牲标准认为,不同的纳税人因征税而导致的效用损失的绝对数应该相等。用方程组表示为:

$$U_L(Y_L) - U_L(Y_L - T_L) = U_H(Y_H) - U_H(Y_H - T_H)$$

$$T = T_L + T_H$$

上式中,U_L、Y_L、T_L 分别代表低收入者 L 的效用函数、收入和所应承担的税收;其他同理。等式左边表示对 L 征税引起的效用损失,同理右边表示 H 的效用损失。T 表示总税收。若已知相关的效用函数和具体数据,就能通过上述方程计算出 L 和 H 各自应承担的税收。

图 2-3 中,OB 和 $O'B'$ 分别为政府未征税前 L 和 H 拥有的收入情况,此时他们的效用水平分别为 $OBDM$ 和 $O'B'D'M'$。由于 L 和 H 分别为低收入者和高收入者,故 $OB < O'B'$,$OBDM < O'B'D'M'$。现政府对 L 征收 CB 的税收,对 H 征收 $C'B'$ 的税收,则政府征收到的税收总额为 $CB + C'B'$ 的。由于绝对均等牺牲标准要求两者因纳税而牺牲的效用相等,所以 $CBDE = C'B'D'E'$。

在绝对均等牺牲标准的条件下,税收负担如何在不同纳税人之间分担取决于边际效用。如果纳税人的边际效用为常数,这就意味着边际效用曲线呈水平状,那么所有纳税人应当缴纳相同数额的税收,如人头税。然而一般来说,经济理论认为纳税人的边际效用是呈递减变化的,即边际效用曲线具有负斜率,高收入者货币的边际效用较低,而低收入者的边际效用较高,如果对高收入者和低收入者都征收相同的税收,那么必然造成低收入者的效用损失大于高收入者。因此,要使两者的效用损失相同,就必须使高收入者负担比低收入者更多的税收。至于税收与收入是累进、累退还是成比例关系,取决于边际效用曲线的斜率以及纳税人之间税前收入水平的差异[①]。

2. 比例均等牺牲标准

比例均等牺牲标准认为,不同纳税人因政府征税牺牲的效用量与纳税前的总效用量之比应当相等,即课税使纳税人的效用水平按相同的比例下降。用方程组表示为:

$$\frac{U_L(Y_L) - U_L(Y_L - T_L)}{U_L(Y_L)} = \frac{U_H(Y_H) - U_H(Y_H - T_H)}{U_H(Y_H)}$$

$$T = T_L + T_H$$

图 2-3 中,政府对高收入者 H 和低收入者 L 分别征收 $P'B'$ 和 PB 的税收,则政府征收的税款为 $PB + P'B'$,H 和 L 的效用牺牲为分别为 $P'B'D'K'$ 和 $PBDK$,按照比例均等牺牲标准,这意味着 $PBDK / OBDM = P'B'D'K' / O'B'D'M'$。

在比例均等牺牲标准下,如果不同纳税人收入的边际效用曲线呈水平状,也就是说边际效用保持不变,那么纳税人因政府征税而牺牲的效用和纳税前的总效用之比等于应纳税额与全部所得之比,该标准要求对不同收入的纳税人采用同一比例税率征税。如果纳税人收入的边际效用是递减的,仍然采用相同比例征税会使低收入者的效用损失与其税前效用总额之比高于高收入者。如果要实现两者的比值相同,那么就需要对高收入者适用比低收入者更高的税率征税,即在这种情况下要求税率是累进的。

3. 边际均等牺牲标准

边际均等牺牲标准认为,每个纳税人在政府征税后的最后一个单位货币税收收入的边际效用应当保持相等。用方程组表示为:

$$MU_L(Y_L - T_L) = MU_H(Y_H - T_H)$$

$$T = T_L + T_H$$

当不同的纳税人税后边际效用牺牲相等的时候,那么从全社会来看,因纳税而牺牲的效用总量是最小的。在图 2-3 中看,当政府对低收入者 L 征收 FB 的税收,对高收入者 H 征收 $F'B'$ 的税收,政府征得的税款为 $FB + F'B'$。按边际均等牺牲标准的要求,两者的税后边际效用应相等,即 $FG = F'G'$,此时两人效用损失的总和为 $FBDG + F'B'D'G'$,达到最小。

在边际均等牺牲标准下,如果纳税人收入的边际效用是常数的话,即边际曲线是水平状的,那么税收的负担分配是难以确定的,因为不论税收 T 在高收入者和低收入者之间如何分配,都不会改变效用损失之和。当边际效用是递减时且假设征税总额不变的情况下,低收入者的效用损失总是比高收入者高,这样就只有使税负尽可能地由高收入者承担直到每个纳税人的税后收入相同,才能实现边际均等牺牲,是一种绝对平均。

---

① 匡小平.公共经济学.复旦大学出版社,2014 年版,第 88 页.

这就要求实行累进课税,甚至可能需要高达100%的边际税率。就收入分配角度而言,它体现了结果公平;但是从生产效率角度来讲,它会大大挫伤生产积极性,有损于效率。

上述三种纵向公平的主观标准虽然言之有理,但在现实世界中实际上都无法运用,因为效用本身是一个纯主观概念,因人而异,无法准确衡量。此外,以上主观标准依赖于均等牺牲模式的选择和边际效用递减理论,而且它假定每个人的收入边际效用曲线是相同的,但现实生活中,每个人的边际效用曲线不仅是不同的,而且是很难确定的。就实际影响而言,边际均等牺牲标准相对更为周到,所获评价较其他两种标准也更高一些。为了实现税收的纵向公平,各国税收制度较为通行的做法是根据纳税人收入的多少分档实行累进税率,或者是对奢侈品课以重税,对生活必需品课以轻税或免税①。

支付能力原则最大的局限性就是把税收负担的分配和财政支出收益的获取完全割裂开来,单纯从税收自身来孤立地考虑公平问题。支付能力没有与公共产品和服务的提供有机结合起来,未考虑到纳税人从政府提供的公共产品或服务中得到利益的大小,有可能导致获取利益大者少交税而获取利益少者多交税的情况出现,因而不能算是真正意义上的公平。因此,支付能力原则在理论上看不能完全令人满意。但是,支付能力原则在解决税收再分配问题上却取得了不错的成效。而且在实际运用当中,支付能力原则相较于受益原则等其他原则,具有更强的可行性和可操作性,因此该原则被广泛地运用于世界各国的税制设计当中。

综上所述,不论是使用机会原则、受益原则还是支付能力原则来衡量税收公平,在实践中都各有优点和局限性。因而,在制定税收制度的时候以上三个原则都无需成为必须坚持的唯一原则,而应根据税收制度的调控对象和目标,选择合适的课税原则。现实中各国税制的设计常常会在考虑纳税人的获利机会以及个人从公共产品供给中受益程度的同时,选择最能反映纳税人税收负担能力的要素作为征税的基础,以全面、准确地体现税收公平的要求。

资料链接 2-3

房地产税应如何实现公平

2015年3月1日起,《不动产登记暂行条例》正式实施。全国政协委员、原财政部财政科学研究所所长贾康在接受采访时表示,征收房地产税的方向已经锁定,唯一不确定的就是征税时间表。

不同于很容易转嫁给中低收入人群的间接税,设计中的房地产税是一种直接税。其主要是调节高端人群收入状况,可以让更多高收入者、富裕者缴纳更多税收,为大多数老百姓减少税收负担,将具有"削富济贫"的效果。尤其是,如果将以往开征的多种间接税并入房地产税,对社会收入结构中不同人群的"定向调节"作用,将更加明显和直接。

---

① 王玮. 税收学原理. 清华大学出版社,2012年版,第69页.

但问题在于,房地产税的税率如何确定?据悉目前几种方式都处在争议中,尚未有定论。如果是按照不动产登记信息从第一套房开始采取税率递进原则征收,看起来更简单易行。然而,犹记得一些地方在限购之初涌动的"离婚潮"。国人之于房子,不只任性,还蛮拼的。为了买房可以"离婚",而为了守住不动产且长期不用缴税,会不会再次引发"离婚潮",很令人担忧。

而如贾康委员的建议,第一套房免税,第二套的税率也可以优惠些,此外执行固定税率。那么第一套免税的房,如何界定?是以业主口头承诺的居住房为免税对象,还是按照购买时间界定?前者无疑有明显漏洞,而假设若按购买时间界定,税收无疑指向了改善型住房。当前,即便是一些中等收入者,也加入了改善型住房的需求队伍,税收或将抑制这种需求,并偏离了调节高端的制度初衷。

当然,按照人均面积扣除缴税基数,理论上更合理一些。但是,一方面这种精细化的政策设计,落实起来注定会使执行成本大增;另一方面,社会流动性越来越大,劳动力流动加之养老的"逆迁徙",往往会使家庭居住人口数处于变化状态。此外,历史上形成的经适房、限价房、定向安置房等多种房屋权属关系,也比较复杂,譬如因拆迁而政策性暴富的"拆发户"有多套房,又如何确定征税方式?

综上种种,设计房地产税制,是一项暗含国情、世情、人间情味、历史因素的技术活。就每个情况迥异的人而言,或许都渴望征收房产税能够公平。嵌于税制改革中的房地产税制重构不容回避,但如何公平地"削富济贫"、观照现实而又理顺民意,仍需政策设计者多加考量。

资料来源:中国网,http://jjsx.china.com.cn,2015 年 3 月 5 日。

第四节 税收的效率原则

政府征税不仅会引起资源从私人部门向公共部门转移,给纳税人带来税收负担,而且由于大部分税收具有选择性,征税往往会使税后市场中的各种相对价格发生变化,从而改变人们的生产决策和消费决策,破坏市场机制的正常运行,导致纳税人遭受除缴纳税款之外的社会福利损失。

税收的效率原则就是要求征税实现既定资源从私人部门向公共部门转移的过程中,将效率损失降到最小程度。税收效率原则通常有两层含义:一是行政效率,也就是税收的征收和缴纳应尽可能满足确定、便利和节约原则;二是经济效率,也就是税收应尽可能减少对经济行为的干扰和扭曲,税收的课征应尽可能避免额外负担。

一、税收的行政效率

税收的行政效率要求税收的行政成本占税收收入的比率最小化也就是以尽可能小

的税收成本来筹集单位税收收入,或以相同的税收成本筹集尽可能多的税收收入。税收的行政成本具体可以用税务机关的征税成本(administrative cost)和纳税人的纳税成本(compliance cost)两方面的指标来衡量。

(一) 征税成本

税务机关的征税成本是指政府部门在征税过程中所发生的各种费用,如税务机关的设备购置、税务机关的日常行政事务所需的费用,税务人员的工薪支出等。征税费用占税收收入的比重,即税收的征收成本率,反映了征税效率。征税成本率指标不仅有助于比较不同税种的征税成本,而且还可以观察不同时期征管成本的变化情况。一般来说,在其他条件相同的情况下,所得税单位税额所需花费的征税成本更多,成本率最高,增值税次之。征税成本的高低与税制设计的科学性、纳税人的纳税意识、税务机关本身的技术水平和工作效率也密切相关。

资料链接 2-4

中外征税成本比较

对我国的税收征收管理成本的研究表明,与发达国家相比,我国的税收征收管理成本处于偏高的水平。按照国家税务总局的数据,1994 年分税制改革前,我国征税成本占税收收入大约是 3.12%,而 1996 年的比重是 4.73%;之后有估计认为,征税成本现在是 5%—8%。其中东部地区成本最低,而中西部较高。而一些学者对各地税务机关,特别是基层税务机关的调查研究表明我国的征税成本可能远远高于 5%—8%。

统计显示,1960—1990 年的这 30 年间,美国联邦(中央)政府的征收成本率是 0.4%—0.6%之间,加拿大的征收成本率是 0.7%—1.2%之间,英国的征收成本率是 1%—2%之间,日本的征收成本率是 0.8%—1.9%之间。其中,与其他三个国家相比,美国的征收成本率始终保持最低,日本和英国的征收成本率也呈下降趋势。

OECD 税收管理报告(2008)披露了 2007 年部分国家的税收成本率,其中 OECD 国家由低到高依次为:瑞典 0.41%,美国 0.45%,丹麦 0.62%,奥地利 0.64%,西班牙 0.65%,挪威 0.67%,韩国 0.71%,新西兰 0.75%,芬兰 0.77%,德国 0.78%,爱尔兰 0.79%,土耳其 0.83%,澳大利亚 0.93%,墨西哥 0.95%,法国 0.97%,英国 1.10%,荷兰 1.11%,匈牙利 1.15%,意大利 1.16%,卢森堡 1.18%,加拿大 1.22%,捷克 1.25%,比利时 1.4%,葡萄牙 1.41%,波兰 1.42%,日本 1.53%,斯洛伐克 2.41%。非 OECD 国家依次为:智利 0.60%,新加坡 0.83%,斯洛文尼亚 0.83%,罗马尼亚 0.91%,南非 1.02%,马来西亚 1.29%,阿根廷 1.84%。总体来说,大部分国家的税收成本率都随着时间推移而趋于下降。

虽然各国的税收国情不同,测算的方法和口径也不统一,测算出的征收成本率并不能准确地说明我国与其他国家税收征收管理成本水平的准确差距,但仍然能够证明我国税收征收管理成本水平偏高的事实。

国家审计署署长刘家义在2008年8月召开的第十一届全国人大常委会第四次会议上所作的审计工作报告中提到的对税务机关审计情况,在一定程度上解释了为什么我国的征税成本居高不下。审计工作报告认为我国的税收管理中存在四方面较为严重的问题:第一,人头经费偏高。2006年18个省(市)税务部门人员平均支出为5.83万元,而抽查到的236个税务局人员人均支出高达9.06万元。第二,办公用房面积大幅超标。在抽查到的税务局中,有一半以上的税务局建造超标办公楼。第三,小汽车购置有大量的违规行为。审计署抽查已实施或参照实施车辆编制管理的162个税务局中,有90个税务局超编制购置小汽车。第四,各种招待费、会议费、培训费和出国费用严重超标。2006年,抽查到236个税务局此类支出高达10.55亿元,每个局平均支出400余万元。

资料来源:张楚楠,主要OECD国家中央政府的税务征收成本,涉外税务,1995年第10期;OECD,Tax Administration in OECD and Selected Non-OECD Countries:Comparative Information series(2008);中国税收成本过高,南风窗,2011年5月12日。

(二) 纳税成本

纳税成本是指纳税人在依法纳税的过程中所发生的各种费用,如纳税人完成纳税申报所花费的交通费用、雇佣税务顾问和会计师所花费的费用等。税收的征税成本相对来说容易计算,可以通过财税部门的预算拨款情况进行统计。而纳税成本则相对隐蔽、分散,不易计算,特别是纳税人所花费的时间、心理方面的代价,更无法用金钱来计算,也没有准确的统计数据,因此纳税成本有时被称为"税收的隐性费用"。

纳税成本在很多税收成本的研究文献中都有涉及,也被称为奉行成本、遵从成本。纳税成本包括的因素主要有:一是较高的工资成本;二是纳税花费大量的时间成本,如保存收入记录、完成纳税填报、花费的交通时间等;三是纳税人经受的某种精神成本。例如,由于担心纳税申报数据有误而遭受惩罚,纳税人会焦虑不安。除此以外,有的学者还研究了税收的政治费用。政治费用是指纳税人试图影响税法所发生的费用,由政府和纳税人共同承担。税法总是处于变动之中,这种变动的压力来自两个方面,即税务当局和纳税人。纳税人为了自身的利益,时常通过院外压力集团要求政府改变税法。例如,美国在1986年税制改革之前,房地产经纪人花了大量费用雇佣院外压力集团的说客,向政府游说,保留联邦所得税的大宗扣除项目——房地产抵押利息扣除。这种例子还有很多,如争取保留加速折旧规定、研究与开发费用扣除等[1]。

已有研究成果表明,尽管纳税成本是隐形的,但其数额远远超过显性的征税成本。例如,在美国,个人所得税的征税成本相当低。国内收入署每筹措100美元的个人所得税,只需要花费44美分左右。然而,个人所得税的纳税成本却很高。这些纳税成本包括纳税所花费的时间、纳税咨询和准备的人工成本等。有调查证据表明,2005年,个人

---

[1] 郭庆旺,苑新丽,夏文丽.当代西方税收学.东北财经大学出版社,1994年版,第223页.

所得税的纳税成本总额大约是所得税收入的 10% 或 1 410 亿美元①。所以纳税成本远大于征税成本。

要提高税收的行政效率,首先要尽力简化税制,使税收制度简洁、明了,方便纳税人理解和掌握;其次制度安排上尽量给纳税人以方便,以减少纳税成本;再次要尽可能地简化税收征管程序,尽量依靠纳税人自行办理纳税事项,使税务机关能集中精力加强征收管理和信息管理,提高工作效率;第四是税务机构征管技术的现代化,通过采用先进的信息技术手段、优化业务流程,不断降低征税成本。

二、税收的经济效率

通过征税促进经济效率的提高是更高层次的税收效率要求。税收作为政府调节经济的一种重要手段,设计得当的税收制度可以起到促进资源配置合理化、刺激经济增长的作用,但是设计不当的税收制度也存在扭曲资源配置格局、阻碍经济有效运行的可能性。一般来说,检验税收经济效率的标准,在于税收的超额负担最小化。

亚当·斯密在《国富论》中已经关注到税收可能带来的效率损失问题。在其论及第四个税收原则时提到:"一切赋税的征收,须设法使人民所付出的,尽可能等于国家所收入的。"他分析了税收达不到这个要求的诸多原因。得出结论:"赋税造成的人民负担,往往比它造成的国家利益大得多。"

19 世纪末,以阿尔弗雷德·马歇尔(1842—1924)为主要代表的英国新古典学派对税收原则进行了深入的研究,而"效率原则"是研究的重点。马歇尔在其 1890 年出版的名著《经济学原理》中,运用近代效用理论、消费者剩余与供需弹性等基本概念,首次详细地研究了税收可能带来的效率损失,提出了税收"额外负担"的概念。

(一) 税收的超额负担

在现实经济中,当市场决定的资源配置已经处于最优状态下,政府征税给纳税人造成的负担不仅仅局限于使相应数额的经济资源由私人部门转移到政府部门,而且还往往会影响其经济决策,造成资源配置的扭曲,带来社会福利净损失。税收导致的资源配置效率损失,一般称为税收无谓损失(Deadweight Loss)或税收超额负担(Excess Burden)。

1. 超额负担的概念

税收的超额负担是指政府征税导致社会福利的损失大于政府所取得的税收收入的数额,具体可以用消费者剩余和生产者剩余的净损失来衡量。

图 2-4 中,坐标系纵轴表示商品的价格 P,横轴表示商品的产量 Q。当政府未对该商品征税时,根据产品的需求曲线 D 和供给曲线 S_0 相交于 a 点,得出均衡价格和产量分别为 P_0 和 Q_0。此时,消费者剩余为 aP_0 与需求曲线及纵坐标围成的三角形面积,生产者剩余为 aP_0 与供给曲线及纵坐标围成的三角形面积。现在假定政府为了增加收入,开始对该商品生产者征收从量定额税。由于政府的课税,产品的供给曲线由原来的 S_0 平行上移到 S_1,新的供给曲线和需求曲线相交于 b 点达到新均衡。此时,均衡产量

---

① 哈维·罗森,特德·盖亚.财政学(第八版).中国人民大学出版社,2009 年版,第 354 页.

为 Q_1，而均衡价格分别为 P_1 和 P_2，其中，P_1 表示消费者支付的商品价格，而 P_2 表示扣除税收后生产者实际得到的商品价格。由于税收的介入，使消费者价格和生产者价格不再相等，出现了一个差额，这个差额称为税楔（Tax Wedge）。税后由于消费者支付更高的价格 P_1，消费者剩余减少了 $P_1 b a P_0$。其中，被政府拿去的税收收入为 $P_1 b c P_0$，消费者剩余的净损失为 abc。税后由于生产者实际得到的价格下降为 P_2，生产者剩余减少了 $P_0 a d P_2$。其中，被政府拿去的税收收入为 $P_0 c d P_2$，生产者剩余的净损失为 acd。因此，

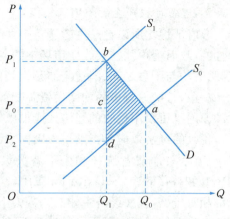

图 2-4 税收的超额负担

政府征税的行为导致的消费者剩余和生产者剩余的净损失总和为 abd（图中阴影部分），这就是征税带来的超额负担，即效率损失。

资料链接 2-5

法国的门窗税

法国门窗税是大革命后才征收的一种新税，是 1798 年拿破仑征战意大利时从意大利引进的。它开始是作为房屋的收益税，对住宅的租户征收，但由房主支付，通过加收租金而转嫁给房客，后来就变成了对业主的税收。这个税对所有住宅、工厂和车间征收，标准是建筑物开孔的数量和种类，如大门、有阳台围栏的窗户、小阁楼的窗户等。也考虑门窗在建筑物的位置，以及建筑物本身的位置，有不同的税率。1831 年变成对每一种开孔征收一定的法郎。1885 年，全法国 5 975 176 栋建筑物中，只有一个开孔的达 248 362 栋，显然这些建筑物只有门，没有窗户。当时建筑房屋的时候，设计更小更少的窗户少纳税是优先要考虑到的问题。

雨果在《悲惨世界》中说："我极敬爱的兄弟们，我的好朋友们，在法国的农村，有一百三十二万所房子都只有三个洞口；一百八十万七千所有两个洞口，就是门和窗；还有二十四万六千个棚子都只有一个洞口，那就是门。这是因为那种所谓门窗税才搞到如此地步。"这是对门窗税的控诉。

看来，法国的门窗税和英国的窗户税一样，招人忌恨，而且也严重地影响了穷人的生活，穷人为了逃避税收，不得不住在没有窗户的黑屋子里。但是，法国的门窗税显然比英国的窗户税还坏，因为就英国的窗户税来说，没有窗户也就没有税负，而对于法国的门窗税来说，没有窗户，只剩一扇门，也要缴纳门税。人们可以为避税而不要窗户，但是无法为避税而不要门，除非他根本就不再奢望有房子，法国的门窗税直到 1917 年才废除，前后征收长达百余年。

资料来源：梁发芾，可笑的"税"，新理财（政府理财），2013 年第 4 期．

2. 超额负担产生的原因

政府征税之所以会产生超额负担并导致效率损失,主要是因为大部分税收都是选择性的,政府征税往往会改变市场中的各种相对价格,如不同产品之间、不同生产要素之间、劳动与闲暇之间、消费与储蓄之间的相对价格,从而扭曲市场主体的消费决策和生产决策,打破原有市场均衡使资源配置偏离帕累托最优状态。所以,税收超额负担产生的原因也可以用税收的经济效应加以解释。

税收的经济效应是指纳税人因国家课税而在其经济选择或经济行为方面做出的反应,也就是对消费者选择和生产者决策的影响。该效应通常分为收入效应(Income Effect)和替代效应(Substitution Effect)。税收收入效应指政府的课税活动不改变商品的相对价格,仅使经济主体的购买力下降,从而影响社会成员的福利水平;税收的替代效应指保持效用水平不变的情况下,改变商品相对价格,从而改变经济活动主体的行为选择而改变社会成员的福利水平。

直观来看,超额负担的产生源自税收对经济行为的扭曲和改变。现在我们利用图2-5来加以具体分析。

首先假定,消费者只对商品 X 和商品 Y 有需求。在图2-5中 AB 代表消费者在政府未征税时面临的预算约束线。此时预算约束线与无差异曲线 U_1 相切于 E_1 点,为消费者在该预算约束下效用最大化的均衡点,消费者选择购买 X_1 和 Y_1 的商品组合。现假定政府采取对 X 征税而对 Y 不征税的差异化税收政策,消费者的预算约束线因此向内旋转

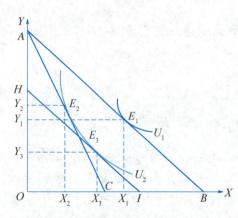

图 2-5 税收的收入效应与替代效应

为 AC。该预算约束线与无差异曲线 U_2 相切于 E_2 点,消费者选择购买 X_2 和 Y_2 的商品组合。通过作一条与 AB 平行且与 U_2 相切的补偿需求曲线(Compensated Demand Curve) HI,切点为 E_3,E_3 对应的消费组合分别为 X_3 和 Y_3,则 X_1X_3 为税收的收入效应,X_2X_3 为税收的替代效应。

超额负担产生的根本原因在于替代效应,单纯的收入效应只会带来收入在纳税人和政府间的转移,不会产生效率损失。正是因为替代效应产生的效用损失无法通过政府税收收入得到弥补,所以构成了超额负担。但是,并不是征税就一定会产生超额负担。当一种税只产生收入效应,而不产生替代效应时就没有超额负担。这种税我们常常称为总额税(Lump Sum Tax),即纳税人无法通过调整经济行为选择来改变税收份额的税收,也称一次总付税。开征总额税就意味着,所有纳税人都必须支付相同数额的税收,因此不会对纳税人的行为决策产生任何影响,也就不会产生超额负担了。

3. 超额负担的计算

在已知超额负担存在的情况下,人们需要比较多种不同税制安排带来的超额负担,这就涉及超额负担的计算问题。下面我们以一个比较特殊的例子来阐述如何计算税收的超额负担,使用的分析工具仍然是消费者剩余。消费者剩余是指消费者消费一定数

量的某种商品愿意支付的最高价格与这些商品的实际市场价格之间的差额。

如图 2-6 所示,假定 D 是商品 X 的补偿性需求曲线。商品 X 的边际社会成本为 P_0 并保持不变,所以供给曲线就为水平线 S。在均衡状态下,商品 X 的消费量为 Q_0。

现在政府以比率税率 t 对商品 X 征税,税后供给曲线变为 S',形成新的均衡价格为 $(1+t)P_0$,均衡产量为 Q_1。显然,图中矩形部分阴影面积就是政府取得的税收收入,而三角形部分阴影面积 abc 则是税收带来的超额负担。因此,通过计算三角形部分阴影面积 abc 可求得税收的超额负担,即:

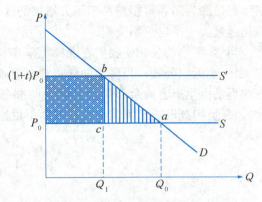

图 2-6　商品税的超额负担

$$S_{abc} = \frac{1}{2}(Q_0 - Q_1)tP_0 \tag{2-1}$$

利用需求曲线在 Q_0 点的弹性公式来代替上面公式中的需求变化量,以便更好地理解影响税收超额负担的因素。由需求弹性定义可知:

$$\eta = \frac{\Delta Q \times P_0}{\Delta P \times Q_0} \tag{2-2}$$

所以,$\Delta Q = \eta \times \frac{Q_0}{P_0} \times (tP_0) = \eta \times Q_0 \times t$

由此可以得出:

$$S_{abc} = \frac{1}{2}\eta P_0 Q_0 t^2 \tag{2-3}$$

公式(2-3)有着重要的政策含义。它表明,第一,超额负担与需求弹性成正比。在其他条件不变的情况下,对补偿性需求价格弹性比较高的商品课税,超额负担会更大。因为需求弹性 η 绝对值越大,意味着补偿性需求量对价格的变化越敏感,税收使消费者的行为决策扭曲程度越大,超额负担就越大。第二,$P_0 \times Q_0$ 是纳税人最初花费在商品 X 上的总支出,也就是说,超额负担与课税前的市场规模成正比。如果花在课税商品上的初始支出规模越大,超额负担也就越大。第三,超额负担与税率的平方成正比。

从上式我们还可以得到一个重要启示:以比较低的税率对多种商品课税,比只对少数几种商品征税却采用较高税率的结果要更好,税收的效率损失更小。其对税收政策的现实意义就是,采用宽税基税收比采用窄税基税收产生的超额负担更小。为什么会有这样的差别呢?这是因为 t^2 项的存在,它表明,随着税率的提高,超额负担将按其平方值增加。在其他条件相同的情况下,税率每增加 1 倍,其超额负担将是原来的 4

倍。正是因为超额负担按税率平方增加的缘故,增加最后1元钱税收收入的边际超额负担远远大于平均超额负担。

当然,上面的公式是我们在课税无限小且没有任何其他扭曲的条件下才能严格成立,是一个近似公式。当供给曲线正常向上倾斜而不是完全水平的时候,那么超额负担三角形是由生产者剩余和消费者剩余两部分组成(参见图2-4中的三角形abd)。这时,超额负担既取决于需求弹性又取决于供给弹性,其计算的一般表达式为:

$$\frac{1}{2} \times \frac{P_0 Q_0}{\frac{1}{\eta} + \frac{1}{\varepsilon}} t^2 \tag{2-4}$$

公式(2-4)中,ε是商品的供给弹性。可见,图2-6推导的超额负担计算公式其实是在供给弹性为无穷大时的一个特例。

一般来说,当市场上存在多种商品,对一种商品征税不仅仅会影响到该课税商品的消费,往往也会对其他相关商品的消费产生影响,特别是和被征税商品存在替代或互补关系的商品。假定存在互为替代品的两种商品,甲和乙,最初政府只对商品甲征税而对商品乙不征税,如前所述,这会改变甲商品的消费选择,在甲商品的消费市场上带来一笔效率损失。此后,政府再对商品乙征税,同样也会在乙商品的消费市场上带来一笔新的效率损失。但由于甲和乙是替代品,对乙征税的结果可能导致消费者对甲的需求增加,引起商品甲的消费曲线发生变动,从而减少因对商品甲课税在甲商品消费市场上产生的效率损失。如果商品甲效率损失的减少超过商品乙因征税而产生的效率损失,则对乙课税有助于改进资源配置的效率。因此,当我们研究对商品乙征税的超额负担时,应全面考虑税收对甲和乙的影响,从而使总体超额负担最小化,这就是税收的次优理论(Second-best Theory)。

资料链接 2-6

美国机票税的超额负担

美国联邦政府按10%的税率对飞机票征税,这种税的超额负担有多少呢?按照上文推导的超额负担简化计算公式$1/2 P_0 Q_0 t^2$,首先必须先知道机票的需求价格弹性。根据Yan & Winston(2012)的研究,机票需求价格弹性的合理估计值为1.1。其次还需要知道每张机票的价格与售出票数的乘积——机票的市场规模,这个数字2012年大约是910亿美元。把所有这些数据代入上述计算公式(2-3),就可以计算出,由于机票税每年造成的超额负担=$1/2 \times 1.1 \times 910 \times (0.1)^2$,约为5.01亿美元。

资料来源:哈维·罗森等,财政学(第10版)英文版,清华大学出版社,2014年版,第333页。

(二) 超额负担与市场失灵

在市场有效的情况下,市场能够自动实现资源的最优配置,这时税收的介入会破坏原有的平衡,带来超额负担,即效率的损失。而在市场失灵的情况下,税收的恰当介入就有可能矫正市场失灵,改进资源配置效率。

外部性是市场失灵的重要表现之一。外部性的"外部"是相对于市场体系而言的,严格地说,是在价格体系中未得到体现的那部分经济活动的副产品或副作用。这些副产品或副作用可能是有益的正外部性,也可能是有害的负外部性。

外部性可以通过法律系统、政府管制、模仿市场机制和税收手段等进行矫正。以下我们分析如何运用庇古税来解决环境污染的负外部性。庇谷税(Pigouvian Tax)是指对污染者的单位产品征税,其单位税额正好等于污染者在最具效率产量水平上造成的边际损害。

现在我们假设甲在一条不被任何人拥有的河边开了一个工厂,并向河流里倾倒工业废水。在河流的下游有位专门以捕鱼为生的渔夫乙。显然甲的排污行为会直接影响乙的福利,产生负的外部性。图2-7中,MB为甲的边际收益,MPC为甲的私人边际成本;MD表示乙由于甲的排污活动产生外部性而遭受的边际损害,即边际环境成本。

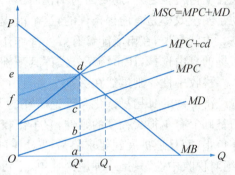

图2-7 庇古税与外部性

未征税时,为了实现利润最大化,甲的最优产量为边际收益等于边际私人成本时的产量,这时他不会考虑负外部性的影响,因此决定了利润最大化产量为Q_1。出于整个社会的利益最大化考量,必须补偿负外部性带来的环境成本。因此帕累托有效的产量为社会边际成本MSC和边际收益的交点Q^*。边际社会成本MSC为边际私人成本MPC加上边际环境成本MD。

为使甲的实际产量Q_1减少到社会的最优产量Q^*,假设政府对甲开征庇古税即环境税,其单位税额刚好等于在社会最优产量下的边际环境成本cd(cd等于ab),由于庇古税是对单位产出征收固定税额,那么甲的边际私人成本MPC税后向上平移cd,变成$MPC+cd$。此时由边际私人成本和边际收益的交点确定的最优产量正好为Q^*,环境污染的负外部性得到有效控制。图中阴影部分的面积$cdef$就是庇古税的税收收入。

庇古税具有操作简单、易于理解等优点,但是也存在一些实践上的局限性。其中,最大的问题就是估计边际损害函数MD困难重重,所以难以找到准确的税率。政府不可能事先就确切知道外部性所造成的环境成本,也不可能准确度量每个污染者需要缴纳的庇古税额。如果政府一开始就知道最优的产量水平,完全可以直接告知厂商,而无需通过征税的方式来间接调节。但是对一些特殊商品仍可以通过适度课税进行调节。以汽车的尾气排放为例,政府可以开征燃油税加以调节,尽管外部性的大小并非完全由燃油决定,燃油税不一定会导致最有效率的结果,但它确实能大大改善尾气排放的状况。

在当前环境污染形势日益严峻的背景下,利用庇古税原理来改进环境污染等负外部性所带来的效率扭曲已成为世界各国的一种共识。

(三）税收中性与税收效率

税收中性（Tax Neutrality）是与税收的经济效率原则紧密相连的一个概念。以亚当·斯密的"自由放任和自由竞争"思想为代表的西方古典经济学理论认为，自由市场经济中的价格竞争机制具有理想的资源配置效率。传统的税收中性原则正是基于税收会带来超额负担这一论断而提出来的，它要求除了缴纳的税款之外，税收最好不要让人们再承担任何其他的额外负担或经济损失，即超额负担最小化。传统税收中性要求政府对市场机制和纳税人进行有效率的经济选择，应当不偏不倚，不加干预，以避免纳税人在支付税款之外，还要因为纳税而不得不改变自身有效率的经济活动。税收中性有助于实现效率是有前提条件的，这个前提就是市场处于完全竞争或接近于完全竞争状态。也就是说，在市场能够有效发挥作用的领域里，税收应尽可能地保持中性，不干扰市场的自由选择，让市场充分发挥其基础性的资源配置作用。

税收中性原则虽然在资本主义自由竞争时期在很多国家有着广泛的影响，但是，随着经济活动的日趋复杂化和理论研究的不断深入，税收中性原则的含义又在传统理论的基础上有了很大程度的延伸，它不仅仅是指尽量避免经济活动主体因纳税而遭受额外负担，而且还扩展到要求将税收对各种经济活动所产生的不良影响降到最低限度。"绝对税收中性"只是一种理论抽象，不可能存在于现实经济之中。在市场无法有效发挥作用的领域里，需要政府从全社会的整体利益出发，利用税收手段，进行适当的干预，以使经济运行效率最大化。只要政府的税收调节能够促进社会福利的提升，那么这种税收调节就是符合税收效率原则要求的。所以，税收中性原则并不等同于税收效率原则，税收的中性与非中性调节，都必须服从和服务于提高整体经济效率这个根本目标。

作为一个原则，税收中性的积极意义还是应当给予肯定的。在市场经济下，如何正确处理税收中性原则和宏观调控政策的关系，主要取决于市场运行环境和运行结果，两者不可偏废。尤其在一些发展中国家，市场主体的发育程度还比较低，价格信号还不能完全有效引导资源配置。在这种情况下，政府应在微观层面强调税收中性原则，减少不必要的行政干预，而在宏观层面，加强税收的非中性调节，引导国民经济持续健康发展。

本 章 小 结

1. 税收原则是一国政府在设计税收制度以及施行税收制度的过程中遵循的基本准则，该准则是评价和判断该国税制好坏优劣、衡量税务行政管理机构运行状况的基本尺度，是决定税收制度存、废、改、立的深层次理念体系。

2. 资本主义经济的发展推动了税收原则的研究需求，西方一些经济学家根据自己所处的历史阶段和所持的经济理论，推出了各具时代特色的税收原则学说。

3. 税收财政原则的基本含义包括两个方面：一是税制的建立和完善，要保证税收收入充分满足一定时期财政支出的需要；二是税收收入要富有弹性，能够满足人们对公共产品和服务需求的不断增长。

4. 机会原则、受益原则和支付能力原则是衡量征税是否公平的三大原则，三者各有利弊，相互补充。不存在一个原则能成为税制设计的唯一标准。相对而言，支付能力原则较好地体现了收入再分配的要求，且可操作性强，运用最广。支付能力的衡量又分为收入、支出、财产等客观标准和效用牺牲等主观标准。

5. 税收的公平原则包含两层含义：一是横向公平，即同等纳税条件的人缴纳相同的税收；二是纵向公平，即不同纳税条件的人缴纳不同的税收。

6. 税收效率原则包含两层含义：一是行政效率，也就是税收的征税成本和纳税成本最小化；二是经济效率，也就是税收对经济行为的扭曲和超额负担最小化。

复习思考题

1. 比较分析中外税收原则理论的异同点。
2. 税收的公平原则的评判标准有哪些？
3. 税制设计如何兼顾横向公平和纵向公平？
4. 税收成本包括哪些内容？如何降低税收成本？
5. 税收超额负担产生的原因是什么？影响因素有哪些？
6. 请谈谈你对税收中性原则的理解和认识。

案例讨论题

网络经济和税收公平哪个重要？

美国《互联网免税法案》将在 2015 年 11 月到期，10 月中旬的时候，美国众议院通过了一项《永久性互联网免税法案》，希望以该法案代替长期以来需不断延展期限的《互联网免税法案》。到目前为止，似乎还没有反对该法案的声音出现，但是这并不意味着该法案可以顺利通过。美国参议院一直以来希望将其提出的《市场公平法案》与《互联网免税法案》的延展捆绑通过，因此，《互联网免税法案》能否顺利延展或者《永久性互联网免税法案》能否通过还是未知数。

1. 互联网接入服务免税得人心

美国《互联网免税法案》最早于 1997 年提出，随后在当年 7 月，美国国会贸易委员会和司法委员会召开听证会讨论这部提案，并在 3 个月之后通过了提案修正案。此后，众议员考克斯又根据与各州、各地方政府协商的结果，于 1998 年 5 月和 6 月先后提出了两项修正过的提案。其中，6 月 22 日的提案得到了众议院的全票通过，之后在参议院以绝对多数票通过。1998 年 10 月 21 日克林顿总统签署了《互联网免税法案》。

法案主旨基于互联网自由的基本思想，主要内容是：(1) 对互联网上的某些税种实施为期 3 年的免税时限。在 1998 年 10 月 1 日到 2001 年 10 月 21 日这段时间内，禁止各州、各地方政府征收互联网服务接入税（即美国人为接入互联网每月向美国在线等互联网服务提供商缴纳的 19.95 美元税收）。(2) 两年之内不对电子商务征收名目繁多的、有失公平的税种。禁止不同的州和地方政府对同一项电子商务重复征税。禁止对电子商务的经营者和消费者征收新的网络税种，禁止以严格的"连接"解释为由而对本州和本地区之外的电子商务征税。(3) 在免税时限内，禁止对只在网上销售的货物或服务征税。(4) 成立专门的委员会研究远程商务的征税问题。法案还宣布互联网应当是自由关税区。

2001年10月21日是最初的暂停期的失效日,为了防止其失效后全国各州及地方政府对网络服务或电子商务的买卖双方课税或多重课税,美国众议院于2001年10月16日通过了《互联网税收非歧视法》,将1998年以来所规定的课税期间再延长两年。2003年,由参议院通过了《2003年互联网税收非歧视性法》,该法案将《互联网免税法案》进行了部分修改,并将互联网免税政策再向后延展至2007年11月1日。在此后的每次免税时限到来之时,国会都会对法案进行补充,将免税时限进行延展。

2. 实体店与网店要公平竞争

如果说对互联网接入征税的豁免,其只涉及了很小一部分的州和税收,那么在2014年7月15日,美国参议院对《市场公平法案》进行的修改更引人注目。简单来说,修改后的法案旨在允许各州对向其境内消费者销售商品的境外网络零售商(在消费者所在州没有实体店)征税。而当前,各州只能向在其境内有实体店的零售商征税。该法是对《2013年市场公平法案》(美参议院投票通过的一项要求对数字下载征税的法案)的替代,征收方式为:电商企业向消费者收取消费税,然后电商所在州的州政府向电商企业收税。《2013年市场公平法案》是美国第一个全国性互联网消费税提案,可以让美国各州政府对电商跨区进行征税。法案的推动者表示,假如怀俄明州的一家小商店,被几千公里外的电商抢了生意,电商的跨州交易若免消费税,将带来不公平竞争。

其实美国对互联网征税的发展方向,可以通过四部具有代表性的法案看出:一是《互联网免税法案》,希望永久豁免对互联网接入征税;二是《无线网络税收公平法案》,旨在消除对无线网络服务的歧视性税收;三是《数字产品和服务税收公平法案》,旨在消除数字化产品的税收歧视;四是《市场与互联网税收公平法案》,旨在实现电子商务与实体经济的公平竞争。

3. 利益集团博弈正酣

但是,问题就出在《互联网免税法案》和《市场公平法案》之间有些矛盾之处。如前所述,《互联网免税法案》的一个基本原则是:不向信息征税、不对只在网上销售的货物或服务征税。而《市场公平法案》的出发点则是要向从网上下载电子书、音乐、电影、软件等数字产品的用户收税,此外,它还迫使零售商对其售出的实体商品代征消费税。

征税的背后反映的是各方利益的博弈。在过去几年,全国零售联盟和零售业领导者联盟一直在对议员进行游说,希望通过《市场公平法案》。这两个联盟的成员包括沃尔玛、百思买、塔吉特和梅西百货等大型实体零售商。此外,经济上的困境也使州政府将征税的目标瞄准了销售额快速增长的网络零售业。

但像eBay这样的大型在线零售商则持反对态度,原因是一旦由在线销售商向消费者代征消费税,将需要根据美国9 600个税收司法管辖区的不同情况来收税,而这些司法管辖区拥有各不相同的税率,对商品的分类也有所不同,会大大提高征收成本,也不利于互联网经济的发展。

资料来源:刘洁.网络经济和税收公平哪个重要?.中国税务报,2015年11月10日.

结合所给案例材料,从税收公平与效率的角度,讨论网络经济课税的必要性和可行性。

延伸阅读文献

1. 曹立瀛.西方财政理论与政策.中国财政经济出版社,1995.
2. 甘行琼.西方财税思想.高等教育出版社,2014.
3. 郭庆旺.有关税收公平收入分配的几个深层次问题.财贸经济,2012(8):20-27.
4. 理查德·A.马斯格雷夫,佩吉·B.马斯格雷夫.财政理论与实践(第5版).中国财政经济出版社,2003.
5. 孟莹莹,尹音频.卷烟消费税的负外部性矫正效应.税务研究,2013(7):54-59.
6. 欧阳华生等.我国税制税收超额负担定量研究.财贸经济,2010(1):63-67.
7. 孙文学.中国赋税思想史.中国财政经济出版社,2005.
8. 徐孟洲.论税法原则及其功能.中国人民大学学报,2000(5):87-94.
9. 杨斌.治税的效率和公平——宏观税收管理理论与方法的研究.经济科学出版社,1999.
10. 杨卫华.降低税收成本提高税收效率.税务研究,2005(3):70-73.

第三章 税收负担与宏观税负率

【本章要点】

1. 税收负担的概念及分类
2. 税收负担的衡量标准
3. 宏观税负的影响因素
4. 我国宏观税负率的演变
5. 宏观税负率和微观税负率的联系和区别

案例导入

俗话说"食在广州",在美食名扬天下的广州,许多餐饮企业老板却并不轻松。除了公务消费锐减和各项成本上升,居高不下的税费也让他们苦不堪言。

广州市饮食商会反映,"税重费多"已经开始对餐饮行业盈利能力产生不利影响。以招牌菜白切鸡为例,原材料成本一只鸡要31元,绝大多数酒楼白切鸡售价68元。统计企业的各项成本可以看出,营业税、所得税和"五险一金"三项相加占企业总营收已经超过10%,再加上消防、治安、环保等部门的行政事业性收费所占总营收约1%,税费在饮食企业总营收中约占了11%。"相当于顾客点一只鸡,在享用前,鸡的一条腿已被税费'吃'掉了!"

据广州市饮食商会对所属企业调查,企业需要承担50项税费,所有税费总计约占企业营业收入的12.5%。广州市饮食商会近日向"中国网事"记者提供的一份清单显示,税收包括13项,总额占企业营业收入的6.5%—8%;社会保障金8项,总额占企业营业收入的2.5%—3%;行政事业性收费和政府指定项目收费29项,总额占企业营业收入的1.5%—2%,其中银行刷卡手续费占企业营业收入的0.5%。

广州市饮食商会会长区又生说,在这50项税费当中,占营业收入比例最高的是营业税,按企业营业收入5%的比例征收,与房地产业、汽车销售业、金融保险业等相同,高于建筑业等民生服务行业3%的比例。

广州多家餐饮企业反映,针对饮食业的其他29项行政事业性收费和政府指定项目收费,包括了除四害费、垃圾清运费、治安联防费、公共场所空气检测费等繁多名目。这些缴费总金额虽然只占企业营业收入的1.5%—2%,但所引发的多头上门收费、强制收费、搭车收费等问题,给企业带来了更多管理成本。

资料来源:餐饮企业生存调查:卖一只白切鸡 一条鸡腿用来交税费,新华网,2014年8月24日。

尽管税收收入在用途上具有整体和间接有偿性,但纳税人缴纳的税款与其享有的公共产品和服务之间并无直接对等关系,所以,从这个意义上来说,税收对纳税人是一种直接无偿的课征,是一种负担和损失。所谓税收负担,是指一定时期内纳税人因国家课税而承受的经济负担或减少的可支配收入。税收负担的总量及其在各地区、各部门、各收入阶层之间的分配结构反映了资源在公共部门和私人部门之间的配置状况,是一个国家税收制度设计的基础和核心问题,也是征纳税双方关注和争论的焦点问题。

第一节　税收负担分类

税收负担体现了政府与纳税人之间以及不同纳税人之间的经济利益分配关系。采用不同的标准,可以对"税收负担"进行不同的分类。

一、名义负担与实际负担

按照纳税人承担负担的度量不同,税收负担可以分为名义负担和实际负担。

名义税收负担指的是纳税人按照税法的规定所应承担的税收负担,具体表现为按法定税率和计税依据计算出的纳税人应承担的税款总额。实际负担是指纳税人实际缴纳的税款所形成的税收负担。名义负担与实际负担往往存在背离的情况,一般是后者低于前者,究其原因,主要是存在减免税等税收优惠政策,以及税收征管不完善等导致的征税不足。和名义税负相比,实际税收负担更能体现经济活动主体实际承担税负的水平,经济主体对税负水平的判断和行为反应也主要是基于实际税负而不是基于名义税负。

二、直接负担与间接负担

按照税收负担是否由纳税人实际承担,税收负担可以分为直接负担与间接负担。

直接税收负担是指纳税人直接向政府缴税而负担的税收。现实生活当中很多情形下,纳税人虽然按照规定向政府缴纳了税款,但是并不意味着该纳税人就全部承担了该税收负担。纳税人在缴纳税款后往往会通过各种方式或途径将其缴纳的全部或部分税款转嫁给其他人承担。被转嫁者名义上虽然没有直接向政府缴纳税款,但是却真真实实地负担了一部分税款,这种税收负担就被称为间接税收负担。只要存在税负转嫁,就会存在间接税收负担。区别直接税收负担和间接税收负担,可以准确反映在既定宏观税收负担水平下真实税收负担的最终分布结构,客观描绘税收对收入分配的最终影响。

三、宏观负担与微观负担

按照税收负担的考察层次不同,税收负担可以分为宏观负担与微观负担。

宏观税收负担是指一个国家或地区一定时期内税收收入总额在国民经济总量中所占的比重。衡量宏观税收负担大小一般不用绝对指标,而用相对指标,通常用国民生产总值或国内生产总值税收负担率来表示。它是一个国家或地区在一定时期内总体税收负担状况的综合反映。研究宏观税收负担,既可以横向比较国家之间的税负水平,也可以纵向分析一国的税收收入与经济发展之间的相关关系。所谓微观税收负担,是指微观经济主体或某一征税对象的税负水平,可以选择个人所得税负担率或商品劳务税负担率等来表示。研究微观税收负担,便于分析企业之间、行业之间、产品之间的税负差异,为制定合理的税收政策和加强税收征管提供决策依据。

此外,为筹集相同的税收收入,采用不同税种、不同课税环节、不同课税方式,其税收显著性不同,也会给纳税人带来不一样的主观税负感觉。所以,在实际征管实践中,还存在主观税负与客观税负的区别。

资料链接 3-1

税收的显著性

行为经济学对税收复杂性的主要含义可能来自不完全理性的个人不能再被假定能够正确地察觉到税收。个人不是对设定的税率做出反应,而是对他们所理解的税率作出反应。这样的福利结果不是直截了当的。而且,税率错觉会提出问题:通过故意操纵税收显著性(Tax Salience,消费者不能准确地觉察到复杂或难以理解的税收),决策者是否能够改善福利结果?

商品税和劳动税征收时都存在显著性效应。研究表明,课征商品税时,部分税收几乎为消费者所忽略。Chetty、Looney 和 Kroft(2009)对超市中课税商品的销售状况的研究显示,个人在很大程度上忽略了销售税。市场价格通常不包括这种税收。当改变价格标识方法(即所标出的价格包含了销售税)时,商品的需求发生了变化。这项研究成果被广泛引用。

Finkelstein(2009)研究了自动收费效应。所提供的相关证据表明,人们很少注意这种不显山露水的收费。关于劳动课税,不断增加的证据表明,所得税的行为反应因为复杂性也被忽略了。Saez(2010)发现纳税人几乎不会在所得税的各个拐点扎堆,这个结果与不完全理性的纳税人不能准确觉察到复杂和不透明的税法是一致的。

一定程度上,税收的显著性是决策者的一个选择变量。决策者可以将商品设定为销售税,通常不是贴在消费者可以看到的价格中,或者可以将商品税设定为货物税,通常包括在所贴出的价格中。

Slemrod 和 Kopczuk(2002)发展了一个政府影响相关灵活性的模型。当决策者可以选择一些税收向消费者隐藏时,其他条件不变,这会保持需求的低弹性,对效率而言是可取的。但在预算约束下,在隐藏税收的商品上支出太多,可用于其他后续购买的收入就越少。解决税收显著性的净福利效应从而是未来后续研究的重要领域。

资料来源:杨志勇,税收经济学,东北财经大学出版社,2011年版,第67页.

第二节 税收负担水平的衡量

税收负担是质和量的统一体,要确定合理的税收负担,既要从质的方面分析影响税收负担的各种因素,又要从量的方面界定合理负担的客观指标。为此,需要建立一套衡量税收负担水平的指标体系。通常以税收负担率来表示税收负担的轻重程度。税收负担率,即纳税人实际缴纳税款数额与课税对象或计税依据的数量之比,它与法定税率既有联系又有区别。

一、宏观税收负担率

宏观税收负担率是一国经济总量的税收负担水平。一个国家的经济总量主要用国民生产总值(GNP)、国内生产总值(GDP)或国民收入(NI)来表示。与之相对应,衡量宏观税收负担水平的指标,主要有国民生产总值税收负担率、国内生产总值税收负担率和国民收入税收负担率。

(一)国民生产总值税收负担率

国民生产总值税收负担率(T/GNP),是指一定时期内国家税收收入总额(T)与同期国民生产总值(GNP)之比。计算公式为:

$$国民生产总值税收负担率 = \frac{税收收入总额}{国民生产总值} \times 100\% \qquad (3-1)$$

国民生产总值是指一个国家(或地区)所有国民在一定时期内新生产的产品和提供的劳务价值的总和。国民生产总值的计算遵循属人原则,只要是本国(或地区)居民,无论是否在本国境内(或地区内)居住,其生产和经营活动新创造的增加值都应该计算在内,但不包括外国国民在本国境内所生产的产品和提供的劳务。国民生产总值税收负担率反映了一个国家的国民一定时期内所承担税收负担的状况。

(二)国内生产总值税收负担率

国内生产总值税收负担率(T/GDP),是指一定时期内国家税收收入总额(T)与同期国内生产总值(GDP)之比。公式为:

$$国内生产总值税收负担率 = \frac{税收收入总额}{国内生产总值} \times 100\% \qquad (3-2)$$

国内生产总值是指在一定时期内(一个季度或一年),一个国家或地区的经济中所生产出的全部最终产品和劳务的价值,常被公认为衡量国家经济状况的最佳指标。国内生产总值的计算遵循属地原则,凡是在该国家或地区生产的产品或服务,无论是不是本国国民创造的,都计入其中,而本国国民在境外生产的产品和劳务则不能计算在内。国内生产总值税收负担率反映了一个国家或地区的本国国民或外国居民在一定时期内在该国生产产品和提供劳务所承受税收负担的状况。

(三)国民收入税收负担率

国民收入税收负担率(T/NI),是指一定时期内国家税收收入(T)与同期国民收入总值(NI)之比。计算公式为:

$$国民收入税收负担率 = \frac{税收收入总额}{国民收入} \times 100\% \quad (3-3)$$

国民收入是指一国生产要素(包括土地、劳动、资本、企业家才能等)所有者在一定时期内提供生产要素所获得的报酬,即工资、利息、租金和利润等的总和。国民收入税收负担率反映了一个国家在一定时期内新创造价值所承受税收负担的状况。

在上述三个衡量宏观税收负担水平的指标中,最为常用的是国内生产总值税收负担率。国民生产总值或国内生产总值税收负担率是进行国与国之间税负比较的综合性指标。一般来说,这一比例越高,表明一国的税收负担越重。同时,也说明一国的经济实力和税负承受能力越强。值得注意的是,三个宏观税收负担率指标计算公式中的"税收收入总额"指的是包括关税在内的中央政府与各级地方政府征收的全部税收收入,但行政收费等非税收入应排除在外。由于社会保障税或社会保障缴款和其他税种比较,具有专款专用的特性,因此部分国家在统计税收收入时会区分包含和不包含社会保障的两种税收口径。因此,当我们进行不同国家宏观税负比较时,弄清楚统计的税收收入中是否包含社会保障税至关重要。如果统计口径不同,宏观税负就无法直接进行比较。

二、微观税收负担率

微观税收负担率是指某个具体纳税人在一定时期内所承受的税收负担状况。微观税收负担是宏观税收负担通过税收负担的分配与转嫁沉淀而来的,它是在微观经济活动主体间进行税收负担横向比较的主要依据。研究微观税收负担,可以为政府制定税收政策、实现对微观经济活动主体的有效调控和征管提供客观依据。

(一)企业综合税收负担率

企业综合税收负担率是指一定时期内(通常为一年),企业实际缴纳的各项税收总额与同期企业销售收入总额或实现利润总额的比例。其计算公式为:

$$企业综合税收负担率 = \frac{企业纳税总额}{企业销售收入} \times 100\% \quad (3-4)$$

企业综合税收负担率反映了企业对国家财政所作的贡献,也反映了国家参与该企业生产成果分配的比例,该指标能较全面地考察企业整体税收负担状况,也可以用来比较不同类型和地区的企业的税负水平。一般说来,每个企业的税负率都不尽相同。

(二)企业个别税种的税收负担率

企业个别税种的税收负担率是分税种来具体研究企业的税收负担水平,通常又分为企业承担的商品税税收负担率和所得税税收负担率。其计算公式分别为:

$$企业商品税负担率 = \frac{企业缴纳商品税税额}{企业销售收入} \times 100\% \quad (3-5)$$

$$企业所得税负担率 = \frac{企业缴纳所得税税额}{企业销售收入} \times 100\% \qquad (3-6)$$

在其他条件相同的情况下,不同企业的所得税税收负担的高低会直接影响到企业净利润的高低,反映了一定时期企业的收益在政府和企业间的分配状况。由于商品税具有税负转嫁的可能性,名义上的企业纳税人不一定就是实际负税人。税负能否转嫁或转嫁程度的多少,往往取决于商品的供求弹性力量对比。因而,企业商品税税收负担率仅仅表示企业因缴纳商品税所承受的名义税收负担。

(三) 个人税收负担率

个人税收负担率指个人实际缴纳的税额与个人收入总额的比例。其计算公式为:

$$个人税收负担率 = \frac{个人缴纳税收总额}{个人收入总额} \times 100\% \qquad (3-7)$$

广义上来说,个人税收负担应该既包括个人缴纳的个人所得税和财产税等直接税,又包括个人作为消费者在购买商品时承担的由生产者转嫁而来的商品税等间接税。然而,由于现实生活中,这类转嫁而来的商品税往往难以准确计量。因此,个人真实承担的综合税收往往无法计算,一般我们仅考察狭义上的个人直接税的税收负担率。个人税收负担率反映了个人对国家税收的贡献程度,体现了国家通过税收参与个人收入分配情况的比例和对个人收入分配差距的调节力度。

三、中观税收负担率

中观税收负担率是介于宏观税收负担率和微观税收负担率之间的一种考察视角。它包括地区税收负担率和税类(或税种)税收负担率。

(一) 地区税收负担率

地区税收负担率是指一定时期内某地区(省、市、县、区)实际征收入库的全部税收收入占该地区生产总值的比例。其计算公式为:

$$地区税收负担率 = \frac{该地区税收收入总额}{地区生产总值} \times 100\% \qquad (3-8)$$

地区税收负担率是我们了解总体税负的地区分布差异、进行跨地区横向税负比较的重要指标。

(二) 税类(或税种)税收负担率

税类(或种税)税收负担率是指一定时期内国家实际征收入库的某税类(或税种)的税收收入占其征税对象数额的比例。其计算公式为:

$$某税类(或税种)税收负担率 = \frac{该税类(或税种)的实际征收额}{该税类(或税种)的征税对象数额} \times 100\% \qquad (3-9)$$

某税类(或税种)的税收负担率是我们了解总体税负的税种分布差异、进行不同税种税负比较的重要指标。结合行业细分的各税种税收负担率指标对于税收风险监控与防范具有重要实践指导意义。

> **资料链接 3-2**
>
> **宏观税负与微观税负不一致的原因**
>
> 宏观税负状况和微观税负状况不是绝对一致的,除特殊场合外,在大多数场合不一致。不从理论上明确认识宏观税负和微观税负的差异及其原因,就无法做出正确决策。以下因素会引起宏观税负与微观税负的差异:
>
> 第一,宏观税负率反映的是平均税负率。不同地区、不同企业生产经营状况、纳税负税情况千差万别。总体与局部、平均与个别之间税负总是存在差异。总有一些企业税负高于平均税负水平,一些低于平均水平。
>
> 第二,微观税负水平受税收转嫁影响,宏观税负水平则不存在这一问题。就国内税收而言,不管转嫁给谁,税收都源于劳动者创造的国内生产总值或剩余产品价值,是否考虑转嫁因素也是造成税收负担衡量在宏观层次与微观层次有所不同的原因之一。
>
> 第三,再生产补偿不足,造成实际税负重。如果企业技术更新改造方面欠账大,折旧率低,那么企业生产资料精神磨损(无形磨损)、实际磨损补偿也就是再生产的物质补偿严重不足;如果企业的存货跌价损失准备不允许在税前扣除,就会出现利润"虚高"现象,从而导致实际税负上升。因此,税率或税负水平同样,但负担内涵可能不同。
>
> 第四,公共产品提供不足也会加重企业负担。现实生活中,一些本来应当由政府用税款提供的公共项目,由于政府不提供或无力提供,而转为有关部门通过另立名目以非税形式(实际上就是杂税)向企业收取。宏观税负往往只计算正税,而不计算杂税,这样也导致微观税负与宏观税负差异。
>
> 资料来源:杨斌,税收学原理,高等教育出版社,2008年版,第137—138页。

第三节 宏观税负的影响因素

一个国家的宏观税负水平并非完全由执政政府所掌控,而要受到各种外部环境因素的影响,这些影响因素涉及经济、政治、社会、文化、习俗等各个方面。其中任一影响因素的变化,都会带来宏观税负水平或大或小的改变。由于各国的具体国情、发展阶段各不相同,所以不同国家以及同一个国家在不同历史时期的宏观税负水平也不尽相同。

一、经济因素

基本经济学原理告诉我们,经济决定税收,当然税收也会反作用于经济。所以,经济因素是影响宏观税负的诸多因素中的决定性因素,而经济因素对税负水平的影响又具体表现在经济发展水平和经济结构两个方面。

(一) 经济发展水平

经济是税收的基础,经济发展水平是影响宏观税负水平的首要因素。一方面,一国经济发展水平和人均国民收入越高,剩余财富越多,可供政府财政集中的收入份额也就越高。另一方面,经济发展水平和人均国民收入越高,人们对公共产品和服务需求的种类就越多、范围也越广,为了提供足够数量的公共产品和服务,政府需要筹集的资金就越多,而税收作为最主要的财政收入形式,其规模相应就越大,宏观税负水平也就越高。同时,根据著名的瓦格纳法则(Wagner's Law),人们对公共产品和服务需求的收入弹性大于1,即人们对公共产品需求的增长是快于收入的增长速度的,这一理论可以很好地解释为什么伴随居民收入的增长,税收收入占国民经济的比例即宏观税负水平会相应提高。

从长期来看,不仅一个国家的宏观税负会随着经济的发展有所提升,而且历史同一时期,人均收入更高的国家,其宏观税负水平一般也要高于人均收入更低的国家。所以,通常发达国家的宏观税负要高于发展中国家的宏观税负。

表3-1 不同经济发展水平国家的宏观税负率(%)

	国家	2007年	2008年	2009年	2010年	2011年
发达国家	奥地利	43.00	44.03	44.13	43.49	43.60
	比利时	45.28	45.63	45.12	45.66	46.02
	加拿大	33.22	31.82	32.45	31.47	31.30
	捷克	35.02	31.82	32.45	31.47	31.30
	丹麦	49.50	48.36	48.44	48.34	48.58
	芬兰	40.27	41.49	42.70	42.20	42.83
	法国	44.85	44.80	43.87	44.27	45.64
	德国	40.30	40.60	40.60	39.20	40.20
	希腊	34.54	34.33	32.50	32.94	33.66
	匈牙利	40.18	40.08	39.94	37.58	36.58
	冰岛	40.51	36.60	33.83	35.04	35.86
	爱尔兰	32.58	31.06	29.83	29.69	30.61
	以色列	37.13	34.74	32.20	33.41	33.48
	意大利	42.85	42.68	43.05	44.52	42.52
	日本	29.48	28.74	27.89	28.26	29.82
	韩国	24.42	24.71	23.45	23.06	23.51
	卢森堡	36.28	36.22	38.61	37.95	37.83
	荷兰	38.88	39.35	38.54	39.14	38.55

(续表)

国　家		2007年	2008年	2009年	2010年	2011年
发达国家	新西兰	35.37	—	—	—	—
	挪　威	43.17	42.33	42.46	42.91	43.25
	波　兰	34.78	34.20	31.70	31.71	32.44
	葡萄牙	35.58	35.49	34.22	34.49	35.83
	斯洛伐克	29.06	28.77	28.58	27.80	28.10
	斯洛文尼亚	37.37	37.95	37.68	37.33	38.13
	西班牙	38.12	34.34	32.24	33.68	32.66
	瑞　典	47.61	46.72	46.93	45.80	44.83
	瑞　士	28.89	29.31	29.75	29.18	—
	英　国	38.18	39.05	36.32	36.91	37.75
	美　国	—	26.63	24.55	24.94	25.19
	塞浦路斯	—	—	35.10	35.53	35.39
	马耳他	—	34.66	35.40	34.65	35.30
	非加权平均值	37.73	36.83	36.11	36.11	36.62
发展中国家	摩洛哥	30.76	32.32	29.03	28.60	30.11
	阿塞拜疆	—	—	17.02	14.90	15.28
	保加利亚	32.67	32.56	30.16	27.63	27.89
	克罗地亚	34.74	34.89	34.55	33.78	32.59
	格鲁吉亚	25.84	24.92	24.40	23.47	25.32
	拉脱维亚	29.64	29.45	27.55	27.00	27.39
	土耳其	—	—	29.09	30.09	29.66
	乌克兰	35.39	36.79	35.49	34.39	35.94
	埃　及	15.84	15.84	16.48	14.49	—
	罗马尼亚	29.53	28.47	27.12	27.14	26.94
	立陶宛	29.85	30.30	30.18	28.45	27.36
	亚美尼亚	19.18	20.65	20.34	20.66	21.01
	阿尔巴尼亚	23.30	24.04	23.86	23.23	23.16
	泰　国	18.21	18.42	17.30	18.51	19.99
	蒙　古	28.48	27.13	24.09	29.64	30.27
	智　利	22.78	21.08	17.21	20.22	21.87

(续表)

国　家		2007年	2008年	2009年	2010年	2011年
发展中国家	白俄罗斯	46.82	48.83	41.55	38.99	37.28
	摩尔多瓦	35.20	34.93	33.14	32.17	31.77
	毛里求斯	17.00	18.75	20.54	20.52	20.32
	秘　鲁	17.44	17.63	15.99	17.00	18.10
	哥斯达黎加	23.11	24.07	22.78	22.74	23.07
	俄罗斯	33.41	30.85	28.20	28.28	30.36
	南　非	30.82	29.77	27.49	27.84	27.59
	巴　西	—	—	31.38	31.05	32.86
	巴拉圭	15.43	15.89	17.77	17.50	18.08
	非加权平均值	27.07	27.15	25.71	25.53	26.42

数据来源：解学智，张志勇主编.世界税制现状与趋势(2014).中国税务出版社，2014年版，第5—10页。

表3-1列示了国际货币基金组织IMF发布的世界各国2007—2011年含社会保障税的宏观税负率。由表可知，2011年所列33个发达国家的平均宏观税负率为36.62%，而所列25个发展中国家的平均宏观税负率为26.42%，发达国家比发展中国家平均高10.2个百分点。

(二) 经济结构

经济发展水平对宏观税收负担水平的影响不仅表现在数量方面，还表现在质量方面，即经济结构的优化和升级会大大提高单位GDP的税收贡献率。经济结构的内容包括产业结构、部门结构、产品结构、地区结构、组织结构、就业结构等，其中对宏观税负水平影响最大是产业结构。产业结构通常是指一国经济总量中，第一产业、第二产业和第三产业之间的比例关系。基于生产效率的内生变量和税收政策的外生变量的差异，不同产业的税收贡献率是不同的，产业结构的不同决定了税收结构的差异。

产业结构及其变化体现着经济发展的阶段性规律。纵观工业化国家的经济发展史，大部分都经历了由传统农业占统治地位转向工业化，进而由服务业占主导地位的经济形态转化过程。由于产业附加值空间大小不同以及国家对不同产业实施差异化的税收优惠政策（如对农业实施各种减免税政策），与第二、三产业相比，第一产业的税收贡献率相对更轻。因此，若一国产业结构中第一产业的比重越高，则单位经济产出的税收贡献率就越低，总体税收负担自然会相对较低；而若第二、三产业的比重越高，则总体税收负担就会相对提高。若将产业结构进一步进行行业细分，在三大产业内部也存在税收贡献能力相对较高和较低的行业，不同税收贡献能力的行业在整个国民经济中的结构比例分布，同样也会对宏观税收负担水平产生重大影响。

表 3-2 我国各产业的税负率

产业	项目	2007年	2008年	2009年	2010年	2011年	2012年
第一产业	税收(亿)	13.5	126.4	56.0	78.2	81.3	120.4
	GDP(亿)	28 627.0	33 702.0	35 226.0	40 533.6	47 486.2	52 373.6
	税负率(%)	0.05	0.38	0.16	0.19	0.17	0.23
第二产业	税收(亿)	26 041.7	30 643.8	33 415.5	40 615.4	49 797.5	54 835.7
	GDP(亿)	125 831.4	149 003.4	157 638.8	187 383.2	220 412.8	235 162.0
	税负率(%)	20.70	20.57	21.20	21.68	22.59	23.32
第三产业	税收(亿)	22 519.7	27 091.6	29 632.0	36 700.9	45 850.7	55 808.0
	GDP(亿)	111 351.9	131 340.0	148 038.0	173 596.0	205 205.0	231 934.5
	税负率(%)	20.22	20.63	20.02	21.14	22.34	24.06

数据来源：税收数据来自各年度《中国税务年鉴》，GDP 数据来自《中国统计年鉴(2014)》。

表 3-2 列示了我国 2007—2012 年三次产业的税收负担率数据。由表可见，第一产业的税负率远远低于二、三产业的税负率。以 2007 年为例，第一产业的税负率非常之低，仅为 0.05%，而第二产业和第三产业税负率均达 20% 以上。随着时间的推移，尽管第一产业的税负率有所上升，2012 年上升至 0.23%，但是仍然在 1% 以内。第二产业和第三产业的税负率随着时间的推移也呈现明显的上升趋势，且 2012 年第三产业的税负率达到 24.06%，超过第二产业 23.32% 的税负率，成为税收贡献率最高的产业。由于近年来我国产业结构不断优化，第一产业占 GDP 的比重持续下降，二、三产业的比重持续上升，特别是第三产业占 GDP 的比重，2013 年达到 46%，首次超过了第二产业，产业结构的这一变化大大促进了我国整体税收负担率的提升，成为推动我国税收收入快速增长的重要影响因素。

二、政策因素

在现代社会，税收无疑是最重要的财政收入来源。政府收税本质上是为了满足财政支出的需要，即为全社会提供公共产品和服务的资金需求。而政府提供公共产品和服务的品种和规模，取决于人们对政府职能范围的界定。所以，政府职能范围越大，需要提供的公共产品和服务品种越多、规模越大，对税收收入的需求越大，则税收负担率越高。因此，政府职能范围不同，决定着政府财政支出的规模及其宏观税负水平。

在 20 世纪 30 年代以前，美、英等西方发达国家受古典经济学的影响，主张市场自由竞争，反对政府干预，政府征税仅限于满足国防、行政等必不可少的公共需求，这时社会的税收负担比较轻。1913—1914 年，美国宏观税负为 7.8%，英国为 11.3%，法国为 14.1%，德国为 10.5%。然而，1929 年美国经济大危机席卷了西方世界之后，亚当·斯密的自由放任经济思想遇到了严重挑战，各国政府开始奉行凯恩斯主义经济政策，大力介入和干预市场活动,增加税收和公共部门支出,致使宏观税负水平上升。以美国的国内生产总值税收负担率为例,1955年为23.6%,1960年为26.5%,1970年为29.8%,1980年为30.4%[①]。

其次,随着社会福利支出占财政支出比重的显著增长,政府奉行不同的社会福利政策也会对宏观税收负担率产生重要影响。纵观当今世界各国的宏观税负水平,税负率最高的地区是欧洲国家,其中又以北欧高福利国家为典型代表。

最后,政府取得财政收入手段的结构和比例,也会对宏观税收负担水平产生重要影响。如我国在新中国成立初期计划经济时期,实行"以利代税",当时的全民所有制企业以上缴利润代替税收,导致税制过于简化,整个社会的税收负担率相对偏低。而改革开放之后,伴随着"以利代税"改革,税收收入迅速成为财政收入的主要来源,整个社会的税收负担率也显著上升。此外,某些国家由于特殊原因,财政收入在税收之外还有充裕的其他收入来源,宏观税负水平也会相对更低。如中东石油输出国伊朗,由于拥有巨额石油特许收入,1994—2006年的平均税负率仅为10.4%[②]。

三、制度因素

税收负担不仅受上述经济、政策因素的影响,还受到税制本身制度安排的影响。在经济发展阶段、产业结构以及政府职能既定的情况下,一国的实际宏观税负水平取决于该国的税收制度和税收政策。

首先,税收体系的完整性影响宏观税负水平。纵观世界各国税制结构的历史演变,税制体系越完整,税种种类越齐全,税收调控覆盖面越广,宏观税收负担率就越高。例如,相对于发达国家,相当部分发展中国家存在社会保障税种缺失或征收不足问题,这进一步扩大了发展中国家与发达国家税负水平的差距。

其次,税制结构也会对宏观税负水平的变化带来影响。发达国家大多实行以所得税为主的税制结构,这与其相对成熟的市场经济发展水平、完善的税收征管制度以及强调税收中性和注重公平的政策目标是密不可分的。大多数发展中国家在面对财政支出不足问题时,在公平与效率的选择上往往偏重于后者,因而流转税在税收收入中的比重相对较高。所得税通常采用累进税率,这种税率形式使税收收入的增长富有更大的弹性,而流转税通常采用比例税率,这种税率形式决定了税收收入充其量只能与经济同步增长。所以,所得税为主的税制结构能够实现税收收入的更快增长。

最后,税收优惠政策的取舍也会影响宏观税负水平。在正常税制之外,各国的税收制度中往往都包含或多或少的税收优惠政策。在其他条件相同的情况下,一国税制中包含的优惠条款越多,优惠力度越大,则名义税率与实际税负的差别越大,宏观税负水平就越低;反之,则越高。

---

① 许建国,薛钢主编.税收学.经济科学出版社,2004年版,第117页.
② 我国宏观税负目前仍处世界较低水平,中国税务报,2009年9月2日.

四、征管因素

经济税源和税收制度决定了一个国家在既定条件下的潜在税收收入能力,而只有通过税务部门的征收管理活动,才能将潜在税收收入能力变成真金白银的入库税款。所以,税务部门的征管效率与水平也会影响一国实际征收入库的税收收入数额,即实际税收负担率。衡量税收征管效率的最常用指标为税收征收率,即实际入库税款占按经济税源、应收尽收测算出的潜在税收收入的比例,也可以用(1—税收流失率)来表示。由于征纳双方的各种信息不对称问题,应收尽收是一个永远无法企及的理想状态,实际征收率总是显著低于100%。

一般而言,发达国家的税收制度更为严密、税收法制化程度更高、税收征管技术手段更为先进,其税收征收率相应更高,这意味着在同等名义税率下可以征收到更多的税款,实际税负水平也更高。而发展中国家的税收制度相对不完善、税收法制化程度低、税收征管技术手段落后,其税收征收率相对偏低,这意味着在同等名义税率下,征到的税款相对较少,实际税负水平也更低。

总之,税收制度的核心问题是税收负担,而判断一国总体税负水平是否合理有两个基本标准,即经济发展标准和政府职能标准,即是否有利于经济的持续稳定增长和能否保证政府有效实现其各项经济、社会职能所需。所以,一国到底该选择怎样的税收负担政策,合理的税负区间又如何定义,答案只能是因国而异。各个国家的国情不同,我们不能给出一个适用于所有国家的标准取值区间,需要各国根据本国的国情和实践做出实现本国国民福利最大化的最佳选择。

资料链接 3-3

税收增长与经济增长的非同步性

2006 年 1—9 月份,全国共入库税款 28 420 亿元,比去年同期增长 22.5%。照此推算,预计 2006 年全国税收收入的增长规模至少会突破 7 000 亿元。从而,在 2004 年和 2005 年税收收入增幅连续两年超过 5 000 亿元的基础上,再创新高。

税收收入的持续高速增长,并非是一个新问题。然而,颇为有趣的是,尽管相关著述不少,但由于观察角度、思维路径以及研究方法等方面的差异,人们所得到的结论却往往大相径庭。

纵观几千年的世界税收发展史,尽管也不乏某些国度、在某些历史区间的税收收入呈现跳跃式增长的先例,但是,透过税收跳跃式增长的现象,至少可以发现其背后的两个支撑要素:一是这些国度、在这些历史区间,一定有重大的历史事件发生。比如战争的爆发导致军费开支激增。另一是,这些国度、在这些历史区间,一定有重大的税制变革发生。

中国的情况显然没有那么简单,以上两种情况都没有发生。可以说,中国税收收入的持续高速增长,是一个难以采用一般规律加以解释的罕见而特殊的经济现象。

无论经济增长同税收收入之间的相关性,还是物价上涨同税收收入之间的相关性,抑或 GDP 与税收结构差异、累进税率制度、加强税收征管等因素同税收收入之间的相关性,在世界上都是普遍存在的,均属于一般性而非特殊性的因素。

不过,上述因素对于税收收入持续高速增长的支撑效应,并非是等量的。一旦聚焦于诸种因素的效应差异并由此入手,真正可以依赖、真正有点特殊的因素便可一下子浮出水面:中国税务机关的"征管空间"巨大。

为此引入一对概念可能是必要的。这就是,法定税负和实征税负。所谓法定税负,就是现行税制所规定的、理论上应当达到的税负水平。所谓实征税负,则是税务部门的征管力能够实现的、实际达到的税负水平。

常识告诉我们,法定和实征税负之间存有距离,并非中国独有。但是,现行税制实施之初的中国税收征收率如此之低,以至于将近 50% 的空间有待拓展,绝对是非常罕见的。由此提出的问题是,中国税务机关何以会拥有如此之大的"征管空间"?

当时税制的格局大体是这样的:既要着眼于"抑热",现行税制的设计就必须融入反通胀因素,也要着眼于"增收",现行税制的设计就必须在税制设计中渗入增收的因子,把拿到既定规模的税收收入作为重要目标。既然税收的征收率偏低,现行税制的设计就必须留有余地,"宽打窄用"。以"宽打"的税制架构,确保"窄用"的税收收入规模。这意味着,在当时的背景下,即便只着眼于 5 000 亿元的税收收入目标,考虑到"抑热""增收"以及"征收率偏低"等方面的实情,也需事先建构一个可征收 10 000 亿元的税制架子。

换言之,中国的现行税制在其孕育和诞生之时,预留了很大的"征管空间",从而也为法定税负和实征税负水平之间的巨大反差埋下了伏笔。现行税制所具有的巨大的"征管空间",可能是支撑中国税收持续高速增长的最重要的源泉。

资料来源:高培勇,中国税收持续高速增长之谜,经济研究,2006 年第 12 期。

第四节 我国的宏观税负率

中国正在开创一个新的历史时代,必须运用历史的眼光、国际的视野、战略的思维以及宏观经济社会发展、中观财政运行、微观企业税负相互结合的方法,客观看待现阶段我国的宏观税负。一国宏观税负的选择必须从属和服务于国家发展战略。全面建成小康社会需要国家财力作为坚强后盾,我国的制度环境和政府支出责任与西方国家大不相同,必须对新时期我国税收负担政策重新进行战略性调整,系统谋划,统揽改革发展全局,以实现多元共赢。

一、我国宏观税负率的不同口径

当前,我国政府收入形式尚不规范,除了税收收入之外,政府收入还包括相当数量的预算外收入和制度收入,其中的一些收入虽然名称上不叫"税",但在实质上同样具有强制征收的特点,并且构成微观经济主体的实际经济负担,属于"准税收"。特别是在进行税收负担水平的国际比较时,如果忽略这些非税负担,会大大影响甚至误导人们对我国政府财政集中度的准确评判。通常,为了区分不同的政府收入形式,在我国讨论宏观税负水平问题存在以下三种不同的计算口径:

第一,小口径的宏观税负,单纯指纳入预算内公共财政收入的税收收入占 GDP 的比重,这个比重相对较低。

第二,中口径的宏观税负,指全部公共财政收入占 GDP 的比重。这里所说的"公共财政收入"就是预算内的财政收入,具体包括税收收入、国有企业收入、变卖公产收入以及规费收入等其他收入。中口径的宏观税负和小口径的宏观税负相差不大。

第三,大口径的宏观税负,指全部政府收入占 GDP 的比重。这里所说的"全部政府收入"不仅包括预算内的公共财政收入,还包括各级政府部门向企业和个人收取的不纳入公共预算的各项政府性基金收入(以土地出让收入为主)、国有资本经营收入、社会保障基金收入以及没有纳入预算外管理的制度外收入。大口径的宏观税负与中、小口径的宏观税负,在数值上相差很大。

以 2014 年的数据为例,根据财政部《关于 2014 年中央和地方预算执行情况与 2015 年中央和地方预算草案的报告》,计算出我国大口径宏观税负为 37.0%,中口径的宏观税负为 22.1%,而小口径的宏观税负仅为 18.7%(见表 3-3)。

表 3-3 2014 年我国政府收入结构

	绝对额(亿元)	占 GDP 比重(%)
公共财政收入	140 350	22.1
其中:税收收入	119 158	18.7
政府性基金收入	54 093	8.5
其中:土地出让收入	42 606	6.7
国有资本经营收入	2 023	0.3
社会保险基金收入	39 186	6.2
政府收入合计	235 652	37.0

在衡量宏观税收负担水平的三种统计口径中,大口径的宏观税负全面反映了我国政府从微观经济主体取得收入的状况,并真实地体现了政府集中财力的程度。尽管其他国家和地区也不同程度地存在非税收入,但毋庸置疑的是,我国非税收入的比重相对较大,小口径的宏观税负水平并不能真实反映微观主体的负担全貌。分析我国宏观税

负时,特别是在进行宏观税负的国别比较时,需要将不同口径的指标综合起来进行考察,才能对我国的整体税负水平做出比较客观的评判。

二、我国宏观税负率的演变

1994年分税制改革以来,我国各种口径宏观税负率水平的历史演变如表3-4所示。

表3-4　1994—2014年我国不同口径的宏观税负

年份	税收收入（亿元）	财政收入（亿元）	政府收入（亿元）	GDP（亿元）	宏观税负（%）		
					小口径	中口径	大口径
1994	5 126.88	5 218.10	10 121.5	48 197.9	10.6	10.8	21.0
1995	6 038.04	6 242.20	12 401.9	60 793.7	9.9	10.3	20.4
1996	6 909.82	7 407.99	15 730.0	71 176.6	9.7	10.4	22.1
1997	8 234.04	8 651.14	16 505.4	78 973.0	10.4	11.0	20.9
1998	9 262.80	9 875.95	18 315.3	84 402.3	11.0	11.7	21.7
1999	10 682.58	11 444.08	20 894.8	89 677.1	12.0	12.8	23.3
2000	12 581.51	13 395.23	24 009.9	99 214.6	12.7	13.5	24.2
2001	15 301.38	16 386.04	28 510.2	109 655.2	14.0	15.0	26.0
2002	17 636.45	18 903.64	32 489.3	120 332.7	14.7	15.7	27.0
2003	20 017.31	21 715.25	36 808.2	135 822.8	14.7	16.0	27.1
2004	24 165.68	26 396.47	43 646.8	159 878.3	15.1	16.5	27.3
2005	28 778.54	31 649.29	52 152.3	184 937.4	15.6	17.1	28.2
2006	34 804.35	38 760.20	64 029.1	216 314.4	16.1	18.0	29.6
2007	45 621.97	51 321.78	70 928.2	265 810.3	17.2	19.3	26.7
2008	54 223.79	61 330.35	87 564.0	314 045.4	17.3	19.5	27.9
2009	59 521.59	68 518.3	100 638.0	340 902.8	17.5	20.1	29.6
2010	73 210.79	83 101.51	135 157.5	401 512.8	18.2	20.7	33.7
2011	89 738.39	103 874.43	166 463.3	473 104.0	19.0	22.0	35.3
2012	100 614.28	117 253.52	181 115.9	519 470.1	19.4	22.6	34.9
2013	110 530.7	129 209.64	208 972.0	568 845.2	19.4	22.7	36.7
2014	119 158.0	140 349.74	235 652.0	636 897.3	18.7	22.1	37.0

数据来源：1994—2006年数据来自毛夏鸾《我国税收负担轻重之实证辨析》,公共经济评论,2008年第6期；2007—2014年数据来自财政部网站,http://www.mof.gov.cn/index.htm。

由于对政府非税收入的统计困难和计算口径(包含项目)的意见分歧,对于大口径的宏观税负率的评判结果存在一定的主观性和不确定性。下面,我们仅以小口径的宏观税负率(即单纯考虑预算内的税收收入)为例,从更长的时间跨度上去观察我国宏观税负率的历史演变轨迹。图3-1描绘了新中国成立以来1952—2014年的宏观税负率变化趋势。

图3-1 我国小口径宏观税负率的演变趋势(1952—2014)

由图3-1可知,整体上看,我国小口径宏观税负率的变化呈现类似"W"形的发展态势,大致经历了四个发展阶段:第一阶段,新中国成立后到1984年,这一期间宏观税负率相对稳定,基本保持在10%—15%之间小幅波动,最高值在1954年曾达到15.39%,最低值在1967年下探到11%。第二阶段,1985—1986年,由于两步"利改税"改革的完成,带来税收规模的非正常高速增长,宏观税负率迅速飙升,达到20%以上,1985年的税负率更创下22.6%的历史最高纪录。第三阶段,1987—1996年,由于各种财税包干制的实施,宏观税负率持续下降,1996年降至历史最低值9.7%。第四阶段,1997—2013年,随着分税制改革的推行,宏观税负率持续下降的势头得以扭转,税收收入进入快速增长期,宏观税负率一路攀升至2013年的19.43%。2014年,我国宏观税负率微降至18.7%。展望未来,随着我国经济发展进入新常态,经济从高速增长转变为中高速增长,税收收入的增长速度也必然相对放缓,预期未来5—10年我国宏观税负率将整体保持相对稳定或略有增长。

资料链接3-4

我国财政收入规模及国际比较

近年来,随着国民经济较快发展,我国财政收入持续增长,占国内生产总值(以下简称GDP)的比重逐步提高,国家财政实力不断壮大,政府宏观调控和公共保障能力进一步增强。但我国财政收入占GDP比重明显低于世界平均水平,人均财力也与发达国家存在很大差距。

（1）我国财政收入规模基本情况。通常我国财政收入主要是指纳入公共财政预算管理，可以统筹安排用于民生支出、提供一般公共产品和服务的公共财政收入。2011年、2012年我国公共财政收入分别为103 874.4亿元和117 253.5亿元，占当年GDP比重分别为22%和22.6%。其中，税收收入分别为89 738.4亿元和100 614.3亿元，占GDP比重分别为19%和19.4%。

按照国际货币基金组织（以下简称IMF）颁布的《政府财政统计手册2001》的口径，政府财政收入包括税收、社会保障缴款、赠予和其他收入。按此国际可比口径，我国政府财政收入计算，2011年、2012年我国政府财政收入分别为132 986.3亿元和152 223.8亿元，占当年GDP比重分别为28.1%和29.3%。其中，公共财政收入是主体；政府性基金收入（不包括国有土地使用权出让收入）分别为7 886.1亿元和8 651.8亿元，占GDP比重均为1.7%；国有资本经营收入分别为765亿元和1 495.9亿元，占GDP比重分别为0.2%和0.3%；社会保险基金收入分别为25 757.7亿元和31 411亿元，占GDP比重分别为5.4%和6%。

（2）我国宏观税负水平的国际比较。从宏观税负水平看，按国际可比口径计算，2012年我国宏观税负为29%，低于2011年世界平均38.4%的水平，也低于发展中国家平均35.4%的水平。考虑到我国的政府性基金收入、国有资本经营收入和社会保险基金收入都具有特定用途，基本实行专款专用，实际上可统筹用于保障和改善民生等方面的公共财政收入水平并不高。

（3）我国人均财政收入水平的国际比较。人均财力水平更能客观反映一个国家的财政实力，我国的人均财力水平远远低于世界主要国家的平均水平。按照国际可比口径计算，2012年美国等主要发达国家人均财政收入水平均在14 000美元以上，我国按汇率折算仅为1 781美元，不足主要发达国家水平的13%。

可以看出，虽然我国财政收入绝对规模比较大，但宏观税负水平并不高，与发达国家、发展中国家相比还存在差距，特别是人均财力水平和可统筹用于民生的公共财政收入占GDP比重都明显偏低。同时，我国区域、城乡之间发展很不平衡，经济社会发展还存在不少薄弱环节，需要增强财政调控能力。今后几年，我国财政面临收入降速、减税、增支、控债多重压力，有必要继续保持财政收入稳定增长，进一步提高财政保障和改善民生、提供公共服务的能力，以促进经济持续健康发展和社会和谐稳定。

资料来源：我国财政收入规模及国际比较，财政部网站，http://www.mof.gov.cn/index.ht。

本 章 小 结

1. 税收负担是指纳税人承担的国家税收状况的量度，也就是在一定时期内纳税人因交纳税款而减少的可支配收入。通常以税收负担率表示这种经济负担的轻重程度。

2. 宏观税收负担是指一个国家或地区一定时期内税收收入总额在国民经济中所占的比重，宏观税负的衡量一般用相对指标。微观税收负担是指微观经济主体或某一征税对象的税负水平，可以用个人税收负担率或企业税收负担率等来表示。

3. 一个国家的宏观税负受到多种因素的影响,其中包括经济因素、政策因素、制度因素和征管因素等方面。任何一个因素的改变,都会带来宏观税负水平的相应变化。不同国家的政治、经济、社会环境不同,税收制度迥异,因而不同国家甚至同一个国家在不同历史时期的宏观税负水平一般会呈现明显差异。

4. 税收的源泉是经济增长,其中经济发展水平是宏观税负水平高低的决定性因素。一般来说,一国经济发展水平和人均国民收入越高,意味着可供分配的剩余财富越多,那么政府通过税收集中的收入份额也就越高。随着经济的发展,人们对于公共产品和服务数量及种类的需求也会增长,政府为了满足这些需要就不得不筹集更多的资金,税收作为最主要的财政收入形式,其规模相应地就要更大一些,因而宏观税负水平也就越高。

5. 由于财政收入形式欠规范,中国存在三种不同的宏观税负统计口径:小口径、中口径和大口径的宏观税负。其中,小口径的宏观税负仅考虑预算内税收收入占 GDP 的比重,中口径的宏观税负指全部公共财政收入占 GDP 的比重,而大口径指全部政府收入占 GDP 的比重。分析我国宏观税负时,特别是在进行宏观税负的国别比较时,应注意不同国家财政收入结构的差异,将不同口径的指标加以综合考察。

复习思考题

1. 什么是税收负担,税收负担有哪些分类?
2. 衡量税收负担的指标有哪些?
3. 研究税收负担对于我们制定税收政策有什么现实意义?
4. 一国的宏观税负水平受哪些因素的影响?
5. 结合我国实际情况,讨论我国当前宏观税负水平的合理区间。

案例讨论题

月入万元"最高"税负多少?

近日一则个人账单在网上争相转载引发关注。"月收入 1 万,要交 14% 个税,12% 公积金,8% 养老保险,4% 医疗失业险=3 800 元,剩 6 200 元;如果你拿出 6 200 全部消费,需要为你消费的商品埋单 17% 增值税,28% 各种杂税=2 800 元,所以,一个月赚 1 万的人,你相当于要拿出 6 600 元来(缴税)。"

资料来源:月入万元"最高"税负多少?,新京报,2011 年 3 月 25 日.

高过大部分国家的"五险一金"为什么难降?

尽管每月都缴纳五险一金,但不少人并不清楚这个工资里的"大块头"的各种知识,事实上,大多省市每月的五险一金缴纳数额,占工资的四成以上。

以北京市为例,如果你的税前工资 10 000 元,在扣除各类社会保险及其所得税之后,每月能够拿到手的工资是 7 454 元。在 10 000 元的工资里,个人需缴养老保险 8%,医疗保险 2% 外加 3 元,失业保险 0.2%,再加上住房公积金 12%,合计 22.2%,外加3元,即2 223元。再扣除缴纳个税322.70元,剩下7 454.30元。

至于企业,缴费比例要远远超过雇员。10 000元税前工资,企业需缴纳养老保险20%,医疗保险10%,失业保险1%,工伤保险0.3%和生育保险0.8%,还有住房公积金12%,合计44.1%。企业缴纳的社保金额约为4 410元。

由此可知,上述"五险一金"企业缴存部分占比达到44.1%,个人为22.2%,合计费率为66.3%。

中国社会保险的主要项目包括养老保险、医疗保险、失业保险、工伤保险、生育保险,统称"五险"。国家强制要求企业和个人缴纳社会保险,而住房公积金非法定,可根据企业效益而定。

据清华大学教授白重恩的测算,中国五项社会保险法定缴费之和相当于工资水平的40%,有的地区甚至达到50%;中国的社保缴费率在全球181个国家中排名第一,约为"金砖四国"其他三国平均水平的2倍,是北欧五国的3倍,是G7国家的2.8倍,是东亚邻国的4.6倍。

资料来源:高过大部分国家的"五险一金"为什么难降?,网易热观察,2015年9月1日.

结合上述两则案例材料,试举例计算一个月工资1万元的工薪族,在全部收入均用于消费的情况下,其微观综合税收负担率的可能区间,并讨论我国的税收负担水平是否合理。

延伸阅读文献

1. 安体富,岳树民.我国宏观税负水平的分析判断及其调整.经济研究,1999(3):41-47.

2. 高培勇.中国税收持续高速增长之谜.经济研究,2006(12):13-23.

3. 吕冰洋,郭庆旺.中国税收高速增长的源泉:税收能力和税收努力框架下的解释.中国社会科学,2011(2):76-90.

4. 聂海峰,刘怡.城镇居民的间接税负担:基于投入产出表的估算.经济研究,2010(7):31-42.

5. 钱晟.税收负担的经济分析.中国人民大学出版社,2000.

6. 许建国,刘源.关于宏观税负问题研究的文献述评.财贸经济,2009(1):131-135.

7. 杨斌.宏观税收负担总水平的现状分析及策略选择.经济研究,1998(8):47-54.

8. 中国国际税收研究会.中外税收负担比较研究.中国税务出版社,2010.

9. 周飞舟.分税制十年:制度及其影响.中国社会科学,2006(6):100-115.

10. 朱青.对我国税负问题的思考.财贸经济,2012(7):5-12.

第四章 税负转嫁与归宿

【本章要点】

1. 税负转嫁理论的演变
2. 税负转嫁的形式
3. 税收的法定归宿与经济归宿
4. 税负转嫁与归宿的局部均衡分析
5. 税负转嫁与归宿的一般均衡分析

案 例 导 入

不久前,北京市出台了全国最严厉的房地产调控新国五条的细则。其中最受人瞩目的一条规定,就是在二手房的买卖环节,有条件地向卖方征收20%的个税。近日,北京的二手房交易市场,已经有人交了这20%的个税。引起人们特别关注的是,交税金的不是卖方,而是买方。这20%的个税,究竟苦了谁?

媒体报道,北京目前已经有第一批二手房缴纳了获利部分20%个税的案例出现,28万元个税由买房者承担。据伟业我爱我家集团副总裁胡景晖介绍,最先缴税的是丰台区大城南里小区的,一套两居室二手房,使用面积不到100平米,交易房款为280万元,房主购买时价值为140万元,交易获利140万元,所缴纳的个税数额为140万元的20%,也就是28万元。值得关注的是,按照规定本应由卖方承担的个税,经过买卖双方协商,最后由买房者承担了。

事实上,在供不应求的市场,在一个卖方主导的市场,卖方完全可以把税费转嫁到买方身上。比如,我们规定不能转嫁,卖方就把售价调高28万元,事实上还是转嫁。从发达国家和成熟市场的经验来看,交易环节应该是低税的,以促进房产和物业的流通和资源的优化配置。同时在持有环节,特别是针对多套持有应该是增加税收的,但我们迟迟没有出台房产税。所以未来如果我们继续延续在交易环节重税、在持有环节零税的税收调控思路,控制住房价恐怕只是纸上谈兵。

资料来源:20%二手房个税谁交了?,央视财经评论,2013年4月22日。

只要存在市场交易的自由价格机制,就可能发生税负转嫁现象,税负转嫁意味着法定纳税人与实际负税人之间的收入再分配,使实际税收归宿变得扑朔迷离。对商品的课税是否都会转嫁给消费者承担?税负转嫁的方式和程度又受哪些因素的影响?本章将通过对税负转嫁与归宿的理论分析,回答这些问题,从而探讨税收制度对实际收入分配的最终影响。

第一节 税负转嫁与归宿概述

税法规定的纳税人并不一定是真正的税收负担者,因为纳税人为了追求自身经济利益的最大化,在商品交易的过程中往往通过价格机制尽可能地将税收负担转嫁给其他人(如消费者或供应商)承担。因此,在总体税负既定的情况下,要明确谁是真正的税收承担者及其具体承担了多少的税负,还需要进行税负转嫁与税收归宿的分析。

一、税负转嫁与归宿的概念

税负转嫁(Tax Shifting),是指在商品交易的过程中,纳税人在向税务机关缴纳了税款之后,通过各种途径和方式(如提高或压低价格的方式)将其缴纳的税款全部或部分地转由他人负担的行为。税负转嫁就是税收负担不断流转的过程,这个过程可能只需要经过一次转嫁也可能需要经过多次转嫁才能完成,其结果是实现税收负担的部分或者全部转嫁。税负转嫁的实质就是在宏观税收负担不变的前提下,将税收负担在纳税人与负税人之间实现再分配。

税收归宿(Tax Incidence),是指税收负担的最终落脚点,是税负转嫁的最终结果,明确谁最终为这笔税款"买单"。税收归宿的最终确定取决于多种因素,不同的税种以及同一税种在不同的经济环境下,其税负转嫁的方式、过程不尽相同,进而税负转嫁的结果也不尽相同。政府在运用税收手段来调控经济时,需要分析税负转嫁的影响,明确税收负担的最终归宿,从而更精准地实现政府调控目标。

二、税负转嫁理论的演变

税负转嫁理论的研究开始于西方自由资本主义时期。17世纪英国著名经济学家霍布斯就研究过消费税的税收负担转嫁问题,18世纪重农学派开始把税负转嫁作为专门的税收理论问题进行研究,并首次形成了系统化的理论。经过几个世纪的研究和发展,税负转嫁理论已经形成了较为完善的理论体系。由于税负转嫁理论上的可能性并不代表税负转嫁现实中的可操作性,对于税收是否真的能转嫁的问题,从税负转嫁理论的历史演变来看,大致可以分为绝对说和相对说①。

(一)税负转嫁的绝对说

税负转嫁的绝对说给税负转嫁的问题做出绝对的结论,认为一切税收都可以转嫁,或者只有某些税种可以转嫁,其他税种无论在什么情况下都不能转嫁。

重农学派是税负转嫁绝对说的代表学派之一。重农学派认为,除了对土地的课税以外,所有税收都可以转嫁,重农学派提倡的是"纯产品"理论。其代表人物魁奈

---

① 郭庆旺等. 当代西方税收学. 东北财经大学出版社,1994年版,第161—164页.

(Quesnay)主张实施单一土地税。他认为,只有土地才是"纯生产"的,获得"纯产品"收益的地主承担税负,因而不存在税负转嫁的问题,并认为除了土地税以外的所有税收都会转嫁,且各种税负的最终归宿都是土地的纯产品,这种观点有一定的局限性。

在重农学派的税负转嫁理论之后,随着税收理论与实践的发展,出现了税负转嫁绝对说的另一个学派——古典学派,他们提倡"纯所得"理论,认为所有的税收都来源于纯所得,但只有某些税可以转嫁,而其他的税不能转嫁。古典学派的代表学者有亚当·斯密(Adam Smith)、大卫·李嘉图(David Ricardo)和西斯蒙第(Sismondi)等。亚当·斯密认为"纯所得"包括地租、利润和工资三种类型,并就不同类型所得分别阐述了税负转嫁问题。(1)对于地租税,如果是直接对地租征税,则不能转嫁,由地主负担;如果是对土地生产物课税,该税款先由农民代缴,然后再经过农民转嫁给地主,故地主是真正的负税人。(2)对于利润税,若被用作农业资本,则通过扣除地租转嫁到地主身上;若被用作商业或制造业资本,则可以通过提高物价转嫁到消费者身上。(3)对于利息税,由于不能抬高利息率,税负由资本所有者承担。(4)对于劳动工资税,假定工资等于最低生活费,由于课税使劳动者要求提高工资,从而使工资税转嫁给利润,利润再转嫁给消费者或地主。(5)对于消费品税,对必需品课税必然使商品价格上涨,乃至工资按课税程度上涨,最终由消费者或地主负担,而对奢侈品的课税最终由消费者承担。大卫·李嘉图发展了斯密的税负转嫁理论,认为:(1)土地税由地主负担,利润税和工资税由资本家负担。(2)对消费品课税,如果是垄断商品,由生产者负担;如果是奢侈品,由富有者负担;如果是必需品,课税就会使工资上涨,最终由雇主负担。

税负转嫁的绝对说的第三个学派为均等分布说,认为税收负担都可以转嫁,代表人物有英国的曼斯菲尔德(Mansfield)和意大利的沃里(Verri)。而该学派衍生出乐观派和悲观派。乐观派认为一切利益最终达到均衡,税收负担最终也会均摊,分散转嫁于各方公平负担;悲观派以普鲁东(Proudhon)为代表,认为一切税收都是能够转嫁的,并最终转嫁给消费者承担,而且消费者阶级中大多数是贫民阶级,因而税收负担不公平。

(二)税负转嫁的相对说

与绝对说相反,税负转嫁的相对说对税负转嫁问题不做绝对的结论,认为税收负担是否能转嫁以及转嫁的程度如何,要根据税种、课税商品的性质、供求关系以及其他经济条件来确定。法国的萨伊(Say)最早提出相对转嫁论观点,认为税负能否转嫁是受到价格和供求弹性的影响。德国经济学家劳(Rau)认为对利润、地租、工资的课税是否会发生转嫁,要根据供求关系的变化而定,他指出,课征于所有阶级的所得税,一般不容易发生转嫁;关税易于转嫁给消费者。

随着现代经济学的创立和发展,对税负转嫁的分析逐步开始引入了数学分析的方法。美国经济学家库诺(Cournot)最早采用数理分析方法对税负转嫁进行分析,通过对某种课税商品的价格变化对生产者和消费者的影响来分析税负转嫁的情况。美国经济学家塞利格曼(Seligman)对税负转嫁理论进行了系统化分析,并提出了较为系统的税负转嫁与归宿的理论体系:(1)课税对象在竞争支配之下比在垄断支配之下,税收负担更容易发生转嫁;(2)征税对象越普遍的税收,由生产者承担税负的可能性就越大;(3)资本流动越难,税收负担转嫁的可能性就越少;(4)商品的供给弹性越大,税负前转给消费者的可能性越大,相反,商品的需求弹性越大,税负后转给供应商的可能性就越大;(5)税收负担越轻,税负越不易于发生转嫁;(6)税率的累进性越高,税负转嫁程度越高;(7)如果课税的商品为最终产品,则税负由消费者承担,如果是中间产品,则会发生多次税负转嫁;(8)生产成本变化递减时,在自由竞争的情况下,消费者的税收负担增加,在垄断的情况下,生产者的税收负担增加。另外,塞利格曼认为没必要区分直接税与间接税,因为直接税也有发生税负转嫁的情况,而间接税中也有不转嫁的情况。日本财税学者小川乡太郎对税负转嫁的相对论进行了补充。他指出:转嫁以商品流通为媒介,与流通无关的税无从转嫁。税负转嫁分为预期的转嫁和违反预期的转嫁,前者有利于税负公平,后者导致税负不公平。

现代税负转嫁的观点基本上都赞成税负转嫁的相对说。

三、税负转嫁的形式

根据税负转嫁的流动方向,可以将税负转嫁分为前转、后转、混转和税收资本化四种形式。

(一) 前转

前转(Forward Shifting),即纳税人通过提高商品或生产要素价格的方法,将其所缴纳的税款向前转移给商品或生产要素的购买者或者最终消费者,在这个过程中,税款是顺着课税商品的流转方向被转嫁出去的,因而也被称为"顺转"。前转是税负转嫁最普遍和最典型的方式,一般发生在对商品和劳务的课税过程中,它既可以是一次性的向前转嫁,也可以是多次发生的辗转转嫁。例如,当对生产和销售卷烟的生产商征税,生产商就会通过提高卷烟的出厂价格,将税款转嫁给批发商,在此基础上批发商进一步提高卷烟的批发价格将税款转嫁给零售商,零售商又再次提高零售价从而将税款转嫁给最终消费者(见图4-1)。

图 4-1 税收负担的前转

(二) 后转

后转(Backward Shifting),是指纳税人通过压低商品或生产要素进价的方法,将其所缴纳的税款向后转嫁给商品或生产要素的提供方。后转与前转恰好相反,税款逆着课税商品的流动方向被反向转嫁出去,因而也被称为"逆转",一般发生在对生产要素的课税过程中。当市场处于供过于求的情况下,纳税人很难通过提高商品价格将税款前转,因而后转也是税负转嫁的重要形式。政府在零售环节对某商品征税,而该商品处于供大于求且商品的替代产品较多的情况下,如果提高价格,必将会导致该商品销量的下降,因而销售商只能通过压低进货价格将税款向后转嫁给商品的制造商,制造商再压低原材料和劳动力的价格,从而将税款最终转嫁到原材料和劳动力的供应方。后转既可以是一次性的向后转嫁,也可以是多次发生的辗转转嫁(见图4-2)。

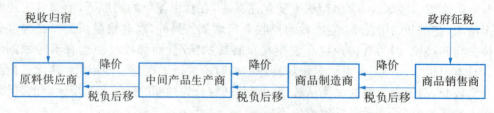

图4-2 税收负担的后转

(三) 混转

混转(Diffused Shifting),是指税收负担同时采取前转和后转两种方式实现税负转嫁,即前转和后转的混合,也被称为"散转"。前转和后转这两种方式都将税款的流转方向绝对化,但在现实生活中,受各种经济因素的制约,税收的流动方向并不是绝对的,不会总是沿着同一个方向进行,同一笔税款可能一部分向前转嫁给消费者,另一部分向后转嫁给供应商(见图4-3)。

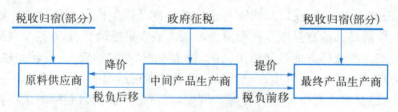

图4-3 税收负担的混转

(四) 税收资本化

税收资本化(Capitalization of Taxation),与一般意义的税负转嫁不同,是指将应税物品的购买者将所购买的应税物品未来需要缴纳的税款,按照一定的贴现率折算为现值后,从购买价格中预先一次性扣除,从而将税收负担转嫁给卖家的形式。在这个过程中,税收变成了该应税物品价格的一部分,即税收的资本化。通常,应税物品主要是指土地、房屋等具有长期稳定收益的资本品交易。

为了更好地解释税收资本化,我们以土地税为例。假设一块土地各年的收益 R_i,各年的贴现率为 r_i,则在政府对土地收益不征税的情况下,土地的现值 P,即土地购买者愿意支付的市场价格为:

$$P = R_0 + \frac{R_1}{1+r_i} + \frac{R_2}{(1+r_2)^2} + \cdots\cdots + \frac{R_n}{(1+r_n)^n} = \sum_{i=1}^{n} \frac{R_i}{(1+r_i)^i}$$

假设政府对土地的收益征税 T_i,则土地所有者未来每年的受益下降为 $(R_i - T_i)$,土地购买者考虑到将来其要承担的纳税义务,其所愿意支付的市场价格 P' 降低为:

$$P' = (R_0 - T_0) + \frac{R_1 - T_1}{1+r_i} + \frac{R_2 - T_2}{(1+r_2)^2} + \cdots\cdots + \frac{R_n - T_n}{(1+r_n)^n} = \sum_{i=1}^{n} \frac{R_i - T_i}{(1+r_i)^i}$$

可见，由于政府对土地收益征税，税后土地的市场价格下降，而且下降的幅度刚好等于这块土地未来各年度应纳税款之和，即：

$$P-P'=T_0+\frac{T_1}{1+r_i}+\frac{T_2}{(1+r_2)^2}+\cdots\cdots+\frac{T_n}{(1+r_n)^n}=\sum_{i=1}^{n}\frac{T_i}{(1+r_i)^i}$$

税收资本化意味着，土地的购买者将预期未来要缴纳的所有税款资本化，从土地的购买价格中一次性扣除。从表面上看，今后每年的税款是由土地的购买者按期缴纳，但实际上所有税款都以降低土地价格的方式，被转嫁到了开征土地税当时的原土地所有者身上。税收资本化作为一种特殊的税负转嫁方式，其只适用于对供给相对固定的耐用品的课税。

资料链接 4-1

税收资本化案例

案例1：假定一张无偿付日期的政府债券，每年能获得100元的收入。如政府对投资取得的收入不征税，市场平均收益率为10%，则债券的市场价格为 $PV_0=100/10\%=1\,000$ 元。现在假设政府决定对债券收益征收50%的所得税，债券的购买者未来持有债券的收益下降，为了使债券的回报率保持不变，仍是10%，购买者购买债券愿意支付的价格就会下跌为 $PV_1=100(1-50\%)/10\%=500$ 元。由此看来，尽管是对债券的收益征税，但是以"资本损失"形式出现的税收负担在征税时却由债券原持有者负担了，债券的购买者以降低的债券价格避免了这种资本损失，其收益率仍为10%。当然，税收资本化的影响实际上并没有那么明显，例如可赎回的债券的价格是慢慢向其赎回价格靠拢的。

案例2：抵押贷款利息抵免也是税收资本化的一种形式。抵押贷款利息抵免，是给购房者的一种税收优惠形式。但是，这优惠使住宅的需求增加，从而导致房屋的价格上涨。换言之，抵押贷款利息抵免的税收优惠资本化，使那些在实行利息抵免时已经购买房屋的人受益，而还没有购买房屋的人则因房价上涨享受不到这种利益。这在一定程度上导致了税负不公平。但是如果要取消抵押贷款利息抵免的税收优惠，又可能会产生新的不公平影响，因为那些在出台税收优惠政策后按更高价格购买了房屋的人就会蒙受额外损失。

资料来源：西蒙·詹姆斯等，税收经济学，中国财政经济出版社，2011年版，第87页.

四、税负归宿的形式

税负归宿按照不同的标准，可以分为不同的类型。

（一）法定归宿与经济归宿

按照税收的实际负担情况，税负归宿分为法定归宿（Statutory Incidence）和经济归宿(Economic Incidence)。法定归宿是指税法上明确规定负有纳税义务的纳税人，经济归宿则是指税收负担的真正的最后承担者。由于存在税负转嫁，最初缴纳税款的法定纳税人并不一定是该项税负的真正承担者，法律上的税负归宿与经济上的税负归宿常常发生背离。法定归宿与经济归宿的差异就是税负转嫁的空间。

（二）绝对归宿、差别归宿与平衡预算归宿

税收归宿通常取决于税收收入的用途，因此按照是否与税收收入的用途相结合，税负归宿被区分为绝对归宿、差别归宿与平衡预算归宿。平衡预算归宿(Balanced Budget Tax Incidence)计算政府税收收入和政府财政支出对收入分配的综合效应，即在指定税收用途的情况下，其一方面分析税收的归宿给纳税人带来的实际负担，另一方面也分析以该税收收入支撑的政府财政支出给纳税人带来的收益，将两方面进行对比后判断税收的最终分配效果。当然，税收收入通常不专门指定用途，且实际生活中很难对财政支出的个体收益进行量化计算，所以更多时候我们分析的是差别税收归宿和绝对税收归宿。差别税收归宿(Differential Tax Incidence)是计算在政府预算不变的情况下，以一种税取代另一种税时，税收归宿的差异及其对收入分配的影响。由于差别归宿考察的是税种的变化，所以需要找到一个参照物，通常选取总额税(Lump Sum Tax)作为比较基础和参照物。绝对税收归宿(Absolute Tax Incidence)是考察在其他税种和政府支出不变时，某一税种的经济效应。绝对归宿是最基本的税负归宿分析方法，在宏观经济模型中非常重要。

第二节 税负转嫁与归宿的局部均衡分析

对税负转嫁与归宿的分析方法有两种，即局部均衡分析和一般均衡分析。局部均衡分析(Partial Equilibrium Analysis)是在假定某种商品或要素的价格不受其他商品或要素的价格和供求状况影响的条件下，仅分析税收对单一商品市场或生产要素市场均衡供求的经济影响。本节先运用供给和需求曲线对税负转嫁与归宿进行局部均衡分析。

一、商品税的税负转嫁与归宿

首先，采用局部均衡模型对商品税的税负转嫁与归宿进行分析。假定市场处于完全竞争状态，商品的价格只取决于商品本身的供求状况，不受其他商品的价格和供求状况的影响。

（一）对生产者征税

如图 4-4 所示，在征税前，供给曲线与需求曲线相交于 E_0，商品的均衡需求量和均衡价格分别为 Q_0 和 P_0，此时消费者支付的价格和生产者得到的价格相同，都是 P_0。现假设对生产者销售每单位商品征收数额为 T 的从量税，此时由于征税使生产者的边际成本上升，变为原边际生产成本＋单位税额，供给曲线向上平移至 S_1，S_1 与 S 的垂直距

离为 T。S_1 与需求曲线相交于新的均衡点 E_1，此时均衡数量减少为 Q_1。与此同时，由于征税，消费者支付的价格和生产者得到的价格发生了变化，消费者支付的价格为 P_1，而生产者实际得到的价格扣除税收后为 P_2（$P_2 = P_1 - T$），说明每单位商品消费者承担的税负为 P_1P_0，生产者承担的税负为 P_0P_2，政府实际征得的税收收入为 $P_1P_2E_1E_2$。由此看出，政府对生产者征税，生产者通过提高价格的方式，将税收负担的一部分（即征税后消费者支付的价格与征税前价格之间的差额部分）转嫁给了

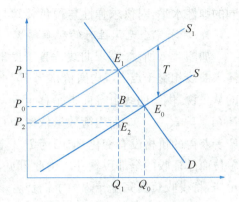

图 4-4 对生产者征税的税收归宿

消费者，自己承担了剩下部分的税收负担（征税后生产者得到的价格和征税前价格之间的差额部分）。

由图 4-4 可以看出，由于征税，生产者剩余与消费者剩余分别减少了 $P_2E_2E_0P_0$ 和 $P_0P_1E_1E_0$，而政府只获得了 $P_1P_2E_1E_2$ 的税收收入，社会总剩余损失的数额比税收收入要大，即图中三角形 $E_1E_2E_0$，该三角形面积反映了征税导致的社会福利净损失。税收就像是政府在商品的供求之间打进的一个楔子，即税楔（Tax Wedge），这个税收楔子使商品的生产者得到的价格和消费者支付的价格不再相等，从而导致社会总收益的减少，形成无谓损失。

（二）对消费者征税

现在假定政府不是对商品生产者征税，而是对商品消费者征收同样数额的税收，即每单位商品征收数额为 T 的从量税，见图 4-5。税后的需求曲线 D 向下平移到 D_1，D 与 D_1 之间的垂直距离为 T，形成新的市场均

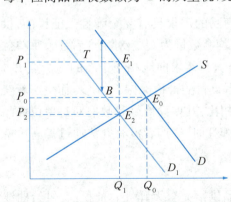

图 4-5 对消费者征税的税收归宿

衡。征税后，消费者支付的价格为 P_1，生产者获得的价格为 P_2，生产者实际承受的税收负担为 P_0P_2，消费者实际承受的税收负担为 P_1P_0。

比较图 4-4 与图 4-5 发现，不管是对消费者征税还是对生产者征税，最后的税收归宿情况完全相同。由此可以得出税负转嫁和归宿的第一个重要结论：税收归宿的结果与它是对消费者征税还是对生产者征税无关，即税收的法定归宿与经济归宿无关。政府能通过立法来决定和改变税收的法定归宿（即谁缴纳税款），但不能决定税收的经济归宿（即谁承担税款）。

（三）税负转嫁与供求弹性

影响商品税税负转嫁与归宿的关键因素是商品的供求弹性。商品的供求弹性分为供给弹性和需求弹性。假设对生产者征收每单位商品数额为 T 的从量税，下面根据不

同的弹性水平,对供求弹性与税负转嫁与归宿之间的关系分别进行分析。

1. 需求完全无弹性时的税负转嫁

如图4-6所示,需求曲线垂直于横坐标,商品需求完全无弹性。征税前供给曲线与需求曲线相交于点 E_0,均衡价格为 P_0,均衡数量为 Q_0。对生产者征收每单位数额为 T 的从量税,供给曲线由 S 向上平移至 S_1,与需求曲线相交于新的均衡点 E_1,均衡价格为 $P_1(P_1 = P_0 + T)$,而均衡数量依然为 Q_0。此时消费者支付的价格从 P_0 提高到 P_1,生产者获得的价格没有变化,依旧为 P_0。消费者课税前后支付的价格差恰好是政府对每单位商品征收的全部税款 T。由此可见,在需求完全无弹性的情况下,生产者通过提高价格,将税收负担完全转嫁给了消费者承担。

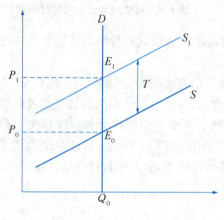

图4-6 需求完全无弹性

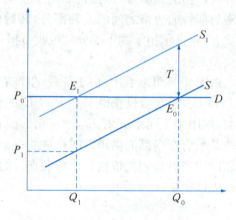

图4-7 需求完全有弹性

2. 需求完全有弹性时的税负转嫁

如图4-7所示,需求曲线垂直于纵轴,说明商品的需求具有完全弹性。征税前,供给曲线与需求曲线相交于点 E_0,均衡价格为 P_0,均衡数量为 Q_0。对生产者征收每单位数额为 T 的从量税,供给曲线由 S 向上平移至 S_1,与需求曲线相交于新的均衡点 E_1,均衡价格依然为 P_0,均衡数量为 Q_1。此时消费者支付的价格保持 P_0 不变,而生产者获得的价格为 P_1,与征税前生产者获得的价格 P_0 相比,其差额恰好是政府对每单位商品征收的全部税额 T。由此可见,在需求具有完全弹性时,生产者没有办法通过提高价格转嫁税收负担,生产者承担了所有的税收负担。

3. 供给完全无弹性时的税负转嫁

如图4-8所示,供给曲线 S 垂直于横轴,商品供给完全无弹性。征税前,供给曲线与需求曲线相交于点 E_0,均衡价格为 P_0,均衡数量为 Q_0。既然税收归宿的结果与政府是对消费者征税还是对生产者征税无关,为分析方便,此时假定政府对消费者征收每单位数额为 T 的从量税。税后需求曲线向下平移至 D_1,与供给曲线相交于新的均衡点 E_1,均衡价格为 $P_1(P_1 = P_0 - T)$,而均衡数量依然为 Q_0。此时消费者支付的价格没有变化,依旧为 P_0。但扣除税收后生产者获得的价格降低为 P_1。可见,在供给完全无弹性时,生产者没有办法将税收负担转嫁出去,独自承担全部的税收负担。

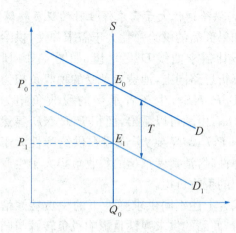
图 4-8 供给完全无弹性

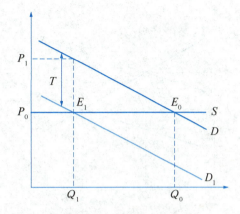
图 4-9 供给完全有弹性

4. 供给完全有弹性时的税负转嫁

如图 4-9 所示,供给曲线 S 垂直于纵轴,商品供给具有完全弹性。征税前,供给曲线与需求曲线相交于点 E_0,均衡价格为 P_0,均衡数量为 Q_0。同样假定政府对消费者征收每单位数额为 T 的从量税。税后需求曲线向下平移至 D_1,与供给曲线相交于新的均衡点 E_1,均衡数量为 Q_1。征税后,消费者支付的价格从 P_0 提高到 $P_1(P_1 = P_0 + T)$,而生产者获得的价格不变,依旧为 P_0。可见,在供给具有完全弹性时,生产者通过提高商品价格的方式,将税收负担全部转给了消费者承担。

5. 需求弹性大于供给弹性时的税负转嫁

在现实生活中,完全无弹性或完全有弹性的情形是非常少见的,绝大多数情况下商品供给和需求的弹性都是介于 0—1 之间的。首先我们来分析商品需求弹性大于供给弹性时的情况。如图 4-10 所示,需求曲线 D 比较平坦,而供给曲线 S 比较陡峭。征税前,供给曲线与需求曲线相交于 E_0 点,均衡价格和均衡数量分别为 P_0 和 Q_0。假定政府对生产者每单位商品征收数额为 T 的从量税,供给曲线上移至 S_1,与需求曲线相交于新的均衡点 E_1,均衡价格提高至 P_1,均衡数量减少为 Q_1。消费者支付的价格从 P_0 提高到 P_1,生产者获得的价格扣除税收后从 P_0 降低至 P_2,表明在供给和需求都有一定的弹性时,生产者将其缴纳税收负担的一部分 P_0P_1 通过提高价格的方法转嫁给了消费者,自己则承担了余下的部分 P_0P_2。此时,消费者承担的税收负担为面积 $P_1P_0NE_1$,生产者承担的税收负担为面积 P_0P_2MN,从图 4-10 看出,面积 $P_1P_0NE_1$ 明显小于面积 P_0P_2MN。说明在需求弹性大于供给弹性时,消费者承担的税收负担小于生产者承担的税收负担。

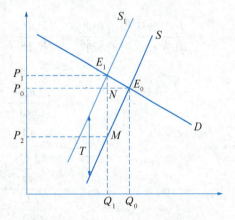
图 4-10 需求弹性大于供给弹性

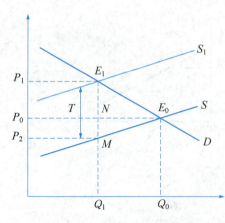

图 4-11 供给弹性大于需求弹性

6. 供给弹性大于需求弹性时的税负转嫁

如果商品的供给弹性大于需求弹性，供给曲线 S 比需求曲线 D 更平坦，如图 4-11 所示。分析思路同上，消费者承受的税收负担为面积 $P_1P_0NE_1$，生产者承受的税收负担为 P_0P_2MN，由图可以看出，面积 $P_1P_0NE_1$ 显然比面积 P_0P_2MN 要大，说明在供给弹性大于需求弹性时，消费者承担的税收负担大于生产者承担的税收负担。

综合上述不同供求弹性下的税负转嫁情况来看，商品的供求弹性是影响税负转嫁与归宿的关键性因素。一般来说，在其他条件相同的情况下，需求弹性越大，消费者负担的税收越小。同理，在其他条件相同的情况下，供给弹性越大，生产者负担的税收越小，直观来看，价格弹性是衡量一个经济行为主体逃避税负能力的一个基本尺度。

由此可以得出税负转嫁和归宿的第二个重要结论：在自由竞争的市场上，税收的经济归宿取决于商品的供求弹性。

接下来，我们用供求弹性来表示生产者和消费者各自承担的税收份额，推算过程如下：

$$商品的需求弹性(E_d) = \frac{需求量变动比率}{价格变动比率} = \frac{\Delta Q_d/Q_d}{\Delta P/P} = \frac{\Delta Q_d}{\Delta P} \times \frac{P}{Q_d}$$

$$商品的供给弹性(E_s) = \frac{供给量变动比率}{价格变动比率} = \frac{\Delta Q_s/Q_s}{\Delta P/P} = \frac{\Delta Q_s}{\Delta P} \times \frac{P}{Q_s}$$

$$\frac{生产者承担的税收}{消费者承担的税收} = \frac{P_0P_2}{P_0P_1} = \frac{Q_0Q_1}{P_0P_1} \times \frac{OP_0}{OQ_0} \times \frac{P_0P_2}{Q_0Q_1} \times \frac{OQ_0}{OP_0}$$

$$= \frac{\dfrac{Q_0Q_1}{OQ_0} \times \dfrac{OP_0}{P_0P_1}}{\dfrac{Q_0Q_1}{OQ_0} \times \dfrac{OP_0}{P_0P_2}} = \frac{\dfrac{Q_0Q_1}{P_0P_1} / \dfrac{OQ_0}{OP_0}}{\dfrac{Q_0Q_1}{P_0P_2} / \dfrac{OQ_0}{OP_0}}$$

$$= \frac{\dfrac{Q_0Q_1}{OQ_0} / \dfrac{P_0P_1}{OP_0}}{\dfrac{Q_0Q_1}{OQ_0} / \dfrac{P_0P_2}{OP_0}} = \frac{E_d}{E_s}$$

其中：$$生产者承担的税收 = \frac{E_d}{E_s + E_d} \times T$$

$$消费者承担的税收 = \frac{E_s}{E_s + E_d} \times T$$

资料链接 4-2

烟草税能限制烟草消费吗？

国际上普遍认为提高烟草的税率和价格是最有效的控烟手段之一。烟草税控烟效果的分析关键是需要找到烟草市场的供求弹性。而我们知道，烟草消费行为有一个特殊性——成瘾性，烟草的成瘾性使其消费量不仅仅取决于当前的烟草价格，而且与前期烟草消费、预期未来烟草消费均有密切的联系。

为了衡量烟草税在中国的影响，高松等采用中国健康与营养调查的面板数据，运用传统需求模型、短时成瘾模型以及理性成瘾模型估计烟草需求方程，重点考虑了吸烟的成瘾性特征并估计了不同子样本的烟草需求价格弹性。根据成瘾模型所计算出的香烟价格弹性，基于同等级的香烟具有相同的价格弹性的假设，结合 2008 年全国香烟销售量和销售额，计算出每一类卷烟的消费量变化及税收收入变化。除模拟了两个平均价格弹性下的情况之外，还模拟了短视成瘾模型和理性成瘾模型两种最小、最大弹性下的情况，以及两个模型下出现正需求弹性的极端例子，不同成瘾模型下的卷烟税收模拟结果如表 4-1 所示。

表 4-1 不同模型下的卷烟税收效果模拟

长期价格弹性		销量变化（元）	销量变化率（%）	销售额（元）	销售额变化量（元）	销售额变化率（%）	流转税总额（元）	流转税变化（元）
弹性为 0		0	0.00	0.00	6 956.41	176.28	0.03	3 266.04	625.18
短视成瘾模型	平均弹性	−0.045	−1.29	0.00	6 946.55	184.42	0.03	3 269.86	629.00
	最小负弹性	−0.040	−0.57	0.00	6 960.03	179.90	0.03	3 267.73	626.87
	最大负弹性	−1.216	−34.87	−0.03	7 176.35	396.22	0.06	3 369.29	728.43
	正弹性	0.080	2.29	0.00	694.94	161.81	0.02	3 259.24	618.38
理性成瘾模型	平均弹性	−0.061	−1.75	0.00	6 967.44	187.32	0.03	3 271.22	630.36
	最小负弹性	−0.007	−0.20	0.00	6 957.68	177.55	0.03	3 266.63	625.77
	最大负弹性	−0.230	−6.85	−0.01	6 999.64	219.51	0.03	3 286.33	645.47
	正弹性	0.855	24.52	0.00	6 801.77	21.64	0.00	3 193.43	552.57
弹性为 −1		−1	−28.68	−0.03	7 137.28	357.15	0.05	3 350.95	710.09

说明：税收模拟建立在调税后的价格比调税前价格提高 2.6% 的假设基础上。

模拟结果表明，中国 2008 年全国卷烟总销量是 1 102.95 亿包，在平均弹性为 −0.045 的情况下，价格增长 2.6% 会增加卷烟流转税收 629 亿元；在平均弹性为 −0.061 的情况下，价格增加 2.6% 会增加卷烟流转税收 630.36 亿元，随着弹性的增大，卷烟的销量也随之降低，但是同时由于卷烟平均价格上涨，最终导致卷烟销售额增加和卷烟流转税的增加。以上分析均证明,适当提高卷烟价格不但可以降低卷烟的消费,同时还能增加政府的财政收入。

研究结果还发现,烟草的总需求价格弹性在具有不同社会经济地位的子群体中存在显著差异,社会经济地位较低群体对价格变动的反应集中在吸烟决策上,然而社会经济地位较高群体对价格变动的反应更多体现在烟草消费量上。在中国,提高卷烟价格,能够更多地影响低社会经济地位群体的吸烟决策,从根本上减少其吸烟的可能性,也同时能够减少高社会经济地位群体的吸烟量,从而达到控烟目的。总的来说,对于年轻人或低教育人群来说,他们更易上瘾并且总价格弹性较高,即提高烟价更易在这群人中产生控烟效果;同样对年长者或高教育人群来说,相对来说不易上瘾,而且总价格弹性较低,即在这群人中用价格举措进行控烟效果并不显著。因此,中国应该区分重点人群制定有效的控烟政策。

资料来源:高松,刘宏,孟祥轶.烟草需求、烟草税及其在中国的影响——基于烟草成瘾模型的经验研究.世界经济,2010年第10期.

(四)从价税与从量税的区别

以上讨论的是征收从量税时的税负转嫁及归宿情况,而现实商品税制大多是采用从价税的征收方式,例如增值税。接下来将讨论征收从价税时的税负转嫁及归宿情况。从价税(Ad Valorem Tax)是指按照商品价格的一定比例来征收的税。

从价税的税负转嫁及归宿分析方法与从量税相似,都是从征税对需求或供给曲线的影响入手。假设一种商品在征税前的需求曲线为 D,供给曲线为 S,两者相交于 E_0 点,如图 4-12 所示。此时的均衡价格和均衡数量分别为 P_0 和 Q_0。现在假设对消费者按照商品含税价格的 20% 征收从价税,需求曲线上每一需求数量上的价格按照相同的比例向下移动,例如 M 点和 N 点,分别向下垂直移动 20% 的距离得到 m 点和 n 点,P_m 和 P_n 分别是消费者购买 Q_m 和 Q_n 单位商品所愿意支付的最高价格,生产者得到的价格就等于 M 点和 N 点与横轴之间垂直距离的 80%,即 m 点和 n 点。需求曲线 D 上的其他的点发生同样的变化,将这样的点连起来,就形成了新的有效需求曲线 D_1。有效需求曲线 D_1 与供给曲线相交于新的均衡点 E_1,新的均衡价格和均衡数量分别为 P_1 和 Q_1,生产者得到的价格为 P_1,消费者支付的价格为 $P_2 [P_2 = \dfrac{P_1}{(1-20\%)}]$,生产者承担的税收负担为面积 $P_0 P_1 E_1 r$,消费者承担的税收负担为 $P_0 P_2 k r$。

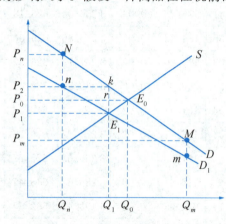

图 4-12 从价税的税收归宿

由此可见,征收从价税的情况与征收从量税的情况一样,税负转嫁及归宿的情况由商品的供求弹性来决定。

那在取得相同税收收入的前提下,征收从量税和征收从价税的税负归宿是否一样呢?我们将两者进行比较,如图 4-13 所示。征税前均衡点为 E_0,均衡价格和均衡数量分别为 P_0 和 Q_0。首先假设对消费者消费的商品征收税率为 t 的从价税,税后需求曲线为 D_1,与供给曲线相交于新的均衡点 E_1,均衡价格和均衡数量分别为 P_1 和 Q_1。如果政府决定对消费者消费的每单位商品征收数额为 u 的从量税,此时需求曲线向下平移形成新的需求曲线 D_2,为了保证从量税和从价税获得相同的税收收入,要求需求曲线 D_1 和 D_2 必须在 E_1 处相交,征收从量税后的均衡点与征收从价税的均衡点相同,也是 E_1。此时生产者获得的价格为 P_1,消费者支付的价格为 P_2 ($P_2 = P_1 +$

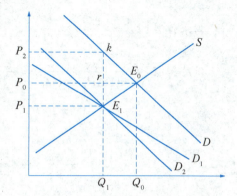

图 4-13 从量税与从价税税负归宿比较

u),因此,在征收等量从量税的情况下,生产者承担的税收负担为面积 $P_0P_1E_1r$,消费者承担的税收负担为 P_0P_2kr。与上述对从价税税收归宿的分析结果保持一致。

由此可得出第三个税负转嫁和归宿的重要结论:在竞争性市场中,政府课征同等收入的从量税和从价税,在商品价格和税负归宿等方面具有同样的效应。

资料链接 4-3

汽油税归宿计算举例

一个加油站位于高速公路旁边,每天的汽油需求函数为:$Q_d = 400 - 200P$,其中 Q_d 是每天消费的汽油(升),P 是汽油的价格(元/升)。加油站每天的供给函数为 $Q_s = -800 + 1000P$。假设政府决定对销售的每升汽油征收 0.2 元的消费税。那么,消费税对汽油的均衡价格会产生什么样的影响呢?销售者和购买者各自承担了多少消费税呢?

首先,根据征税前汽油的需求函数和供给函数,可以得到征税前汽油的均衡价格和均衡数量分别为:$P_0 = 1, Q_0 = 200$。

每升汽油征收 0.2 元的消费税后,新的供给函数为:

$$Q_s = -800 + 1000 \times (P - 0.2) = -1000 + 1000P$$

根据征税后的需求函数和供给函数,可以得到新的均衡价格和均衡数量分别为:$P_d = 1.17, Q_1 = 170$。可以发现,征收消费税后,汽油的均衡价格上涨了 $1.17 - 1 = 0.17$ 元/升。

购买者实际支付的价格 $P_d = 1.17$,购买者承担的税收 $t_d = 1.17 - 1 = 0.17$;销售者实际得到的价格 $P_s = P_d - t = 1.17 - 0.2 = 0.97$,销售者承担的税收 $t_s = 1 - 0.97 = 0.03$。显然,购买者承担的税收份额要大于销售者。

> 对逆弹性关系式 $\dfrac{P_d - P_0}{P_0 - P_s} \approx -\dfrac{\varepsilon_s}{\varepsilon_d}$ 进行验证如下：
>
> 需求弹性：$\varepsilon_d = \dfrac{\Delta Q}{\Delta P_d} \times \dfrac{P_0}{Q_0} = -\dfrac{200-170}{1.17-1} \times \dfrac{1}{200} = -0.88$
>
> 供给弹性：$\varepsilon_s = \dfrac{\Delta Q}{\Delta P_s} \times \dfrac{P_0}{Q_0} = \dfrac{200-170}{1-0.97} \times \dfrac{1}{200} = 5$
>
> $$\dfrac{P_d - P_0}{P_0 - P_s} = \dfrac{1.17-1}{1-0.97} = 5.67$$
>
> $$-\dfrac{\varepsilon_s}{\varepsilon_d} = -\dfrac{5}{-0.88} = 5.68$$
>
> 故 $\dfrac{P_d - P_0}{P_0 - P_s} \approx -\dfrac{\varepsilon_s}{\varepsilon_d}$
>
> 资料来源：改编自王国清.税收经济学.西南财经大学出版社,2006年版,第63—64页.

二、要素税的税负转嫁与归宿

现实生活中，除了对商品征税以外，通常我们还对生产要素征税。生产要素包括劳动力、资本、土地和自然资源等。下面以对劳动所得课征的工薪税和对利润所得课征的资本税为例，讨论要素税的税负转嫁与归宿情况。

(一) 工薪税

工薪税是指对雇员的工资薪金所得课征的税。从世界上各国的经验来看，工薪税通常分为两部分来缴纳，一部分由雇主缴纳，一部分由雇员缴纳，目的是让雇主和雇员共同分担工薪税的负担。但是根据前述商品税的税负归宿取决于供求弹性的基本规律，工薪税的最终税负归宿同样取决于劳动力的供求弹性。

不同行业的劳动力供给弹性不同，但现实生活中尤其是现在就业形势比较严峻的情况下，相当大一部分的劳动者没有办法找到既有吸引力又可以随时变动的工作，大量实证研究表明，劳动力的供给弹性接近于0。在这种情况下，如图4-14所示，D_L是劳动力需求曲线，S_L是劳动力供给曲线，劳动力完全无弹性，S_L垂直于横轴。征税前，工资为w_0。现在对工资征收税率为t的从价税，纳税人为雇主。劳动力需求曲线下移至D'_L，尽管雇主支付的工资仍然是w_0，但工人得到的税后工资由w_0下降为w_1，$w_1 = w_0 \times (1-t)$。由此看出，工薪税在雇主支付的工资和雇员得到的工资之间打入了一个税收楔子，在劳动力供给完全无弹性的情况下，尽管工薪税名义上由雇主支付，但实际上其税负完全转嫁给了雇员，雇员承担了所有的工薪税负担。

当然，特殊情况下，劳动力的供给也可能是弹性较大或者是充分弹性，例如在雇主急切想要找到能够胜任特殊岗位要求的雇员的情形下，劳动力的供给就富有弹性或近

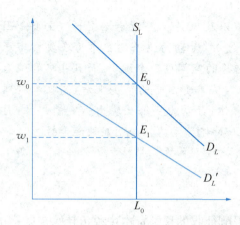
图 4-14 劳动供给无弹性时的税负归宿

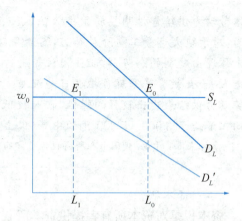
图 4-15 劳动供给充分弹性时的税负归宿

似于充分弹性,此时雇主不得不支付较高的工资,甚至还得负担绝大部分甚至全部的税负,如图 4-15 所示。征税后,由于劳动力供给有充分弹性,征税后雇员获得的工资保持 w_0 不变,雇主承担了全部工薪税负担。

由此可见,工薪税的税收归宿与商品税的税收归宿相类似,都主要取决于劳动力供求弹性的力量对比。如果劳动力的需求弹性大于供给弹性,那么雇主承担的税收负担要小于雇员承担的税收负担;反之,则雇员承担的税收负担要小于雇主承担的税收负担。

资料链接 4-4

劳动力供给弹性的经验分析

劳动力的供给受到多种因素的影响,不同收入群体、年龄、性别以及税收福利政策等都会对劳动力的供给产生影响。从 20 世纪 50 年代至今,许多国内外学者对各国劳动力供给弹性进行研究。他们通过调查得出的结论是基本一致的。即所得税对劳动努力程度的不利影响是轻微的,总体上甚至有提高劳动努力程度(即收入效应)的倾向。美国经济学家迪克森(1975)对美国劳动供给弹性进行经济计量分析,证明劳动供给弹性为负,说明征收所得税对劳动供给的影响具有收入效应。这一结果在其他学者如英国经济学家布雷克(1953)、凯恩·瓦茨和布朗(1978)的研究中得到了证实。

于洪(2004)在调查问卷的基础上,通过 Logit 统计回归方法,从不同的社会学变量角度对我国劳动力供给弹性现状进行了实证分析,发现我国劳动力供给并不是完全缺乏弹性,且我国劳动力供给弹性存在以下特点:第一,从性别的角度来看,女性比男性表现出更强的劳动力供给弹性,这主要是因为社会传统的缘故,女性不需要承担家庭经济支柱的责任,可以自由选择劳动的余地更大。第二,从年龄的角度来看,劳动力供给弹性呈现随着年龄的增加而降低的明显趋势,年龄在 40 岁以上的工薪群体劳动力供给弹性明显弱于年龄在30—40岁以及30岁以下的劳动者。这主要是因为,对于绝大部分工薪阶层而言,随着年龄的增加,劳动力供给的竞争力在要素市场上体现出趋弱的态势,对职业岗位等进行再选择的空间也逐渐缩小,而且相应的赡养老人、子女教育等家庭负担也日趋沉重。第三,从工资水平的角度来看,高收入群体劳动力供给表现出较强的弹性,收入较低的群体,劳动力供给呈现出一定的弹性,月均工资处于3 000—5 000元的中等(偏上)收入群体劳动力供给明显缺乏弹性。

资料来源:于洪. 我国个人所得税税负归宿与劳动力供给的研究. 财经研究,2004年第4期.

(二) 资本税

资本税是对资本所有者提供资本所获得报酬征收的税。资本税税负转嫁与归宿的分析思路与工薪税一样,取决于征税前后资本的供给曲线和需求曲线的变动情况。通常在封闭的经济中,根据资本价格上涨时企业对资本需求减少和当储蓄收益率上升时企业对资本的需求减少,我们假设资本的需求曲线向下倾斜,资本的供给曲线向上倾斜。此时,资本税的税负归宿情况取决于资本的供给弹性和需求弹性之比。

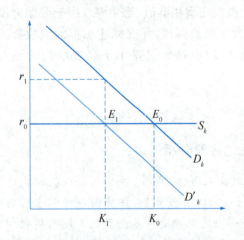

图 4-16 资本供给完全有弹性时的税负归宿

然而,在一个开放的经济中,世界各国的资本可以自由流动,形成一个统一的全球性资本市场。当一个资本的供给者在某一个国家无法获得世界平均资本收益率时,他就会将资本从该国抽走,投资到别的国家。因此,在开放的资本市场上所示,资本的供给曲线是有充分弹性的。如图 4-16 所示,资本的供给曲线 S_k 平行于横轴,与需求曲线 D_k 相交于 E_0 点,均衡收益率和均衡数量分别为 r_0 和 k_0。现在政府对资本需求者征税,资本需求曲线向下移动至 D'_k,D'_k 与 S_k 相交于新的均衡点 E_1,均衡数量则降为 k_1。此时尽管资本所有者的税后均衡收益率仍然为 r_0,但资本需求者支付的收益率为 r_1,$r_1 = r_0 + t$,资本需求者承担了所有的税收负担。

尽管当今世界经济已经高度一体化,但是国家对跨境资本流动进行各种管制的现象仍然非常普遍,所以资本在各国之间并不能完全自由流动。在这种的情况下,资本的供给方还是需要承担部分资本税的税收负担。

三、市场结构对税负转嫁的影响

通过上述分析可以看出,税负转嫁及归宿是通过价格的变化来实现的。但是,在不同的市场结构中,生产者和消费者对市场价格的反应是有差别的,而且完全竞争的市场价格在现实生活中几乎不存在。因此,接下来我们分析不同的市场结构对税负转嫁及归宿的影响。

(一) 完全垄断市场

完全垄断市场与完全竞争市场相反,完全垄断市场只有一个厂商,整个行业的市场完全处于该厂商的控制下。在这种市场结构下,厂商不再是价格的接受者,而是价格的制定者,他可以为了实现利润最大化而自行定价。

1. 商品税的税收归宿

首先,分析完全垄断市场下商品税的税收归宿情况。如图 4-17 所示,现有一个垄断厂商,生产商品 X,在征税前,其面临的需求曲线为 D_x,相应的边际收益曲线为 MR_x,生产商品 X 的边际成本曲线为 MC_x,平均总成本曲线为 ATC_x。垄断厂商为了实现利润最大化的目标,其会选择在边际收益 MR_x 等于边际成本 MC_x 时的生产量,此时产量为 X_0,售价为 P_0,垄断厂商获得的超额利润为面积 $ABCP_0$。

现在假定对 X 商品征收从量税 u,垄断厂商面临的有效需求曲线 D_x 和边际收入曲线 MR_x 向下移至 D'_x 和 MR'_x,下移的距离恰好等于单位税额 u。此时,垄断厂商会选择在 MR'_x 和 MC_x 相交的点上的产量规模以实现利润最大化,均衡数量从 X_0 降到 X_1,消费者支付的价格从 P_0 提高到 P_1,垄断厂商获得的价格从 P_0 降低到 P_2。垄断厂商税后获得的经济利润为 P_2FED(即图中阴影面积)。由此可见,在完全垄断市场下,由于垄断厂商受到消费者需求弹性的影响,垄断厂商没有办法将所有的税负都转嫁给消费者,垄断厂商自己也不得不承担一部分税收负担,税负转嫁的程度依旧取决于供求弹性的大小。

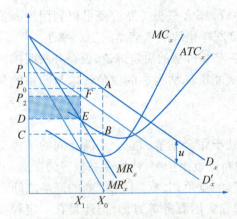
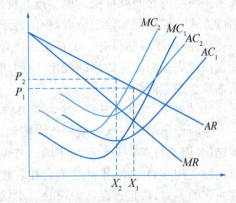

4-17 完全垄断市场下商品税税负归宿分析　　4-18 完全垄断市场下要素税税负归宿分析

2. 要素税的税收归宿

接下来,我们分析在完全垄断市场下要素税的税负归宿的情况。假定政府对生产商品 X 的垄断者使用的某种生产要素课税,如对资本或劳动力课税。如图 4-18 所示,在征税前,垄断厂商的长期平均生产成本线为 AC_1,边际生产成本为 MC_1,均衡产量为 X_1,均衡价格为 P_1。现在政府对垄断厂商征收要素税,厂商长期平均生产成本和边际生产成本提高,向上移动至 AC_2 和 MC_2,向上移动的幅度取决于课税要素在生产成本中所占的份额以及生产过程中的未课税要素取代课税要素的能力。此时,均衡产量降

低为 X_2,均衡价格提高到 P_2,从而一部分税收负担被转嫁给了消费者。消费者的需求曲线越缺乏弹性,那么企业边际生产成本曲线 MC 越平直,转嫁出去的税收负担也就越多。

(二) 寡头垄断和垄断竞争市场

除了完全竞争和完全垄断这两种市场结构外,还存在不完全竞争市场,包括寡头垄断市场和垄断竞争市场两种。

1. 寡头垄断市场下的税负转嫁与归宿

寡头垄断市场是处于完全竞争市场和完全垄断两者之间的一种市场结构,表现为在某个行业中有几个生产者控制了整个行业的生产和供给,但这些生产者没有任何一个有足够的能力独自垄断这个市场。在这种市场结构下,每个寡头垄断厂商商品的价格和产量变化,都会影响其他垄断厂商的行动,所以每个寡头垄断厂商在作价格和产量决策时,既需要考虑自身的成本和利润情况,还需要考虑其竞争对手可能采取的决策及其对市场的影响。当然,垄断厂商可能会联合起来,达成某种协议,联合起来生产能使全行业利润最大化的产量,这种方式被称为"卡特尔"(Cartel),如石油输出国组织(OPEC)就是著名的卡特尔组织。

在寡头垄断市场下对寡头征税,如果寡头垄断厂商之间没有达成提高价格的协议,那么每个寡头垄断厂商都不会轻易地选择提高价格来将税负转嫁给消费者,因为如果某个厂商独自提高价格,那么其他竞争对手可能会联合起来不提高价格,从而趁机攫取其市场份额,在这种情况下,垄断厂商往往会选择以后转的形式将税负转嫁出去;如果寡头垄断厂商之间就征税达成了提高价格的协议,那么寡头垄断厂商可以利用提高价格的方式将税负前转给消费者,税负转嫁的程度同样也取决于商品的需求弹性。

然而,由于目前没有一个普遍被接受的寡头垄断价格的决定理论,没有办法明确判断在征税后垄断商品价格的变化,因而对寡头垄断市场结构中的税负转嫁与归宿的分析尚没有满意的结论。

2. 垄断竞争市场下的税负转嫁与归宿

垄断竞争市场与寡头垄断市场相似,都是处于完全竞争和完全垄断之间的一种市场结构,但又与寡头垄断市场不同。首先,在垄断竞争市场上,依然存在较多的厂商,而且厂商之间实力平均,彼此之间存在着较为激烈的竞争;其次,不同厂商的产品之间存在一定的差异,包括产品质量、包装、形状、品牌和售后服务等方面,但还是在一定程度上存在相互替代性。最后,政府对产品征税,垄断厂商会适当地提高价格或者提高产品的质量、售后服务等,利用产品的差异制定差别化的价格竞争战略,并将税收负担向前转嫁给消费者,或者垄断厂商通过降低生产要素的价格、完善自身的内部管理等来实现税负的转嫁。

由于目前不完全竞争市场的定价方法还没有一个被普遍接受的模式,而税负转嫁与归宿主要取决于政府征税引起的价格变化。因此,不完全竞争市场中的税负转嫁与归宿,就取决于定价方法的假定,对定价方法做出不同的假定,就会得出不同的结论。可见,不完全竞争市场的税收归宿理论还很不成熟。

四、市场期限对税负转嫁的影响

影响税负转嫁与归宿的另一个重要因素是时间因素——市场期限,因为不同的市场期限下,生产者的供给弹性存在明显差异,因此税负转嫁与归宿的结果也各不相同。市场期限可以根据时间的长短划分为即期市场、短期市场和长期市场。下面分别就不同的市场期限,分析其税负转嫁及归宿的具体情况。

如图 4-19 所示,不同的市场期限下,供给曲线的弹性不同,时间越长,生产者对产品的供给可能做出调整的幅度越大,其供给曲线的弹性就越大。因此假设在征税前,即期市场、短期市场和长期市场的供给曲线分别为 S_0、S_1、S_2;不同的市场期限下假定面临的需求曲线相同,都是需求曲线 D,均衡点均为 E_0,均衡价格为 P_0,均衡产量为 Q_0。

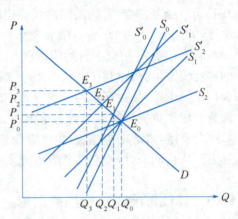

图 4-19 市场期限对税负归宿的影响

(一)即期市场

在即期市场,政府对生产者征税,生产者很难立刻做出转换生产的反应,产品的生产数量很难调整,即使能调整,也只能是极小规模的变动。如图 4-19 所示,在政府征税后,生产者的供给曲线 S_0 向左上方小幅度移动至 S'_0。此时假定产品的需求曲线保持不变,供给曲线 S'_0 与需求曲线 D 相交于新的均衡点 E_1,税后的均衡价格和均衡产量分别为 P_1 和 Q_1。P_1 与 P_0 相比,相差较小,产量 Q_1 减少的幅度也较小。面对价格的小幅度上涨,在即期市场中,消费者也很难立刻做出替代消费的反应,但是相对来说,消费者的替代反应要比生产者转换生产的反应更容易一些。因此,在即期市场中,生产者很难通过提高价格来将税收负担转嫁给消费者,只能由自己来承担绝大部分的税收。现实生活中,销售一些易变质或者时效性较强的产品就是明显的例子。

(二)短期市场

在短期市场,从生产者的角度来分析,生产者可以适当调整产品的生产数量,但是由于其生产设备等无法更换,因此尽管其供给曲线 S_1 比即期市场 S_0 要平缓,但比长期市场 S_2 要陡峭。政府对生产者征税后,生产者的边际成本和平均成本增加,如果产品的价格不变,那么为了保证不亏损,生产者在短期内会选择通过减少产量来使边际成本等于价格。图 4-19 中,供给曲线 S_1 向左上平移至 S'_1。在需求保持不变的情况下,S'_1 与需求曲线 D 相交于新的均衡点 E_2,形成新的均衡价格为 P_2 和均衡产量 Q_2。P_2 与 P_0 相比有了一定幅度的上升,上升的幅度大于 P_1,Q_2 与 Q_0 相比有了一定幅度的减少,减少的幅度大于 Q_1。说明在短期市场内,生产商更有可能通过适当调整产量来影响产品的价格,从而将一部分税收负担转嫁出去,转嫁的份额大于即期市场的转嫁份额。

但是,由于在短期市场内,消费者采用替代品、变更消费习惯和改变支出计划等方式来应对产品价格上涨,且其改变要比生产者调整产品的生产、改变生产设备等容易得多,所以需求弹性一般要大于供给弹性。考虑到这种情况,生产者在短期市场内虽然可以转嫁一部分税收负担,但是生产者承担的税收负担依然大于消费者承担的税收负担。

(三) 长期市场

在长期市场,生产者和消费者都有足够的时间对政府征税的行为作出反应,消费者可以做出替代消费的反应,生产者则可以彻底转换产品类别和结构、变更生产设备,从而在长期市场上,生产者的供给曲线要比即期市场和短期市场的供给曲线弹性更大,更加平缓,如图4-19中的S_2。政府对生产者征税后,生产者的供给S_2向左上方平移至S_2',与需求曲线D相交于新的均衡点E_3,形成新的均衡价格P_3。此时均衡产量Q_3减少的幅度较大,均衡价格P_3与之前的均衡价格P_0相比也已经有了很大幅度的提高。在长期市场中,产品生产量的减少导致产品市场价格的上升,生产者通过价格的提高将大部分的税收负担转嫁给消费者承担。

综上所述,市场期限越长,生产者税负转嫁的比例就越大,消费者承担的税收份额就越多。从长期来看,确实消费者可能承担了绝大部分的商品税收。

五、其他影响税负转嫁的因素

除了供求弹性、市场结构、市场期限以外,税负转嫁与归宿还受到税种性质、课税范围以及征税对象的影响。

(一) 税种性质

税种本身的性质也会影响到税负转嫁的程度。按照征税对象不同对税种进行分类,可以分为流转税、所得税、资源税、财产税、行为税等,由于税负转嫁是通过商品的价格变化来实现的,因此直接与经济交易相联系的商品税等税种的税收负担转嫁起来比较容易,与经济交易联系不是很紧密的财产税和所得税的税收负担转嫁则比较困难。另外,按照税负转嫁的难易程度,将税种划分为直接税和间接税。直接税的税负难以转嫁,而间接税的税负转嫁则比较容易。

(二) 课税范围

同一税种其课税范围的大小也会影响到税负转嫁的程度。如征税范围较窄,政府征税后,消费者可能改变其消费的选择,减少对课税商品或生产要素的购买,而选择购买其他未纳入课税范围的商品或生产要素,则税负较难转嫁给消费者。例如,如果政府只对大米征税,那么消费者就会减少大米的购买量,去选择大米的替代品如小麦等。消费者对商品或生产要素的替代消费效应越大,商品或生产要素的需求弹性越大,生产者越难以通过提高价格的方式将税负转嫁给消费者。相反,如果课税范围越广,如政府不但对大米征税,还对小麦等其他替代品征税,此时消费者对商品或生产要素的替代效应就越小,消费者就难以通过改变商品的消费决策来规避税收负担,在这种情况下税收负担转嫁的可能性也就越大。总的来说,征税范围越广,税负越容易转嫁;征税范围越窄,税负越难以转嫁。

(三) 征税对象

选择不同的征税对象,税负转嫁及归宿的情况也不相同。生活必需品、不易替代的商品、用途狭窄的商品或耐用品的需求弹性较小,税负更容易向前转嫁,消费者往往承受更多的税负;奢侈品、易于替代的商品、用途广泛的商品或非耐用品需求弹性比较大,税负将更多地向后转嫁或不能转嫁,生产者承担更多的税负;资本密集型商品和生产周期较长的商品,生产变动困难,供给弹性比较小,税负难以向前转嫁,供给者承担更多的税负;劳动密集型产品和生产周期较短的商品,供给弹性比较大,税负容易向前转嫁。

> **资料链接 4-5**
>
> **局部税收均衡分析的局限性**
>
> 作为完整的税收归宿理论,上述局部均衡分析是不够的,因为它忽略了很可能在其他市场上发生的、影响相对效用水平的许多相对价格的变化。如果被课税的市场是一种生产要素市场,因为课税而导致的生产要素供给的下降,将使这种要素同其他要素相比产生一种相对稀缺性,很可能降低其他要素的相对价格。课税对其他要素价格的这种影响程度取决于生产过程中一种要素如何替代另一种生产要素,以及课税要素在商品的生产成本中所占的比重。的确,这样意味着要把所有决定供给和需求曲线形状的影响因素都考虑进来,其核心问题是其他要素价格是如何受到影响的,这个问题是税收归宿分析的重要组成部分。比如说,在分析对劳动所得课税时,不仅要关注劳动力价格会发生什么变化,而且还要关注资本价格的变化,因为我们希望知道,这种税是如何影响各种生产要素的所有者的。
>
> 在一定程度上说,对生产要素课税,可能会通过相对商品价格的变化,影响家庭所得的使用,对劳动所得课税通过提高劳动力的含税价格(相对于资本的价格),相对于其他商品的价格来说,将引起使用劳动密集型生产技术生产的商品价格上升。如果分析对特定商品产量课征的税,也会产生同样的问题。局部均衡分析只能告诉我们课税商品的价格发生了什么变化,这种税也很可能引起其他商品价格变化以及相对要素价格变化。如果课税商品在总消费支出中只占很小的比重,则局部均衡分析的缺陷不像在要素税情况下那么突出。
>
> 局部均衡分析的另一个问题是,这种分析可以处理的税收类型非常有限,也就是说,只能处理适用于特定市场的税收。特别是,它既不能处理部分要素税,也不能处理一般所得税或商品税。部分要素税或者说对有限数量的生产要素的使用征税(如对公司部门资本收益征收的公司所得税),即使它们会影响整个经济的要素价格,但局部均衡只分析直接影响到的那个要素市场。显然,需求曲线和供给曲线没有得到充分表达,因为只有部分需求和供给的课税被考虑。一般所得税可以被看作是对全部生产要素的征税,因此,它同时冲击着若干市场,故对单一市场的分析是不充分的。当商品税同时对若干商品征税时,如同一般商品税的情况一样,也会出现同样的问

题。即使所有商品或要素都以同一税率课税,但若它们具有不同的需求弹性或供给弹性,它们的相对价格也会变化。单一总供给曲线分析不能说明这些相对价格变化。

局部均衡分析的最后一个问题是,它忽略了政府收入的使用问题。特别是当准备进行差别归宿分析以比较两种税时,这个问题就显得更为重要。

上述所有问题,在税收的一般均衡分析中都给予了明确考虑。但这并不是说,局部均衡分析没有价值。它表明了税收的基本的或初始效应,在有些情况下,这还可能是最重要的效应。

资料来源:郭庆旺,苑新丽,夏文丽.当代西方税收学.东北财经大学出版社,1994年版,第183—184页。

第三节 税负转嫁与归宿的一般均衡分析

局部均衡分析的一大优点是一次只考虑一个市场,比较简单。但是在现实生活中,市场主体之间的经济关系错综复杂,各种因素之间相互影响,如果政府对某一种商品或生产要素征税,通过价格体系的作用,会带来其他商品或生产要素价格的变化,因此在对税负归宿的分析中,需要把各种市场相互联系起来考虑,才能得到完整、准确的结论。例如,对烟草的课税,会抬高烟草的价格,从而降低烟草的消费需求,以前种植烟草的农民可能不得不改种其他农作物,如玉米。随着玉米供给的增加,玉米的价格就会下降,最后使一直种植玉米的人利益受损,这意味着玉米生产者也承担了一部分烟草税的税收负担。另外,局部均衡分析主要考虑课税商品的消费,不太关注课税商品的生产者。还以烟草税为例,大多数人都赞成将烟草税作为限制和惩罚吸烟者的一种政策工具,但烟草税除了影响吸烟者,还会影响生产者的利润和收入水平,如烟草行业的股东、投资人、产业工人和种植烟叶的农民等,最终的税收负担事实上是在所有这些人群中来进行分配的。这时,要确切了解烟草税的税收归宿,就应该采用一般均衡的分析思路和框架。

一般均衡分析(General Equilibrium Analysis),就是在各种商品和生产要素的供给、需求、价格相互影响的前提下,分析使所有商品与生产要素的供给与需求同时达到均衡状态时的税负转嫁与归宿。

美国经济学家哈伯格(Harberger)最早提出将一般均衡分析运用于税收归宿分析,即哈伯格模型[①]。1962年,哈伯格首次利用一般均衡理论来分析公司所得税的影响,他的研究建立在完全竞争、完全流动性、完全信息和完全按确定性等严格的假设前提基础

[①] 哈伯格模型的具体内容,参见 Harberger, Arnold C. The Incidence of the Corporation Income Tax, The Journal of Political Economy, Vol. 70, No. 3, 1962, pp. 215-240. Harberger, Arnold C. "The Incidence of Corporation Income Tax" in Taxation and Welfare, 1974.

之上,得出结论认为资本基本承担了全部税负。随后一般均衡分析方法逐渐成为税负转嫁与归宿研究的主流方法。

由于一般均衡分析中,需要考虑多种税收对征税商品或要素的直接影响,还要分析多种税收的间接连锁影响,如果全盘考虑会很复杂。因此,对税负归宿的一般均衡分析通常简化为两部门的一般均衡分析模型。例如在哈伯格模型中,整个经济是由公司和非公司两个部门组成,并且只有资本和劳动两种生产要素存在,即一个"两市场——两要素——两产品"的模型。

一、一般均衡分析的前提条件

在两部门一般均衡分析模型中,通常有以下主要的假设条件:

(一) 完全竞争市场

市场上只有两种可利用的生产要素,一种是劳动(L),一种是资本(K)。市场是完全竞争的,企业之间相互竞争并遵循利润最大化的原则,所有的价格具有完全弹性。因此,资本和劳动都能得到充分的利用,而且每一生产要素得到的收益等于其边际产品价值,边际产品价值是最后一单位投入品所生产的产品给企业带来的价值。另外,这些要素的价格依照竞争性市场的规则来确定,分别为 w(工资率)和 r(利息率),要素的价格可以依据不同的用途而发生变化。

(二) 规模报酬不变

经济中只生产两种商品,都是使用劳动和资本两种生产要素来生产,且每个部门都有不变的规模经济收益,即生产要素投入与产出同比例增长。部门之间的生产技术可能不同,表现为两个方面,一是资本替代劳动的难易程度不同,即替代弹性(Elasticity of Substitution)不同;二是生产中使用的资本与劳动的比率不同,通常具有较高 K/L 的行业是资本密集型行业,较低 K/L 的行业为劳动密集型行业。

(三) 要素可以自由流动

资本和劳动的供给者都追求总收益最大化,资本和劳动可以在两个部门之间根据收益率的高低自由地流动,因此资本和劳动力在两个部门的净边际收益率应该是相等,否则两种要素就会进行重新配置。

(四) 消费者偏好相同

假定所有消费者都具有相同的消费偏好,因此税收不会通过影响人们收入的使用而产生任何分配效应。

(五) 要素总供给不变

假定整个经济中可以利用的资本和劳动两种生产要素的总量是固定不变的。

(六) 差别税收归宿分析框架

假定政府部门需要的税收收入总量是不变的,考虑带来相同数量税收收入的两种税之间相互替代的问题,所以不需要考虑总收入变化如何影响需求和要素的价格,即分析当政府征收的税收类型变化时,资源配置的变化情况。

这些假设条件虽然非常严苛,但它使我们的分析大大简化。

二、一般均衡分析的税收等价关系

税收等价关系是税负转嫁与归宿一般均衡分析的理论基础,也称为税收等效应关系。税收等价关系以两部门经济中的多种税收及其相互联系为基础,建立不同税种之间的等价替代关系,从而使一般均衡分析能集中于少数几种代表性税种,为简化分析创造了条件。

为了说明税收等价关系,我们假定有两种商品,一种是食品(F),一种是制造品(M);有两种生产要素,一种是资本(K),另一种是劳动(L)。根据商品和要素之间的关系,可能存在 9 种类型的税收:

t_{KF}:对生产食品的资本所得的课税;

t_{KM}:对生产制造品的资本所得的课税;

t_{LF}:对生产食品的劳动所得的课税;

t_{LM}:对生产制造品的劳动所得的课税;

t_F:对食品的消费的课税;

t_M:对制造品的消费的课税;

t_K:对所有资本所得的课税;

t_L:对所有劳动所得的课税;

t:一般所得税。

前四种税都是对某一生产要素的某种特定用途课税,因此被称为部分要素税(Partial Factor Taxes)。这 9 种税种之间相互作用、相互影响,存在以下 6 种等价关系(见表 4-2):

表 4-2 税收等价关系

t_{KF}	+	t_{LF}	=	t_F
+				
t_{KM}	+	t_{LM}	=	t_M
=				
t_K	+	t_L	=	t

(1)$t_{KF}+t_{KM}=t_K$,如果政府既对食品部门使用的资本所得征税,又对制造品部门所使用的资本所得征税,在税率相同的情况下,两者之和相当于对所有经济部门的资本所得按照统一税率征收的所得税。

(2)$t_{LF}+t_{LM}=t_L$,如果政府既对食品部门使用的劳动所得征税,又对制造品生产部门所使用的劳动所得征税,在税率相同的情况下,两者之和相当于对社会全部劳动者工资收入按照统一的税率征收的所得税。

(3)$t_F+t_M=t$,如果政府既对食品消费征税,又对制造品消费征税,在税率相同的情况下,两者之和相当于对所有产品消费征收的税收。也就是说对消费者的各方面支出额分别按照相同的税率征收所得税,其效果等于对消费者的全部收入按照与前面相同的税率征收综合所得税。

(4) $t_{KF}+t_{LF}=t_F$,如果政府对食品部门所使用的资本所得和劳动所得按照同样的税率征税,两者之和相当于对政府对该部门的全部收入额或增值额征税。

(5) $t_{KM}+t_{LM}=t_M$,如果政府制造品部门所使用的资本所得和劳动所得按照相同的税率征税,那么两者之和相当于政府对该部门的全部收入额或增值额征税。

(6) $t_K+t_L=t$,如果政府既对资本所得征税,又对劳动所得征税,在税率相同的情况下,两者之和相当于对社会所有生产要素所得按照统一的税率征收的所得税。也就是说对各种来源的收入分别按照相同的税率征收分类所得税,其效果等于将所有来源的收入相加,并按照与前面相同的税率统一征收综合所得税。

一般来说,任意两组税收,只要它们产生的相对价格变化是相同的,它们就具有税收归宿的等价关系。通过将某些税种组合起来,并使该组合的税收归宿等同于其他税种的归宿,可以解释整个经济体系中所有税收的归宿情况,还能分析不同税种在质和量上的差别。因此,在找出一系列税种之间相互替代关系的基础上,可以通过少数几种税的归宿分析来理解和把握整个经济体系中所有税种的归宿。

三、一般均衡分析的结论

在上述一系列假设条件的基础之上,继续沿用上述"食品—制造品"两部门市场,利用一般均衡模型对选择性商品税、所得税、选择性要素税和局部要素税四种类型税收的税负归宿进行分析。

(一) 选择性商品税(t_F)

假设政府只对食品征税 t_F。征税后,从消费者的角度来看,食品的相对价格提高(虽然提高的数额不一定与税额相同),消费者会减少对食品的消费,将部分购买力用于购买制造品。如此,制造品的需求量也会增加,制造品的相对价格也因此上涨。随着制造品价格的上涨,食品的价格又会相对有所下降。由此分析,政府对食品征税,食品税的税收负担,不仅仅由食品的消费者承担,制造品的消费者也承担了部分税收负担。

从生产者的角度来看,政府对食品征税,食品的价格提高,食品部门的需求量下降,食品的生产减少,制造品的生产相应增加。由于食品生产减少,食品部门中闲置的部分资本和劳动力会流向收益率相对较高的制造品部门。但是由于食品部门和制造品部门的资本—劳动的比率可能会存在差异,制造品部门要吸收来自食品部门的生产要素,资本和劳动的相对价格必须发生变化。现在假设食品部门是劳动密集型部门,制造品部门是资本密集型部门。食品部门使用劳动力要素相对较多,使用资本要素相对较少,而制造品部门扩大生产需要的资本相对较多,需要的劳动力相对较少。要使制造品部门充分吸收从食品部门因为征税而流出的劳动力,劳动力的相对价格必须下降。劳动力的相对价格下降,意味着食品税 t_F 的部分税收负担落在了食品部门和制造部门的劳动者身上。相反,如果食品部门是资本密集型部门,制造部门是劳动密集型部门,那么最后资本要素的相对价格会下降,食品税 t_F 的部分税收负担落在了资本所有者的身上。

由此可见，政府对某一特定部门的产品征税，会导致该部门较密集使用的生产要素的相对价格下降，从而使相对价格下降的生产要素的所有者利益受损。

进一步将食品和制造品的需求弹性纳入考虑范围。在假定食品部门是资本密集型部门，制造品部门是劳动密集型部门的情况下，食品的需求弹性越大，消费者从食品消费转化为制造品消费的变化就越显著，最终资本要素的收益下降幅度也就越大。而且，如果食品部门和制造部门之间的要素比例差异越大，为了使制造品部门充分吸收从食品部门流出的资本要素，资本的相对价降低的程度就必然更大；如果制造品部门用资本替代劳动越难，两种生产要素资本—劳动之间替代弹性越小，制造品部门要吸收额外资本所需的资本收益率下降幅度也越大。由此可见，被课税商品的需求弹性、两部门之间的要素比例差异和资本—劳动要素之间的替代弹性，决定着课税部门较密集使用的生产要素相对价格下降的幅度。

从要素收入的来源来看，政府征收食品税，在食品部门是资本密集型部门，制造品部门是劳动密集型部门的情况下，那些主要收入来源于资本收入的人的利益受损。由于假定所有消费者的偏好相同，因此征税对不同消费者的影响没有差异。但是，如果消费者的偏好不同，那么食品消费量相对更大的消费者承担的税负就相对较大。这意味着，课征食品税，会使一个偏好消费食品的资本家在收入来源和消费支出两个方面遭受福利损失，而一个偏好消费食品的劳动者，则因在消费支出方面福利受损的同时，在收入来源方面得到额外收益，最终的福利结果呈现不确定性。由此可见，如果将一般均衡模型的假设条件放宽，食品税的税负归宿同时受到收入来源和消费支出两方面的影响。

因此，政府对某一部门产品的课税，最终会波及整个经济。整个社会所有的商品和生产要素的价格，都可能因为政府对某一生产部门产品的课税而发生变化，包括消费者、生产者和生产要素的提供者在内的所有个人，都可能成为某一生产部门的某一产品税收的直接或间接归宿。

(二) 所得税(t)

在资本和劳动供给总量固定的经济模型中，以相同的税率对食品消费和制造品消费课税，这种税收等同于对所有的生产要素所得征税，是一种总额税。经济中每个成员按照其消费或所得的比例承担税收，在单一消费者或若干相同消费者的经济中，这种税不会影响相对价格、资源配置或福利水平。

如果消费者的偏好或所得并不相同，那么一般所得税与总额税的效果则截然不同。虽然都能获得相同的税收收入，但是所得税可以增加低收入者的所得，减少高收入者的所得。如果高收入者和低收入者的偏好不同，这种纯收入再分配将引起资源的重新配置。例如，如果食品比制造品的收入弹性高，那么税收的变化将会降低食品的需求，提高制造品的需求，食品部门较密集使用的生产要素的相对价格就会下降。

如果生产要素的供给是可变的，那么一般所得税与总额税的效果也截然不同。在课征一般所得税 t 的情况下，长期资本和劳动供给都可能因课税而减少，税收归宿最终取决于资本和劳动的供给弹性大小比较，供给弹性越大的一方，承担的税负相对更少。例如，如果所得税使劳动的供给下降更多，则整个经济中的资本—劳动比率就会上升，从而使 w/r 上升，即劳动供给者将一部分税收负担转嫁给了资本所有者。

(三) 选择性要素税(t_k)

选择性要素税是指选择对某种生产要素的收入课税。假设政府对所有部门使用的资本所得课税 t_k，而对劳动力所得不征税，资本在食品部门和制造品部门之间不存在转移的激励，因此，资本要素的供给者必须承担全部的税负。同理，若对所有部门的劳动力征税，劳动供给者将承担全部的税负。因此，在征收选择性要素税的情况下，对固定要素课税，税收负担全部由要素的供给者承担。

但如果长期来看，生产要素的供给是可变的，那么征收所得税会减少未来的要素供给，要素供给结构也会发生变化。例如，在课征选择性要素税 t_k 的情况下，长期资本供给可能因课税而减少，整个经济中的资本—劳动比率就会下降，劳动者的收益水平也会下降（因为在其他条件相同的情况下，单位劳动所对应的资本减少了，导致劳动的生产率下降），从而使 w/r 下降，即资本所有者将一部分税收负担转嫁给了劳动供给者。因此，长期来看，一般资本税 t_k 也可能会损害劳动供给者。

(四) 局部要素税(t_{KM})

局部要素税是指对某一部门中的某一特定生产要素所得的征税。假设政府只对制造品部门使用的资本所得课税，会同时产生产出效应和替代效应：

1. 产出效应

如果政府只对制造品部门的资本所得课税 t_{KM}，对食品部门的资本所得不征税，制造品的相对价格提高，制造品需求下降、产量减少，投资于制造品部门的生产要素必然向不征税的食品部门流动。但是由于食品部门和制造品部门的资本—劳动的比率存在差异，假设制造品部门是劳动密集型部门，食品部门是资本密集型部门，要使食品部门充分吸收从制造品部门因为征税而流出的生产要素，劳动力的相对价格必须下降。劳动力的相对价格下降，意味着对制造品部门的资本收入课税 t_{KM} 的部分税收负担落在了食品部门和制造部门的所有劳动供给者身上，即局部要素税使课税部门较密集使用的要素所有者也承担了部分税收负担。

当然，若假设制造品部门是资本密集型部门，食品部门是劳动密集型部门，为使食品部门充分吸收从制造品部门因为征税而流出的生产要素，则资本的相对价格必须下降。所以，从产出效应上来看，局部要素税 t_{KM} 对资本和劳动的相对价格的最终影响是不确定的。

2. 替代效应

如果政府只对制造品部门的资本所得课税 t_{KM}，而不对制造品部门的劳动所得课税，必然导致资本的相对价格提高，促使制造业生产者倾向于较多使用劳动要素而较少使用资本要素，也就是用劳动来替代资本，最终使资本的需求和相对价格下降。这种替代效应不仅发生在制造品部门，食品部门也会发生这样的替代效应。因为政府对制造品部门的资本收入课税，导致生产要素配置比例发生调整，增加劳动的使用，减少资本的使用。在这个劳动替代资本的过程中，劳动力需求增加、劳动者的工资率相对上升，同时资本需求减少、资本所有者的收益率相对下降。因此，政府对制造部门的资本收入课税，可能会导致资本所有者承受比政府所征税额更重的负担。

综合产出效应和替代效应，局部要素税 t_{KM} 对资本和劳动的相对价格的最终影响，取决于课税部门的要素密集类型。如果假定制造品部门是劳动密集型部门,食品部门是资本密集型部门,产出效应使资本相对价格上升,替代效应使资本价格相对下降,则最终结果是不确定的。但如果假定制造品部门是资本密集型部门,食品部门是劳动密集型部门,产出效应和替代效应作用方向相同,则资本的相对价格必然下降。

综上所述,在一般均衡分析模型中,只要生产要素可以在不同部门之间自由流动,对其中一个部门的某一要素征税,不仅仅会使该部门使用的课税要素承担税收负担,其他部门使用的这种要素也要同样承担税收负担。一般地,只要生产要素可以在不同部门之间自由流动,对其中一个部门的某一要素征税,最终会影响到所有部门的所有要素的收益。

一般均衡分析使用"两个市场——两种要素——两种产品"的模型,分析政府课税带来的一系列连锁反应,进而确定不同税种的税负归宿情况,克服了局部均衡分析的缺陷。但是,税负归宿的复杂性和连锁性,以及一般均衡分析的结论需要设定非常严苛的假设条件,影响了其结论的适用范围,导致一般均衡分析也存在一定的局限性。

第一,在现实生活中,投入扩大一倍,产量也增加一倍的情况只在技术不发生变化的条件下存在。例如,在厂商使用了新技术、劳动或资本生产率提高的情况下,较少的要素投入就可能会产生同样甚至是更大的产出,规模收益是可变的。另外,虽然征税会提高应税要素的价格,但是要素不一定会转移,或者即使部分要素会转移,但是转移的份额也不一定与应税要素的价格上升成比例。因此,一般均衡分析假定规模收益不变、要素密集度不变以及替代弹性唯一的假定,在现实生活中不一定成立,所得结论的可信度相应下降。

第二,在现实生活中,由于制度和技术的原因,并不是所有的生产要素都能完全自由流动。例如,土地被划分为住宅用地和工业用地,不管住宅用地收益率有多高,非经法定程序,工业用地不能随便转换为住宅用地,甚至信息不对称和交易成本的存在也会限制生产要素的流动。如果生产要素不能自由流动,那么不流动的要素就必须承担对其征收的全部税收,因为要素不能通过跨部门流动来逃避税收。因此,一般均衡分析假定要素完全流动的条件下得出的要素税收归宿的结论就不够准确了。

第三,一般均衡分析假设税收对要素供给本身不产生影响,要素供给总量不变,从而便于分析税收引起的要素流动。从短期静态来看,这样的假设是合理的。但是从长期动态来看,税收是会影响要素供给的,资本税会导致资本供给减少,工薪税会导致人们可能更多地选择闲暇从而减少劳动。因此,一般均衡分析所得税不转嫁的结论就不成立了。在要素供给可变的情况下,要素的所有者可以通过改变要素的价格来转嫁税负,最终税负归宿的情况则与要素供给的弹性密切相关。

第四,现实生活中,消费者的偏好是不可能完全相同的。政府征税会改变人们的消费结构,消费者收入的分配比例也会发生变化。政府获得税收收入后,通过财政支出会引起更大的再分配效应。因此,一般均衡分析中假设消费者偏好相同、不产生任何收入再分配效应,脱离了实际。

第五,不管是局部均衡分析还是一般均衡分析,都是建立在完全竞争市场形成的均衡价格基础之上,而均衡价格是以个人主观评价的边际效用为依据的,因此不能提供一个判断税负转嫁与归宿的客观数量标准,只能分析税收增量转嫁的可能性,不能对税收归宿以及归宿数量进行准确的描述。

资料链接 4-6

一般均衡税收模型的发展

1962 年,哈伯格发表论文 *The Incidence of the Corporation Income Tax*,最早将一般均衡分析方法运用于分析企业所得税税负归宿。哈伯格一般均衡分析模型是一个两部门的静态分析模型,建立在完全竞争、完全流动性、完全信息和完全确定性等严格的假设的基础之上。此后,一般均衡模型在哈伯格模型的基础上进行修改和发展,被广泛地运用于税负归宿的分析,并得到了不断地发展和完善。

第一,税负归宿的一般均衡模型逐步放宽原来严苛的假设,使一般均衡模型更加符合现实条件,原来两部门的模式得到扩展。如考虑消费者偏好不同、生产要素的非流动性、规模报酬变化、开放经济条件、不完全竞争、不完全流动等条件下对税负归宿进行一般均衡分析。如 Stiglitz(2000)研究了被征税要素不完全流动条件下税负归宿的情况,Anderson & Palma(2001)等人对不完全竞争条件下的税负归宿进行研究。构建更加符合现实的一般均衡分析模型来分析税负归宿问题,提高分析结论的准确性。第二,税负归宿的一般均衡分析的研究领域扩大,从原来仅用于分析公司所得税税负归宿延伸到财产税、社会保险税等税种。第三,税负归宿一般均衡分析从静态分析发展为动态税负归宿研究,主要是基于新古典增长模型和生命周期理论进行研究,并将资产价格变化和预期等重要影响因素纳入研究的范围,建立了把储蓄和投资作为内生变量的跨时优化模型、多时期生命周期(或终生)税负归宿模型。总体而言,税负归宿一般均衡分析方法朝着更符合现实条件、更具有可行性的方向发展,并被广泛地运用于各国主要税收的转嫁与归宿研究。

资料来源:张阳.税负归宿理论研究进展.经济学动态,2008 年第 5 期。

税负转嫁归宿理论研究对于税收政策选择有着重要的意义,税收政策的作用点取决于税负归宿的分布。西方学者对税负转嫁和归宿理论通过局部均衡分析、一般均衡分析以及其他经济理论工具,对之作了较为深入的研究。中国当前对税负转嫁和归宿问题的研究还处于起步阶段,研究重点还放在宏观税负上。未来需要通过进一步加强微观税收数据库的建设,推动税负转嫁和归宿问题的理论研究,为税制改革和税收政策选择提供更充分的理论支持。

本 章 小 结

1. 税负转嫁是指在商品交易的过程中,纳税人在向税务机关缴纳税款之后,通过各种途径和方式(如提高或压低价格的方式)将其缴纳的税款全部或部分转由他人负担的行为。分为前转、后转、混转以及税收资本化四种形式。税负转嫁的最终结果税收归宿,即税收负担的最终落脚点。

2. 税负转嫁与归宿局部均衡分析,是指假定某种商品或要素的价格不受其他商品或要素的价格和供求状况影响的条件下,仅分析税收对单一商品市场或生产要素市场均衡供求的经济影响。税负转嫁与归宿的局部分析结果表明,对商品的课税,税收的经济归宿与它是对消费者征税还是对生产者征税无关,税收负担取决于商品的供求弹性。在竞争性市场中,政府课征同样收入的从量税和从价税,在商品价格和税负归宿等方面具有同样的效应;对生产要素课税,无论是对劳动力还是对资本所得课税,在要素的供给和需求都有弹性的情况下,税款由要素的供给者和需求者共同负担。

3. 在不同的市场结构中,生产者和消费者对市场价格的影响是有差别的,税负转嫁与归宿的具体情况也不相同。在完全竞争市场,厂商将税收负担转嫁给消费者的程度取决于供求力量对比;在完全垄断市场,受到消费者需求弹性的影响,即使垄断厂商也没有办法将所有的税负都转嫁给消费者,税负转嫁的程度仍然受制于需求弹性的大小;不完全竞争市场中的税负转嫁与归宿,取决于定价方法的假定。

4. 税负转嫁的程度还受市场期限、税种自身的性质、课税范围等因素的影响。市场期限越长,生产者税负转嫁的程度就越大,消费者承担更多的税负。

5. 税负转嫁与归宿的一般均衡分析,就是在各种商品和生产要素的供给、需求、价格相互影响的前提下,分析使所有商品与生产要素的供给与需求同时达到均衡状态时的税负转嫁与归宿。一般均衡分析模型一般采用"两市场——两要素——两产品"模型,对政府征税引起的系列反应进行分析,分析结论表明,只要生产要素可以在不同部门之间自由流动,政府对某一特定部门某种要素的课税,最终会影响到所有部门的所有要素的收益。

复习思考题

1. 税负转嫁有哪些形式?
2. 税收归宿有哪些形式?
3. 运用局部均衡方法,分析供需弹性对税负转嫁和归宿的影响。
4. 分析不同市场期限对税负转嫁和归宿的影响。
5. 什么是一般均衡模型的税收等价关系?
6. 运用一般均衡方法,分析我国奢侈品消费税的税负转嫁与归宿。

案例讨论题

网店征税会转嫁给消费者吗?

随着电子商务的发展,电商征税一直是业界探索的课题。2015年1月,国家税务总局公布了《中华人民共和国税收征收管理法修订草案(征求意见稿)》(以下简称《征求意见稿》),《征求意见稿》增加了多个关于网上交易纳税的内容。其中,第十九条规定"从事网络交易的纳税人应当在其网站首页或者从事经营活动的主页面醒目位置公开税务登记的登载信息或者电子链接标识";第三十三条要求"网络交易平台向税务机关提供电子商务交易者的登记注册信息"。业内人士预测,这一制度一旦实施,就意味着网络电商也将拥有纳税号,网店征税将不再有障碍。"个人网店征税"话题再被推到舆论的风口浪尖。诸多网友担心,网店产品因免税而具有价格优势,一旦网店实行征税,卖家会通过变相调价等方式,将税负转嫁到买家身上,最终还是"羊毛出在羊身上",网店免税的政策红利或将宣告结束。

资料来源:纳税号制度加速网店征税 网友忧成本转嫁消费者.通信信息报,2015年1月22日.

请用税负转嫁与归宿理论分析,结合电子商务的特征,分析网店征税的税负转嫁和归宿情况。

延伸阅读文献

1. 郭庆旺,吕冰洋.论税收对要素收入分配的影响.经济研究,2011(6):16-30.
2. 刘怡,聂海峰.间接税负担对收入分配的影响分析.经济研究,2004(5):22-30.
3. 于洪.中国税负归宿研究.上海财经大学出版社,2004.
4. 张阳.中国税负归宿的一般均衡分析与动态研究.中国税务出版社,2007.
5. Arnold C. Harberger. The Incidence of Corporation Income Tax, Taxation and Welfare, Boston: little Brown, 1974.
6. Arnold C. Harberger. The Incidence of the Corporation Income Tax. The Journal of Political Economy, Vol. 70, No. 3. 1962, pp. 215-240.
7. Don Fullerton and Gilbert E. Metcalf, Tax incidence. NBER Working Paper, No. 8829, 2002.
8. Joseph A. Pechman. The Rich, the poor, and the taxes they pay. Brookings Institution, Harvester Press, Brighton, 1986.
9. Kinam Kim and Peter Lambert, Redistributive Effect of U. S. Taxes and Public Transfers, 1994 - 2004, Public Finance Review, 2009, Vol. 37, No. 1, pp. 3-26.
10. Peter Mieszkowski. Tax Incidence Theory: The Effects of Taxes on the Distribution of Income. Journal of Economic Literature, Vol. 7, No. 4. 1969, pp. 1103-1124.
11. R. Alison Felix, Passing the Burden, Corporate Tax Incidence in Open Economies, Luxembourg Income Study Working Paper No. 468, 2007.

第五章 税种设置与税制结构

【本章要点】
1. 税种设置与分类
2. 税收制度的构成要素
3. 税收支出的概念和管理
4. 税制结构的内涵和类型
5. 税制结构的影响因素

案 例 导 入

2015年,美国的免税日为4月24日,这意味着美国纳税人2015年为政府工作的时间为114天,比2014年推迟1天。免税日(Tax Freedom Day),指纳税人在本年度的这一天之前,所获得的收入都以税收的形式缴给了政府,而这一天之后的所有收入才归自己。目前,许多工业国家都计算免税日,用来表示纳税人的税收负担。免税日越提前,说明税收负担越轻。美国税收基金会每年都根据政府的税收政策和人们的收入情况,计算免税日日期。

数据显示,2015年,为了缴纳各项联邦税收,美国纳税人要工作78天;为缴纳州和地方政府的各种税收要工作36天,一共是114天。美国人用于缴纳税收的工作时间仍然高于食品、衣物和住房支出的工作时间,其中,食品支出所需的工作时间为41天,衣物支出所需的工作时间为10天,住房支出所需的工作时间为55天。缴纳各税种所需的工作时间也不同,个人所得税(包括州和联邦的)需要43天,工薪税需要26天,消费税和销售税需要15天,公司所得税需要12天,财产税需要11天,遗产与赠与税、关税和其他税需要7天。

因为各州的税收情况不同,各州的免税日也不相同。如康涅狄格州和新泽西州的免税日都是5月13日,是美国各州中最晚的,其次是纽约州为5月8日;路易斯安那州的免税日为4月2日,是美国各州中最早的,其次是密西西比州为4月4日,南达科他州为4月8日。

免税日日期与政府的经济政策有很大关系。2000年,美国的免税日为5月1日,是近年来最晚的一年。此后政府开始实行一系列的减税措施,使免税日不断提前,在2003年提前到4月16日,2007年推迟到4月25日,2009年又提前到4月8日。

资料来源:美国税收基金会网站,http://taxfoundation.org/article/tax-freedom-day-2015-april-24th.

税收制度,是指国家以法律形式规定的、作为征纳税活动依据的各种税收法律、法规和规范性文件的总称,即国家以法律形式确定的各种课税制度和管理办法的总和。税收制度的具体内容包括税种设置、税制要素及其相互之间的主辅搭配和结构布局。

第一节 税种设置与分类

科学合理地选择和设置一个国家税收制度中包含的税类和税种,是确保各项税收职能顺利实现的基础和前提。

一、税种设置

税种的设置和课税点的选择可以放在社会再生产的资金运动循环中加以分析。任何国家的国民经济都是一个周而复始、循环往复的过程。图5-1用标准"两部门模型"

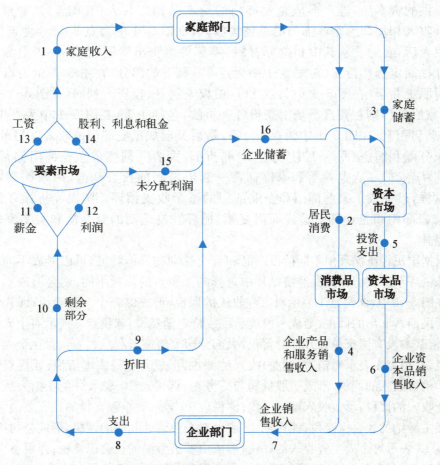

图5-1 国民经济循环图与课税点

完整地展示了国民经济循环的基本运行情况。"两部门经济模型"也称作"二元经济模型",描述的是一个封闭的国民经济体系,整个经济体系只有家庭部门(或居民)和企业部门(或厂商)两种主体,并存在两种市场,分别为要素市场与产品市场。

生产要素的所有者是家庭部门,其通过要素市场向企业部门提供它拥有的生产要素,得到相应的收入,同时用这些收入通过产品市场向企业部门购买各种产品和服务;产品和服务的生产者是企业部门,其通过要素市场向家庭部门购买各种生产要素,同时也通过产品市场向家庭部门提供各种产品和服务。

家庭部门提供生产要素并购买产品的行为以及企业部门出售产品并购买生产要素的行为,在国民经济运行中形成两种相反方向的循环运动:一是收入和支出按照顺时针方向进行的货币资金流动,二是产品和要素按照逆时针方向进行的商品实物流动。首先,家庭部门向企业部门出售各种生产要素,并从企业部门那里获得收入,进而形成家庭收入(在图5-1中为点1)。家庭部门将一部分收入用于自身的消费(在图5-1中为点2),并通过在消费产品市场上购买企业部门提供的产品和服务,进而形成企业部门的产品和服务销售收入(在图5-1中为点4)。家庭部门将另一部分收入用于储蓄(在图5-1中为点3),通过资本产品市场购买企业部门提供的资本品,进而形成企业部门的资本品销售收入(在图5-1中为点6)。前两种收入相加即为企业部门的总销售收入(在图5-1中为点7)。企业部门得到销售收入后,首先要从其中扣除原材料、零部件等支出费用(在图5-1中为点8),然后计提固定资产折旧(在图5-1中为点9),剩下的部分(在图5-1中为点10)用于支付职工薪金(在图5-1中为点11)、债权人利息、投资人利润(在图5-1中为点12)。家庭部门则在要素市场上获得各种报酬,包括工资(在图5-1中为点13)、股利、利息和租金(在图5-1中为点14)等,最后又形成家庭部门的收入。另外,企业还有未分配利润(在图5-1中为点15)和折旧,两者共同组成企业部门储蓄(在图5-1中为点16)。企业储蓄和家庭储蓄一起形成新的投资基金,用来购买资本产品。这样,就完成了家庭部门和企业部门的整个收支循环。国民经济循环体系就是由家庭部门和企业部门这样周而复始、循环往复运动的资金流和实物流构成的有机整体。

根据国民经济循环中不同阶段商品和资金流动的具体特征,可以形成不同的课税点或课税环节。政府在国民经济循环中选择的课税点的位置不同,就会形成不同的税种。在图5-1中,课税点1表示对家庭收入的课税,形成综合个人所得税;课税点2表示对居民消费支出的课税,形成一般商品税或特定消费税;课税点3表示对个人储蓄的课税,但基本没有国家单独开征储蓄税,大部分国家将储蓄利息收入包含在个人所得税中课税;课税点4表示对销售(营业)收入的课税,形成营业税或增值税;课税点7表示对企业销售收入的课税,形成一般货物与劳务税;课税点10表示对企业扣除折旧后的净营业收入的课税,形成收入型增值税;课税点11表示对企业支付的工资薪金课税,形成由雇主缴纳的社会保险税;课税点12表示对企业营业利润的课税,形成公司所得税;课税点13表示对个人工资收入的课税,形成由雇员缴纳的社会保险税;课税点14表示对居民股息、利息等收入的课税,形成资本利得税;课税点15表示对企业留存收益或未分配利润的课税,形成企业留存利润税[①]。

当然,在上述这些课税点当中,有些课税点的效果是等价的。如在商品市场上,课税点 2 对消费支出的课税和课税点 4 对企业产品和服务销售收入的课税,对相关产品的市场价格、均衡产量和政府税收收入的影响是一样的;如在要素市场上,课税点 11 由雇主缴纳的社会保险税和课税点 13 由雇员缴纳的社会保险税,对劳动要素的市场价格、均衡数量和政府税收收入的影响也是一样的。将税种选择置于整个国民经济循环中考量,有助于看清税种之间的异同点,更好地分析不同税种的经济效应。

图 5-1 只反映了国民收入的流量课税,并没有反映出国民收入的存量课税。尽管对当年国民收入流量的课税是世界各国税收收入的主要来源,但如果只对当年的国民收入流量课税,而不对以往年度的国民收入存量课税,既有失税收公平,又会破坏税收体系的完整性。因此,完整的税种设置必然还包括对过去年度国民收入存量课征的财产税,如对特定财产价值课征的土地税、房产税、财富税,以及对财产的遗留、继承或馈赠行为课征的遗产税、继承税和赠与税等。此外,图 5-1 只是对封闭经济条件下的两部门国民经济运行的分析,考虑到现实经济中对外开放的市场条件,则在税种设置中还应包括在国际贸易环节征收的关税等进出口税收。

如果将图 5-1 用横、纵轴分为如图 5-2 所示的 4 个象限,不同的课税点选择分别落入 4 个象限中,将更有利于我们发现税种分布的特征和性质。

第Ⅰ象限中的税收,纳税人是个人或家庭,课税对象是个人或家庭的支出额,税收的性质是消费税。课税对象是个人的消费或投资支出。

第Ⅱ象限中的税收,纳税人是个人或家庭,课税对象是个人或家庭的所得,税收的性质是所得税。若课税对象选择在图 5-1 中的课税点 1 上,就是个人综合所得税。

第Ⅲ象限中的税收,纳税人是企业,课税对象是已经作了一定扣除的企业销售收入,税收的性质是所得税。若课税对象选在图 5-1 中的课税点 11 上,就是由企业支付的社会保险税;若课税对象选在图 5-1 中的课税点 12 上,就是公司所得税;若课税对象选在图 5-1 中的课税点 10 上,就是扣除折旧后的收入型增值税。

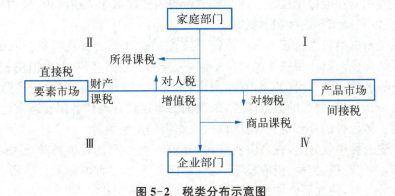

图 5-2 税类分布示意图

---

① 理查德·A. 马斯格雷夫,佩吉·A. 马斯格雷夫. 财政理论与实践. 中国财政经济出版社,2002 年版,第 224-225 页.

第Ⅳ象限中的税收,纳税人是企业,课税对象是企业的销售收入,税收的性质是商品和劳务课税,属于间接税,即对产品市场的销售收入课征的营业税、增值税。

综上所述,对货币资金从家庭部门流向企业部门的课税,主要是商品课税,属于间接税性质,课征点愈接近企业部门,商品课税的特点愈明显。对货币资金从企业部门流向家庭部门的课税,大体上是所得课税,属于直接税性质,课征点愈接近家庭部门,所得课税的特点愈明显。

二、税种分类

税种分类是按照一定的标准,将具有相近或相似特点的税种归并成若干类别的一种研究方法。目前世界各国普遍实行复合税制,税收体系由多个不同税种构成,且每个税种都有各自不同的目标与功能定位,为了更好地研究和比较各国的税收体系,有必要依据一定的标准对复杂的税收体系进行科学分类。

(一)按征税对象分类

按照征税对象的不同,可以将税种划分为商品税(Commodity Tax)、所得税(Income Tax)、财产税(Property Tax),这是在进行税收理论研究时最基本的一种税种分类方法。

商品税是指以商品或者劳务的流转额作为征税对象征收的税种,我国又称流转税或货物与劳务税。商品税既可根据征税对象性质的不同,划分为对商品的课税和对劳务的课税;又可以根据征税对象流通领域的不同,划分为国内商品和劳务税与进口商品和劳务税。各国开征的商品税主要有消费税、增值税、营业税和关税等。

所得税是指以居民、企业和社会团体的各项纯所得或者净收益为征税对象征收的税种。其指导思想是调节收入分配,有所得者要纳税,所得多者多纳税,所得少者少纳税,无所得者不纳税,体现量能负担原则。所得税既可以根据要素所有者性质的不同,划分为个人所得税和公司所得税;又可以根据税收收入用途的不同,划分为一般性的所得税和专款专用的社会保障税。各国开征的所得税主要有个人所得税、公司所得税、社会保险税、资本利得税和超额利润税等。

财产税是指以纳税人所有的财产或归其支配的财产作为征税对象征收的税种,是对收入存量的课税。财产税按课税对象不同,又分为一般财产税(如净值税、遗产税、继承税、赠与税)和特定财产税(如土地税、房产税、车船税),财产税主要是按照课税财产的价值征税,有时也按财产的数量课税,如我国的车船税。现代各国普遍实行以商品税或所得税为主体税种的复合税制,财产税仅仅作为辅助性税种。

按照上述三种税收分类,在各国实践中,还有一些性质比较模糊的税种,很难确定其分类归属,如印花税、契税、资源税等。所以,除了上述三种国际通行的税收类型外,我国在税收分类时,往往还会增加资源税、行为税等税收分类。

(二)按税负转嫁与否分类

按照税收负担是否可以转嫁以及转嫁难易程度的不同,可以将税种划分为直接税(Direct Tax)和间接税(Indirect Tax)。这种分类对税负转嫁与归宿问题的研究具有重要意义。

直接税是指法律上的纳税人与经济上的负税人为同一主体,税收负担不能转嫁或难以转嫁的税种。由于直接税的纳税人同时也是负税人,所以在税收的征纳过程中,政府与负税人之间的关系是直接的,两者之间没有第三者的介入。一般认为,所得税和财产税的税负难以转嫁,两者都属于直接税范畴。

间接税是指法律上的纳税人与经济上的负税人为不同经济主体,税收负担可以转嫁或易于转嫁的税种。由于纳税人可以通过提高出售价格或压低购买价格,将其税负转嫁给其他人来承担,所以在税收的征纳过程中,政府与负税人的关系是间接的,两者之间介入了纳税人。一般认为,对商品和劳务课征的流转税税收负担很容易转嫁给消费者承担,属于间接税范畴。发展中国家通常实行以间接税为主体的税制结构,而发达国家通常实行以直接税为主体的税制结构。

值得注意的是,随着对税负转嫁和归宿问题的认识不断深入,人们发现,税负转嫁是一个极其复杂的经济现象,没有绝对可以转嫁的税收,也没有绝对不能转嫁的税收;商品税并非一定能全部转嫁给消费者,也不能简单认为所得税、财产税就一定不会转嫁。所以,税负转嫁与否是一个相对概念。

(三) 按课税着眼点分类

按照课税的着眼点不同,可以将税种划分为对人税(Personal Tax)和对物税(In Rem Tax)。

对人税着眼于对人的课税,又称主体税。早期的对人税不分阶层,一般按人头或家庭课征,如人头税、人丁税和户捐等。现代意义上的对人税,通常是指税收主体与税收客体之间有直接关联的税收。对人税以纳税主体的"人"为基础,特别强调个人具体情况的差异,根据个人纳税能力的不同,制定不同的课税标准和征税方法。在税基计算上,对人税往往要考虑个人的经济收入和家庭生活状况等因素并据以确定其纳税能力。对人税的优点在于:税负相对公平,可调节社会成员之间的收入和财产分配,符合量能负担原则。对人税的缺点在于:由于涉及个人具体纳税能力的判断,征收管理较为复杂。现代对人税的主要形式有所得税和一般财产税,如个人所得税和遗产税。

对物税着眼于对物的课税,又称客体税。早期的对物税仅仅着眼于物,将人的关系完全排除在外,如对财产、商品等的课税。现代意义上的对物税,通常是指税收主体与税收客体之间没有直接关联的税收。对物税以客体的"物"为基础而不考虑个人情况,以课说对象的收益额、流转额、数量、外部特征为课税标准,依课税对象的不同设计税率。侧重于物的因素进行课征的对物税,特别强调注重某种物的存在。在税基的计算上,对物税仅以物的价格、金额或数量为准,而不考虑与该物存在归属关系的个人的经济收入和家庭生活状况等因素。对物税的优点在于:征税面宽,税源大;对商品经济活动可以进行多方面的调节;征收简便,对象明确。对物税的缺点在于:不论贫富按相同标准课税,税负有失公平;税收收入受经济影响波动大,不够稳定;在实行价内税时,如若税负不当,还会影响物价。现代对物税的主要形式有间接税和个别财产税,如货物税、增值税、营业税、消费税等。

事实上,任何税种都既有课税主体的人,又有课税客体的物,所以,并不能将人和物截然分开。对人税和对物税的区别在于：在具体征税过程中，对人税表现为一种由人及物的过程，即首先指向某个人，然后才指向与这个人具有一定关联的物；而对物税表现为一种由物及人的过程，即首先指向某种物，然后才涉及与该物具有一定关联的人。

（四）按计税方式分类

按照计税方式的不同，可以将税种划分为从价税（Ad Valorem Tax）和从量税（Unit Tax）。

从价税是以征税对象的价格或者金额为计税依据，按照一定比例计征的税种。从价税一般采用比例税率或累进税率，其主要优点是征税范围广，凡有价格计量的情形，都可以从价计征，且其应纳税额会随着商品价格的变化而自动调整，从而维持实际税负水平相对稳定，是世界各国最普遍采用的计税方式。中国现行的增值税、营业税、个人所得税、企业所得税等都属于从价税。

从量税是以征税对象的实物量，如重量、数量、容量、长度和面积等为计量单位，按固定单位税额计征的税种。从量税主要采用定额税率，其优点是便于征收与管理，收入不受价格变化影响，纳税人税负相对稳定；其主要缺点是不能很好地体现甚至违背量能负担的原则。在市场经济条件下，如果物价保持稳定，则征收从价税和从量税的税负结果是等效的，仅存在征管手续繁简之差。但是在物价波动较大的情况下，从量税的应纳税额不能随物价变化而相应改变，从而使实际税负下降，政府税收收入难以保证。所以从量税的使用范围较窄，一般仅适用于计量单位明确、实物形态易于把握、价格波动较小的课税对象。中国目前从量计税的税种有城镇土地使用税、耕地占用税、部分消费税和关税等。

（五）按税收与价格的关系分类

按照税收与价格之间的关系不同，可以将税种划分为价内税（Inclusive Tax）和价外税（Exclusive Tax），这种税收分类主要针对商品课税。

价内税是以含税价格作为计税依据的税种，其优点是税金包含在商品价格之中，税负相对隐蔽，不容易为人们所察觉，征收阻力较小，且税金随商品销售的实现而实现，有利于及时实现财政收入。价外税是以不含税价格作为计税依据的税种，其优点是税金独立于商品价格之外，价税分开，税金明确，税负公开透明，有利于规范税收与价格的关系。缺点是税收负担感觉明显，征收阻力相应较大，征收管理上也更加复杂。

从税制发展趋势来看，当代世界各国的商品税大多采用价外税方式，而我国的商品税大多采用价内税形式，只有增值税在零售环节之前实行价外征收。

（六）按征收实体分类

按照税收征收的实体不同，可以将税种划分为实物税（In-kind Tax）、力役税（Labor Tax）和货币税（Monetary Tax）。

实物税是指以各种实物形式上缴的税种，它是商品货币经济不发达的产物。实物税以自然经济为基础，在奴隶社会、封建社会时期广泛存在。如中国奴隶社会的"贡""彻""粟米之征""布帛之征"，封建社会的"田赋"等，都属于实物税。

力役税是指以服力役形式上缴的税种，它也是商品经济不发达的产物。如中国古代的各类公共工程的建造，都具有力役税的特征。

货币税是指以货币形式上缴的税种,它是商品经济发展到一定阶段的产物,广泛存在于商品经济、市场经济中。和实物税、力役税相比,货币税具有标准统一、结算便利、管理成本低的显著优点,是一种较为先进的税收形式。随着经济货币化程度的不断提高,在现代社会中,实物税和力役税已经不存在,世界各国现行的所有税种均属于货币税。

(七) 按管理权限分类

按照税收管理权限的不同,可以将税种划分为中央税(Central Tax)、地方税(Local Tax)和中央与地方共享税(Shared Tax)。

中央税是指由一国中央政府征收管理、收入归中央政府所有和支配的税种。地方税指由一国地方政府征收管理、收入归地方政府所有和支配的税种。中央与地方共享税是指由中央统一立法,收入由中央与地方政府按照一定的比例或方式分享的税收。

中央税一般收入份额较大,税源稳定,征税范围广,具有较强再分配功能,或税基具有较强的地域流动性,在政策上需要全国统一立法,往往在一国税制体系当中占据主导地位。地方税一般收入零星,税源分散,与地方经济利益关系密切,适合由地方政府征管。共享税一般是具有一定收入规模,有利于调节地区之间财政收入差距的税种。

中央税、地方税和共享税的划分是一国税收管理体制的重要内容。

(八) 按收入用途分类

按照税收收入的用途不同,可以将税种划分为一般税(General Tax)和特别税(Ear-marked Tax)。

一般税,又称普通税,不限定具体的资金用途,其税收收入纳入一般财政预算,可用于满足各种政府一般性财政支出的需要。这类税通常选择税基宽广、税源充裕的征税对象,是税收体系的主体。

特别税,又称特定目的税,有明确的资金用途,其税收收入只能用于满足政府特定的财政支出需要。在各国的预算管理中,特别税的收入和支出一般采用特别预算单独反映。特别税可以配合国家特定政策进行特定调节,但其调节范围有限,且在一定程度上破坏了政府预算的完整性和统一性,不适合作为经常性财政收入的来源,所以,只有极少数税收属于特别税。社会保障税是特别税的典型案例。

(九) 按有无经常性分类

按照税收征收的连续性不同,可以将税种划分为经常税(Recurrent Tax)和临时税(Non-recurrent Tax)。

经常税是指经过正常立法程序开征、没有规定有效期限、每个财政年度连续征收的常规性税种,这种税具有规范性和连续性的特点,是国家税收体系的常规构成部分。临时税是指因某项特殊事项或突发事项而临时开征的税种,其收入主要用于满足政府在特定情况下的财政需求。临时税具有应急性和非连续性的特点,通常在开征之初就会确定明确的终止时间或终止条件,一旦政府的特定财政需求得到满足或财政压力得到缓解之后,临时税一般都要退出历史舞台。如为应对金融危机给国家财政带来的巨大财政赤字,法国在 2013 和 2014 两个财政年度就曾临时开征"特别富人税",又称"巨富税"。当然,历史上也有临时税在开征之后非但没有逐步取消,反而演变为经常税的情况。如现在世界各国普遍征收的个人所得税,最初就是英国为筹措战争经费而开征的临时税。

资料链接 5-1

OECD 税种分类指南

表 5-1 显示的是经济合作与发展组织（OECD）根据其成员国的税种设置情况对税种所作的分类指南。

表 5-1　OECD 税种分类指南

1000	对所得、利润和资本利得课税	
	1100　对个人的所得、利润和资本利得课税	
		1110　对所得和利润课税
		1120　对资本利得课税
	1200　对公司的所得、利润和资本利得课税	
		1210　对所得和利润课税
		1220　对资本利得课税
	1300　其他不能归入 1100 和 1200 的税种	
2000	社会保障税	
	2100　雇主缴纳的社会保障税	
		2110　以工资薪金为计税依据
		2120　以所得税税基为计税依据
	2200　雇员缴纳的社会保障税	
		2210　以工资薪金为计税依据
		2220　以所得税税基为计税依据
	2300　自营者或非雇佣者	
		2310　以工资薪金为计税依据
		2320　以所得税税基为计税依据
	2400　其他不能归入 2100、2200 和 2300 的税种	
		2410　以工资薪金为计税依据
		2420　以所得税税基为计税依据
3000	对工资薪金和劳动力的课税	
4000	财产税	
	4100　对不动产经常课征的财产税	
		4110　对房产课税
		4120　对其他不动产的课税
	4200　对净财富经常课征的财产税	
		4210　由个人缴纳的净财富税
		4220　由公司缴纳的净财富税
	4300　对遗产、继承和赠与的课税	
		4310　遗产和继承税
		4320　赠与税
	4400　对金融和资本交易的课税	
	4500　其他对财产不经常课征的税种	

(续表)

	4510	对净财富课征的税种
	4520	对其他不经常课征的税种
	4600	其他对财产经常课征的税种
5000		**对商品和劳务的课税**
	5100	对商品的生产、销售、转让、租赁和交付以及劳务的提供课税
	5110	一般商品和劳务税
	5111	增值税
	5112	销售税
	5113	其他一般商品和劳务税
	5120	特殊商品和劳务税
	5121	消费税
	5122	财政专卖利润
	5123	关税和进口税
	5124	出口税
	5125	对投资品课税
	5126	特殊服务税
	5127	其他对国际贸易和交易的课税
	5128	其他特殊商品和劳务税
	5130	其他不能归入5110和5120的税种
	5200	对物品的使用、许可使用或行为课税
	5210	对物品的使用、许可使用或行为的经常性课税
	5211	家庭用机动车税
	5212	其他用途机动车税
	5213	其他对物品的使用、许可使用或行为的经常性课税
	5300	其他不能归入5100和5200的税种
6000		**其他税种**
	6100	由企业缴纳的其他税
	6200	由企业以外的经济主体缴纳的其他税

资料来源：The OECD Classification of Taxes and Interpretative Guide (2012).

由表5-1可知，OECD国家征收的主要税收分为所得税、社会保障税、财产税、商品和劳务税、工薪及劳动税及其他税等六大类，每一大类税收中又包括很多具体的税种。如所得税包含个人所得税和公司所得税(含资本利得税)，商品和劳务税包括增值税、消费税、销售税、关税和特殊服务税等。这一税收分类指南对于发展中国家也同样适用。

第二节　税收制度构成要素

税制要素是构成税种、税收制度的基本元素，也是进行税收理论分析和税制设计的基本工具。税收制度的构成要素一般包括纳税人、课税对象、税目、税率、纳税环节、纳税期限、纳税地点、减税免税、法律责任等项目。其中纳税人、课税对象与税目和税率等项目是最为重要的三个基本要素，因为它们可以解决"向谁征税、对什么征税、征多少税"这三个最基本的税收征纳问题。

一、纳税人

纳税人或者纳税义务人(Tax Payer)，又称纳税主体，是税法规定的直接负有纳税义务的单位和个人。任何一个税种首先要解决的就是国家对谁征税的问题，纳税人的规定就很好地解决了这个问题。

纳税人有两种基本形式：自然人和法人。自然人和法人是两个相对称的法律概念。自然人是基于自然规律而出生的，有民事权利和义务的主体，包括本国公民，也包括外国人和无国籍人。法人是基于法律规定享有权利能力和行为能力，具有独立的财产和经费，依法独立承担民事责任的组织。中国的法人目前主要有四种：机关法人、事业法人、企业法人和社团法人。

与纳税人紧密联系的两个概念是负税人(Tax Bearer)和扣缴义务人(Withholding Agent)。负税人是指税款的最终承担者，它与纳税人既有联系又有区别，两者是否一致，则取决于税收负担是否能够转嫁。通常来说，对所得和财产的课税，税负难以转嫁，纳税人自己往往就是税款的实际负担者，在这种情况下，纳税人与负税人是一致的；而对商品和劳务的课税，虽然由纳税人负责缴纳税款，但纳税人能够通过商品加价的方法将税收负担转嫁给消费者承担，在这种情况下，纳税人就不等同于负税人。熟悉两者之间的关系，有利于对税负转嫁和归宿问题的深入研究。

扣缴义务人是税法规定的在其经营活动中负有代扣或代收税款并向国库解缴税款义务的单位和个人。扣缴义务人显然不是纳税人，不负有纳税义务，其义务只是代替税务机关向纳税人征收税款并将其上缴给税务机关。税务机关一般对纳税人分散、收入零星的税源，采用源泉扣缴的征收方法，在税法上明确规定相应的扣缴义务人。扣缴义务人的规定，一方面便于实行源泉控制，保证国家财政收入，有效遏制偷逃税款现象的发生；另一方面有利于简化纳税手续、节约征税成本、提高征管效率。

二、课税对象与税目

课税对象(Object of Taxation)又称征税对象、征税客体，指税法规定对什么征税，是征纳税双方权利义务共同指向的客体或标的物，是区别一种税与另一种税的根本性标志。如消费税的课税对象是税法所列举的应税消费品，房产税的课税对象是应税房屋，车船税的课税对象为应税车辆和船舶。

作为税收制度中最基本的一个要素，课税对象可以从质和量两个方面来具体化。从质的方面来看，课税对象具体规定着一个税种征收的基本界限，在总体上确定了一个税种的课税范围，同时也决定了各个不同税种的名称。如增值税、营业税、企业所得税等,这些税种因课税对象不同、性质不同、功能不同,名称也各不相同。课税对象按其性质的不同,一般可划分为流转额、所得额、财产数量或价值、特定行为和特定资源等五大类,相应地,对这五种课税对象征收的税收分别被称为流转税、所得税、财产税、特定行为税和资源税。从量的方面来看,课税对象反映了一个税种的计税依据,即税基(Tax Base)。税基的计量单位有两种:一是商品或财产的自然单位,如数量、重量、面积、容积等,二是商品或财产的货币单位,如收入额、利润额、财产额、增值额等。以个人所得税为例,其征税对象从质的方面看,是税法规定的工资薪金、劳务报酬等各项个人应税所得,从量的方面来看,是个人各项应税所得按税法具体规定计税的应纳税所得额。两者既紧密相关,但又不完全相同。

与课税对象相关的一个概念是税目(Items of Taxation)。税目是指税法中对课税对象分类规定的具体项目,它是对课税对象的具体化,明确区分征税与不征税的具体边界,体现政府征税的广度。规定税目的目的有两个:一是明确征税的具体范围、界限和类别,使征税对象一目了然,减少征纳双方的争议,方便税收征管。凡列入税目的即为应税项目,未列入税目的,就不属于应税项目。二是贯彻国家宏观调控政策、区别对待的需要。国家可以根据不同税目的利润水平以及国家经济政策导向的不同,对不同税目制定高低不同的税率标准,以体现或鼓励或限制的不同政策意图。

税目的设计通常有概括法和列举法两种方法。概括法是指按照行业或商品大类设计税目的方法。这种方法的优点是税目数量少,税制比较简化,缺点是每个税目包括的范围较大,容易混淆界限。列举法是指按照每种商品或经营项目分别设计税目的方法。这种方法又可以细分为正列举法和反列举法,正列举法,又称直接列举法,将凡属于本税种征税范围的项目一一列举,所有列举到的项目都要征税,未列举到的项目则不需征税(如我国现行的消费税,采取正列举法共列举了15种应税消费品);反列举法,又称间接列举法,将凡不属于本税种征税范围的项目一一列举,凡列举到的项目不需征税,未列举到的项目则都要征税。列举法的优点是税目设计明确,便于征收管理,有利于体现税收调控政策;缺点是设置的税目数量一般较多,相应的制度设计比较复杂。上述两种方法各有利弊,在实际税收制度设计中,应将两者合理结合起来,灵活应用。

三、税率

税率(Tax Rate)是应纳税额与计税依据数额之间的比例,它是计算应纳税额的标准和尺度,体现了政府课税的深度,是税收制度的核心要素。在课税对象既定的情况下,税率的高低直接决定税收的负担水平,也关系到政府财政收入的多少和纳税人税负的轻重,同时也集中反映了一定时期内国家的经济政策和税收政策。

(一) 税率形式

税率主要有比例税率、定额税率、累进税率和累退税率四种基本形式。

1. 比例税率

比例税率(Proportional Tax Rate)是指对同一课税对象,无论其数额多少,都按照相同的比例征税。在比例税率下,应纳税额随着课税对象的增加而成比例增加,税前和税后的课税收入相对差距保持不变。在实际应用中,比例税率通常分为单一比例税率、差别比例税率和幅度比例税率三种具体形式。

单一比例税率是指一个税种只规定一个比例税率,所有纳税人都适用同一个税率来计算应纳税额。差别比例税率是指一个税种按照不同的标准规定两个或两个以上的比例税率,不同的纳税人适用不同的税率来计算应纳税额。差别比例税率又可以按照产品、行业和地区的不同划分为以下三种类型:一是产品差别比例税率,即对不同产品分别适用不同的比例税率,如我国的增值税按应税产品不同分别实行13%和17%的比例税率;二是行业差别比例税率,即对不同行业分别适用不同的比例税率,如我国的营业税分别按不同行业设置3%和5%的比例税率;三是地区差别比例税率,不同的地区分别适用不同的比例税率,如我国的城市维护建设税。幅度比例税率是指先由税法统一规定出最低税率和最高税率,再由各地区在该幅度内确定本地区具体的适用税率。如我国的契税法定税率幅度范围为3%—5%,具体税率水平由各省、自治区、直辖市人民政府在规定范围内按本地区实际情况决定。

比例税率在各国税制中应用得最为广泛。其优点是计算简便、便于征收、税负透明度高、有利于保证财政收入、有利于纳税人公平竞争,符合税收效率原则;其缺点是不能对收入水平不同的纳税人实施不同的税收调节,难以体现税收公平原则。

2. 定额税率

定额税率(Unit Tax Rate)是按课税对象的计量单位直接规定一个固定的税额。由于定额税率是以绝对金额来表示税率水平,所以又称固定税额。比例税率对应从价税的计税方式,定额税率对应从量税的计税方式。

在具体的税收实践中,定额税率主要分为以下四种形式:一是单一定额税率,即对所有的征税对象统一适用一个税率,如我国对黄酒、成品油等部分应税消费品课征的消费税。二是地区差别定额税率,即对同一征税对象按照不同地区分别规定不同的征税数额。这种税率具有调节不同地区之间级差收入的作用。三是幅度定额税率,即在统一规定的征税幅度内根据纳税人拥有的征税对象或发生课税行为的具体情况,确定纳税人的具体适用税率。如我国的资源税。四是分类分级定额税率,即把征税对象按一定标志分为类、项或目,然后按不同的类、项或目分别规定不同的征税数额。如我国的城镇土地使用税、车船税、耕地占用税。

定额税率的最大特点是应纳税额与课税对象的价值之间不存在直接的联系,因而,其应纳税额的金额不受课税对象价值量变化的影响,征管十分简便,但与此同时,其实际税负的变化方向与课税对象价值量的变化方向成反比,即课税对象价值量越高,实际税负越轻,与量能负担的税收公平原则背道而驰。所以,在各国税制实践中,定额税率较少使用,主要适用于对价格稳定、质量等级和品种规格比较单一的大宗商品的课税。

3. 累进税率

累进税率(Progressive Tax Rate)是指税率随着计税依据的增加而提高的税率形式,即将计税依据按数额大小划分为若干等级,不同等级的计税依据分别适用不同的税率,计税依据数额越大,适用税率越高。在这种税率的设计下,税额增长的幅度将大于征税对象的增长幅度,实际税负随着计税依据的增长呈现逐级累进、递增的特点。累进税率通常在所得税中采用,对收入多的纳税人多征税,收入少的纳税人少征税,无收入的纳税人不征税,从而有效地调节了纳税人的收入差距,符合税收公平原则。在宏观调控政策上,累进税率具有自动稳定经济运行的功能,能在一定程度上缓解经济的周期波动。

累进级距的设置既可以采取绝对数标准,也可以采取相对数标准。对于以绝对数为标准的累进税率,按照累进计算方法的不同,可分为两种:全额累进税率和超额累进税率。

全额累进税率是把计税依据的数额划分为若干等级,对每个等级都分别规定相应的税率,当税基超过某个级距时,纳税人的征税对象的全部数额都按提高后级距的对应税率征税。全额累进税率的优点是计算简单、累进幅度大、调节收入效果明显;缺点是税收负担不合理,尤其在划分级距的临界点附近,税负呈现跳跃式增长,甚至导致税额增加大于应纳税所得额的增加,不利于鼓励纳税人增加收入。

超额累进税率也是把计税依据的数额划分为若干等级,对每个等级分别规定相应的税率,税率逐次提高,但是纳税人的计税依据按所属等级同时适用几个税率分别计算,将计算结果依次相加后得出应纳税额。表 5-2 是我国现行个人所得税工资薪金所得适用的超额累进税率表。

表 5-2 工资、薪金所得个人所得税税率表

级 数	全月应纳税所得额	税率(%)	速算扣除数(元)
1	不超过 1 500 元的部分	3	0
2	超过 1 500 至 4 500 的部分	10	105
3	超过 4 500 至 9 000 的部分	20	555
4	超过 9 000 至 35 000 的部分	25	1 005
5	超过 35 000 至 55 000 的部分	30	2 755
6	超过 55 000 至 80 000 的部分	35	5 505
7	超过 80 000 的部分	45	13 505

注:本表所称全月应纳税所得额是指依照税法规定,以每月收入额减除费用 3 500 后的余额或者再减除附加减除费用后的余额。
资料来源:中华人民共和国个人所得税法.

在超额累进税率形式下,首先用计税依据各级别的税基增量分别乘以对应的税率,求出各级别税基的应纳税款,然后把各级税款加总求和就可以得到总应纳税额。其应纳税额计算公式为:

$$应纳税额 = \sum 各级距计税依据增量 \times 各级距适用税率$$

在实际工作中,为简化计算,利用超额累进税率和全额累进税率之间的数量关系,超额累进税率形式下应纳税额的计算,可以采用速算法进行计算。速算法计算公式为:

$$应纳税额 = 计税依据全部数额 \times 最高一级税率 - 本级速算扣除数$$

其中各级距的速算扣除数为相同的计税依据数额,按全额累进税率方法计算出的税额比按超额累进税率计算出的税额多出的部分。速算扣除数计算公式为:

$$\text{本级速算扣除数} = \text{上一级最高级距} \times (\text{本级税率} - \text{上一级税率}) + \text{上一级速算扣除数}$$

超额累进税率与全额累进税率相比,有以下四点不同:第一,在名义税率相同的情况下,实际税率不同,全额累进税率的累进程度更高,税收负担更重,而超额累进税率的累进程度相对低一些,税收负担也相对轻一些;第二,全额累进税率的最大缺点是在累进级距的临界点附近,会出现税负突变的不合理现象,而超额累进税率则不存在这一问题;第三,在各个级距上,全额累进税率税负变化急剧,而超额累进税率变化缓和;第四,在应纳税额的计算上,全额累进税率计算简单,超额累进税率计算比较复杂。综合考虑超额累进税率与全额累进税率在税收征管和税负公平等方面的优缺点,目前世界各国的所得税实践中一般采用超额累进的税率形式。

类似地,对于以相对数为标准的累进税率,按照累进计算方法的不同,也可以分为两种:全率累进税率和超率累进税率。

全率累进税率和全额累进税率、超率累进税率和超额累进税率在基本原理上是相同的,只是累进的依据不同,前者为计税依据的相对比率,如增值率、利润率等;后者是计税依据的绝对数额。中国现行的土地增值税采用的四级超率累进税率,就是以转让房地产实现的增值率(即增值额与扣除项目金额之间的比例)为依据来划分不同税率级距的(见表5-3)。

表5-3 土地增值税四级超率累进税率表

级 数	增值额与扣除项目金额的比例	税率(%)	速算扣除系数(%)
1	不超过50%的部分	30	0
2	超过50%至100%的部分	40	5
3	超过100%至150%的部分	50	15
4	超过200%的部分	60	35

资料来源:中华人民共和国土地增值税暂行条例.

4. 累退税率

累退税率(Regressive Tax Rate)是指税率随着计税依据数额的提高而逐渐降低的税率形式。累退税率在基本原理上和累进税率大致相同,只不过是在税率设计上恰好相反。在累退税率下,计税依据数额越大,税率越低;计税依据数额越小,税率越高。如英国社会保险税的雇员支付部分,就根据计税工资薪金的数额分别设置了12%和2%两级累退税率。由于累退税率不符合税收公平和量能负担的原则,因而各国税制中一般极少采用。但由于累退税率可以从财政、公平、效率和收入弹性等方面对税收调节效果进行分析,故其已经作为一种分析工具被广泛使用。

在税收实践中,各国应根据税收政策的调控对象和调控目标合理选择税率形式。

一般来说,在实现社会公平方面,累进税率是最优选择,比例税率次之,定额税率最差;而在实现经济效率和征管效率方面,则比例税率和定额税率更优,累进税率最差。

(二) 边际税率和平均税率

平均税率(Average Tax Rate)是指全部应纳税额与全部计税依据数额之比,亦称平均负担率。边际税率(Marginal Tax Rate)是指当计税依据的数额处在一定水平时,由于计税依据的增量导致的应纳税额的增量与计税依据的增量之间的比值,即最后 1 单位收入增量带来的应纳税额增量。

平均税率 t_a 的计算公式如式 5-1 所示:

$$t_a = T/Y \tag{5-1}$$

式 5-1 中,T 表示应纳税额,Y 表示计税依据的总额。

边际税率 t_m 的计算公式如式 5-2 所示:

$$t_m = \Delta T/\Delta Y \tag{5-2}$$

式 5-2 中,ΔT 表示应纳税额的增量,ΔY 表示计税依据的增量。

边际税率与平均税率之间存在紧密的联系。在累进税制情况下,平均税率随着边际税率的提高而提高,但平均税率始终低于边际税率;在比例税制情况下,边际税率等于平均税率;在累退税制情况下,平均税率随着边际税率的下降而下降,但平均税率始终高于边际税率。不同税率形式下,边际税率与平均税率的关系如图 5-3 所示。

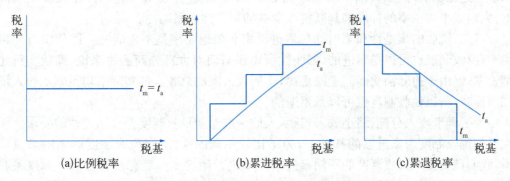

图 5-3 不同税率下的平均税率额边际税率

如果要正确衡量纳税人的税负情况,就必须得同时考虑到边际税率和平均税率,两者都是分析税收负担的重要工具。从税收调节效果来看,边际效率侧重于分析税收的替代效应,分析税收对人们选择决策的影响;平均效率则侧重于分析税收的收入效应,分析税收对纳税人可支配收入的影响。如果边际税率较高,那么经济活动主体增加收入的更大部分会被政府以税收的形式拿走,这无疑会大大打击经济主体劳动和投资的积极性,所以边际税率对经济主体行为的影响大于平均税率。

(三) 税率累进水平的测度

在进行税收经济分析时,有两个概念非常重要,一个是税率的累进性或累退性,另一个是税收的累进性或累退性。税收的累进性和累退性与累进税率和累退税率是不相同的。定义税收的累进性或累退性并不那么容易,通常是以平均税率(即应纳税额占应税收入的比例)为依据来界定,如果平均税率随收入增加而上升,则说明税收是累进的;如果平均税率随收入增加而下降,则说明税收是累退的;如果平均税率不随收入增减变化而变化,则说明税收是比例的。但也有人以边际税率标准来定义税收的累进性或累退性。为了解释这两种判别标准的差别,我们可以举一个简单的例子。假设一个线性个人所得税制,应纳税额的计算公式为:$T=(I-2\,000)\times 10\%$,其中 T 为应纳税额,I 为税前收入。则不同收入情况下的应纳税额和平均税率如表 5-4 所示。

表 5-4 线性所得税下的应纳税额

收入(元)	应纳税额(元)	平均税率(%)	边际税率(%)
2 000	0	0	10
3 000	100	3.33	10
5 000	300	6	10
10 000	800	8	10
20 000	1 800	9	10

由表 5-4 可知,在这种线性所得税下,纳税人的平均税率随着收入的增加而上升,而边际税率始终保持不变,为 10%。说明在这种假设税制下,如果以边际税率为标准,则税收是比例的,但如果以平均税率为标准,则意味着税收是累进的。在大多数情况下,人们以平均税率的标准来判断税收制度的累进性或累退性。

可见,税收的累进性和累退性与累进税率和累退税率是不相同的。即使实行比例税率,税收制度也可以是累进的(如线性所得税);而对大部分商品税来说,即使实行比例税率,但由于边际消费倾向递减规律,不同收入家庭总收入的实际平均税率随收入增加而递减,所以税收制度也可以是累退的。

为了调节收入分配、缩小收入差距,人们一般希望税收制度符合累进性的要求。而在已知税收制度为累进性的基础下,为了比较不同国家、不同税收制度体系的累进水平,我们还需要对税收制度的不同累进水平 v 进行测度。一般有两种方法来测度税收制度的累进水平:

第一种方法是用平均税率的变化速度来测度税收的累进水平 v,随着收入的增加,如果平均税率上升越快,则税收制度的累进程度越强。此时,累进水平 v 的计算公式如下式 5-3 所示:

$$v=\frac{T_1/I_1-T_0/I_0}{I_1-I_0} \tag{5-3}$$

式中,T_0 和 T_1 分别表示是收入水平为 I_0 和 I_1 时的应纳税额,$I_1>I_0$;如果 v 值越大,说明税制的累进水平越高,累进性越强。

第二种方法是用税收增长的弹性系数来测度税收的累进水平 v,如果税收收入增长弹性系数(即税收收入增长百分比与应税收入增长百分比的比值)越大,则说明税制的累进性越强。此时,累进水平 v 的计算公式如下式 5-4 所示:

$$v = \frac{T_1 - T_0}{T_0} \div \frac{I_1 - I_0}{I_0} \tag{5-4}$$

四、税收优惠

税收优惠(Tax Preferences)是指为了实现国家在一定时期的政治、经济和社会发展目标,政府利用税收工具,在税收制度安排中采取相应的激励和照顾措施,以减轻或免除某些纳税人的税收负担,它是国家干预经济的重要手段之一。

(一) 税收优惠的形式

按照减轻或免除税收负担的具体方式不同,税收优惠可以分为税基式优惠、税率式优惠、税额式优惠和递延式优惠四种形式。

1. 税基式优惠

税基式优惠是指通过直接缩小计税依据的方式来实现的减税或免税,具体包括起征点、免征额、费用扣除、盈亏互抵等。

起征点(Tax Threshold)亦称征税起点,是指税法规定对课税对象开始征税的数量界限。若课税对象的数额未达到起征点,则不需要课税;若课税对象的数额达到或超过起征点,则要对其全部数额课税,而不仅仅是对其超过起征点的数额课税。我国现行的增值税当中就设置了起征点的规定。税法中规定起征点的目的,是为了体现对低收入者的一种关怀和照顾,它事实上起到了对低收入者给予补贴的效果。

免征额(Tax Exemption)又称税收豁免额,是税法规定对课税对象全部数额中免予征税的数额。当课税对象数额低于免征额时,不予征税;当其数额超过免征额时,则仅对全部课税对象数额中超过免征额的部分征税。税法规定免征额是为了照顾纳税人的最低生活需要,使税收负担更加公平与合理。免征额通常采用定额扣除的方式来确定,也可以采用定率扣除的方式来确定。免征额一般适用于所得税和财产税,如我国的个人所得税工资薪金月费用扣除 3 500 元就属于免征额的范畴。

费用扣除(Tax Deduction)又称税收扣除,是税法规定在计算应纳税额时允许从税基中扣除的特定成本、费用项目。费用扣除可以通过两种方法来设置:一是直接扣除法,指对纳税人实际发生的、符合规定的全部或者部分成本费用项目直接扣除,如捐赠费用的税前扣除;二是加计扣除法,指对某些政府鼓励的费用支出项目(如研究开发费用),允许纳税人在据实扣除的基础上,再按一定比例和标准额外多扣除一笔费用,即加计扣除以超过实际发生额、多列支成本费用的方式来减轻纳税人的税收负担。

盈亏互抵(Loss Relief)又称亏损结转弥补,按照亏损结转的方向不同,分为向前结转和向后结转。向前结转是指税法规定准许纳税人以某一年度的亏损冲抵以后年度的盈余,从而减少其以后年度的应纳税额;向后结转是指税法规定准许纳税人以某一年度的亏损冲抵以前年度的盈余,从而申请退还以前年度已缴纳的税款。亏损结转仅适用于所得税的优惠,以有利润且要缴纳所得税和有亏损为前提,一般规定了亏损结转的时间期限。故盈亏互抵对经营状况好、资金周转顺畅的企业几乎无刺激作用,而对鼓励投资者投资于盈亏前景预期不确定的风险产业有一定的刺激作用。因为向后结转不仅要退还以前年度缴纳的税款,给财政核算带来很多不便,还要涉及预算的法律程序问题,所以世界各国大多采取向前结转为主的盈亏互抵方式。

2. 税率式优惠

税率式优惠是指对特定的纳税人或特定的经济行为,通过直接降低征税税率的方式来实现免除或者减轻其税收负担,具体又包括减按低税率征税和实行零税率。由于优惠税率的弹性比较大,所以对投资规模大、利润丰厚的企业特别有利,尤其适合进行产业结构调整,即对不同的产业采用不同的流转税和所得税税率,从而达到微观经济行为主动向宏观调整目标靠拢的目的。但是优惠税率不能规定得太低,否则会对其他税收优惠措施产生冲击,也不利于筹集国家财政收入。为了防止对优惠税率的过度依赖,优惠税率的范围应随时间适当调整,或规定一个明确的有效期限。

3. 税额式优惠

税额式优惠是指通过直接减少应纳税额的方式实现减轻或者免除纳税人的税收负担,具体包括优惠退税、税收抵免和减免税等形式。

优惠退税(Tax Refund)是指政府出于某种特定的政策目的,将纳税人已经缴纳入库的税款,按照规定的程序全部或部分予以退还,进而减轻纳税人的税收负担。出口退税和再投资退税是优惠退税的两种主要形式。出口退税是指政府对出口货物退还其在国内生产和流通环节实际缴纳的税款,其最大的目的就是鼓励出口,使出口货物以不含税价格进入国际市场,与国外货物在同等条件下进行竞争,从而增强国际竞争实力。再投资退税是指国家对特定投资者用已征过税的利润进行再投资,可以退还其用于再投资部分利润已经缴纳的税款,主要目的是鼓励投资活动。再投资退税一般适用于企业所得税条款,是发展中国家为吸引外商增加投资所采取的一种常见税收措施。

税收抵免(Tax Credit)是指税法规定对纳税人符合规定的特定支出项目,允许从应纳税额中部分或者全部扣除,以减轻其税收负担。税收抵免主要有投资抵免和境外税收抵免两种形式。投资抵免是指对纳税人购置固定资产、研究与开发设备等发生的支出,按照一定的比例从当年已缴纳的所得税额中抵减,从而减轻其税负。投资抵免实际上是政府对纳税人投资的一种补助,其鼓励投资的效果最为直接。境外税收抵免是指行使居民税收管辖权的国家,在对本国居民纳税人的境内外全部所得征税时,允许纳税人就境外已经缴纳的所得税额部分或全部从本国应纳税额中抵扣。虽然境外税收抵免的主要目的是避免对跨国纳税人境外所得的国际重复征税,以消除阻碍国际间资本、技术和劳务流动的税收障碍,但其客观上确实起到了减轻跨国纳税人税收负担的作用。为防止境外税收抵免对居住国税收权益的过度侵蚀,各国对境外税收抵免一般采用"限额抵免法",即规定一个最大抵免限额。

减免税(Tax Reliefs)是指按照税法规定直接减除纳税人的一部分应纳税款,或者在一定期间内对纳税人的某些应税项目或应税收入应当缴纳的税款直接免予征税的优惠待遇。直接减免税的目的是体现国家对某些纳税人的照顾或对某些经济活动的鼓励。在政策制定中,减免税又分减半征收、核定减征率、全部免税等形式。如我国企业所得税中对节能、环保项目投资的"三免三减半"优惠,以及个人所得税中对稿酬所得的减征规定。

4. 递延式优惠

递延式优惠又称延期纳税(Tax Deferral)，是指税法规定准许纳税人推迟缴纳税款的时间或者分期缴纳税款，从而减轻其当期税收负担，减少了纳税人税款的资金占用，相当于获得了一笔金额为递延缴纳税款额度的无息贷款。与前三种税收优惠形式不同，在递延式优惠下，政府损失的是递延税款的利息收入，而纳税人需要缴纳的名义税款总额保持不变，因而不属于绝对税收优惠，属于相对税收优惠。递延式优惠主要包括加速折旧、分期纳税等形式。

加速折旧(Accelerated Depreciation)是指税法规定准许纳税人采取特殊的计提折旧方法，使其在固定资产使用前期多提折旧、后期少提折旧，从而加速资产成本回收的一种税收优惠措施。常见的加速折旧方法包括双倍余额递减法、年数总和法和缩短折旧年限等。

分期纳税(Installment Payment)是指税法规定准许纳税人将本应当期支付的税款，分摊到未来若干年度分期缴纳。分期纳税的激励措施通常用于政府鼓励的各种非货币性资产投资和企业重组活动，以减轻税收对企业经营行为的不利影响。

在税收理论研究中，人们一般把直接减少应纳税额的税额式优惠、税率式优惠称为直接税收优惠，把通过减少应纳税所得额从而间接减少应纳税额的税基式优惠、递延式优惠称为间接税收优惠。直接优惠与间接优惠形式在政策激励对象上各有侧重、在税收管理上各有利弊，在制定具体税收政策时，应根据政策目标的不同，选择适当的税收优惠方式。

(二) 税收支出

税收支出是和税收优惠紧密相联的两个概念。税收支出概念的正式提出源于美国的税收实践。20世纪60年代末，美国财政部对使用"税收优惠"来实现特定的社会经济目标提出了不同于以往的看法，竭力主张通过预算的直接补助支出计划来提供相应的资金。为此，美国财政部在1968年对当时涉及广泛的税收优惠和税收刺激政策进行了专门的数量分析，编制了包括各个方面税收收入损失的估计表。该表分类项目与预算直接补助支出的分类项目相一致，即将税收上的损失看作是一种支出并在两者之间进行比较对照，这样就萌生出最初的税收支出概念和税收支出表。1973年，曾担任美国财政部部长助理的斯坦利·S. 萨里(Stanley S. Surrey)在其《税收改革的途径》专著中首次论述了税收支出的理论与实践。此后，税收支出理论在范围及应用上急剧扩展。1974年的美国税制改革，曾要求总统在向国会递交预算草案时必须包括一份税收支出表，税收支出概念进入了预算实施过程。1975年美国开始了税收支出的专门分析。1981年美国国会通过税收改革方案，正式建立税收支出预算。

20世纪70年代末到80年代初，税收支出理论开始受到国际社会广泛关注，1976年和1977年国际财政学会等国际财税组织在它们的年度会议上分别将税收支出作为会议的重要课题进行了专题研讨。经济合作与发展组织(OECD)财政事务委员会在总结成员国税收支出理论与实践的基础上，分别于1984年、1996年、2010年提出了三份关于税收支出理论与实践的专题报告。在实践方面，除美国外，德国、西班牙、英国、加拿大、奥地利、葡萄牙、爱尔兰、法国、澳大利亚、日本、荷兰、比利时、意大利、瑞典、新西兰、韩国等国也相继开始编制税收支出预算。在许多发达国家相继建立不同形式的税收支出管理制度之后，一些发展中国家也尝试跟进，如巴西、巴基斯坦、拉脱维亚等。

1. 税收支出的概念

税收支出（Tax Expenditure），又称税式支出，是指一国政府为实现特定的社会经济政策目标，增强对某些经济行为的宏观调控，对负有纳税义务的单位和个人，给予税收减免的优惠待遇所导致的国家财政收入的减少，是以放弃财政收入形式进行的财政支出。税收支出是通过税收制度实现的财政补助，其实质是以减少收入为代价的间接支出，属于财政补贴性支出的范畴。

税收支出概念脱胎于税收优惠，与税收优惠之间有着千丝万缕的联系。无论是哪种形式的税式支出，都会以某种方式降低纳税人的实际税收负担，加惠于纳税人。即使是递延式税收支出（如延期纳税、加速折旧），虽然名义上并没有降低应纳税款的绝对数额，但因推迟了纳税时间而减少了所纳税款的现值，从而间接减轻了纳税人的实际税负。因此，一般来说，税收支出对纳税人而言，就意味着税收优惠。但站在全局的视角上，税收支出绝不等同于税收优惠，尽管两者如影随形，但无论是在概念本身还是在概念所反映的理财思想上两者都有着显著的区别，税收支出概念的提出，是人们对税收优惠认识的深化和管理制度的创新，具有重要的理论和现实意义。

(1) 税收支出概念的提出揭示了税收优惠的财政支出本质，使税收优惠与一般性财政支出有机联系起来。税收支出是国家站在征税方的角度来看待因减免税而少征的税款，相当于间接提供给纳税人的财政补助，本质上是以放弃的税收收入形式进行的财政支出；税收优惠则是纳税人站在纳税方的角度来看待因减免税而少纳的税款，是实实在在的利益享受。对任一具体的纳税人而言，他因减免税而少纳的税款正等于国家少征的税款，即放弃的财政收入，因此，税收支出和税收优惠恰似一枚硬币的两面，两者内容相同而视角不同。

税收支出概念的提出，对于政府而言，使其更加重视税收优惠对财政收支平衡的影响，有利于财政资金的公开化和透明化；对于纳税人而言，使其增强受益感，更好地发挥税收优惠的社会、经济调控作用。税收优惠实施的结果，容易使受益人产生错觉，认为政府不过是将本来属于自己的钱又归还给自己，长期下来，受益的概念会逐渐淡漠，甚至可能产生国家本来就不该收取这部分税款的想法。而税收支出通过强调财政支出的观念及在国家预算中明确列示的方法，将暗补变为明补，使纳税人真真切切地体会到国家对自己的扶持，也有利于纳税人提高税收减免资金的使用效益。

(2) 税收支出概念的提出有利于加强对税收优惠的预算管理。税收支出和税收优惠对预算管理模式的要求是不同的。税收支出一方面在概念上强调它与政府直接支出的相似性；另一方面则确认，税收支出也应和其他政府支出一样，纳入规范的预算管理程序。这意味着不仅要对税收支出的具体数额进行统计和预测，而且作为财政支出的一种，应对其成本、效益进行分析，以便实现税收支出的总量和结构控制及政府决策的优化。美国国会在1974年预算法案中承认：一个不包括税收支出的预算控制过程是一个根本没有控制的预算,只控制直接支出的增长来改善财政状况,将是纸上谈兵[①]。各国政府和有关国际组织研究和倡导税收支出概念的初衷,正是为了更好地实现对税收优惠的预算管理和控制。而如果单纯把减免税作为给予纳税人的优惠待遇,则无需执行严格的预算管理程序。

(3) 税收支出概念的提出,使税收支出与一般性财政支出之间建立起明确的对比关系。尽管税收支出与一般财政支出的形式不同,但两者在本质上具有可替代性,为了实现既定的社会经济政策目标,应将两者放在政府综合财政收支平衡的大框架下通盘考虑,按照成本—收益分析法,选择最优的财政补助形式。

总之,税式支出概念的提出,突破了单纯从收入角度来看待税收功能的思想局限,代表了财税认识的一次飞跃,开阔了财税理论研究的新思路,促进了财政预算管理的新发展。

2. 税收支出与直接支出的比较

税收支出与直接财政支出都是公共财政研究的对象,它们都是为扶持特定对象,促进经济发展,维持社会稳定,对政府资金的一种无偿安排,效果都是使受益人的财力增加,而国家财力直接减少。那么,两者在支出效果上有何区别?为达到既定的社会经济目标,人们又该如何在直接支出与税收支出中进行选择?为了解决税收支出与直接支出孰优孰劣的问题,有必要从理论上对两者的异同点加以比较。

(1) 税收支出与直接支出的共同点:

第一,目的相同,两者都是政府为了实现特定的社会经济政策目标而发生的支出,其目的都是为了保持社会稳定和促进经济发展。

第二,无偿性相同。税收支出以放弃税收收入的方式形成的财政支出和直接支出将政府资金安排出去后,都不要求受益人直接返还或者从受益人那里获得其他的报酬,也就是说受益人无偿使用了财政资金。

第三,资金性质相同,两者都是对政府资金的无偿使用,直接支出通过正规预算的形式明示出来,而税收支出则含在纳税人义务的减少中。税收支出概念和税收支出实践的发展本身揭示了税收支出和直接财政支出的同质性,两者都需纳入预算分析程序。

第四,对财政收支平衡的影响相同。在其他因素既定的情况下,税收支出以"减收"的方式影响财政平衡;直接支出以"增支"的方式影响财政平衡,最终对财政收支平衡的结果一样。

(2) 税收支出相对于直接支出的优点:

第一,税收支出的灵活性。当税收优惠条款通过立法后,税收支出相对于直接支出的灵活性主要体现在两方面:一是税收支出的实施手段多样化,政府可以灵活地选择政策手段,从而使其具有较强的适应性;二是税收支出允许某些特定的活动接受资助的数额不受限制,可由个人或者企业自行决定,从而使纳税人具有自我选择的灵活性。尤其是激励性税收支出,优惠额度与纳税人被政府鼓励的经济行为成正比,纳税人在相关领域投入越多,则受益额越大。

---

① 邓子基. 税收支出管理. 中国经济出版社,1999 年版,第 124 页.

第二,税收支出的时效性。税收支出一经实施,即在纳税人履行纳税义务时直接从应纳税款中自动兑现,兑现的税款又直接参加企业的资金周转,省略了纳税人支付税款和政府再按预算审核拨付资金这一程序,缩短了资金在政府手中滞留的时间,减少了调节经济的时滞。而且,如果安排恰当,这种程序上的简化还可能有利于行政管理费用的节省。并且,在完成立法之后,税收支出不需要每年经过冗长的审批程序,而直接支出则每年都要经过一定的审批程序,所以在对经济社会的调节效果上,税收支出比直接支出更具有时效性。

第三,税收支出有助于增强财政补助的可接受性。许多企业和个人都不愿意通过向指定部门申请以获取政府的直接补助,尽管他们很可能确实需要这笔钱,因为申请和领取直接补助往往使其被贴上"福利接受者"的标签,在某种程度上意味着对其人格或经营能力的羞辱,所以,纳税人更希望通过自行填写税单的隐含方式完成财政补助的获取。而且,有相当部分纳税人并不把税收支出看作政府补助,而是把它当成适用于他们的一项税收条款而心安理得地接受。

第四,税收支出的行政费用低。由于税收支出不需要经历纳税人支付税款和财政部门再拨付资金这一转换过程,直接与税款征收相结合完成。因此,对于纳税人来说,税收支出的行政费用一般要比直接支出更低。

(3) 税收支出相对于直接支出的缺点:

第一,税收支出具有较强的隐蔽性,容易脱离预算监控而导致对税收支出的滥用。税收支出是在形成政府支出之前就已发生的支出,相当于一种"坐支",对政府而言,它没有实际的支出程序,因而是一种隐蔽的间接支出。税收支出的这种间接性使它在没有编制预算之前无须经过严格的立法审批。而且,即使编制了税收支出预算,由于税收支出是散布于税收制度无数条例之中的,其确切数据也不可能像直接支出那样清楚透明。这种相对模糊性必然使税收支出法案更易于为立法机构所通过,尤其是在政府财力紧张的情况下。

第二,税收支出的效果具有短期性。税式支出作为一种激励措施,一般适于在短期内使用,若其激励对象和手段长期不变,则必定会在资源配置和收入分配上产生较大扭曲,反而有损于社会经济发展。首先,从优惠对象本身来看,一个受到税式支出保护的企业,对竞争的压力感和对亏损的风险评价就会降低,因而趋于选择更"低级"的生产函数,导致相同产出的社会成本增加。其次,从优惠对象与非优惠对象的关系上来看,税收支出的存在会创设潜在的"经济租金",并可能引起非优惠对象对优惠特权的追逐活动,从而导致整个资源的再分配,此时,寻求优惠的社会成本可能比整个经济都享受统一待遇的成本更高。

第三,税收支出对收入分配的调节具有逆向性。由于税收支出的受益额大小与纳税人应纳税额的多少及边际税率的高低密切相关,其结果往往是收入越高,从税收支出中获利越多,而最需要扶持的低收入者则可能作为非纳税人被排除在受益范围之外。所以,大部分税收支出的实施结果表现出累退性特点,与政府缩小贫富差距的宏观目标相悖。实证研究结果表明,对于社会公平性政策目标,直接支出是比税收支出更好的选择。

第四,税收支出还是制造税收漏洞的罪魁祸首。税收漏洞与税收支出就像一对孪生姊妹,往往相生相伴,几乎每一种税收支出都存在被纳税人滥用的可能,从而成为避税的工具。

3. 税收支出的规模测算

当社会经济条件既定的情况下,财政收入和税收支出两者之间存在着此消彼长的关系。税收支出的规模无论是过大还是过小,都不利于实现既定的社会经济政策目标。所以税收支出管理的一个重要环节就是测算适度的税收支出的规模。目前,世界各国测算税收支出规模的方法主要有三种:收入放弃法、收入收益法和等额支出法。

(1) 收入放弃法。收入放弃法(Revenue Forgone Method)是计算不含税收支出条款的税收收入与含有税收支出条款的税收收入两者之间的差额,也就是将政府给予纳税人税收优惠之后少征收的税款,作为税收支出的数额。收入放弃法适用于所有税收支出项目的规模测算,它以没有包含税收优惠条款的标准税制和包含有关税收优惠条款的实际税制之间的比较为基础,测算由于存在税收优惠而减少的税收收入。收入放弃法的数据来源比较方便简单,只要知道标准税制和实际税制的差异就可以测算出由于税收支出而放弃的收入总额。

(2) 收入收益法。收入收益法(Revenue Gain Method)是以假定取消税收支出条款而能增加的税收收入,作为税收支出的数额。这是一种逆向测算,其基本原理和收入放弃法恰好相反。收入收益法需要综合考虑取消某项税收优惠后所产生的各种经济效应,如纳税人的行为效应、反馈效应和各税种间的相互影响作用等。因为在实践中,对纳税行为的预测较为困难,数据来源较少,计算比较复杂,这种方法操作起来并不是十分容易。

(3) 等额支出法。等额支出法(Outlay Equivalent Method)以税收支出的财政替代性为假定前提,计算如果政府以一项直接的财政支出来取代税收支出,需要多少政府直接支出才能达到相同的受益或者社会经济效果,以此确定税收支出的规模。等额支出法假定纳税人行为不改变,并要求税收支出项目和具体的财政支出项目严格对应,这在操作上十分困难。

上述三种方法中,收入放弃法是对税式支出的事后检验方法,相对于另外两种方法而言更简便易行,是绝大多数国家采纳的规模测算方法。

4. 税收支出的预算管理

税收支出的宏观管理,是要逐步建立税收支出预算制度,以便从总量上和结构上对税收支出实施计划管理,对税收支出规模和内容进行预算审核、管理与控制,对税收支出的经济效果和社会效果进行分析和考核,以避免和克服税收支出额随意性和盲目性,提高税收支出的政策效应,确保国家预算的完整性和统一性。综观世界各国实践,税式支出的预算管理方式主要有以下三种模式。

(1) 全面预算管理。全面预算管理是指政府先将全部税收支出项目按年度纳入统一账户,连同主要的税收支出成本的估算,按规范的预算编制方法和程序编制税收支出预算,作为年度政府预算报告的组成部分,送交立法机关审批。美国、法国、西班牙、澳大利亚和加拿大等国家实施的就是全面预算管理。

(2) 准预算管理。准预算管理是指政府只对一些比较重要的税收支出项目规定定期编制报告,纳入国家预算进行控制和管理。在准预算管理模式下,税收支出预算不直接纳入正式的政府预算程序,只是作为预算法案的参考和说明,因此不需要把那些被认为是税收支出的项目与基准税制结构严格区分开来,也不需要建立独立的税收支出体系。意大利和英国等国目前采用准预算管理模式。

(3) 非制度化的临时监控。非制度化的临时监控是指政府在实施某项社会经济政策过程中,为解决某一特殊问题而把税收支出作为一项措施加以运用时,才建立税收支出账目,对因此而放弃的税收收入参照预算管理的办法进行估算和控制。这种监督与控制是临时的,不需要提交到立法机关进行审议,没有形成制度化。爱尔兰、芬兰等国对税收支出采用非制度化的临时监控。

从世界各国实践经验来看,全面预算管理模式是三种模式中对税收支出的控制最严,同时也是最为完善的。所以,构造统一的税收支出账户、采取全面预算管理是税收支出管理的最有效途径。但是由于许多国家,特别是发展中国家的财政管理水平较低,缺乏有效的现代化数据处理系统和技术,短期内还难以达到对税收支出进行全面预算管理的要求。因此,各国都应该从自身实际情况出发,综合考虑本国的预算管理水平和长远的经济发展目标,建立起适合本国国情的税收支出预算管理模式。

资料链接 5-2

OECD国家税收支出比较

经济合作与发展组织(OECD)分别在 1984 年、1996 年和 2010 年以系列专题研究报告的形式,在总结各成员国税收支出实践经验的基础上,详细阐述了税收支出的基础理论、项目界定和鉴别、支出规模测算方法、各国税收支出预算报告和管理制度的最新进展以及各国税收支出的详细数据。根据其 2010 年出版的系列报告,对加拿大、德国、韩国、瑞士、西班牙、英国和美国等七个国家的税收支出最新数据进行了比较分析。分析结果如下:

首先,表 5-5 列示了七国分项税收支出占相应该税种税收收入的百分比。表中除加拿大的数据是 2004 年日历年的数据外,其他国家的数据都是各国相应财政年度的数据。所得税既包括个人所得税,也包括公司所得税,英国的数据还包括资本利得税和社会保障税。

表 5-5 各国税收支出占相应税种税收收入的百分比(%)

	加拿大(2004)	德国(2006)	韩国(2006)	瑞士(2006)	西班牙(2008)	英国(2006)	美国(2008)
所得税	52.97	7.71	24.56	9.60	17.21	22.86	51.10
一般税收减免	0.00	0.00	0.72	0.00	0.00	0.00	0.00
低收入减免	0.21	0.00	0.45	0.01	0.48	0.44	1.06

(续表)

	加拿大 (2004)	德国 (2006)	韩国 (2006)	瑞士 (2006)	西班牙 (2008)	英国 (2006)	美国 (2008)
退休减免	17.23	0.14	0.23	0.55	2.07	10.83	10.04
工作减免	3.96	0.96	0.39	0.58	0.12	0.71	0.66
教育减免	1.25	0.00	1.64	0.58	0.05	0.01	1.32
医疗减免	2.73	0.00	4.06	0.00	0.00	0.00	10.33
住房减免	2.07	5.33	0.71	0.42	4.98	5.61	10.27
一般产业减免	4.25	0.12	9.61	4.32	6.34	3.59	3.99
研究开发减免	2.48	0.00	2.12	0.67	0.43	0.17	0.87
特定产业减免	0.49	0.36	2.56	1.63	0.49	0.53	2.26
政府间减免	15.97	0.80	0.00	0.00	0.00	0.00	6.16
慈善减免	2.13	0.00	1.85	0.78	0.20	0.42	3.27
其他	0.20	0.00	0.22	0.07	2.05	0.55	0.87
资本利得税	6.32	1.10	0.05	0.00	1.97	14.35	6.86
加速折旧	0.00	0.00	0.05	0.00	0.00	6.56	3.40
利息	0.00	0.00	0.00	0.00	0.00	0.08	0.09
股息	2.73	1.10	0.00	0.00	0.00	0.00	0.17
资本利得	3.59	0.00	0.00	0.00	1.97	7.72	3.21
勤劳所得抵免	0.06	0.00	0.13	0.34	8.99	1.62	0.62
所得税合计	59.36	8.81	24.73	9.95	28.16	38.84	58.59
增值税和销售税	52.38	1.54	9.98	9.74	59.69	54.66	0.00

由表5-5可知，各国税收支出的规模相差悬殊。对于所得税，税收支出规模最大的是加拿大和美国，分别高达全部所得税收入的59.36%和58.59%；而税收支出规模最小的是德国和瑞士，分别只有全部所得税的8.81%和9.95%。对于增值税和销售税，税收支出规模最大的是西班牙，高达全部流转税收入的59.69%；加拿大和英国紧随其后，分别占全部流转税收入的54.66%和52.38%，而税收支出规模最小的是德国，仅占全部流转税的1.54%。

其次，从各国直接税和间接税的税收支出结构来看，加拿大和瑞士属于直接税和间接税优惠并重型模式，但加拿大两者规模都比较大，而瑞士两者规模都比较小；西班牙和英国属于间接税优惠为主的模式，德国、韩国属于直接税优惠为主的模式。（见图5-4）

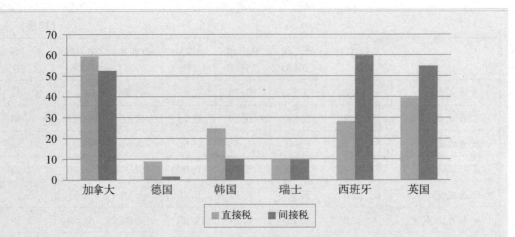

图 5-4　各国直接税、间接税税收支出结构(%)

再次,从税收支出的类型来看,税收扣除(Deductions)和税收豁免(Exemptions & Exclusions)在各国均是占比最大的主要税收优惠形式(见表 5-6)。

表 5-6　各国不同税收支出类型占所得税收入百分比(%)

税收支出 类　型	加拿大 (2004)	德　国 (2006)	韩　国 (2006)	瑞　士 (2006)	西班牙 (2008)	英　国 (2006)	美　国 (2008)
税收抵免	14.76	0.01	0.27	0.51	4.11	7.09	3.35
扣除和豁免	27.09	8.58	23.84	7.27	19.65	23.00	45.41
纳税递延	15.36	0.04	0.05	0.47	0.00	6.84	7.89
低税率	2.15	0.18	0.57	1.70	4.40	1.91	1.94

最后,从税收支出占全部税收收入总额的比例来看,加拿大的税收支出规模最大,达到全部税收收入的 44.37%,其次是英国和美国,分别为 35.17% 和 33.65%,而税收支出规模最小的是瑞士,只有 5.15%(见图 5-5)。

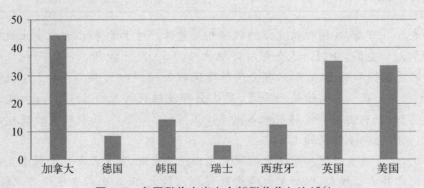

图 5-5　各国税收支出占全部税收收入比(%)

资料来源:OECD,Tax Expenditures in OECD Countries(2010),p. 226、227、236、237.

五、其他税制要素

在纳税人、征税对象、税率、减免税等基本税制要素确定了纳税人的应纳税额之后，征纳双方还将面临什么时间、什么地点以何种方式进行纳税，以及如果不依法纳税可能招致什么样的法律惩罚等一系列税收管理问题，因此，税收制度的构成要素还包括纳税环节、纳税地点、纳税期限以及法律责任等内容。

（一）纳税环节

纳税环节指的是税法规定的课税对象，在商品流转的过程中应当缴纳税款的环节。商品从生产到消费往往要经过生产、批发和零售等多个流转环节，各环节都存在销售额，因此纳税环节的确定是一个十分重要的问题。合理选定和设置纳税环节，不仅有利于税制结构的布局、税收负担的调节、税源的有效控制，还有利于加强税收征管，从而保证国家财政收入的及时、稳定和可靠。如流转税在生产和流通环节纳税、所得税在分配环节纳税等。依据商品税纳税环节的多少，可以将其划分为一次课征制的商品税和多次课征制的商品税。一次课征制的商品税只在商品流通过程中选择某一个环节征税，而多次课征制的商品税在商品流通过程中选择多个环节征税。

（二）纳税地点

纳税地点是税法规定纳税人应当缴纳税款的地点。由于不同纳税人的生产经营方式不尽相同，不同税种的纳税环节也不一样。通常税法依照有利于税务机关实施税源控管、防止税收流失和方便纳税人缴纳税款的原则，明确规定各税种纳税人的具体纳税地点。纳税地点一般为纳税人的机构所在地或住所所在地，也可以在营业地、财产所在地或特定行为发生地。纳税地点通常和纳税义务发生地是一致的，但也有纳税地点和纳税义务发生地不一致的例外情况，如固定工商业户在外地销售货物时，凡持有主管税务机关开具的外出经营活动管理证明的，可以回机构所在地纳税。

（三）纳税期限

纳税期限是指纳税人按照税法规定缴纳税款的期限。规定纳税期限是为了督促纳税人按时缴纳税款，以保证政府财政支出的需要。纳税期限是税收强制性和固定性在时间上的具体体现。任何纳税人都必须如期纳税，否则将按照税法的规定征收滞纳金。纳税期限的确定，一般要根据课税对象和国民经济各部门生产经营的不同特点来决定，确定纳税期限应包括确定结算应纳税款的期限和缴纳税款的期限。结算应纳税款的期限由主管税务机关根据纳税人的应纳税额的大小分别核定；缴纳税款的期限，即纳税期满后税款多长时间必须入库，由税法直接规定。如增值税暂行条例规定，纳税人以 1 个月或 1 个季度结算纳税的，自期满之日起 15 日内申报纳税，其余的均在结算期满之日起 5 日内预缴税款，于次月 1 日起 15 日内申报纳税并结清上月应纳税款。如果不能按照固定期限纳税的，可以按次纳税。

（四）法律责任

法律责任是指税务机关依法对有违反税收法律、法规行为的纳税人采取的惩罚措施。法律责任是维护税种严肃性的重要手段，也是税收强制性在税收制度中的集中体现。纳税人的税务违法行为分为直接针对税款的违法行为和妨害发票管理的违法行为两大类,前者包括偷逃税、欠税、抗税和出口骗税等,后者包括虚开增值税专用发票、伪造、出售伪造的增值税专用发票、非法购买增值税专用发票等。对纳税人的税务违法行为必须依法予以行政处罚,情节严重构成犯罪的要由司法机关追究刑事责任。

第三节 税制结构

税制结构是指一个国家根据一定时期的经济条件和发展要求,在特定税收制度下,由若干不同性质和作用的税种组合成一个主次分明、相互协调、相互补充的税收体系,它反映了一国税种制度的整体布局和总体结构。合理设置税制结构是有效发挥税收职能和充分体现税收公平效率原则的基本前提。

一、税制结构的类型

税制结构根据包含税种数量的多少,可以分为单一税制和复合税制。

(一) 单一税制

单一税制是指一个国家在一定时期内只以一种课税对象为基础设置税种所形成的税制。单一税制可以由一个税种构成,也可以由几个税种构成,但这几个税种的经济性质必须完全一致。由于只课征某一种税作为国家财政收入唯一的来源,所以单一税制难以筹集到足够的政府财政收入,也不利于充分发挥税收调节社会经济的功能,故其几乎从未付诸实施过。根据不同历史时期的社会经济形势和主流政治经济主张,不同国家的不同学者先后提出了以下四种不同的单一税制观点。

1. 单一消费税

单一消费税最早是 17 世纪由以霍布斯为代表的英国早期重商主义者提出的。霍布斯从受益说出发,认为社会中的每个人都要消费,对消费品课税可以使税收负担普及全体公民,并限制封建贵族及其他阶层的免税特权。对消费的课税还可以促进节俭和储蓄,有利于资本形成。同时,消费税也可以反映出人民从国家活动中得到的利益。单一消费税的另一位代表人物是 19 世纪中叶德国学者普费菲,他主张对全部消费支出课税,认为消费是纳税人的纳税能力的集中体现,消费多者,税收负担能力就强;消费少者,税收负担能力就弱,因而符合税收的平等原则。他所主张的消费税实际上是一种消费支出税,有别于我们当代对特定商品征收的消费税。

2. 单一土地税

单一土地税首先是 18 世纪由以布阿吉尔贝尔、魁奈为代表的法国重农学派提出的。重农学派目睹法国由于实行重商主义经济政策而使农业处于极度衰落的现实,从自然法则出发,主张自由放任,认为土地是财富的唯一源泉,只有农业能够增加财富,只有农业才能生产"纯产品",纯产品就是土地所有者生产的剩余产品,也只有课征于地租的税收不能转嫁,其他税收都要最终归宿到地租,故只有地租税才有存在的必要,其他各税均应废除。1791年,法国在大革命成功后,曾废除了君主官僚的数十种赋税,实行单一的地租税,但不久就因为财政困难,又重新开征了其他税种。近代主张单一土地税的主要代表人物是19世纪美国经济学家亨利·乔治,他从社会改良主义出发提出"单一地价税"的理论。按照乔治的观点,土地私有制是造成社会贫困的根源,要消除贫困就要废除土地私有制,但废除土地私有制难度很大,不如就土地地租征收接近100%的地租税,将地租通过征税的形式收归社会,从而实际上将土地变为全社会所有。

3. 单一所得税

单一所得税最早是由16世纪的法国重商学派的博丹在其《共和六法》中提出的。18世纪初法国重农学派的沃邦提出"什一税",即以包括土地所得、养老金、工资所得等各种所得为课税对象的收益税。但他同时认为,建立这种"什一税",应以其他小税种如消费税、奢侈税为辅。单一所得税和单一土地税都是重农学派提出来的,两者有一定的联系,可以认为单一土地税是单一所得税的基础。随着经济的发展,人们认识到所得的范围不仅包括土地所得,还包括其他所得,这是单一税的理论基础。进入18世纪以后,德国税官斯伯利明确提出单一所得税制,并在19世纪中叶以后盛行于德国。如德国社会主义代表人物拉萨尔主张实行单一的高度累进的所得税制,以实现对私有制的改造。德国社会民主党曾一度以单一所得税作为其政治纲领。单一所得税制支持者认为,所得税只是对少数富人征收,符合税收公平原则,且实行累进税率,富有弹性,有利于平衡社会财富。

4. 单一财产税

单一财产税也称单一资本税,最早是由法国的吉拉丹和莫尼埃提出的。他们主张对不产生收益的财产或资本课税,而不对产生收益的资本或财产课税,因此无碍于资本的积累,并且可刺激资本投入于生产,还可以促使资本的产生。该学说后来又根据资本的具体含义不同分为两派:一派是美国学者所提倡的以不动产为资本课税对象;另一派是法国学者所主张的以一切有形资产为资本课税对象。

(二) 复合税制

复合税制是指一个国家的税收制度由多种税类的多个税种组成,通过多税种的相互搭配和互为补充组成一个完整的税收体系。在复合税制下,为了更好地实现整体税收调控目标,必然要求各税种之间在征税范围、课税环节、税率水平等方面相互配合、相互协调,在实践中往往以一个或几个税种作为筹集可靠财政收入和促进经济平稳发展的主体税种。目前世界各国普遍采用的是复合税制。

复合税制可根据主体税种数量的不同分为单主体税种、双主体税种和多主体税种三种模式。单主体税种的复合税制是在以某一税种(或税类)为主体税种的情况下,多个税种并存的税收制度。纵观世界各国经济发展史,随着生产力的发展和社会的进步,税制结构中主体税种的选择也经历了古老直接税——间接税——现代直接税的历史演变,因而形成了不同时期的单一主体税制模式。例如,在自然经济条件下,土地税是居于主导地位、起主导作用的税种;在市场经济的初期及之后相当长的时期内,实行的是以商品税为主体税种的复合税制;而在市场经济高度发达的现代国家,实行的是以所得税为主的复合税制。双主体税种的复合税制是在以两个税种(或税类)为主体税种的情况下,多个税种并存的税收制度。多主体税种的复合税制是在以三个或三个以上的税种为主体税种的情况下,多个税种并存的税收制度。从当前世界各国的实践来看,绝大部分国家的税收制度都属于单主体税种复合税制模式,极少数国家采用双主体或多主体税种的复合税制模式。

从理论上说,单一税制的优点是税负较轻、征收成本低、课征方法简便、公众容易接受。但其缺点是与生俱来的。由于课税对象单一,任何一个单一的税种都无法保障国家取得足额、可靠、稳定的财政收入,不能满足税收的财政原则;同时,单一税制对经济扭曲的效应较大,容易激化社会矛盾,导致税源枯竭,从而不能实现对经济的有效调控;此外,单一税制不能普遍征收,无法满足税收的普遍课税原则,更难以实现税收负担的公平分配。正因为单一税制限制了税收职能作用发挥的领域,不利于国家利用税收杠杆来实现财政、经济和社会政策目标,所以从未有任何一个国家真正实行过单一税制,它只停留在理论的设想上。虽然单一税制从未真正推行过,但是其思想在税收学说史中仍具有一定的影响。

相对于单一税制,复合税制将不同税种相互搭配、相互补充,具有以下几个方面的显著优越性。

1. 有利于取得充足的税收收入

复合税制开征的税种较多,课税范围广,能捕捉各种税源,征收较普遍。不论是国民收入分配中的哪一个层次还是社会再生产的哪一个环节,凡是在社会公共事务范围内存在的事物或发生的行为,都可以作为课税对象;只要和课税对象有关的任何人,无论是法人还是自然人,也无论是本国人还是外国人,都负有纳税义务。因此,复合税制能够确保政府及时取得充足的财政收入,更好满足社会公共需要;与此同时,由于税源充裕,复合税制也使政府的税收收入具有充分的弹性,可随着社会经济形势的变化而变化。

2. 有利于税收负担公平分配

在复合税制下,课税对象和纳税人分布范围广,可以使税负分配到社会经济生活的各个领域,以确保税收负担公平分配,避免出现税负过重或者过轻的现象,促进社会经济的均衡发展。由于复合税制中的各个税种之间存在相互配合、相互补充的关系,在主要按照支付能力原则分配税负的同时,还可以兼顾按照受益原则来分配税负,从而更有利于实现税收负担的公平合理分配,维持社会和谐稳定。

3. 有利于有效调节社会经济运行

不同税种的课税对象、经济效应和收入分配结果之间存在着较大的差异,所以不同税种给社会经济运行带来的影响也是不同的。复合税制既包括所得税和商品税,也包括财产税和其他税种,这使复合税制能够兼容各个税种对社会经济不同的调控作用,对社会经济生活的各个领域进行调节,进而有利于促进社会经济的协调发展。

二、税制结构的内涵

税制结构问题只存在于复合税制中。税制结构有广义和狭义两种概念。广义的税制结构是指国家为了实现组织收入、调节经济的目的,由若干不同性质和作用的税种组合而成的主次分明、相互协调、相互补充的税收体系,它反映了一国税种制度的整体布局和总体结构。狭义的税制结构,也称税制模式,仅指在税收体系中,主体税种和辅助税种这两大类税种之间所形成的主辅关系。税制结构的选择很大程度上反映了一个国家税收制度的功能定位和税收调控目标。

合理设置税种结构的关键在于如何按照税收公平和效率两大原则的要求,在总体宏观布局上解决好税种配置问题,使各个税种之间相互协调、相互补充,尽可能避免相互间的交叉重复和矛盾冲突。广义的税制结构一般包括以下三个层次的内容。

(一) 不同税类之间的相互关系

具有相似课税对象或相似特点的税种可以归分为同一个税收类别,简称税类或者税系,如商品税类、所得税类、财产税类,又如直接税类、间接税类。不同税类在税收制度和税收经济活动中的地位是不一样的,这就决定了它们之间的相互关系也是不一样的。在一个国家的税收制度中居于主导地位、起主导作用的税类,就是主体税类,其他税类则构成辅助税类。

税制结构模式依据其主体税类的不同,可分为以下三种类型:

1. 以商品税为主体的税制结构

以商品税为主体的税制结构是指整个税收体系以商品税(又称货物与劳务税、流转税)为主体,商品税在全部税收收入中所占比重最大,并发挥主导作用。这种税制结构目前在大多数发展中国家和少数发达国家实行。在实际应用中,它通常有两种类型:以一般商品税为主体的税制结构和以选择性商品税为主体的税制结构。一般商品税是指对全部商品和劳务在生产、批发、零售及劳务提供等各个环节实行普遍征税。一般商品税具有普遍征收、收入稳定、调节相对中性等特点。一般商品税在课税对象确定上,既可以对收入全额征税,也可仅对增值额征税。前者称为周转税(产品税),征收简便易行,但重复课税,不利于专业化协作;后者称为增值税,可避免重复征税但对征管有较高要求。选择性商品税是指对部分特定商品和劳务在生产、批发、零售及劳务提供等环节选择性征税,它具有个别征收、收入较少和特殊调节的特点。

2. 以所得税为主体的税制结构

以所得税为主体的税制结构是指整个税收体系以所得税为主体,所得税在全部税收收入中所占比重最大,并发挥主导作用。这种税制结构目前在多数经济发达国家实行。在实际应用中,它又可进一步分为三种类型:以个人所得税为主体的税制结构、以企业所得税为主体的税制结构和以社会保险税为主体的税制结构。选择以个人所得税为主体一般是在经济比较发达的国家,个人收入水平较高,收入差异较大,需运用个人所得税来稳定财政收入,促进个人收入的公平分配。选择以企业所得税为主体一般是在经济比较发达又实行公有制经济的国家,在由间接税制向直接税制转换过程中,有可能选择以企业所得税而不是个人所得税为主体税类。选择以社会保险税为主体一般是在部分福利国家,政府为实现社会福利政策,税制结构由个人所得税为主体转向社会保障税为主体。

3. 以商品税和所得税为双主体的税制结构

双主体的税制结构是指在整个税收体系中,商品税和所得税占有相近比重,在筹集财政收入和调节社会经济方面共同发挥主导作用。一般来说，由以商品税为主体向以所得税为主体的税制结构转换的国家，或者由以所得税为主体扩大到以商品税为主体过程中的国家，都可能形成双主体的税制结构。从发展的角度看，这种税制模式只是一种过渡性税制结构，最终会被前两种税制结构所取代。

任何国家在选择其目标税制结构时，必须依托于本国的基本国情，适应现实的经济发展状况和政府的政策目标以及税收征管水平等主客观因素，并在保证及时、足额地取得国家财政收入的同时，促进社会资源的有效配置。

(二) 不同税种之间的相互关系

税种是税制结构的载体，每一个税种都是税制体系中的一个基本单元，各个税种之间的联结关系表现为：一是同一税类内部各税种之间的相互关系，如商品税内部增值税和消费税之间的关系；二是不同税类之间各税种的相互关系，如增值税和企业所得税之间的关系。不同税种虽然课税对象不一样，但是纳税主体却是相同的，必须在总体负担上统筹安排、在税收征管上相互衔接。不同税种之间的相互关系涉及主体税种和辅助税种的选择问题。

主体税种是指在整个税制结构中起主导作用的税种，是表现一定税制结构类型的主要标志。主体税种的基本特征：一是在全部税收收入中占最大比重；二是在体现国家政策和履行税收职能方面起主导作用；三是其征税制度变化会给整个税制带来举足轻重的影响。一个国家的主体税种选择不同将形成不同类型的税制结构。因此，并非所有税种都可以成为主体税种。主体税种需具备财政收入功能强、经济调控能力强、社会认可度高和税务行政效率高等特点。由于增值税和所得税最符合上述这些特点，所以当今世界各国税制主体税种的选择都以这两种税为主。

辅助税种是在一国税收制度中居于辅助地位，起主体税种辅助作用的税种。辅助税种一般具有以下特点：（1）功能的特殊性。辅助税种并不只是主体税种的简单附属，相反它能补充和发挥主体税种难以替代的特殊功能。（2）税种设置具有较大的灵活性和因地制宜性。在世界各国普遍以商品税、所得税为主体税种的模式中，财产税、行为目的税、资源税等税种大都属于辅助税。（3）职能范围的有限性。辅助税种与主体税种相比，不兼有税收的多重职能。（4）负担的直接性。通常来说，辅助税种调控目标更加明确，税负透明度更高，对经济利益的影响更加直接。

(三) 各税制要素之间的相互关系

税制要素的不同组合和选择方式，也会形成不同的税制结构。税制要素之间的相互关系通常有三种表现形式：一是不同税类之间税制要素之间的配置关系，影响税类的构成；二是同一税类内部各要素的选择，影响该税类的基本格局和功能配置；三是同一税种内部不同要素之间的配置关系，影响该税种的基本格局和功能配置。

三、税制结构的演变

任何国家的税制结构都不是一成不变的，都会随着其经济发展阶段和社会组织结构的变化而相应调整。因为经济发达国家的税收制度比较完善且具有典型性，下面主要以发达国家税制结构为例来分析税制结构的历史演变。

(一) 税类结构的演变

纵观世界各国税收发展的历史进程,可以看出,不同税类之间的税制结构发生了巨大的变化,大致经历了三个阶段,即以古老直接税为主体的税制模式、以间接税为主体的税制模式和以现代直接税为主体的税制模式。

在以土地私有制为基础的奴隶社会和封建社会中,生产力水平非常低下,自然经济处于统治地位,商品经济处于从属地位,能够构成国家税收来源的课税对象和社会财富极为有限。因此,国家无法从其他方面课征足够的税收,只能以土地和人口作为征税对象,采用直接对人或物课征的人头税、土地税、房屋税、户税等原始直接税形式,以保证政府取得必要的收入。马克思说过:"直接税,作为一种最简单的征税形式,同时也是一种最原始最古老的形式,是以土地私有制为基础那个社会制度的时代产物。"[①]同时,也有市场税和入市税作为辅助税种。

进入资本主义时期,整个社会生产发展到商品经济时代,生产结构发生重大变化,工业生产的兴起为商业的繁荣创造了条件,自由职业随之出现,社会纯收益的分配比较分散,商品的流转环节大量增加,税源相对分散,故只有对商品及其交易等课征间接税,才能保证政府财政收入。由于间接税可以随销售一同转嫁出去,这样经营工商业的资本家一般不会负担税收。只要课税商品能按提高的价格出售,资本家就可将税收负担转嫁给消费者。而且国外进口和本国生产的质量高、价格昂贵产品主要消费者是富裕的贵族和大地主阶级,对其课以消费税既可以解决新兴资产阶级政府的财政困难,又可以削弱封建势力。马克思在《哲学的贫困》中指出:"消费税只是随着资本主义统治的确定才得到充分的发展……在它手中,消费税是对那些只知道消费的封建贵族们的轻浮、逸乐、挥霍财富进行剥削的一种手段。"[②]以商品流转额为课税对象的关税和国内商品税等间接税,在商品生产和流通的规模不断扩大的过程中,逐渐取代古老的直接税,成为各国税收制度中的主体税种。

随着资本主义的日益发展,资产阶级发现以间接税为主体的税制模式开始阻碍资本主义经济发展。如以关税为主的间接税制逐渐暴露出了其与资产阶级利益之间的冲突:保护关税成了资本主义自由发展和向外扩张的桎梏;对生活必需品课税,保护了自给的小生产者,不利于资本主义完全占领国际市场;间接税的增加还会产生重复征税、推高物价,容易引起人民的反抗,动摇资产阶级的统治,更满足不了战争对财政的巨大需求。再加上资本主义原始积累结束,资本急剧集中,收入分配差距越来越大。正是在这种情况下,很多国家开始发展和完善所得税和财产税制度。与此同时,随着资本主义经济的高速发展,提供了日益丰裕的直接税税源,为大规模征收直接税创造了前提条件。因此在第一次世界大战前后,西方发达国家相继建立了以所得税为主体税种的税制结构,来取代长期实行的以消费税、关税等间接税为主体税种的税制结构。

图 5-6 显示了 1934—2014 年美国联邦政府税收收入中直接税比重和间接税比重

---

① 马克思恩格斯全集第 8 卷. 人民出版社,1965 年版,第 543 页.
② 同上书,第 179 页.

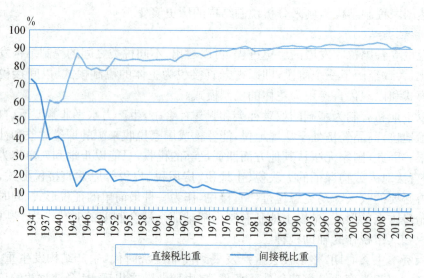

图 5-6　美国联邦政府直接税与间接税比重的变化趋势(1934—2014)

的历史演变趋势①。由图可知,1934 年个人所得税、公司所得税和社会保障税等直接税在联邦政府税收收入中所占的比重仅为 27.55%,而对烟草、酒精、原油等征收的消费税间接税所占的比重高达 72.49%。然后,直接税占联邦政府收入的份额迅速攀升,到 1944 年达到 86.9%,而间接税的比重锐减到 13.1%。之后五年间接税的比重有过短暂反弹,但 1950 年以后进入相对平稳期,直接税的比重逐年缓慢上升,2014 年达到 90.64%,间接税比重逐年缓慢下降,2014 年降至 9.36%。类似的变化也同样能在其他发达国家中观察到。税制结构的这一转变与 1929—1933 年的经济大萧条之后发达国家纷纷建立社会保障制度、奉行"福利国家"的社会经济政策、对国民收入进行大规模收入再分配密切相关,税制结构逐步转变为以个人所得税、社会保障税等现代直接税为主体。

20 世纪 70 年代末、80 年代初,资本主义经济发展遇到了严重的经济危机,西方国家普遍陷入"滞胀"困境之中。西方国家逐渐认识到,以所得税为主体的税制结构虽然有利于社会公平,但较高的所得税和社会保障税却严重抑制了纳税人工作、储蓄、投资和风险承担的积极性,其结果是阻碍了资本积累和技术进步,抑制了经济增长。为了促进经济的增长,西方国家在供给学派思想指导下,再次把税收政策的首要目标转向经济效率,各国纷纷开始了大规模的税制改革。税制改革的最显著变化就是对以直接税为主的税制结构进行调整,各国在 80 年代中期以后,普遍开征了增值税,建立了以增值税为代表的新型间接税制。许多国家还进一步扩大了增值税的征税范围,出现了税制结构重返间接税的趋势,间接税在税制结构中的地位和作用逐步加强,所得税等直接税在税制结构中的比重有所削弱,未来有可能形成所得税与商品税并重的双主体税制结构。

---

① 资料来源:https://www.whitehouse.gov/omb/budget/Historicals.

(二) 税种结构的演变

税制结构的变化不仅体现为不同税类之间的结构变化,同样体现为同一税类内部不同税种之间的结构变化。

首先,在间接税内部,不同税种之间的相对重要性此消彼长。在经济发展的早期,关税是间接税中最重要的税种,关税收入也是各国的主要财政收入来源。如美国从1789 年建立起联邦体制到 1861 年南北战争前这一期间,关税的平均税率高达 24% 左右,关税收入成为美国的重要收入来源,是其他财政收入的 5—10 倍。但是关税过高会严重阻碍国际自由贸易,所以随着世界各国经济来往的不断增多,多阶段课征的全额商品税逐步取代了关税的主体地位。如美国 1861—1913 年第一次世界大战前,由于联邦政府提高了国内消费税的税率,并扩大了其课税范围,使国内消费税收入首次超过关税收入,成为间接税的主体税种[①]。20 世纪 50 年代以后,随着增值税的兴起,大部分经济发达国家陆续引入了增值税。增值税的优点是能够消除全额商品税所带来的重复征税、税负不公问题,因此增值税在多数国家逐步取代全额商品税成为最重要的间接税。

其次,在直接税内部,不同税种之间的相对重要性变化更大,突出表现为个人所得税的相对地位不断上升,而公司所得税的地位持续下降。表 5-7 反映了 1935—2011 年美国联邦政府税收收入中个人所得税和公司所得税的收入比重的变化情况。在 20 世纪 40 年代时,公司所得税还是美国一个相当重要的税种,其收入占联邦政府税收收入的比重平均为 26.8%,其中在 1943 年达到 39.8% 的最高点。然而此后,公司所得税所占比重却不断下降,到 20 世纪 80 年代,公司所得税占联邦税收收入的比重平均仅为 9.3%,在 1983 年最低跌到 6.2%。尽管在之后的二十多年时间里,公司所得税的收入份额起起伏伏,在某些年份有所回升,但是幅度不大,2006 年最高为 14.7%,近年来稳定在 10% 左右。与公司所得税的变化趋势相反,个人所得税的收入份额不断上升。在 1934 年,美国个人所得税占联邦税收收入的比重仅有 14.2%,但到 20 世纪 40 年代中期,个人所得税占联邦税收收入的比重已经上升到 40% 以上,并在 1947 年提高到 46.6%,此后曾小幅震荡下行,1960 年以后至今一直稳定在 45% 左右。其他经济发达国家的情况也基本类似。

表 5-7 美国联邦政府税收收入中的所得税

时 期	公司所得税/联邦税收收入(%)	个人所得税/联邦税收收入(%)
1935—1939	17.9	17.5
1940—1949	26.8	33.7
1950—1959	27.5	43.1
1960—1969	21.3	43.9
1970—1979	15.0	45.3
1980—1989	9.3	46.2

---

① 张馨. 当代财政与财政学主流. 东北财经大学出版社,2000 年版,第 176 页.

(续表)

时期	公司所得税/联邦税收收入(%)	个人所得税/联邦税收收入(%)
1990—1999	10.5	45.2
2000—2009	10.3	45.6
2010	9.1	41.6
2011	7.9	47.4
2012	9.9	46.2
2013	9.9	47.4
2014	10.6	46.2

资料来源：https://www.whitehouse.gov/omb/budget/Historicals.

最后，直接税内部的不同税种之间相对重要性的另一个显著变化，表现为社会保障税规模的迅速扩张。相比公司所得税和个人所得税，社会保障税的历史要短得多，在很多经济发达国家，社会保障税的普遍开征都是从1929—1933年经济大萧条之后才开始的。在最初征收的二十多年内，社会保障税占税收收入的比例一般为10%左右。然而从20世纪70年代开始，经济发达国家为了减轻企业的税收负担，同时更为了缓和日益激烈的社会矛盾，不断扩大社会保障制度的实施范围，并逐步提高社会保障税的税率水平，使社会保障税的收入大幅增加，规模迅速扩大。表5-8列示了1935—2014年美国社会保障税占联邦政府税收收入的比重变化情况。1935年美国社会保障税设立之初，其收入份额还不到1%，但仅仅相隔五年就飙升至1940年的27.3%，此后经历第二次世界大战的短暂大幅下挫，50年代以后进入平稳增长期，至2009年达到最高值42.3%，近年来稳定在35%左右，成为美国的第二大税收收入来源。特别是从20世纪80年代以来，在德国、法国、瑞士和西班牙等欧洲福利国家，社会保障税的规模已经超过个人所得税，一跃成为税收体系的头号税种。

表5-8　美国联邦政府税收收入中的社会保障税比重(%)

年份	社会保障税/税收收入	年份	社会保障税/税收收入	年份	社会保障税/税收收入
1935	0.9	1975	30.3	1999	33.5
1940	27.3	1980	30.5	2000	32.2
1945	7.6	1985	36.1	2001	34.9
1950	11.0	1990	36.8	2002	37.8
1955	12.0	1995	35.8	2003	40.0
1960	15.9	1996	35.1	2004	39.0
1965	19.0	1997	34.2	2005	36.9
1970	23.0	1998	33.2	2006	34.8

(续表)

年　份	社会保障税/ 税收收入	年　份	社会保障税/ 税收收入	年　份	社会保障税/ 税收收入
2007	33.9	2010	40.0	2013	34.2
2008	35.7	2011	35.6	2014	33.9
2009	42.3	2012	34.5	—	

资料来源：https://www.whitehouse.gov/omb/budget/Historicals.

资料链接 5-3

我国税制结构的演变

不同学者对我国税制结构的演进有不同的阶段划分。但从与我国经济体制改革的联系上看，新中国成立以来，经济体制经历了从计划经济到商品经济再到市场经济三个阶段，相应的税制结构也进行了三次比较彻底的改革：计划经济时期的税制结构（1949—1978）更多地考虑了政府方面的需要，政府与社会对国民收入的分配主要采取利润分成的方式，因此税制结构的特征就是税种比较少，且以流转税为主。商品经济时期的税制结构（1979—1993）有三个主要特征：一是在与国内企业的关系上，由利税并存逐步转向以税收为主的模式决定政府与社会对国民收入的分配；二是在与国外企业的关系上，给予外资企业比较多的优惠待遇；三是税制改革适应行政分权的需要，以分税制的形式确定了中央与地方分享政府收入的基本框架。市场经济时期的税制结构（1994年至今）是分税制逐步完善的阶段，标志性的改革包括：废除农业税、增值税转型、完善个人所得税以及营业税改征增值税等。

在我国税制的演进过程中，税制结构始终以货物和劳务税为主体。比如20世纪60年代之前，我国货物劳务课税比重相对较低，农业税占全部税收收入的比重很大，1950年为39.00%，1958年降至17.39%。70年代的税制改革一直在加强国内货物和劳务课税的比重，至1982年达到历史最高点89.03%。1983年和1994年两次税制改革形成了税收收入结构发展演变的两个重要拐点：1983年开始的两步"利改税"把国营企业上缴利润改为征收所得税，纳入税收收入统计，货物和劳务税比重急剧下降，其中的增值税、消费税和营业税的比重基本不超过50%，1988年最低达到35.24%。进入90年代之后，货物和劳务税比重迅速上升。1994年税制改革再次强化了货物和劳务税，特别是增值税、消费税和营业税的地位，使在关税比重逐步下降的情况下，整个货物和劳务税比重仍有较大上升，1994年增值税、营业税、消费税三税比重超过67%。此后，随着所得税类收入的不断增长，货物和劳务税比重有所下降，但至2012年仍接近50%。

资料来源：伦玉君.完善我国税制结构的探讨.税务研究，2014年第6期.

四、税制结构的影响因素

一国政府在设计和选择本国的税制结构时,都希望能够设计出最优的税收制度。同一国家在不同历史发展时期的税制结构,或者同一时期不同国家的税制结构,都呈现出看似迥然不同的特点,但似乎又有规律可循。这就需要进一步研究导致税制结构差异的影响因素,为税制结构的优化提供可靠依据。

(一) 经济因素

在诸多影响税制结构的外部因素中,经济因素显然是最核心的因素。而经济因素对税制结构的影响主要体现在经济发展水平和经济结构两个方面。

1. 经济发展水平

经济发展水平是制约税制结构的根本因素,两者之间存在高度相关性。这种相关性主要表现为经济发展水平决定着税收参与社会产品分配的比例,也决定着税制结构的选择。

经济发展水平的高低通常以人均国内生产总值的高低来衡量。人均国内生产总值越高,说明这个国家的纳税人越富裕,因此征收所得税的空间就越大。同时,较高的经济发展水平也必然意味着较高的经济货币化、城市化和公司化,这为大规模征收所得税创造了得天独厚的条件:一方面,在高度货币化的经济中,个人所得主要表现为货币所得,有利于所得税的准确计算及税负的公平分配;另一方面,人口集中于城市且大部分人在公司工作,有利于采取源泉扣缴方式来征收所得税。而经济发展水平越低,经济的商品化、货币化和城市化水平越低,存在大量自给自足、分散经营的实物经济,所得不完全表现为货币形式,偷逃税问题更加严重,所得税的征税空间相对更小。世界银行曾对86 个国家的税制结构和人均 GDP 之间的关系进行分析,得出令人信服的结论:所得税具有随人均 GDP 增长而上升的趋势,而流转税具有随人均 GDP 增长而下降的趋势①。所以,发达国家一般实行以所得税为主的税制结构,而发展中国家往往选择以间接税为主的税制结构。

反映经济发展水平的另一指标是人均国民收入水平。在人均国民收入水平较低的发展中国家,流向企业和个人的所得非常少,税收收入主要来源于商品和劳务税;而在人均国民收入水平较高的发达国家,流向企业和个人的纯收入数额相对较多,并在国民收入中占有较大比重,从而为实行以所得税为主体的税制模式提供可靠的税源基础。

2. 经济结构

经济结构是国民经济各部门、各环节相互联系的总体构成的形式。它是社会生产关系结构的体现,具体包括部门结构、所有制结构、产业结构、产品结构、生产组织结构等。这些因素也可能对税制结构的形成产生影响。

(1) 税制结构与生产部门结构的关系。税制结构状况与生产部门结构之间的相关程度较高。这种相关性集中表现在国民经济中不同产业部门地位的变化,必然会导致

---

① 胡怡建,朱为群.税收学教程.上海三联书店,1994 年版,第 129 页。

税制结构相应的变换。在以自然经济为主体的封建社会中,工商业处于较低的水准,而农业却是经济结构中的主导部门,也是封建社会政府财政收入的主要来源。因此,国家税收必定会选择以农业为基础的生产要素及生产成果作为主要的课税对象。在商品经济逐步取代自然经济的过程中,封建生产关系遭到了资本主义生产力的严重摧毁,商业和服务业给整个社会创造了巨大财富,并为国家带来日益增长的税收收入,从而使以商品流转额为课税对象的现代间接税和以所得为课税对象的现代直接税取代了古老的直接税,成为目前各国税制结构中的主导税种。

(2) 税制结构与所有制结构的关系。一个国家的所有制结构可以从规模方面体现其总体经济性质,虽然这种结构变化与主体税制变化之间还未被证明有必然联系。但是值得注意的是,我国的实践经验显示,所有制结构的变化必定会影响到国家税制结构的选择。如在公有制为主体的计划经济条件下,政府对企业所得税的重视程度必然较低;而在公私并存的混合市场经济条件下,多种非公所有制形式的发展及对公平竞争环境的诉求会更加凸显企业所得税的重要性。

(3) 税制结构与产业结构和产品结构的关系。整个国民经济是由不同产业部门构成的,如农业、工业、交通运输业、建筑业、商业、服务业以及其他行业。而在同一行业中又可以进一步分为不同的产品结构。产业结构、产品结构的差异决定税源、税种、税目及税率的结构,最终影响税收在不同产业及产品间的分布和税制结构①。

(4) 税制结构与企业组织结构的关系。企业组织结构是指组织企业生产经营活动的总体形式,它主要有两种形式:一种是全能生产,垄断经营;另一种是专业生产,协作经营。在第一种生产组织形式下,因为同一产品或者同一性质的生产经营集中在同一企业,纳税主体单一,所以必然产生以销售收入全额为课征对象的传统商品劳务税税制模式。随着现代社会工业生产专业化、协作化、集约化的发展,传统的商品劳务税已经逐渐不符合发展的要求,其对专业协作产品的重复征税,税负重于全能生产产品,不利于专业化协作。因此,以对企业组织形式适应变化能力强、税收负担较合理均衡的增值税便应运而生。

资料链接 5-4

发达国家和发展中国家税制结构比较

一、发达国家现代税制结构

自 2008 年国际金融危机以来,世界经济发展复杂多变,各国税收政策调整频繁,但从主体税种的收入结构来看,仍基本稳定。OECD 是发达国家的代表性组织,下面以 OECD 国家为例说明发达国家的税制结构特点和变化趋势。

表 5-9 列示了 OECD 国家 1965—2011 年各主要税类的税收收入份额。由表可知,OECD 国家以所得税、货物和劳务税、社会保障税三大税类为主,财产税为辅

---

① 许建国,薛钢.税收学.经济科学出版社,2004 年版,第 169 页.

的"3+1"的税制结构1965年已初步成形。在随后的四十多年中,消费税比重下降,增值税、社会保障税比重相应上升,到现在基本形成三大主体税类三分天下的格局,税制结构保持相对稳定。

表5-9 OECD国家主体税种构成(%)

税收种类	1965	1985	1995	2007	2008	2009	2010	2011
所得税	34.7	36.9	34.0	35.9	35.3	33.5	33.1	33.5
个人所得税	26.2	29.7	25.9	24.6	24.8	24.7	23.8	24.1
企业所得税	8.8	7.9	8.0	10.6	10.0	8.4	8.5	8.7
货物和劳务税	38.4	33.7	33.8	32.0	32.1	32.5	33.1	32.9
增值税	11.9	15.8	19.5	19.8	19.8	20.0	20.5	20.3
消费税	24.3	16.2	12.6	10.4	10.5	10.6	10.8	10.7
社会保障税	17.6	22.1	25.1	24.6	25.4	26.6	26.5	26.2
财产税	7.9	5.3	5.2	5.6	5.4	5.5	5.5	5.4

二、发展中国家税制结构

发展中国家税制结构与发达国家相比明显不同。下面以拉美18个国家①为例说明发展中国家的税制结构特点和变化趋势。图5-7列示了18个拉美国家1990—2012年各主要税类的税收收入份额。由图可知,第一,与发达国家相比,发展中国家货物和劳务税的比重明显较高,超过全部税收收入的50%,而所得税、社会保障税的比重偏低,特别是社会保障税的比重平均比发达国家低10个百分点以上。第二,直接

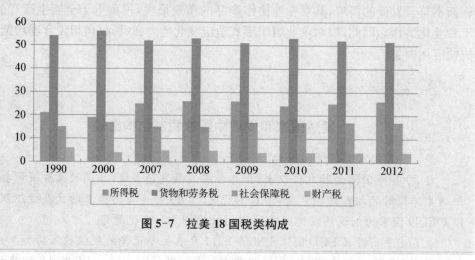

图5-7 拉美18国税类构成

---

① 拉美18个国家包括:阿根廷、玻利维亚、巴西、智利、哥伦比亚、哥斯达黎加、多米尼加、厄瓜多尔、萨尔瓦多、危地马拉、洪都拉斯、墨西哥、尼加拉瓜、巴拿马、巴拉圭、秘鲁、乌拉圭和委内瑞拉。其中,智利和墨西哥是OECD成员国。

税比重与经济发展水平高度相关。OECD 国家经济比较发达,所得税、社会保障税、财产税为代表的直接税比重平均为 65% 左右;而拉美国家经济发展相对落后,直接税比重普遍低于 50%,2012 年 18 个国家平均为 47.1%。

图 5-8 显示了 18 个发展中国家税制结构的变化趋势。由图可见,发展中国家过低的所得税、社会保障税的比重正缓慢提高,而过高的货物与劳务税的比重正缓慢下降。所以,尽管发达国家和发展中国家的税制结构存在显著的差距,但某种程度上这一差距正朝着折中的方向缓慢变化。

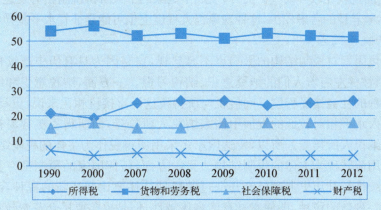

图 5-8 拉美 18 国税制结构变化

资料来源:OECD:Revenue Statistics 2013;OECD:Revenue Statistics in Latin American (1990-2012).

(二) 政策目标因素

税收是国家筹集财政收入的重要手段,也是宏观经济调控的主要工具,国家的各项宏观调控政策目标需要通过税收制度来实现,为此宏观政策目标的定位也会对税制结构设计和选择产生一定的影响。这里的政策目标主要是指国家的经济政策目标和收入再分配政策目标。税制结构的设计与选择在根本上取决于政府如何确定其税收政策目标,即政府如何去平衡税收的财政收入目标、公平目标和效率目标这三者之间的关系。不同的政策目标设定和不同的政策目标优先排序,必定带来不一样的税制结构设计。如西方发达国家早期主要奉行自由放任的经济政策,遵循税收中性原则,将经济效率作为首要目标,核心在于加快商品经济的发展,这就决定了这些国家当时主要以流转税为主的税制结构。第二次世界大战后,西方发达国家的主要政策目标由经济效率转为社会公平,此时福利经济学的兴起也对税制结构的变革产生影响,政府为实现社会公平的政策目标,逐步将税制结构调整为以所得税为主体,通过所得税实现收入分配的均等化。但 20 世纪 80 年代之后,西方国家在长期的经济衰退中,不得不重新审视其宏观政策,再次调整税收政策的目标,由社会公平转回经济效率。在此背景下,这些国家纷纷对过高的所得税比重进行调整,适当增加流转税所占比重,使税制结构更加优化。

(三) 税收征管因素

一国的税收征管水平也会对税制结构的设计和选择产生影响。如果一国的税收征管水平较高,就可以主要根据本国经济发展的可能和宏观政策目标的需要来设计税制结构;相反,如果一国税收征管水平较低,在税制设计和选择时就不得不做出必要的妥协和让步,若不顾征管实际非要开征一些比较复杂的税种,可能不但很难保证税收收入,而且也会造成较多的偷逃税行为,反而不利于本国经济的发展和公平目标的实现。通常来说,所得税比商品税的征收管理相对复杂,对征收管理水平的要求也更高,因此,对发展中国家来说,推行商品税就比较容易些。另外,发展中国家的个人所得税制相对发达国家往往更简单,对个体差异性的考虑较少,这种现象很大程度上也可能是征管水平差异所导致的。

(四) 历史文化因素

历史文化因素对税制结构的影响也不容忽视,这是因为具有历史连续性的文化观念、思维习惯往往左右着人们的纳税意识、纳税习惯。一方面,纳税意识和纳税习惯决定了一个税种的社会接受程度。间接税与所得税这一直接税相比来说,更具有隐蔽性,更容易被收入水平相对较低的发展中国家纳税人所接受,而所得税更容易被收入较高的发达国家纳税人所接受。所以,发达国家多采用所得税作为主体的税制结构,而发展中国家多采用流转税为主体的税制结构。另一方面,任何国家的税制都有其历史传承性。一国继续推行其历史上就已经开征过的税种往往要比开征新的税种容易得多,这是因为开征一种新的税种,即使它具有诸多优越性,但是也需要民众花费较长时间去熟悉它,了解它,习惯它,有的时候甚至可能要冒很大的政治风险。例如,我们知道增值税克服了传统流转税重复征税的缺点,具有税负公平和促进社会分工的明显优势,开征增值税应该是有利于全社会的,可是美国直到现在都没有开征增值税来替代已经实行多年的销售税,这恐怕和其税收历史和税收文化息息相关。

> **资料链接 5—5**
>
> **美国为什么没有增值税?**
>
> 众所周知,增值税是 20 世纪后期在世界各国发展最快的税种,在欧洲尤为盛行。自从 20 世纪 50 年代法国开征增值税以来,目前已有 120 多个国家开设了增值税,世界上 70% 的人口生活在一个有增值税的国家里。
>
> 然而,令人奇怪的是美国却从来没有在全国范围内实行增值税。目前为止,仅有两个州(密歇根州和新罕布什尔州)开设了增值税。是什么原因使美国没有在全国范围内开征增值税呢?
>
> 1. 理论上一直争论不休
>
> 20 世纪 80 年代以来,美国理论界对开征增值税的利弊问题一直处于争论状态,直到今天也没有完全取得一致的认识从理论上分析,增值税是一个"中立"的税种,它不像所得税那样要受到会计处理方法的影响。设计良好的增值税可以用较低的税收成本获得较高的税收收入。因此,以增值税为主体税种的国家(欧洲各国)一般能够

比以所得税为主体税种的国家(美国)容易获得更多的税收。这恐怕也是欧洲各国比美国具有更高的税收和福利制度的原因之一。但是,与所得税相比,增值税的累进性较弱。所谓税收的累进性是指纳税人的收入越高,纳税的比率就越高。因此,就税种本身来讲,增值税在调节贫富差距方面的作用不及所得税。鉴于增值税利弊共存,美国对是否开设增值税的讨论几乎从来就没有停止过。理论上的争论使美国开设增值税的设想被无限期地推迟了。

2. 涉及复杂的利益调整

美国如果开征增值税将出现一系列的现实矛盾。其中最大的矛盾可能来自两种情况:一是目前美国各州政府将销售税作为它们的主要税源(2000年占州政府税收的46.7%),销售税是各州政府对商品零售环节所征收的一种流转税,税收归各州政府支配。如果联邦政府开征增值税,这种"新型"的流转税将会侵蚀原有销售税的税基,从而侵占各州政府的利益。二是如果美国联邦政府在全国范围内引入增值税,必然会产生一些过渡性问题。目前,美国联邦政府以所得税为主体税种,如果以增值税取代(或减少)个人所得税,老年人就会受到损失。因为那意味着他们缴纳过所得后的多年积累在他们进行消费时还将缴纳新的税——增值税。因此,美国要想开设增值税必然要涉及一系列的利益调整,至少包括中央和地方、老年人与青年人之间这两方面利益的调整。这无形中就增加了税制改革的难度。

3. 来自政治上的压力

美国开征增值税还将受到政治上的压力。目前美国左右两翼都不赞成开征增值税。左翼强调社会公正和公平,认为市场经济运行的结果导致社会不公时,应该通过增加政府在经济中的作用维持社会公正,即对市场经济运行的结果进行修正。从这个意义上说,如果开征增值税能够增加政府的收入,从而增加政府对社会公正和公平干预的力度,又由于增值税具有较弱的累进性,因此,左翼又担心开征增值税会拉大贫富的差距,从而影响社会公正和公平。与左翼相比,右翼更强调机会的平等性,不赞同政府对市场经济运行的结果作出更多的修正。因此,他们在改革中显得比较保守,主张让市场经济像以前那样自由运行,不需要政府进行过多的干预。进而也就不赞成政府获得较多的收入,因为收入的增多意味着政府干预经济能力的增强。基于这样的理念,右翼也不主张开征增值税。美国经济学家劳伦斯·萨莫说,美国没有增值税的原因是那些左翼分子认为开征增值税可能会损害穷人的利益;而右翼分子则认为开征增值税将使政府获得太多的收入(使联邦政府成为一个收钱的机器)。恐怕只有当那些右翼分子意识到穷人应该缴纳更多的税收,而左翼分子意识到政府应该增加更多的社会开支的时候,美国才可能采用增值税制度。

资料来源:董艳玲.美国为何没有增值税.瞭望新闻周刊,2002年第50期.

本 章 小 结

1. 根据国民经济循环中不同阶段商品和资金流动的具体特征,可以形成不同的课税点或课税环节。政府在国民经济循环中选择的课税点的位置不同,就会形成不同的税种。

2. 税种可以按照不同的标准进行不同的分类。以征税对象为标准,可以将税种划分为商品征税、所得征税、财产征税;以税负是否容易转嫁为标准,可以将税种划分为直接税和间接税;以课税的着眼点为标准,可以将税种划分为对人税和对物税;以计税方式为标准,可以将税种划分为从价税和从量税。

3. 税制要素是构成税种、税收制度的基本元素,也是进行税收理论分析和税制设计的基本工具。税收制度的构成要素一般包括纳税人、课税对象、税目、税率、纳税环节、纳税期限、纳税地点、减税免税、法律责任等项目。其中纳税人、课税对象和税率等项目是最基本的三个要素,因为它们可以解决"向谁征税、对什么征税、征多少税"这三个最基本的税收征纳问题。

4. 税制结构是指一个国家根据一定时期的经济条件和发展要求,在特定税收制度下,由若干不同性质和作用的税种组合成一个主次分明、相互协调、相互补充的税收体系,它反映了一国税种制度的整体布局和总体结构。合理设置税制结构是有效发挥税收职能和充分体现税收原则的基本前提。

5. 从世界各国税收发展的历史来看,不同税类之间的税制结构变化大致经历了三个阶段,即以古老的直接税为主体的税制结构、以间接税为主体的税制结构和以现代所得税为主体的税制结构。随着社会经济的发展,同一税类内部不同税种之间的相互关系也发生了较大的变化。

6. 一国税制结构的现实影响因素包括:经济发展水平和经济结构、政府宏观调控政策目标的选择和排序、税收征管水平以及历史文化传统。

复习思考题

1. 在市场经济条件下,结合国民经济循环图,分析课税点的选择和税种的设置。
2. 简述税种分类的不同标准。
3. 简述税收制度的构成要素。
4. 简述税率的基本形式及每种税率形式的优缺点。
5. 什么是税收支出?简述税收支出与直接支出的异同点。
6. 试比较单一税制与复合税制的优缺点。
7. 税制结构的内涵是什么?世界税制结构的演变呈现出什么规律性?
8. 税制结构的影响因素有哪些?

案例讨论题

我国"十三五"税收制度改革

"十三五"时期是全面深化改革的重要时期,是全面建成小康社会的决胜阶段。刚刚通过的中共中央十三五规划建议提出,深化财税体制改革,建立税种科学、结构优化、法律健全、规范公平、征管高效的税收制度。

我国目前有18个税种,各税种形成原因各不相同。随着时间推移,特别是经济、政治、社会、文化和生态文明建设环境的变化,税种设置必须作相应调整,才能适应税种科学的要求。增值税与许多税种相比,尚属年轻税种,但因税收中性和筹集税收收入上的突出优势,深受各国欢迎。"十三五"时期,增值税将全面取代营业税,重复征税问题将得到解决。消费税征税范围和税率水平都将进一步优化,既要为消费者创造更多的国内购物选择机会,又要在公共政策上实现其应有功能。绿色发展理念的落实需要形成包括环境保护税在内的绿色税制体系。适应国际税收新秩序建设的需要,企业所得税制将进一步优化。个人所得税分类与综合相结合的改革将稳步进行。房地产相关税种也将进一步优化。

税制结构的优化主要表现在提高直接税比重的重要性上。逐步提高直接税比重,是税制改革的既定目标之一。税制结构的优化需要一个过程,不能超越经济条件和税收征管水平。在一段时期内,间接税的重要性还无法为直接税所取代。从发展方向来看,税收在宏观调控体系中的作用的进一步增强,需要得到个人所得税地位提升的配合。近些年来,个人所得税收入大幅度提高,但与经济增长仍不相称。

资料来源:杨志勇.找准着力点推进"十三五"税收制度建设.中国税务报,2015年11月11日.

结合"十三五"规划纲要,探讨我国税制结构改革的必要性和可行性。

延伸阅读文献

1. 邓子基.税收支出管理.中国经济出版社,1999年版.
2. 邓子基.税种结构研究.中国税务出版社,2000年版.
3. 樊丽明等.税制优化研究.经济科学出版社,1999年版.
4. 国家税务总局课题组.借鉴国际经验 进一步优化中国中长期税制结构.财政研究,2009(5):8-17.
5. 贾康.中国财税改革30年:简要回顾与评述.财政研究,2008(10):2-20.
6. 李绍荣,耿莹.中国的税收结构、经济增长与收入分配.经济研究,2005(5):118-126.
7. 马国强.税制结构基础理论研究.税务研究,2015(1):3-15.
8. 万莹.税式支出的经济效应与绩效评价.中国经济出版社,2006年版.
9. 解学智,张志勇.世界税制现状与趋势(2014).中国税务出版社,2014年版.
10. OECD. Tax Expenditures in OECD Countries. OECD Publishing, 2010.

第六章 商品税

【本章要点】

1. 商品税的特点和分类
2. 增值税的类型和计算方法
3. 增值税的征税范围、税率和经济效应
4. 消费税的特点、类型和经济效应
5. 关税的类型和经济效应

案例导入

近日,一条微博在网上疯狂流传:中国,工资5 000元,吃次肯德基30元,下馆子最少100元,买条Levis牛仔裤400元,买辆车最少30 000元——夏利;美国,工资5 000美元,吃次肯德基4美元,下馆子40美元,买条Levis 20美元,买辆车最多30 000美元——宝马。

著名财经评论员时寒冰在去美国之前,从没想过中国的物价居然比美国还高:国内一套3万元左右的阿玛尼西装,在这里只要500美元就可以买到;国内标价4.6万元的劳力士手表,在美国不到4 000美元;一台国内50万元左右的宝马Z4标价只有21 000美元。如果换一种比较方式,差距或许更加显眼:一杯咖啡只要2美元,看一场电影只要10美元,分别占美国人平均月收入的0.6‰和3‰。而在国内,同样的比法得出的数据是1.3%和3.5%,分别相当于美国居民负担费用的45倍和12倍左右。除非涉及人工服务,比如理发,或涉及知识产权,比如图书音像外,美国商品的价格普遍低于国内,即便"MADE IN CHINA"的商品,常常也比国内便宜50%以上。

在美国生活的中国记者高娓娓记录下这样一组数字:在华人超市,海蟹一打12只任你挑,价格从5.99美元到12.99美元,根据季节质量而变;猪肉、猪排骨0.99美元一磅(约0.453 6千克);泰国米50磅装的,每袋18美元左右;大白菜,每磅0.50美元;西红柿,每磅1美元;葡萄,每磅0.99美元;6瓶百威啤酒7美元;5个橙子1美元。在美国,即使算上房租,一个人的正常工资(月薪2 000美金)足够养活一家3口人。

银河证券首席经济学家左小蕾告诉记者,在美国,不仅中国制造的产品远比国内售价便宜,即使是美国制造,也出现了相同的情况,比如她曾在美国加州一个机场商店购买的美制风衣,价格不到北京赛特商场里同款风衣的40%。同样的成本,同样的产品,如果产自中国国内,即使算上"出口退税"的部分,也不该出现高于国外市场两倍的情况。反之亦然,如果产品来自国外,在WTO框架下,即使是制裁性关税,也绝对不可能出现超过一倍的价差。

长期观察中美物价关系的时寒冰对此现象的解读是,"商品在出厂之前没有区别,真正的区别在于出厂之后"。他认为,国内商品价格被推高的主要原因之一在于,藏在商品里由消费者买单的额外交易成本。在他看来,最大的交易成本之一就是税负。依据国际货币基金组织《政府财政统计年鉴(2007)》公布的2006年数据计算,倘若国家征税的总量均为1 000元,排除其他方面要素的影响不论,那么,作为价格构成要素之一、直接嵌入各种商品售价之中的税收数额分别为:中国700元,美国168元,日本186元,欧盟各国300元。

资料来源:挣得比美国少,物价比美国高,为啥?. http://forum.china.com.cn/topic-zhongmeiwujia.html,2011年8月4日。

商品税有着古老的历史,在我国可以追溯到西周的"关市之征、山泽之赋"。在资本主义自由竞争时期,随着商品税体系日趋完善,商品税逐步发展成为各国政府取得财政收入的主要税类。20世纪中期以后,虽然发达国家商品税的比重有所下降,但在当今世界许多国家,尤其是众多发展中国家的税收中,商品税仍然占据重要乃至主导地位。

第一节 商品税概述

所谓商品税(Commodity Tax),是对商品的生产、流通、消费以及劳务的提供课征的各税种的统称,国际上又称为"货物与劳务税"(Goods and Services Tax)。这里的商品既包括有形商品,即货物,也包括无形商品,如劳务和技术。由于商品税是以商品和劳务的销售额、营业额等流转额为课税对象,所以我国习惯称之为"流转税"。在我国,商品税主要包括增值税、消费税和关税。

一、商品税的特点

一般来说,与其他课税体系相比较,商品税具有以下四个方面的特点。

(一) 征收面广,税收收入稳定

商品税是以商品交易额为课税对象,在商品生产、流通的各个环节普遍征收,课税范围大、税基宽广、税源普遍。在国民经济活动中,不论从事何种商品生产,不论采用何种经营方式,不论经营结果是盈是亏,也不论从事经营的主体是企业、单位或者个人,只要发生应税商品的生产经营行为,取得销售收入或者营业收入,就需要缴纳商品税。只要人们对商品和劳务的消费不断增长,政府就能够及时、足额、稳定地获得财政收入。同时,商品税的税收收入还能保证随着经济的增长而相应增长。

(二) 税负容易转嫁,课税隐蔽

商品税的课税对象是货物和劳务,而且是在商品流通过程中征收,一般是以厂商或销售商作为法定纳税人履行纳税义务。但在市场经济情况下,纳税人可以通过调整商品价格,以商品加价的方式将税收负担转嫁给消费者,所以它一般被认为属于间接税范畴。消费者作为负税人,他们在消费过程中,不知不觉地承担了税负,但由于税款包含在商品的销售价格中,并不直接由消费者缴纳,具有较强的隐蔽性,消费者没有强烈的纳税牺牲感觉,纳税敏感程度相对较低。所以,商品税较之所得税和财产税,在课征的时候阻力更小,更易于为人们所接受。这也正是商品税能行之久远的一个重要原因。

(三) 计征简便

商品税选择在商品的生产和流通环节课征,虽然消费者是货物和劳务的最终负税人,但纳税人是相对比较集中的企业和厂商,税源比较集中,易于控制。在税务稽征上比较简单,易于控制税源,节约征收费用。另外,除少数税种采用定额税率按货物销售数量定额计征外,商品税一般是按照货物销售收入或者劳务营业收入金额依率计征,与所得税、财产税不同,不需要考虑纳税人的经济条件和负担能力等因素,没有复杂的成本和费用扣除。因此,相较其他税种,商品税计征比较简便。

(四) 税负具有累退性

在法定税率和税负转嫁既定的情况下,不同收入阶层的商品税实际税收负担呈现累退性的特点。税收负担的累退性,指的是低收入阶层承担的税收负担占其全部收入的比重高于高收入阶层承担的税收负担占其全部收入的比重。

商品税之所以具有累退性,体现在:第一,商品税大多采用比例税率,从表面上看,消费者消费越多,税负越重,这似乎符合多收入者多缴税的税收公平原则。但是,每个人的消费支出占全部收入的比例并不相同,由于边际消费倾向递减规律,随着个人收入的增加,个人消费支出占其全部收入的比重随之下降,越是高收入阶层,其全部收入的消费比例越低,越是低收入阶层,其全部收入的消费比例反而越高。最终结果是,面对同样税率的商品税,高收入阶层只要用较小比例的收入承担税负,而低收入阶层则要用较高比例的收入承担税负。第二,不同的商品需求弹性存在差异,对商品征税,引起价格上涨最敏感的往往是生活必需品,其次是日用品,奢侈品最不敏感。而商品税的课征范围又偏重于日常生活资料,因此商品税的税收负担往往更多地落到低收入者身上。当然,为了克服商品税税负累退性的缺陷,可以选择对不同商品区别对待的差异化课税制度,如对生活必需品课以较低的税率,甚至免税,而对高档消费品和奢侈品则课以较高的税率。

二、商品税的设置

在社会再生产过程中,存在着无数种商品和劳务形式,每一种商品,从生产到消费,要经过多环节流通。对流通过程中的商品进行课税,首先应该研究商品的性质以及其用途、流转环节等,以便确定课税基础、课税对象、课税环节、课税标准和课税方式等问题。只有确定了课征范围,才能确定是对全部商品课税,还是只对部分(或特殊)商品课

税;只有确定了课税对象,才能确定课税的商品和课税标准(即是以商品的销售总收入为标准,还是从总收入中扣除某些项目后的销售收益);只有确定了课税环节,才能有选择地对停留在生产阶段、批发阶段或零售阶段的商品课税;也只有确定了课征方式,才能使征纳双方及时、准确地保证税款的上缴。

这些问题决定了商品税设置的类型。商品税的征税对象可以区分为消费品和资本品,具体的计税依据又分为全额征税和增值额征税;商品税按征税环节的多少分为单环节课税和多环节课税,具体的征税环节又可以区分为生产、批发、零售、进出口等环节。征税对象和征税环节是任何商品税制度设计必须考虑的基本要素,对这两种要素进行任意搭配,理论上商品税的类型可以达到 64 种之多,常见的商品税主要分为 13 种类型(见表 6-1)。

表 6-1 商品税的设置类型

征税环节 \ 征税对象	课税基础 消费品 一般性(一)	消费品 选择性(二)	消费品和资本品(三)	流转全过程的交易总额(四)
单环节 生产	(1)	(5)	(9)	—
单环节 批发	(2)	(6)	(10)	—
单环节 零售	(3)	(7)	(11)	—
多环节 增值额	(4)	(8)	(12)	—
多环节 全额	—	—	—	(13)

由表 6-1 可知,商品税可以采取多种多样的形式。从横向看,各种税有着不同课税基础:第(一)栏是以全部消费品为课税基础,第(二)栏是以选择的某些特定商品为课税基础,第(三)栏是以消费品与资本品两者为课税基础,第(四)栏是以流转全过程的交易总额为课税基础。从纵向看,各种税有着不同的课税环节:在单一环节的课税中,包括生产、批发和零售三个课税环节;在多环节的课税中,课税依据又分增值额和全部流转额(全部销售额或营业额)。

在表 6-1 中,(1)、(2)、(3)分别表示对所有消费品课征的单一生产环节销售税、单一批发环节销售税、单一零售环节销售税。(5)、(6)、(7)分别表示有选择地对特定消费品在不同环节课征的一次性消费税。(12)表示对所有消费品和资本品在生产和流通过程中各个环节的附加增值额课征的增值税。(13)表示对所有消费品和资本品在生产和流通过程中各个环节的交易总额课征的周转税。

从商品税设置类型和各国实践发展来看,商品税具有以下特点:

第一,在课税环节上,它可以是单一环节征收,也可以是多环节征收。总的来说,一般性商品税多选择多环节课征,而选择性的商品税多选择单一环节课征。在单一环节商品税中,大多数国家选择在生产环节课税,但也有少数国家选择在批发或零售环节课税,如美国广泛采用单一零售环节课征的销售税。选择生产环节课税的优点是纳税人的数量较少、征管比较简单,选择在零售环节课税的优点是税基更为宽广,但征管难度大、税款流失风险较高。

第二,在计税依据上,多环节课征的商品税可以是全额课税,也可以是增加值课税。历史上,多环节全额课征的周转税(营业税)在西欧国家曾非常普遍。由于这种税是对产品每个阶段的总销售额或总交易额征税,故只要有一个比较低的税率就能带来大量的财政收入。从政治观点来说,这是一个富有吸引力的特点。但是,由于它是对全部交易额课税,存在重复征税的致命弱点,对于那些需要经过许多流通环节才能到达消费者手中的产品特别不利,而且它有碍于专业化生产的发展,因而许多欧洲国家在20世纪中期纷纷用增值税取代了周转税(营业税)。

第三,在课税范围上,可宽可窄。因为一个广阔的课税范围比一个狭窄的课税范围能用较低的机会成本产生相同的收入,所以,最广阔的税基应该包括最终销售的所有消费品和资本品。对所有消费品和资本品课征商品税,在效率方面大致相当于对所得征收的比例所得税。大多数国家往往在对绝大部分商品普遍课税的基础上,基于引导消费、调节收入等社会目的,再对少数特定消费品采用差别税率课征选择性消费税。

第四,在税率形式上,商品主要按数量课征(从量税),少数情况下也可以按价值课征(从价税)。如果商品税是按数量来课征,即每个生产单位和销售单位的税额是相同的,则这种税的总收入只与销售量或生产量相关;如果按照价值总额课征一定的百分比,则这种税的总收入随着价值量的增加而增加。

三、商品税的分类

按照不同的分类依据,商品税可以划分为不同的类型。

(一)一般性商品税与选择性商品税

商品税按照课税范围的不同,可以分为一般性商品税和选择性商品税。两者之间并不存在相互冲突、相互替代的问题,在很大程度上是相互补充的。

一般性商品税是对所有或大多数货物和劳务课征的税收,征税范围可以规定得比较宽广,税率可以比较单一,以便对社会经济起普遍调节作用,取得财政收入是其主要的功能作用,其可能造成的税负不公平等特殊问题可以通过减免税安排或由选择性商品税和其他辅助税种加以解决。一般性商品税过去的主要形式是周转税,即对所有交易活动事项、在所有交易环节征收的一种税。目前在少数国家周转税转向单环节流转税形式(主要是零售税),大多数国家的周转税都转向多环节课征的增值税。

选择性商品税是对若干特定货物或劳务课征的税收。征收选择性商品税的关键问题是选择哪些货物或劳务来征税。政策目标不同,选择的项目就不同,因而各国的选择性商品税各不相同。有些国家着重于弥补税收公平,有些国家着重于资源保护和节约利用,有些国家着重于在征税成本较低的情况下增加财政收入,有些国家着重于贯彻受益原则等。选择性商品税可以根据一个国家特定的社会经济活动状况开征或停征,以灵活地实施国家社会经济政策。但选择性商品税征税范围较窄,取得的财政收入有限,不可能充当主体税种,但可在公平和效率目标及财政目标上弥补主体税种的不足。

(二) 单环节商品税与多环节商品税

商品税按照课税环节的不同,可以分为单环节商品税和多环节商品税。

单环节商品税也称一次课税制,是指仅以商品生产流通过程中某一个环节的流转额为征税对象进行课税,其他环节不再课税。单环节商品税主要有生产税(包括货物税或产品税、生产环节消费税)、批发税、零售税和关税等。在各国税务实践中,呈现出多种搭配形式。单环节商品税的最大优点是纳税对象明确、纳税人数量较少、征管简单易行。但是单环节商品税财政功能相对较弱,在一定的税收数量下,由于纳税人数少,税基相对狭窄,税率要定得更高,从而容易增强逃税诱因。此外,单环节商品税还涉及课税环节的认定问题。

多环节商品税也称多次课税制,是指以所有生产流通环节的流转额为征税对象进行课税。多环节商品税主要有周转税和增值税。多环节商品税课税环节多,征收管理相对复杂一些,但其税基广、税源充裕,可以用较低的税率取得可观的税收收入,财政功能显著,而且税收负担分配相对均衡。但是如果不注意税基的选择,多环节商品税常常会造成重复征税问题。

▶ 四、商品税课税模式的选择

在商品税体系中,主要有周转税、销售税、增值税、消费税和关税等。这些税种的课税对象、计税依据、纳税环节以及税率形式等要素各不相同,对实现政府社会经济政策目标的功能定位各有侧重。由于各国社会经济、历史文化各异,各国在具体实践中选择开征的商品税税种及其相互间的搭配模式也有所不同。从各国实践经验来看,商品税主要有以下两种课税模式。

(一) 销售税与消费税相结合的模式

采用销售税与消费税相结合模式的国家,一般选择在零售环节征收销售税,也有个别国家在生产或批发环节征收销售税,而消费税则作为选择性商品税在生产或零售环节按差别比例税率或差别定额税率从价或从量征收。在这一模式下,销售税作为普遍征收的税种,发挥一般经济调节功能,而消费税作为对特定产品征收的税种,发挥特殊经济调节功能,采纳这一模式的典型国家是美国。

尽管销售税和消费税相结合的课税模式在充分发挥税收财政职能和社会经济调控职能方面具有优越性和合理性,但由于销售税存在重复课税的先天缺陷,不利于促进生产专业化、协作化的发展,因而许多原先采用这一模式的国家近半个世纪以来纷纷进行税制改革,在推行增值税的同时,逐步建立起增值税和消费税相结合的商品税课税模式。

(二) 增值税与消费税相结合的模式

增值税与消费税相结合模式,也属于普遍调节与特殊调节并存的商品税课税模式。具体做法是在对所有商品和劳务普遍征收增值税的基础上,再选择某些特定商品和劳务交叉征收消费税。增值税作为主体税种，在生产、批发和零售等各个环节，按增值额对商品流通进行课征，起普遍调节作用，一般保持税收中性、以取得财政收入为主。消费税作为辅助税种，从全部增值税课税范围中选择少部分特定商品和劳务，主要在生产环节按差别税率从价或从量课征，体现政府的社会经济调控政策。

增值税与消费税相结合的课税模式不仅能够充分、有效地兼顾商品税的财政功能和经济调节功能，在税负公平合理性方面，也具有更大的适应性。增值税的课税范围广、税率级次相对单一、税率水平不太高，对经济选择行为的干预很少，是典型的"中性"税种。而消费税选择那些"价高利大"的产品以及政府不鼓励或限制消费的产品进行调节，更好地体现了国家的产业政策导向，能够引导和调节微观主体的消费结构和生产结构。法国、荷兰、西班牙、比利时、意大利、阿根廷、新西兰、韩国、中国等大多数国家都采用这一课税模式。

第二节 增值税

增值税是在商品生产或提供劳务的流通过程中，以各环节的增值额为课税对象而征收的一种流转税，它是生产的社会化、专业化和国际化的客观要求，也是市场经济发展到一定历史阶段的产物，现在越来越被世界各国所接受和采纳。

一、增值税的产生与发展

美国耶鲁大学经济学教授亚当斯（T. Adams）是提出增值税概念的第一人，他于1917年在其发表的《营业税》（*The Taxation of Business*）一文中首先提出了"对营业毛利征税比对利润征收的公司所得税好得多"的论断。亚当斯所提的"营业毛利"就是货物销售额减去进货额，即增值额。推动增值税成功实施的第一个国家是法国，1948年法国为了克服全值周转税对中间商品的重复征税，把制造阶段商品税的全额征税改为对增值额征税。1954年，法国又将增值税扩展到批发环节，并成功地推行了消费型增值税。1968年法国又进一步将增值税扩展到零售环节。时任法国税务局局长助理的莫里斯·洛雷（Maurice Laure）积极推动法国增值税制的制定与实施，因此被誉为"增值税之父"。

在此后的时间里，由于具有避免重复征税、税负公平合理等优点，增值税在世界范围内迅速推广。首先是在欧洲经济共同体（以下简称"欧共体"）成员国得到了推广。1963年，欧共体财政和金融事务委员会提交的《纽曼报告》（*Neumark Report*）建议成员国开征增值税代替全额销售税，得到当时欧共体部长理事会的认同。1967年4月，欧共体发布增值税第一号和第二号指令，要求所有成员国在规定时间之前全部实行增值税。按照欧共体的增值税指令，欧共体最初的成员国先后于1973年1月1日之前实行了增值税，可以说实行共同的增值税制度是加入欧共体，包括后来的欧盟必需的、最重要的条件之一。

20世纪70年代初期,许多拉美国家也开始采用增值税,随后实行增值税的国家越来越多,并逐渐形成较为系统和规范的课税制度,增值税收入在各国税收收入中所占比重也大大提高。根据相关统计,截至1992年年底,全世界开征增值税的国家和地区约有60多个;截至2008年年底,增至154个;截至2011年年底,增至166个;截至2013年1月底,全世界开征增值税的国家和地区已经达到了171个[①]。

二、增值税的类型

增值税的课税对象是商品和劳务流转过程中的增值额或附加值,世界各国税法对商品和劳务流转过程中法定增值额的内涵和外延的界定不尽相同。这种差异主要体现在各国对外购固定资产的扣除标准不一样。根据对外购固定资产扣除方法的不同,增值税可划分为生产型、收入型和消费型三种类型。

(一) 生产型增值税

生产型增值税以销售收入减除原材料、辅助材料、燃料、动力、低值易耗品等投入的中间产品价值即法定非增值性项目后的余额为课税增值额。特点是不允许扣除外购固定资产的价款。从国民经济整体来看,这一类型增值税的课税基础与国民生产总值的统计口径一致,故称生产型增值税或GNP型增值税。计算公式如下:

$$增值额 = 销售额 - 外购商品及劳务支出(固定资产价款除外) \quad (6-1)$$

生产型增值税税基最为宽广,在其他条件相同的情况下能够取得最多的财政收入。但是它不允许扣除固定资产或资本品的价值,不能解决对固定资产的重复征税问题,从而不利于鼓励投资,特别是对资本和技术密集型的企业来说,重复征税问题更加严重。目前只有海地、多米尼加、巴基斯坦、塔吉克斯坦、土库曼斯坦和巴西等极少数国家实行生产型增值税。

(二) 收入型增值税

收入型增值税以销售收入减除原材料、辅助材料、燃料、动力等投入生产的中间产品的价值和资本品折旧后的余额为课税增值额。其特点是当期对外购固定资产的价款计入当期产品价值的折旧费准予扣除。从国民经济整体来看,这一类型增值税的税基相当于国民净产值或国民收入,故称收入型增值税。计算公式如下:

$$增值额 = 销售额 - 外购商品及劳务支出 - 外购固定资产折旧 \quad (6-2)$$

尽管收入型增值税下定义的增值额最接近理论上的增值额,但由于外购固定资产价款是以计提折旧的方式分期转入产品价值的,价值转移中无法直接获取外部有效凭证,价值转移金额也会因折旧期限和折旧方法的不同选择而改变,这给增值税的计算和管理带来了困难,因此采用收入型增值税的国家很少,主要有摩洛哥、阿根廷等国。

[①] 解学智,张志勇.世界税制现状与趋势(2014).中国税务出版社,2014年版,第147页.

(三) 消费型增值税

消费型增值税以销售收入减除投入生产的中间产品价值和同期购入的固定资产全部价值后的余额为课税增值额。其特点是当期外购的固定资产价值总额允许扣除。从国民经济整体看，这一类型增值税的税基相当于全部消费品的价值，而不包括原材料、固定资产等一切投资品价值，故称消费型增值税。计算公式如下：

$$增值额 = 销售额 - 全部外购商品及劳务支出 \qquad (6-3)$$

消费型增值税最适宜采用规范的发票扣税法，在法律和技术上都较前两种类型更具优越性，最大限度地避免了重复征税，有利于鼓励投资、出口和技术进步，同时又便于操作，易于管理，因此，目前绝大多数国家都采用消费型增值税。我国于 2009 年 1 月 1 日起由生产型增值税全面改为消费型增值税。

三、增值税的计算方法

增值税是以增值额为课税对象征收的一种税，从定义上来看应纳增值税额就等于增值额乘以税率。增值税的计算方法，主要有税基列举法、税基扣除法、税额相减法三种。其中，税基列举法、税基扣除法要先直接计算增值额，又称为直接计算法；税额相减法不直接计算增值额，而是通过税款抵扣的方式计算应纳税额，又称间接计算法，也称扣税法。

(一) 税基列举法

税基列举法，又称"加法"，就是将从事生产经营活动所创造的那部分新增价值的诸多构成要素，如工资薪金、租金、利息、利润和其他增值项目等一一列举并汇集起来作为增值额，然后乘以适用税率，计算出应纳增值税。其计算公式为：

$$本期增值额 = 本期发生的工资 + 利息 + 租金 + 利润 + 其他增值项目 \qquad (6-4)$$

$$应纳税额 = 增值额 \times 适用税率 \qquad (6-5)$$

这种计算方法比较符合理论意义上的增值税，它的缺陷是由于相加的增值项目太多，具体认定增值项目时很难划分清楚；计算工作量大、容易出错。德国、奥地利都曾在增值税试点过程中采用过这种计算方法，我国 1979 年在湖北襄樊市试行增值税时也采用过这种计算方法。

(二) 税基扣除法

税基扣除法又称"减法"，就是从纳税人流转额全值中减除购进的原材料、辅助材料、动力、燃料、零配件、低值易耗品及其他非增值因素，然后再乘以适用税率计算出应纳增值税额。其计算公式为：

$$本期增值额 = 本期应纳税销售额 - 规定扣除的非增值项目金额 \qquad (6-6)$$

$$本期实际应交增值税税额 = 增值额 \times 适用税率 \qquad (6-7)$$

假定增值税的税率为 10%，以家具的生产、销售为例，表 6-2 列示了税基扣除法下增值税的计算原理。

表 6-2　增值税税基扣除法计算举例　　　　　　　　　　（单位：元）

	购买价格	销售价格	增值额	应纳税额
木　　材	0	100	100	10
家具制造	100	200	100	10
家具零售	200	300	100	10

税基扣除法比税基列举法进步的地方在于，增值额和应纳税额的计算可与纳税人的收入及成本费用的核算同时进行，但该方法在具体增值项目和非增值项目的划分上同样具有不确定性，计算和征管也比较复杂。希腊、美国的密歇根州等国家和地区曾采用这种方法。

(三) 税额相减法

税额相减法也被称为"扣税法"，它不直接计算增值额，而是先以企业一定时期内的应纳税销售收入乘以适用税率，计算出销售应税货物或劳务的整体税金（即销项税额），然后再从中减去同期各外购项目已纳税额（即进项税额），得出应纳税额。在这一方法下，应缴增值税的计算公式为：

$$本期销项税额 = 本期应税销售额 \times 适用税率 \quad (6-8)$$

$$本期进项税额 = 本期外购项目已缴纳增值税 \quad (6-9)$$

$$本期实际应纳增值税 = 本期销项税额 - 本期进项税额 \quad (6-10)$$

假定增值税的税率为10%，以家具的生产、销售为例，表 6-3 列示了税额相减法下增值税的计算原理。

表 6-3　增值税税额相减法计算举例　　　　　　　　　　（单位：元）

	购买价格	销售价格	进项税额	销项税额	应纳税额
木　　材	0	100	0	10	10
家具制造	100	200	10	20	10
家具零售	200	300	20	30	10

根据抵扣税额确定的依据不同，税额相减法又可细分为"发票扣税法"和"账簿扣税法"。发票扣税法是凭发票来进行进项税额抵扣，而账簿扣税法则是按照账簿记录来确定可以扣除的项目金额及进项税额。账簿扣税法计算复杂，容易发生计算错误和引起征纳双方的税收争执，且高度依赖于健全的会计核算制度；而发票扣税法则相对计算简便，依据购货发票计算可以抵扣的进项税额，并在纳税人之间形成自动勾稽关系。当一个国家发票管理制度不健全时，适合采用账簿扣税法；而随着税收法制化程度的提高，发票扣税法已成为当前世界各国普遍采用的增值税计算方法。我国1994年税制改革以前使用账簿扣税法，1994年税制改革以后使用发票扣税法。

在实际工作中，扣税法又分为"实耗扣税法"和"购进扣税法"。实耗扣税法下扣除项目和进项税额按当期实际投入生产、领用消耗的数量计算,而不论当期购入的数量是多少;购进扣税法下扣除项目和进项税额按当期购入数量计算,而不论这些扣除项目是否已在当期生产过程中消耗掉。相对而言,购进扣税法不与成本核算挂钩,计算比较简便,运用最为广泛。但在原材料、零部件购销不均衡的情况下,购进扣税法下交税多少不能准确反映企业的真实经营成果,也可能引起国家财政收入的波动。

不同计算方法虽然原理相通,但在实践操作中有简繁之分。大多数国家效法欧盟国家,选择发票扣税法,主要是因为发票扣税法不仅直观体现了增值税"增加值课税,税不重征"的特点,而且在实践中操作简便,具有较强的征管便利性。此外,发票扣税法还包含了一种内在的反逃税机制。在发票扣税法中,纳税人要抵扣进项税额就必须以销售方开具的发票作为依据,而销售方开具发票上注明的税款既是购货方的进项税额,又是销售方的销项税额,这种计税方法客观上起到了相互牵制、自动审核的效果,便于税务机关查核业务的真实性和准确性,有利于抑制偷逃税款。

四、增值税的征税范围

在增值税推广和发展的过程中,增值税征收范围也在不断发展变化,从历史情况和发展现状来看,大体上可以划分以下三种类型,并且呈现出征税范围从小到大、不断扩充的发展趋势。

(一) 所有货物生产和部分流通

这种类型增值税的征税对象只包括工业生产环节和批发环节的增值额,针对的是货物生产和部分流通。例如,1954年法国引入增值税的初期,增值税的征收范围只包括工业生产环节和批发环节,后来随着增值税制度的逐渐完善,从1966年起,又将农业和零售纳入征收范围,从1968年开始把劳务提供纳入征收范围,全面实行了增值税。

(二) 所有货物生产、流通和部分劳务

这种类型增值税的征税对象包括工业生产、商业批发和零售以及提供部分劳务的增值额,即针对所有货物生产、流通和部分劳务。例如,目前,巴西联邦政府和州政府分别征收具有增值税性质的工业产品税(IPI)和货物流通、运输服务、通信服务税(ICMS),由此可见,巴西并未将绝大多数劳务纳入增值税的征收范围,而只是把运输和通信服务纳入了征收范围。

(三) 货物生产、流通和所有劳务

这种类型增值税的征税对象扩展至国民经济的绝大多数部门以及货物生产流通和提供劳务各环节的增值额。目前,开征增值税的大多数国家的征税对象都覆盖了国民经济的绝大多数部门以及货物生产、流通和提供劳务各环节。

综上所述,由于目前大多数国家实行的增值税征收范围基本都覆盖了国民经济的绝大多数部门以及货物生产、流通和提供劳务的各个环节。因此,各国增值税征税范围的区别主要体现在对免税项目的设置方面。

从理论上来看,为了保持增值税的中性特征,增值税征收范围应尽可能广泛,免税项目应尽可能少。但是,在实践中,开征增值税的国家出于社会公益、征管难度以及历

史文化等原因往往都对某些特定项目实施增值税免税政策。由于各国制定的增值税免税项目不同,因此各国的增值税征收范围存在差异。有些国家把免税称为"进项征税"(Input Taxation),即免征销项增值税,但不能抵扣进项税额。各国普遍采用的增值税免税项目有:一是对社会必需的特殊部门免税,例如,对卫生、教育和慈善机构免税;二是对难以核定税基、征管难度大的行业免税,例如,对某些金融和保险服务免税;三是由于历史原因给予免税,例如,对邮政服务、不动产出租、土地和建筑物供应等;四是对适应其他特殊税种的财产、金融和保险服务等免税;五是其他免税项目,包括文化、法律援助、旅客运输、公共墓地、废物和回收材料、水的供应、贵金属和某些农业投入等。

资料链接 6-1

增值税的免税项目

根据经济合作与发展组织(OECD)统计资料,OECD把成员国最常使用的免税项目称为"常见免税项目",主要包括:邮政服务、伤残人员运输、医院和医疗保健、人体血液、组织和器官、牙科护理、慈善工作、教育、非营利组织的非商业活动、体育服务、文化服务(广播和电视播放除外)、保险和再保险、不动产租赁、金融服务、投注、彩票、赌博、土地和建筑物出租、某些基金募集活动等。这些项目大多属于人们基本生活必需的商品和服务。OECD的大多数成员国都对上述项目给予免税。

但是在开征增值税的33个OECD成员国中,由于各国实际情况不同,有的成员国免税项目不仅限于"常见免税项目"。除奥地利、爱沙尼亚、德国和卢森堡等4个成员国的免税项目基本都在"常见免税项目"范围之内,其余29个成员国还对"常见免税项目"之外的其他一些项目实行了免税。例如,比利时对律师提供的法律服务免税;加拿大对法律援助、摆渡、路桥通行费以及子女和个人照顾服务免税;捷克对公共电视和广播免税;丹麦对旅客运输、葬礼、旅行社免税;芬兰对演员的演出、文学和艺术作品的版权、盲人进行的某些交易、公共墓地服务、自采的天然浆果免税;法国对名胜古迹的改良、修复和维护等免税;希腊和匈牙利都对非商业活动的公共广播和电视播放免税;冰岛对旅客运输、作家、作曲家、葬礼、与教堂有关的服务等免税;爱尔兰对公关部门提供的水等项目免税;意大利对出租车免税;日本对残疾人使用的某些设备、教材、学费等免税;韩国对某些公共交通、水和某些煤的供应、农林业因某些目的使用的矿物油、葬礼、图书、报纸、杂志、播放服务以及农产品、海产品和林产品的供应免税;墨西哥对金银币、出售使用过的动产等免税;荷兰对作曲家、作家、记者的某些服务免税;新西兰对精炼的纯金属等免税;挪威对收藏用的邮票和硬币等免税;葡萄牙对农业免税;瑞士对某些二手货物免税;英国对某些豪华医院护理免税。

同样在开征增值税的33个OECD成员国中,绝大多数成员国都对"常见免税项目"中的某些项目不予免税。例如,澳大利亚对国内邮政服务、体育服务、文化服务(宗教服务除外,适用零税率)、保险和再保险(医疗保险除外,适用零税率)、赌博征税;智利对非指定公共机构提供的邮政服务、非教育部举办的艺术展览和表演获得的所得征税；奥地利对出租私人住房征税；捷克对某些文化服务、某些建筑物出租征税；英国对出售符合条件的新的商用建筑物、游戏机以及授权俱乐部中的某些赌博征税；土耳其对私人教育、私人文化和体育事业、私人医院和医疗护理、人体血液、伤残人员运输、邮政服务、商用建筑物销售、广播电视播放、金融公司提供的金融服务等征税；瑞士对某些停车场、某些银行服务、假肢和整形外科征税；西班牙对某些文化服务、出租商用建筑物征税；斯洛文尼亚对新建筑物、文化和体育活动入场费等征税；挪威对邮政服务、体育比赛、博物馆、影院和游乐场入场费征税；新西兰对人体血液、组织和器官，医院和医疗护理，某些不动产出租、投注、彩票、赌博等征税；荷兰对文化活动（适用低税率）、某些不动产出租和供应、使用体育设施、休闲娱乐和体育服务、电影、演唱会和戏剧入场费、体育活动、博物馆和动物园征税；墨西哥对邮政服务、保险服务（人寿和农业保险除外）、某些金融服务、电影票、某些土地和建筑物供应、某些资金募集活动征税；韩国对商用建筑物的供应和出租、商用性质的文化服务、授权俱乐部中的赌博征税；日本对邮政服务、建筑物供应、除非营利机构之外的其他机构提供的文化和体育服务、企业出租不动产征税；意大利对土地供应和出租、某些商用建筑物的供应、对贫困、老龄以及艾滋病人群之外的人提供的医疗护理征税；爱尔兰对出租商用不动产、土地和建筑物供应、休闲娱乐和体育服务征税；匈牙利对建筑土地、新建筑物供应、某些文化服务、某些体育服务征税；希腊对不是"希腊邮政局"提供的邮政服务、某些文化服务、营利机构提供的医院和医疗护理等征税；丹麦对戏剧、演唱会和电影征税；爱沙尼亚对某些不动产、某些金融服务、文化服务征税；芬兰对文化服务、某些情况下的商业建筑物出租征税；法国对出租某些不动产、使用没有残疾人专用设备的车辆且(或)司机没有相关许可证运送残疾人、休闲娱乐和体育服务、电影、演唱会和戏剧征税。

资料来源：OECD, *Consumption Tax Trends*（2012）*VAT/GST and Excise Rates*, Trends and Administration Issues.

五、增值税的税率

理论上，只有在单一税率结构下，才有利于发挥增值税的优势，保持税制的中性，也便于增值税的计算。增值税的税收负担政策目标和征税管理特点都要求实行单一的税率。但是单一税率同时也束缚了政府实施社会经济调控政策的灵活性，因此，在各国实践中，增值税的税率往往采用一档标准税率再加若干档低税率的形式。各国增值税的税率档次差别较大，多的国家税率档次有5档甚至更多，少的国家税率档次仅有1档。但总的来说，采用单一税率或2—3档税率是当前世界各国增值税制度的主流和基本趋势。从各国具体情况来看，增值税税率大致可以分为以下三种类型。

（一）标准税率

标准税率（Standard Rate）也称基本税率，它体现了增值税的基本税负水平，适用于绝大部分一般性的商品和劳务。标准税率的高低,既要考虑政府的财政需要,也要考虑消费者的负担能力,与各国的经济状况、税收政策、收入水平以及历史形成的负担水平密切相关。

各国和地区的标准税率高低不一,水平各异(见表6-4)。

表6-4　世界各国增值税税率表(2015年度)

标准税率	国家和地区(其他税率)	国家和地区个数
4.5%	安道尔(1%,9.5%)	1
5%	加拿大、泽西岛、尼日利亚、中国台湾、也门(2%,3%,10%)、圣马丁、南苏丹	7
5.3%	伊朗(12%,20%)	1
6%	马来西亚、马尔代夫(12%)	2
7%	巴拿马(烟:15%,酒:10%)、新加坡、泰国、波多黎各	4
8%	列支敦士登(2.5%,3.8%)、日本、瑞士(2.5%,3.8%)	3
8.5%	法属瓜地洛普和马提尼克岛(2.1%等)	1
10%	澳大利亚、吉布提、柬埔寨、科摩罗(25%,3%等)、海地、印度尼西亚、韩国、老挝、黎巴嫩、蒙古、巴布亚新几内亚、巴拉圭(5%)、苏里南(8%,25%)、越南(5%)、所罗门群岛(15%)	15
11%	斯里兰卡	1
12%	博茨瓦纳、厄瓜多尔、危地马拉、哈萨克斯坦、吉尔吉斯斯坦、菲律宾、委内瑞拉(8%)	7
12.5%	伯利兹、印度(4%,1%)、纽埃岛、瓦努阿图、基里巴斯	5
13%	哥斯达黎加(10%,5%)、萨尔瓦多、尼泊尔、玻利维亚(价内税)	4
14%	莱索托(15%,5%)、南非、斯威士兰(25%)	3
15%	巴西、孟加拉国(3%等)、佛得角、多米尼克(10%)、斐济、赤道几内亚(6%)、埃塞俄比亚、格林纳达(10%)、毛里求斯、纳米比亚、新西兰、尼加拉瓜(7%)、圣文森特和格林纳丁斯(10%)、萨摩亚、塞拉利昂、汤加、特立尼达和多巴哥、土库曼斯坦、津巴布韦、库克群岛、冈比亚、加纳(5%)、洪都拉斯(18%)、圣卢西亚(10%)、塞舌尔、安提瓜和巴布达(12.5%)	26
16%	哥伦比亚(5%)、毛里塔尼亚(18%)、法属波利尼西亚(5%,13%)、圭亚那、约旦(4%,24%)、肯尼亚、墨西哥、赞比亚、巴勒斯坦、秘鲁、刚果(金)	11
16.5%	马拉维、牙买加(25%,10%等)	2
17%	阿尔及利亚(7%)、波黑、中国大陆(13%,11%,6%)、几内亚比绍、卢森堡(14%,8%,3%)、莫桑比克、圣基茨和尼维斯(10%)、巴基斯坦(18.5%,21%,25%等)、苏丹(30%)	9
17.5%	巴巴多斯(7.5%)、喀麦隆	2

187

(续表)

标准税率	国家和地区(其他税率)	国家和地区个数
18%	阿塞拜疆、贝宁、布基纳法索、布隆迪(10%)、乍得、科特迪瓦(9%)、科索沃(8%)、加蓬(10%,5%)、格鲁吉亚、几内亚、马其顿(5%)、马里(5%)、马耳他(7%,5%)、俄罗斯(10%)、卢旺达、塞内加尔(10%)、塔吉克斯坦、坦桑尼亚、多哥、突尼斯(6%,12%)、土耳其(1%,8%)、乌干达、亚速尔群岛(10%,5%)、刚果(布)(5%)、多米尼加共和国(13%)、以色列	26
19%	中非、智利、德国(7%)、尼日尔(5%)、塞浦路斯(9%,5%)、黑山(7%)	6
20%	阿尔巴尼亚、亚美尼亚、奥地利(10%)、白俄罗斯(10%)、保加利亚(9%)、爱沙尼亚(9%)、曼岛(5%)、马达加斯加、摩尔多瓦(8%)、摩洛哥(7%,14%,10%)、斯洛伐克(10%)、乌克兰(7%)、英国(5%)、乌兹别克斯坦、法国(10%,2.1%,5.5%)、摩纳哥(10%,2.1%,5.5%)、塞尔维亚(10%)	17
21%	拉脱维亚(12%)、阿根廷(10.5%,27%)、比利时(6%,12%)、立陶宛(5%,9%)、捷克(15%,10%)、荷兰(6%)、西班牙(4%,10%)	7
22%	乌拉圭(10%)、意大利(4%,10%)、马德拉岛(12%,5%)、斯洛文尼亚(9.5%)	4
23%	希腊(6%,13%)、波兰(5%,8%)、葡萄牙(6%,13%)、爱尔兰(4.8%,5.2%,9%,13.5%)	4
24%	罗马尼亚(5%,9%)、芬兰(10%,14%)、冰岛(11%)	3
25%	丹麦、法罗群岛、挪威(8%,15%)、瑞典(12%,6%)、克罗地亚(13%,5%)	5
27%	匈牙利(5%,18%)	1

注释:(1)表中括号中显示的是各国和地区的非标准税率。
(2)印度现行增值税只对各邦内的货物交易征收,各邦标准税率一般在12.5%—15%,其他税率有1%、4%、10%或20%等。邦间的货物交易由中央委托邦征收2%或10%的中央销售税,服务由中央征收12%的服务税。印度中央政府为推动增值税型GST改革提交的第122次宪法修正案于2015年6月5日获议会下院过,并已提交上院审议。
(3)巴西联邦政府和州政府分别征收具有增值税性质的工业产品税(IPI)和货物流通、运输服务、通行服务税(ICMS)。IPI税率很不规范,在0%—365%之间,而且变化频繁;ICMS则各州税率不一,一般为15%。因此很难确定其"标准税率",表中暂以州政府征收比较普遍的15%作为标准税率。
资料来源:龚辉文.227个国家和地区公司所得税和增值税税率表(2014/2015年度).税收研究资料,2015年第11期。

(二)非标准税率

在标准税率之外,多数国家还对特定商品和劳务设置了低于标准税率的低税率(Reduced Rate)。低税率一般适用于税法单独列举的属于生活必需品范围的商品和劳务,它体现了税法对低收入者的优惠照顾。有的国家将低税率又进一步区分为一般低税率和超低税率(见表6-4)。

非标准税率除了低税率之外,极少数国家还设置了高于标准税率的高税率。高税率主要适用于奢侈品,或者不利于社会公共利益、政府限制消费的商品和劳务。例如,巴拿马的标准税率为7%,但对烟草适用15%的高税率、对酒适用10%的高税率;伊朗的标准税率为5.3%,但对烟草、汽油分别适用12%和20%的高税率;委内瑞拉的标准税率为12%,但对某些奢侈品加征15%,合计税率高达27%;也门的标准税率为5%,但对武器弹药、香烟和雪茄适用90%的高税率,对阿拉伯茶适用20%的高税率。

资料链接6-2

增值税税率的演变趋势

从全世界166个开征增值税的国家和地区来看,2011年世界增值税税率具有如下几个特点。

1. 税率档次少

实行单一税率(不包括零税率,下同)和实行多档税率的国家和地区各占一半,都是83个,其中实行2档税率的38个,3档税率的34个,4档以上税率的只有11个,而且多数属于增值税制度不很规范的国家。

2. 标准税率幅度:3.5%—25.5%

截至2011年年底,实行增值税标准税率最低的是马尔代夫(3.5%)和伊朗(2.2%并加征1.8%合计为4%);最高的原来是丹麦、挪威和瑞典等,为25%,但2010年遭受国际金融危机重创后的冰岛为增加财政收入将增值税税率从24.5%提高到25.5%,成为标准税率最高的国家。(注:从2012年1月1日起,匈牙利增值税标准税率从25%提高到27%,成为目前增值税标准税率最高的国家。)

标准税率分布:15%—20%税率段集中度最高。在3.5%—25.5%幅度内,各国标准税率的分布以15%—20%税率段集中度最高,即标准税率在15%—20%之间的国家和地区有95个,占57.2%;低于15%和高于20%的分别只有52个和19个,分别占31.3%和11.5%。其中,标准税率为17%的国家有8个,低于17%的国家和地区有88个,高于17%的有70个。

标准税率世界平均值约为15.72%。2011年166个国家和地区增值税标准税率的平均值约为15.72%。

其中,经济合作与发展组织(OECD)34个成员,除美国没有实施增值税以外,其余33个国家增值税标准税率的平均值为18.58%;欧盟27个成员增值税标准税率的平均值为20.76%;中国(17%)、俄罗斯(18%)、印度(12.5%)、巴西(17%)和南非(14%)5个金砖国家的标准税率平均值为15.7%。

不过,亚太周边国家和地区的增值税税率普遍较低,而且税率结构单一。东盟10国除文莱、马来西亚和缅甸尚未开征增值税以外,其余的都实行单一税率,新加坡、泰国为7%,柬埔寨、印度尼西亚、老挝和越南为10%,菲律宾最高为12%,东盟7国平均为9.43%。亚太周边的其他国家和地区情况也基本类似。如日本和中国台湾为5%,韩国、澳大利亚为10%,新西兰相对较高,为15%。

3. 增值税税率呈逐步提高的趋势

以2009—2011年为例,提高增值税税率的国家和地区较多,而下调税率的则很少。而且,这种提高增值税税率的趋势2012年仍在延续。从2012年1月1日起提

税收经济学

> 高了标准税率的已有匈牙利(25%→27%)、爱尔兰(21%→23%);从2012年3月1日起提高标准税率的有塞浦路斯(15%→17%)。此外,哥斯达黎加、捷克、意大利、黎巴嫩和波兰等国家已提出2012年提高增值税税率的计划。
>
> 　　增值税标准税率的平均值变化,也反映了这一趋势。OECD的33个成员增值税标准税率平均值2008年为17.72%,2011年已提高到18.58%,上升了0.86个百分点;欧盟27个成员提高幅度更大,从2008年的19.47%提高到2011年的20.76%,上升了1.29个百分点。
>
> 　　亚太周边国家和地区增值税税率变化较小,不过近年也出现逐步提升的迹象。如新西兰增值税税率2010年10月1日从12.5%提高到15%。日本政府正在讨论,拟分阶段将增值税(消费税)税率从5%提高到10%。中国台湾也已多次讨论拟提高增值税(加值型营业税)税率。
>
> 　　提高税率的主要原因:增加财政收入。近年增值税税率的变化在很大程度上受国际金融危机特别是欧洲主权债务危机的影响,并成为增加财政收入、缓解财政赤字压力的重要措施。如受国际金融危机冲击较严重的匈牙利、冰岛和希腊等国,由于财政赤字规模过大,在2009—2011年都相继提高增值税税率,以增加财政收入。
>
> 资料来源:龚辉文.2011年全球增值税税率的特点.中国税务报,2012年5月23日。

(三) 零税率

在很多国家,增值税设定还有零税率(Zero Rate)。在各税种中,唯有增值税设置了零税率,这是增值税的一大特色。零税率一般适用于出口商品和劳务,即出口退税。部分国家也对某些最必需的日常生活用品,如食品、药品、书籍等实行零税率。零税率不同于免税,免税只是免除了该纳税环节的纳税义务。严格来说,适用增值税零税率的产品是要纳税的,只是在本环节缴纳的税款为零。与此同时,零税率产品的纳税人,还可以要求退还生产零税率产品的投入品在以前所有纳税环节已经缴纳的增值税,从而使零税率产品的价格中不含任何增值税。对出口商品和劳务实行零税率的主要目的,在于避免对出口商品的双重征税。增值税的基本原则是,税款由最终的消费者承担。出口商品和劳务的最终消费者是进口国的购买者,进口国要对进口商品征税,如果出口国不对出口商品实行零税率(即出口退税),势必造成对出口商品的重复征税。同时,零税率也是促进国际贸易发展的一项重要措施。零税率不仅免除了最后出口阶段的增值税,而且通过退税使出口商品和劳务不含任何税收,以不含税价格进入国际市场,提高本国产品的国际竞争力。

从OECD实行增值税的33个成员国来看,截至2013年1月1日(欧盟成员国数据截至2013年7月1日),对某些国内货物和劳务实行零税率的国家有15个,分别是澳大利亚、比利时、加拿大、丹麦、芬兰、冰岛、爱尔兰、以色列、韩国、墨西哥、新西兰、挪威、瑞典、瑞士和英国,占33个成员国的45.5%。

零税率通常适用以下几类货物和劳务:一是诸如医疗及医院护理、食品和水等基本生活必需品;二是诸如公共交通运输、邮政服务和公共电视等被视为公用事业的活动；三是诸如慈善、文化和体育等被视为具有社会满意性的活动以及诸如理发、打扫住宅等当地提供的劳动密集型服务等促进就业的活动；四是岛屿、属地、边境地区的货物和劳务的提供。

资料链接 6-3

赞成和反对低税率的理由

有关增值税是否应该实行零税率和低税率的争论一直都存在，主要有以下两种观点：

1. 支持采用零税率和低税率

支持采用零税率和低税率的人认为，实行零税率和低税率有两个好处：一是促进公平，保证对收入的再分配更加公平。对诸如食品、水等生活必需品实行零税率或低税率，可以减轻用于这些生活必需品的支出占其总收入比重很大的贫困家庭的税收负担。二是鼓励对优值品（Merit Goods）和具有正外部效应的物品的消费。优值品包括教育和文化产品等，具有正外部效应的物品包括节能设备等。

2. 反对采用零税率和低税率

反对采用零税率和低税率的人认为，零税率和低税率在上述两个方面的作用极其有限。

一是在促进公平方面的作用有限。零税率和低税率在减轻贫困家庭税收负担的同时，富裕家庭从中获取的利益更大，因为富裕家庭通常比贫困家庭在生活必需品和有益品上花费的支出更多。在实践中，对生活必需品进行定义也很难。例如，所有食品都适用低税率，但是，食品中也有奢侈品。如果划分得更细一些又会增加征收成本。因此，通过实行零税率和低税率难以达到促进收入分配更加公平的目的。更为有效的政策应该是，取消零税率和低税率，提高个人所得免征额和直接给贫困家庭提供财政补助。

二是对鼓励消费优值品和正外部效应物品的作用有限。反对对优值品实行低税率的人认为，对诸如教育、文化活动等优值品实行低税率的效果与实行的初衷是相悖的，也就是说，使在优值品上消费更多的高收入者获得了补助，而并没有达到鼓励低收入者增加消费优值品的效果，这种结果会导致或加剧"马太效应"，即社会分配从低收入家庭流向高收入家庭，导致两极分化更加严重。就鼓励消费诸如节能环保产品等具有正外部性效应的物品而言，通过实行零税率和低税率产生的效果远不如直接对污染物征税的效果好。

综上，结论就是增值税零税率和低税率对收入再分配的影响是不明确的，通过采用有针对性的个人所得税减免政策和（或）财政补贴政策，可以更好地实现收入分配的既定目标。此外，取消低税率可以防止"跟风现象"。"跟风现象"通常表现在两个层面：一是在一个国家内部，对一个部门实行了低税率，其他部门就会极力游说被纳入低税率的适用范围；二是在国际范围，当一个国家对某些部门实行了低税率，另一些国家的这些部门就会给本国政府施压,要求本国政府也对其实行低税率。欧盟近年来对劳动密集型服务实行的低税率的范围不断扩大就是一个例子,饭店等行业正在极力游说政府将其纳入低税率的范围。

资料来源:解学智,张智勇.世界税制现状与趋势(2014).中国税务出版社,第174—175页。

六、增值税的经济效应

增值税自诞生以来之所以迅速被世界各国广泛采纳,是因为增值税从根本上消除了传统商品税制重复课税的弊端,对社会经济运行产生了积极的影响。

(一)增值税与税收中性

从经济效率角度来看,税收带来的超额负担越小,经济效率就越高。降低超额负担的根本途径就是保持税收对市场机制运行的"中性"原则。而增值税正好满足这一中性要求。也就是说,增值税能够保证在征税过程中不会或者尽量少地给纳税人带来超额负担,尽量不扭曲市场机制的正常运行。

增值税之所以可以减少对市场机制的干预,主要基于以下两点:

第一,增值税对增加值课税,税负公平,可以消除税收对企业组织形式的不利影响。在传统商品税制下,因为每个流通环节全额课税,商品经历的流通环节越多,重复征税越严重,税负越重,纳税人为了降低税负,就必然减少产业分工,偏好"大而全、小而全"的全能式企业组织形式,从而阻碍劳动生产效率的提高,与社会化大生产的要求背道而驰。而增值税是以货物、劳务在生产和流通的每个环节的增值额为课税依据,从而有效地避免了对货物和劳务的阶梯式重复征税,从而减少了企业的税收成本,税负和市场资源都得到优化配置。在增值税下,对同一货物或劳务而言,无论生产和供应链的结构如何、储存和配送方式如何,只要增值额相同,税负就相等,不会扭曲货物或劳务的生产结构、组织形式,体现了税收对生产者组织形式选择上的中性原则,有利于促进专业化社会分工。

第二,增值税实行单一税率或以标准税率为主的税率结构,可以避免不同产业、行业、产品之间的税收差异,更好地体现税收中性原则。由于税率结构简单,不论消费者消费什么商品,也不论生产者生产什么产品,绝大部分场合下各种商品和劳务的增值税税收负担率都是相同的,所以增值税不会扭曲生产者和消费者的行为选择。如果增值税的税率保持稳定,那么意味着其对不同时点上的消费也是一视同仁,对消费和储蓄的影响也是中性的。

由于增值税税收中性、具有较高收入弹性的特点,使其不太适合承担政府宏观经济和收入调控的功能,而更适合以取得稳定的财政收入为主要目标。

(二)增值税与经济增长

增值税促进经济增长的效应主要体现在以下两个方面:一方面,增值税避免重复征税、税负公平合理,有利于促进社会化分工协作,从而大大提高劳动生产效率。特别是消费型增值税,允许新增固定资产一次性扣除,鼓励资本形成和设备更新,促进资本形成和技术进步,使国民经济更好、更快发展。另一方面,增值税对出口商品和劳务实行零税率,出口产品可以获得较为彻底的退税,有利于提高本国出口产品的国际竞争力,从而拉动外贸出口的更快增长。因此,完善增值税制度对保障国民经济健康平稳运行具有积极作用。

(三) 增值税与收入分配

在实行增值税的早期实践中,由于边际消费倾向递减趋势,人们普遍认为增值税具有累退性,会对收入再分配产生不良影响。因此,为了降低增值税的累退性,很多国家都对一些生活必需品实行零税率、低税率或免税优惠政策,有的国家,特别是很多欧盟成员国甚至实行了多档低税率,以尽量降低低收入家庭的税收负担。近年来,人们对增值税制度又有了新的认识,重新认识到增值税应当具有中性、高效、简单的特性,它不应该被设计成一种调节收入再分配、促进财富公平的政策工具。因此,各国应谨慎运用增值税优惠政策。

随着增值税制度日益规范,绝大多数国家都实行消费型增值税,凸显了增值税中性、高效、简单的特性。扩大税基、控制优惠、税率简化、标准税率稳中有升、国际税收协调不断加强,这是世界各国增值税制发展的大势所趋。

资料链接 6-4

我国的增值税扩围改革

1994 年基于经济体制转轨背景建立的中国增值税制度,与其他大多数国家实行的增值税相比,在改革的深度和广度上尚未完全到位。在深度上,主要是增值税进项税额抵扣不彻底,固定资产没有纳入抵扣范围,对投资仍然重复征税,不利于鼓励企业设备投资和技术进步。在广度上,主要是增值税覆盖不全面,征税对象限于货物和加工修理修配劳务,对其他劳务、不动产、无形资产则实行营业税,这种两税并存的格局,不仅对服务业内部的专业化分工造成了重复征税,也导致制造业纳税人外购劳务所负担的营业税和服务业纳税人外购货物所负担的增值税,均得不到抵扣,各产业之间深化分工协作存在税制安排上的障碍。2009 年,以应对国际金融危机为契机,我国全面实施了增值税转型改革,解决了增值税改革的深度问题。2012 年开始,解决增值税改革的广度问题,即增值税扩围改革,又称营业税改征增值税(以下简称"营改增")成为推动我国经济结构调整、促进发展转型的又一项重大税制改革任务。

一、改革的经济效应

营业税改征增值税的经济效应,不仅体现为税负减轻对市场主体的激励,也显示出税制优化对生产方式的引导。相对而言,前者的作用更直观,后者的影响更深远。其效应传导的基本路径是:以消除重复征税为前提,以市场充分竞争为基础,通过深化产业分工与协作,推动产业结构、需求结构和就业结构不断优化,促进社会生产力水平相应提升。

第一,在深化产业分工方面,营业税改征增值税既可以从根本上解决多环节经营活动面临的重复征税问题,推进现有营业税纳税人之间加深分工协作,也将从制度上使增值税抵扣链条贯穿于各个产业领域,消除目前增值税纳税人与营业税纳税人在税制上的隔离,促进各类纳税人之间开展分工协作。

第二,在优化产业结构方面,将现行适用于第三产业的营业税,改为实行增值税,更有利于第三产业随着分工细化而实现规模拓展和质量提升。同时,分工会加快生产和流通的专业化发展,推动技术进步与创新,增强经济增长的内生动力。

第三,在扩大国内需求方面,营业税改征增值税消除了重复征税,对投资者而言,将减轻其用于经营性或资本性投入的中间产品和劳务的税收负担,相当于降低投入成本,增加投资者剩余,有利于扩大投资需求;对生产者和消费者而言,在生产和流通环节消除重复征税因素后,商品和劳务价格中的税额减少,可以相应增加生产者和消费者剩余,有利于扩大有效供给和消费需求。

第四,在改善外贸出口方面,营业税改征增值税将实现出口退税由货物贸易向服务贸易领域延伸,形成出口退税宽化效应,增强服务贸易的国际竞争力;货物出口也将因外购生产性劳务所含税款可以纳入抵扣范围,形成出口退税深化效应,有助于进一步拓展货物出口的市场空间。

第五,在促进社会就业方面,以服务业为主的第三产业容纳的就业人群要超过以制造业为主的第二产业,营业税改征增值税带来的产业结构优化效应,将对就业岗位的增加产生结构性影响;随着由于消除重复征税因素带动的投资和消费需求的扩大,将相应带来产出拉动型就业增长。

二、改革的推进历程

我国的营改增经历了从2012年上海地区开始的局部试点,到2013年全国范围内的部分行业试行,再到各行业逐步推开的渐进过程。

第一阶段:部分行业上海"营改增"试点。2012年1月1日起,在上海市交通运输业和部分现代服务业开展营业税改征增值税试点,拉开了我国营业税改增值税的序幕。交通运输业包括陆路、水路、航空、管道运输服务,部分现代服务业主要包括研发和技术服务、文化创意服务、信息技术服务、有形动产租赁服务、物流辅助服务、鉴证咨询服务六个行业。针对税率设置问题,在原来17%和13%两档税率的基础上,新增了11%和6%两档税率。有形动产租赁服务采取17%的标准税率征收;交通运输业服务采取11%的低税率;现代服务业采取6%的低税率。

第二阶段:试点范围扩大。2012年7月31日,财政部和国家税务总局明确将交通运输业和部分现代服务业营业税改征增值税试点范围,由上海市分批扩大至北京市、天津市、江苏省、浙江省(含宁波市)、安徽省、福建省(含厦门市)、湖北省、广东省(含深圳市)等8个省(直辖市)。其中,北京市于2012年9月1日开始实施;江苏省、安徽省于2012年10月1日开始实施;福建省、广东省于2012年11月1日开始实施;天津市、浙江省、湖北省于2012年12月1日开始试点。经过试点范围的不断扩大和配套政策的逐渐完善,"营改增"对于税收收入、企业税负、产业结构等宏观方面的影响越来越明显。

第三阶段：部分行业全国试行。2013年8月1日起，交通运输业和部分现代服务业"营改增"试点在全国范围内推开，并适当扩大部分现代服务业范围，将广播影视作品的制作、播映和发行等纳入试点。2014年1月1日，铁路运输与邮政业纳入试点范围。2014年6月1日，电信业纳入试点范围。

第四个阶段：全面推行营改增。2016年5月1日起，将建筑业、房地产业、金融业、生活服务业4个行业纳入营改增试点范围，自此，全面完成"营改增"，并将新购入不动产和租入不动产的租金纳入进项抵扣。专家测算，营改增全部到位后，可以减轻税负近万亿元。

资料来源：编者根据相关资料整理.

当然，增值税作为一种商品税，除了具有调节收入的累退性之外，还有其他两点内在的局限性：一是税金直接加入商品价格，会抬高商品的价格水平，对商品消费带来不利影响。如澳大利亚有关研究发现，12.5%的增值税会使商品的价格上升6.5%[①]。二是增值税的计算较为复杂，需要较高的管理成本，特别是在进项税额抵扣和出口退税的监管方面。

第三节 消 费 税

消费税是指对消费品和特定的消费行为按消费流转额征收的一种商品税。消费税在我国有着悠久的历史，早在公元前81年，汉昭帝为避免酒的专卖"与商人争市利"，改酒专卖为普遍课征的酒税，允许各地地主、商人自行酿酒、卖酒，每升酒缴税四文，这可以说是我国最早的消费税。自此之后，酒、盐、铁、茶等一直是我国历朝历代的主要课税对象。消费税的征收具有较强的选择性，作为一个特殊调节的税种，在体现国家经济政策、调节产业结构、引导消费方向等方面具有重要意义。国际货币基金组织的调查报告显示，所考察的128个国家中只有9个国家或地区未开征消费税[②]。

一、消费税概述

在对消费税的具体概念界定上，理论界存在两种不同的观点：直接消费税（Direct Consumption Tax）和间接消费税（Indirect Consumption Tax）。直接消费税又称支出税（Expenditure Tax），最早由重商主义时代的托马斯·霍布斯提出，它是对实际消费支出课征的一种税，计税依据是支出的数额，即个人在某一时期内的所得额扣除储蓄额

---

① 王乔，席卫群.比较税制(第二版).复旦大学出版社，2009年版，第56页.
② 各国税制比较研究课题组.消费税制国际比较.中国财政经济出版社，1996年版，第15页.

后的余额,其纳税人和负税人都是消费者个人,属于直接税的范畴,因而被称为直接消费税。直接消费税实质上是对纳税人综合负担能力的课税,按消费支出大小征收,既体现了经济能力的强弱,符合税收公平原则,又能够鼓励储蓄和投资,促进资本形成和劳动积极性。但直接消费税的缺点是计算、征管繁杂,对收入分配的功能也不及所得税。除了在20世纪50年代在印度和斯里兰卡小规模短期试行过之外,直接消费税更多是一种理论的探讨,并没有真正大规模地付诸实践。间接消费税是指向消费品的经营者课征的一种商品税,计税依据是应税消费品的销售收入或销售数量,纳税环节在生产或零售环节,先由厂商或销售商代缴,再以商品加价的方式转嫁给消费者,即纳税人是消费品的经营者,负税人是消费者,因而它属于间接税的范畴。通常所说的消费税是指间接消费税。

间接消费税的概念有广义和狭义之分。广义消费税又称一般消费税,是指在交易环节对所有消费品或消费行为普遍征收的各种间接税,包括征税范围较广的增值税、货物与劳务税、销售税等。例如,日本的消费税实质上就是对货物和劳务普遍征收的增值税,属于广义上的消费税。狭义的消费税又称特别消费税,是指在交易四环节对特定消费品和消费行为选择性征收的间接税,如对奢侈品和高污染、高能耗产品的课税。历史上,特别消费税的诞生早于一般消费税。本书下面讨论的消费税是指狭义的特别消费税。

根据世界各国消费税立法的实践经验,特别消费税的征收通常有三种形式。第一种是综合型特别消费税,它是对所有征税对象统一制定税法,即综合设置一个税种,然后以列举税目的形式明确规定哪些消费品或者消费行为属于征税范围,如中国现行的消费税;第二种是分设型特别消费税,它是对各个征税对象分别制定税法,即对每一种应税消费品或者消费行为单独设置一个税种,如日本设立的酒税、烟草税、石油产品税等;第三种是复合型特别消费税,既包括综合型又包括分设型特别消费税,如韩国设立的消费税、酒税、烟草消费税、汽车税等。

在第二次世界大战之后,伴随着个人所得税、社会保障税和增值税的崛起,消费税的财政收入功能有所削弱。无论是在发达国家,还是在发展中国家,消费税占税收总收入的比重总体都呈现下降趋势。但总的来说,发展中国家消费税占税收收入的比重略高于发达国家。

二、消费税的特点

消费税也属于商品税的范畴,与其他商品税相比较,除了具有增加收入、调节经济的共性之外,还具有以下四个特点。

(一)征税范围具有选择性

现代消费税不是对所有消费品和消费行为都征收的一般消费税,而是只对所选择的部分特定消费品和消费行为征收的特别消费税。从当代各国开征消费税的实践来看,不论是为了实现财政、经济方面的目标,还是出于政治乃至道德等方面的考虑,一般都是有选择性地将那些消费量大、收入需求弹性充足和税源普遍的消费品列入消费税的征税范围,主要包括非生活必需品、奢侈品、嗜好品、高档消费品、不可再生的稀缺性资源产品以及高能耗、高污染产品等。因为对这些消费品征税或者重复征税,可以达到限制有害消费品的使用、抑制不良消费行为、促进资源有效利用、缓解社会收入分配不公等目的。当然,由于经济发展阶段不同和政府政策取向等因素的影响,各国征收消费税所选择的征收范围也不完全相同。例如,在经济发展水平较低的国家,化妆品通常看作奢侈品而列入征税范围,但在有的经济发达国家就可能被当作普通消费品而不予征税。因此,一国选择确定的消费税征收范围,也会随着其经济发展水平的提高和其他方面条件的变化而进行调整。

(二)征收环节具有单一性

消费税征收环节具有单一性,是指对应税商品或劳务只选择在某个流通环节征收一次。无论是对商品和劳务流转过程中的流转额征收的周转税,还是仅对商品和劳务流转过程中的增值额征收的增值税,实行的都是多环节课税。但各国消费税通常都是在应税消费品生产环节进行一次性集中征收。在生产环节征收,税源比较集中,课征费用最低,征收效率也最高,可以有力地保证政府的财政收入。如 OECD 国家对酒精饮料、矿物油以及烟草制品等三类主要应税产品都在生产或者批发环节征收消费税。还有少数国家辅之以在其他环节征收消费税,如我国对金基、银基合金首饰以及金、银和金基、银基合金的镶嵌首饰、铂金饰品、钻石及其饰品选择在零售环节征收消费税。一般地,珠宝、珍珠以及应税娱乐服务等主要都是在销售或者提供服务的环节征收。

(三)税率结构具有复杂性

其他商品税一般采用比例税率,而且更多的是单一税率。但是消费税可以根据消费品的不同品种、类别或消费品中不同物质成分的含量,以及国家的产业政策和消费政策导向,对消费品制定高低不同的税率和税额标准。比如对需要限制或控制消费的消费品,通常税率较高,对其他一般的消费品,则税率较低甚至高低相差悬殊。计税方式也是多种多样,有从量计税、从价计税、复合计税三种形式,税率结构相对其他商品税有其复杂性。此外,由于征收消费税不会影响居民的基本生活,对消费税通常也就没有必要实行减免,否则就会妨碍消费税的特殊调节作用。

(四)显著的税收非中性

税收中性原则要求,政府课税应尽可能地不干扰经济活动主体的行为选择。然而开征消费税的目的,主要不在于取得多少财政收入,而是通过课征范围的选择、差别税率的安排以及课税环节等方面的规定,来达到调节消费进而调节收入的政策目标。在实践中,政府有时还通过课征消费税对某些不良行为加以限制,体现"寓禁于征"的精神,如对烟、酒征收高额消费税。此外,当市场机制在实现资源配置方面缺乏效率时,也可以通过课征消费税来达到改善资源配置状况的目的,如针对汽油消费导致环境污染的问题,对汽油征收消费税。可见,消费税的非中性特征非常明显。

三、消费税的征税范围

一个国家消费税征税范围的宽窄或者说课税类型的选择,常常与本国的经济发展水平、财政状况以及税制结构等密切联系。根据消费税征税范围的不同,各国实行的消费税大体上可以分为有限型、中间型和延伸型三种类型①。

(一) 有限型

有限型消费税征税范围仅限于传统的货物项目,包括烟草制品、酒精饮料、石油制品,以及机动车辆和各种形式的娱乐活动。此外,有的国家还把糖、盐、软饮料等某些食物制品和钟表、水泥等纳入征税范围,但总体来看,征税项目不会超过10—15种。

目前,世界上消费税征税范围属于有限型的国家有澳大利亚、加拿大、智利、哥伦比亚、美国、巴西、泰国、南非等50多个国家或地区。我国也属于有限型消费税。

(二) 中间型

中间型消费税应税货物品目在15—30种,除包括传统的消费税品目外,还涉及食物制品,如牛奶和谷物制品。有些国家还包括一些广泛消费的品目,如纺织品、鞋类、药品,以及某些奢侈品,如化妆品、香水等。甚至有些国家还涉及某些生产资料,如水泥、建筑材料、颜料、油漆等。采用中间型消费税的国家有阿根廷、奥地利、丹麦、芬兰、法国、德国、意大利、马来西亚、挪威、英国等30余个。

(三) 延伸型

延伸型消费税应税货物品目一般超过30种,除包括中间型消费税的应税品目外,还涉及更多的消费品和生产资料,如电器设备、收音机、电视机、音响和摄影器材等。课税范围还包括一些生产资料,包括钢材、铝制品、塑料树脂、木制品、橡胶制品和机器设备等。目前采取延伸型消费税的国家有印度、以色列、韩国、日本、巴基斯坦、希腊、牙买加、赞比亚、埃及等20余个,其中日本、韩国、印度等国的消费税应税品目几乎包括全部的工业品。

消费税的主要征税对象包括如下六大类:

第一,酒精饮料。主要针对啤酒、葡萄酒和烈性酒征收,一些国家还对其他酒精饮料征税,如新加坡对苦艾酒、米酒、苹果酒、梨子酒等征税,韩国对米酒和水果发酵液等征税。

第二,烟草制品。主要针对香烟、雪茄和卷烟征收,韩国还对其他烟草制品如烟丝、方烟、嚼烟、闻烟等征税,玻利维亚还对黑烟和白烟征税。

第三,能源产品。主要针对汽油、柴油和重油征收,一些国家如丹麦、法国还对煤炭、天然气征税,俄罗斯甚至对出口天然气都征收消费税。

第四,汽车。各国针对汽车的征税主要体现在销售注册、保有环节的购置税、注册税和使用环节的燃油税,如美国的机动车注册税、日本的汽车吨位税、韩国的汽车税等,还有的国家对汽车的某个部件征税,如加拿大的汽车空调税、美国的汽车轮胎税。对汽车的课税,通常按汽车的污染物排放标准设置差别税率。

第五,其他产品。受各国历史文化传统的影响和调节收入分配的需要,各国还对奢侈品等其他产品征税。例如,挪威对糖、巧克力、扑克牌、化妆品、贵重首饰、录像带、电视、无线电广播、飞机元器件等征税;德国对咖啡、糖、茶叶、盐、扑克牌、电灯泡、饮料、火

---

① 王乔,席卫群. 比较税制(第三版). 复旦大学出版社,2013年版,第78页.

柴、冰淇淋课税;美国对疫苗、娱乐设备、钓具、弓箭、轻武器和弹药、通信服务等征税;法国对矿物水、白金、铂、银、糖、葡萄糖制品、火柴、打火机、包装饮料、电视服务等征税;马来西亚对所有糖类饮料、醋、玩具、游戏设备和运动器材、空调机、冰箱、冷却设备、电器设备、电视广播等征税;南非对手机、自动贩卖机、化妆品、电视接收器、计算机、音响设备、照相器材、手表、轻武器等征税;孟加拉对银行提供的服务、航空机票等征税;贝宁对软饮料、小麦面粉、香水、化妆品等征税;另外法国、挪威、墨西哥、土耳其、印度尼西亚、新加坡等许多国家都对豪华汽车、游艇、高档珠宝玉器、金银首饰等奢侈品课征特别消费税。

第六,消费行为和场所。除了消费品,一些国家还对高档消费行为和消费场所课税,如英国的赌博税、航空旅客税,美国的机票税,丹麦的特别保险税、航空旅客税,印度尼西亚的广告税、旅游税、娱乐税,菲律宾的赛马税,韩国也对赛马场、老虎机经营场所、高尔夫球场、赌场、自行车赛场、酒吧、客栈等征收特别消费税。

此外,随着世界各国环保意识的加强,近20年来,对某些污染行为的课税也日益增多,如对电池、涂料和一次性用品的课税。不论各国消费税的征税范围有多大差异,酒精饮料、烟草制品、能源产品、汽车、奢侈品始终都是消费税最常见的征税对象。

四、消费税的税率

消费税税率的高低,直接关系到消费税调控功能的发挥。税率过高,无疑会抑制生产的发展,并导致税收收入的减少;税率过低,又起不到调节消费和收入的作用。虽然各个国家普遍征收消费税,但税率却存在相当大的差别。同一商品,根据国情不同,有的国家不征收消费税,有的国家只征收较轻的消费税,有的国家却课以重税。但各国消费税税率高低的确定,仍有一些共同的特征:第一,社会公德要求限制消费的商品的税收负担一般都要重一些;第二,本国自产少于国外进口的应税商品的税收负担要重一些;第三,对于实行国家专卖的应税商品,消费税税负的轻重往往受价格的制约,价高利大的税收负担重一些;第四,符合供求规律和市场机制要求的应税商品税收负担要轻一些;第五,政府财政依赖性大的重点应税商品税收负担要重一些。我国现行消费税的税率设置,在很大程度上就体现了上述特征[①]。

各国消费税的税率形式复杂多样,分为比例税率、定额税率、复合税率等不同形式,相应消费税的计税方法分为从价计税、从量计税和复合计税三种方法。

(一) 比例税率

在比例税率下,消费税以应税商品的销售价格为计税依据,乘以适用税率计算出应纳税额,计算公式如下:

$$应纳税额 = 应税消费品的销售价格(不含增值税) \times 消费税率 \quad (6-11)$$

如果应纳消费品的价格是含增值税的价格,则应首先将含税价格换算成为不含税

[①] 王玮.税收学原理(第二版).清华大学出版社,2012年版,第206页.

价格后,再计算应纳税额,计算公式如下:

$$应纳税额 = 应纳消费品的销售价格(含增值税)/(1 + 增值税率) \times 消费税率 \qquad (6-12)$$

在通货膨胀情况下,从价计税有利于保护税基,使税收收入随着消费品价格上升而增加。当然,如果单位税额可以根据通货膨胀而相应调整,那么从量计税也可以不受通货膨胀的影响。对奢侈品的课税,比较适合采用从价计税。因为奢侈品的价格高,采用从价计税方式在税负由消费者承担的情况下,随着高收入者对奢侈品消费需求的增加,其承受的消费税负担也随之加重,能在一定程度上对收入分配起调节作用。例如,韩国对珠宝、毛皮、高尔夫器具征收 20%的比例消费税。

(二) 定额税率

在定额税率下,消费税以应税消费品的销售数量为计税依据,按照规定的单位税额标准计算应纳税额,计算公式如下:

$$应纳税额 = 应税消费品销售数量 \times 单位税额 \qquad (6-13)$$

从量计税方式计算简便、征管成本较低,因为纳税人低报和隐瞒消费品的价格比较容易,而隐瞒消费品的销售数量更为困难,税务机关核定计税数量比核定计税价格更为方便。大多数国家对酒精饮料和能源产品采用差别定额税率。如英国对 2013 年对烈性酒及其混合物适用的单位税额为 2 822 英镑/百升,对蒸馏苹果酒和梨酒按酒精度不同分别适用 39.66 英镑/百升(酒精度小于等于 7.5%)和 59.52 英镑/百升(酒精度大于 7.5%)的税额标准,对气泡苹果酒和梨酒按酒精度不同分别适用 39.66 英镑/百升(酒精度小于等于 5.5%)和 258.23 英镑/百升(酒精度大于 5.5%)的税额标准。各国的税额标准也相差非常大。例如,对纯酒精课征的消费税,OECD 国家中税额标准最低的是加拿大,为 951.35 美元/百升,最高的是冰岛,达到 7 766.22 美元/百升,两者相差 8 倍多。

(三) 复合税率

复合税率是比例税率与定额税率的结合。在复合税率下,应纳税额的计算是把从价定率计税和从量定额计税的税额相加,计算公式如下:

$$应纳税额 = \frac{应税消费品}{销售价格} \times 比例税率 + \frac{应税消费品}{销售数量} \times 定额税率 \qquad (6-14)$$

有害性消费品和资源性消费品往往采用复合税率形式。一方面,通过从价税确保税收与价格的关联,价格越贵、产品档次越高,交税越多;另一方面,在从价计税的基础上再从量计税,还可以控制消费数量。从各国经验来看,许多国家对烟草制品实行复合计税。如英国对香烟适用 16.5%从价税的同时,还对其征收 235.07 美元/1 000 支的从量税。我国现行消费税中对卷烟和白酒的课税,采用的也是复合计税方式。

纵观 21 世纪以来(特别是 2008 年金融危机以来)各国消费税税率的发展趋势,一个明显的变化是酒精饮料、烟草制品、能源产品和污染产品的消费税税率正逐步提高。适时提高这些产品的消费税税率,不仅给政府提供了重要的财政收入,而且有利于促进节能减排、环境友好和身心健康。

五、消费税的经济效应

由于消费税课税范围的选择性、税率的差异性以及显著的非中性特点,消费税对宏观经济调控和微观消费行为引导具有重要作用。以下从三个方面分析消费税的经济效应。

(一) 引导消费方向

消费税通过对不鼓励和限制消费的商品课税,体现"寓禁于征",引导消费方向。课税之后,势必引起课税商品价格上升,从而产生替代效应,消费者将会选择其他价格更低的非税商品来代替征税商品,降低课税商品的消费数量。即通过向烟酒、赌博、娱乐活动等特定商品征收消费税会引起课税商品和未税商品之间的相对需求量的变化,从而改变消费结构,引导消费方向。因此,向特定商品征收消费税,是贯彻国家消费政策、引导消费方向从而引导产业结构的重要手段。

例如,吸烟不仅危害吸烟者自己的身体健康,还污染了空气,给其他人、被动吸烟者带来了损害,增加了全社会的医疗成本,降低了劳动生产率。通过对烟草产品课征消费税,吸烟者就可能减少对烟草的消费,提高社会综合绩效。世界卫生组织 2008 年《全球烟草流行报告》指出:将烟草产品税率提高 10%,在高收入国家一般能使烟草消费降低 4%,在中低收入国家可降低约 8%,而且由于青少年及低收入群体在经济上对烟草提价的敏感性,烟草税率提高后,这个群体戒烟或减少吸烟的几率是其他人群的 2—3 倍。

(二) 促进收入分配公平

消费税通过对奢侈品、非生活必需品、高档消费品课税,体现向富人课税的原则,具有一定的收入再分配功能,促进收入分配的公平。在市场经济条件下,优胜劣汰的结果,通常伴随着收入的两极分化。在这种情况下,对奢侈品征收高额消费税,通过税负转嫁,实现高收入者多缴税,将有助于缩小收入差距和改善收入分配状况。当然,这种收入再分配的功能能在多大程度上发挥预期效果,取决于课税商品的供求价格弹性、税负的转嫁情况、穷人和富人消费结构的差异程度。如果课税商品的需求价格弹性越小、税负的转嫁程度越大、穷人和富人消费结构的差异性越大,消费税的再分配效果越好。

(三) 促进环保节能

消费税促进环境保护、节约能源的作用主要源于它对环境污染负外部性的矫正。当对具有负外部性的高能耗、高污染产品征收消费税,一方面,促使消费者修正其理念及原来带有负外部性的行为;另一方面,影响企业改变其具有负外部性的生产经营方式,从而达到保护环境的目的。

近年来世界各国消费税征收范围的发展趋势呈现出的一个显著特点是越来越多的国家开征了与环境保护相关的消费税,将对环境有害的消费品和消费行为纳入消费税征税范围。例如,在 OECD 和联合国等国际组织的倡导下,发达国家率先实行了绿色税制(Green Tax)的改革,构建绿色税制的途径主要有三条:一是减少或干脆废除对环境有害的直接和间接补贴,包括削减直接的财政补贴以及与环境有关的税收优惠;二是按照环境标准调整现行的税收体系,即在现行税制中提高污染程度最严重的税基——能源的相对价格;三是通过引进与环境目标相一致的新消费税种或扩大现行消费税的税基,来提高污染产品或污染过程的社会成本。因此,很多国家相继开征了与环境相关的新消费税。根据欧盟委员会、国际能源机构和OECD的定义,与环境税相关的税基主要包括能源、机动车、道路与交通服务、污染(包括可度量的空气和水的排放、导致臭氧减少的物质、非点源水污染、垃圾处理、噪声)等。这些新型消费税的开征既增加了财政收入,又促进了资源节约和环境保护,体现了限制能源消费、减少污染和提高资源利用效率的社会经济目标。

资料链接 6-5

成品油消费税服务治霾

在城市环保问题日益引起关切的情况下,如何让成品油消费税更好地为治霾发挥作用,这个问题引起了越来越大的关注。据报道,在2015年"两会"上,有全国政协委员提案建议,国家征收及增加的成品油消费税,其目的在于改善环境质量、治理大气污染,所以应强化"专款"专用,建立成品油消费税返还消费地制度。提议者认为,如果能按比例将征收的税金返还消费地,采取不同的治理方案,可能治霾效果会更好。

从2014年11月28日至今,在国际油价暴跌导致国内油价下调的背景下,国家连续三次提高了成品油消费税,汽油消费税从1元/升提高至1.52元/升,柴油消费税从0.8元/升提高至1.2元/升。据估计,现在附着在成品油上的各类税费,已经占到了成品油价格的45%以上。据测算,2015年国家将征收成品油消费税税金约6 185亿元。

2014年以来成品油消费税的"三连涨"一度引起了不小的讨论和争议。财政部负责人曾经表示,提高成品油消费税的新增收入,将被纳入一般公共预算统筹安排,可以增加治理环境污染、应对气候变化的财政资金,然而这一安排的具体路径和成效如何,公众目前可以得到的信息仍不太清晰,这也许是促使委员提出提案的原因。的确,如果让征收的成品油消费税更多用于治霾方面,并展现出实效,必将让此前的"三连涨"得到更大程度的合理性论证。而且,清洁空气是一种公共品,应该说,把提供该公共品的职能由更了解本地情况的地方政府来发挥,而不是由中央总揽,是一种更佳的思路。提案者认为,燃油所产生的环境污染主要发生在油品消费地,大气污染治理和防控应严格按照"谁消费、谁缴税、谁治理"的原则,这有一定的道理。

但也必须看到,虽然这一思路在原理上正确,但在操作上依然存在一定的挑战。因为目前成品油消费税作为消费税的一种,属于中央税。既然是中央税,就必须遵守统一的税制,难以期待成品油消费税得到特殊对待,所以返还地方的可能性其实不高。如果要改变该现状,就必须将该问题纳入整体改革的思路中考虑,使其成为税制改革"组合拳"的一部分。

另一方面看,成品油消费税的提高已经对消费者的行为产生了引导作用,有利于油品消耗和废气排放的减少。如果未来能让成品油消费税成为地方税或者可以返还地方,应该主要用它来促进油品质量的提高,以减少污染气体的排放量。

其实,一直以来成品油消费税的定位和功能并不十分清晰,大体上一是为了调控能源消费,促进节能减排;二是为了筹集公路发展资金,但如何保障它发挥这些功能,仍然缺少一定的细则。2008年成品油消费税的上调,也伴随着税收体制的规范化和价格机制的完善化,这两者应该是相辅相成的。而这次在一定程度上由"三连涨"激发的讨论,也应该成为该项税收整体改革、功能和机制进一步明晰化的契机。

资料来源:刘波.成品油消费税纳入税改服务治霾.21世纪经济报道,2015年3月4日.

第四节 关 税

关税是海关依法对进出境货物、物品征收的一种税。西方在古希腊、古罗马时代就已开始征收关税。我国早在西周时期就开始征收"关市之赋",到唐朝设立"市舶司",负责对来华贸易的货物和船舶征税。随着现代西方国家倡导自由贸易和全球经济一体化,关税壁垒逐渐削弱,关税收入占税收收入的比重大大下降,但关税政策对调节国际贸易关系仍具有重要影响。

一、关税的类型

关税(Customs Duty)是国际通行的税种,是一国政府根据本国经济和政治的需要,用法律形式确定的、由海关对进出关境的货物或物品所征收的一种流转税。这里的货物是指以贸易行为为目的而进出关境的商品;物品是指入境旅客随身携带的行李物品、个人邮递物品、各种运输工具上的服务人员携带进口的自用物品、馈赠物品以及其他方式进境的个人物品。

相对于国内商品税来说,关税是一种跨境商品税。国内商品税主要调节国内资源配置,关税却侧重于调节资源在国与国之间的配置。关税的课征范围、计税依据以及计税方法等税制要素与其他国内商品税有诸多相同之处,但在课征环节方面,国内商品税可选择在生产、批发、零售、进出口等多个流通环节课征,而关税却只能在商品的进出口环节课征。

按照不同的标准和依据,关税可以划分为不同的类型。

(一) 按课税对象划分

关税的课税对象是进出关境的货物或物品,因此,按课税对象的不同,关税可以分为进口关税、出口关税和过境关税。

1. 进口关税

进口关税(Import Duty)是指海关对输入本国的外国货物或物品征收的关税。它通常在外国货物进入关境时征收，或在外国货物从保税仓库提出运往国内市场时征收，一般由进口商缴纳。人们通常所说的关税一般是指进口关税，在各种国际性贸易条约、协定中所说的关税一般也是指进口关税。进口关税是执行关税政策的主要手段，通常进口关税的目的在于保护本国市场和增加财政收入。

2. 出口关税

出口关税(Export Duty)是指海关对输出本国的货物或物品征收的关税。征收出口关税，要遵循两项原则：一是征税货物具有垄断性，即这些货物只有本国能生产，或者本国货物的质量是最好的；二是出于保护国内稀缺资源目的。19世纪以前，主要资本主义国家凭借其技术和资金优势，对运往附属国或殖民地出售的工业品征收出口关税，当时出口关税曾是各国财政收入的重要来源。19世纪后期，随着国际市场竞争日益加剧，发达资本主义国家为了提高其产品在国际市场上的竞争力，逐步取消了出口关税。但仍然有一些国家并未完全取消出口关税，如某些国家对其独占资源或具有垄断地位的产品征收出口关税，既不会影响独占资源或垄断产品在国际市场上的竞争力，又能将出口关税转嫁给国外购买者，并增加该国的财政收入。另外，征收出口关税可以调节本国稀缺资源的流向。一些国家有些资源比较稀缺，为了有效地防止这些资源外流，可对其进行税收调节。如我国就对比较稀缺的铅、锑、鳗鱼苗等资源征收出口关税。

3. 过境关税

过境关税(Transit Duty)又称通过税，是指一个国家对通过其关境的外国商品所征收的一种关税。由于过境关税可以取得一定的财政收入，所以其在重商主义时代曾为许多国家所采用，它是关税的一种较早期形式。因为过境货物不进入本国市场，也不影响本国生产，关税税率通常很低，过境关税的财政意义也很小。另外征收过境关税在很大程度上阻碍了国际贸易的发展，减少了本国港口、运输、仓储等方面的收入，并有可能导致国家之间的关税报复，目前除了如伊朗、委内瑞拉等少数国家外，大多数国家都已不再征收过境关税，仅在过境商品通过关境时征收少量的准许费、印花税、登记费、统计费等。

(二) 按征税目的划分

按照征税目的的不同，关税可以划分为财政性关税和保护性关税。

1. 财政性关税

财政性关税(Revenue Duty)是以获得财政收入为主要目的而课征的关税。各国一般都把进口数量多、消费量大的商品列为课税对象，以使关税的税源广泛、收入充沛可靠。当然，为了不影响本国的生产和人民生活，主要选择一些非生活必需品来征税。为了不至于因税负太重而使价格上升和消费减少，进而影响进口数量及关税收入，财政性关税的税率不宜定得太高。

早期课征关税的目的，就是为了取得财政收入。在许多国家的历史上，关税都曾是最大的财政收入来源。例如，关税曾同田赋、厘金、盐税一起，构成我国清朝后期的四大财政支柱。只是到了近代,随着世界经济一体化进程的加快、国际贸易往来的增加以及国际市场竞争的日益加剧,关税取得财政收入的功能逐渐被淡化。

2. 保护性关税

保护性关税(Protective Duty)是以保护本国的民族经济或幼稚产业发展为主要目的而课征的关税,各国主要把那些本国需要发展但尚不具备国际竞争力的产品列入课税范围。保护性关税一般根据国内不同商品需要保护的程度,采用差别税率。对国内外差价大、需要加大保护力度的商品征收比较高的关税,而对本国紧缺的工业原料、生活必需品、本国尚不能生产又急需的技术先进产品征收较低税率或免税进口。通过设置合理的关税税率,使关税税额等于或略高于进口商品成本与本国同类商品成本之间的差额,保护性关税在防止外国商品大量进口、保护国内相关产业的生产方面发挥重要作用。

值得注意的是,第二次世界大战以后,经过关税与贸易总协定(GATT)与世贸组织(WTO)多轮次的减税谈判,再加上限制进口的非关税壁垒手段(如进口配额、进口许可、技术壁垒等)日益增多,世界各国关税的总体税率水平已大大降低。如我国的关税总水平在1984年高达43%,至2001年加入世贸组织,降到12%,2008年进一步降到9.8%。其中农产品平均税率为15.2%,工业品平均税率为8.9%,已接近世界关税平均水平(约8%),低于发展中国家平均水平(约10%)。与此同时,我国关税收入占税收收入总额的比重也由1984年的10.9%下降到2014年的2.4%。在这一背景下,无论是关税的财政收入功能还是贸易保护功能,其重要性均有所下降。但是,由于各国经济发展极不平衡,大多数国家仍在一定程度上采取保护性关税政策,同时更注意其实际保护效果。

(三) 按税率制定划分

按照制定税率的自主性不同,关税可以划分为自主关税和协定关税。

1. 自主关税

自主关税(Autonomous Duty)又称国定关税,是一个主权国家基于其主权,独立自主制定的、并有权修订的关税制度。国定税率一般显著高于协定税率,适用于没有签订关税贸易协定的国家。

2. 协定关税

协定关税(Agreement Duty)是两个或两个以上国家通过缔结关税贸易协定而制定的关税制度。关税协定分为双边协定和多边协定。协定税率通常针对国别设置,对签订有关税贸易协定的国家适用优惠税率,对没有互惠贸易协定或歧视本国出口货物的国家实施高额税率,以争取关税互惠,反对外贸歧视。

二、特殊关税

特殊关税是为了阻止外国商品的输入、保护本国商品免受不正当竞争、反对外贸歧视而征收的高额关税,包括反倾销税、反补贴税、保障性关税、报复性关税和差价关税。征收特殊关税一般是作为一种特定的临时性应急措施,规定有明确的起止日期。我国征收特殊关税的货物、适用国别、税率、期限和征收办法,由国务院关税税则委员会决定,海关总署负责实施。

(一) 反倾销税

反倾销税(Anti-dumping Duty)是对实行商品倾销的进口商品所征收的一种进口附加税,其纳税人为进口倾销商品的经营者。倾销是指出口国产品以低于进口国同类产品正常价格,挤进进口国市场的竞销行为,且对进口国市场和生产造成重大威胁。进口国当局为了抵制倾销、保护本国产业,对出口国征收相当于出口国国内市场价格与倾销价格之间差额的进口税。征收反倾销税通常由受损害产业有关当事人就出口国进行倾销的事实,向本国政府提出倾销调查申请,再由政府机构对该项产品价格状况及产业受损害的事实与程度进行调查,确认进口国低价倾销时,即征收反倾销税。有的国家则规定基准价格,凡进口价格在此价格以下者,即自动进行倾销调查,不需要当事人申请。反倾销税的税率根据不同出口经营者的倾销幅度,分别确定。

反倾销关税从来都是贸易大国进行关税战、贸易战的一项重要工具。实行反倾销关税是目前国际上,特别是发达国家限制进口的重要手段。反倾销是WTO允许成员国采取的保护本国产品和市场的一种手段,但它经常被发达国家滥用,包括我国在内的许多发展中国家深受其害。

(二) 反补贴税

反补贴税(Countervailing Duty),又称反津贴税、抵消税。它是进口国家对于直接或间接接受奖金或补贴的外国商品进口所征收的一种进口附加税。进口商品在出口国家生产、制造、加工、买卖、输入过程中接受了直接的奖金或补贴,并使进口国家生产的同类产品遭受重大损害是构成征收反贴补税的重要条件。不管补贴来自政府还是民间财团,均为反补贴关税的范围。反补贴税的税额一般以所接受的补贴金额确定,获得的补贴金额越高,反补贴关税的税率就越高。其目的在于增加进口商品的成本,抵消国外竞争者因得到奖励和补助而产生的影响,从而保护本国的生产者。

近年来,反补贴关税已经成为国际贸易谈判中难以取得进展的领域,并且它的征收也使国际对等贸易的安排复杂化,因为在对等贸易中要衡量政府补贴是非常困难的。

(三) 保障性关税

保障性关税(Safeguard Duty)是指当某类商品进口量剧增,对本国相关产业带来巨大威胁或损害时,按照WTO有关规则,可以启动一般保障措施,即在与有实质利益的国家或地区进行磋商后,在一定时期内提高该项商品的进口关税或采取数量限制措施,以保护国内相关产业不受损害。

根据《中华人民共和国保障措施条例》规定,有明确证据表明进口产品数量增加,在不采取临时保障措施将对国内产业造成难以补救的损害的紧急情况下,可以作出初裁决定,并采取临时保障措施。临时保障措施采取提高关税的形式。终裁决定确定进口产品数量增加,并由此对国内产业造成损害的,可以采取保障措施。保障措施可以采取提高关税、数量限制等形式,针对正在进口的产品实施,不区分产品来源国家或地区。

(四) 报复性关税

报复性关税(Retaliatory Duty)是指为报复他国对本国出口货物的关税歧视,对相关国家的进口货物征收的一种进口附加税。任何国家或地区对其进口的原产于我国的货物征收歧视性关税或者给予其他歧视性待遇的,我国对原产于该国家或地区的进口货物征收报复性关税。如2011年为了回应美方倾销和补贴指控对中国汽车业造成的损害,中国商务部宣布对美国原产进口车征收报复性关税,税率在2%—21.5%,征收期限为两年,针对发动机排量超过2.5升的进口轿车和SUV。

(五) 差价关税

差价关税(Variable Import Duty)又称差额税,它是指当某种本国产品的国内价格高于同类进口商品的价格时,为了削弱进口商品的竞争力,保护国内生产和国内市场,按国内价格和进口价格间的差额而征收的一种税。由于差价税是随着国内价格差额的变动而变动,所以它是一种滑动关税,它的特点是可保持实行差价税商品的国内市场价格的稳定,而不受国际市场波动的影响。

资料链接 6-6

中国反倾销调查报告

自1979年欧盟对我国出口的糖精钠发起第一起反倾销调查以来,国外对华反倾销愈演愈烈,一个最重要的例证就是我国产品遭遇反倾销调查案件数量的增加。从1995—2011年(截至2011年6月30日),世界范围内共发起3 922起反倾销立案调查。其中,中国被发起反倾销数量就达825起,远远高于第二位韩国的278起。我国已经连续17年成为全球遭遇反倾销立案调查最多的国家。

1995年,中国被发起反倾销数为20起,占全球12.74%,而到2011年上半年,我国被发起反倾销的数量占全球比例为30.88%。1995年,我国被实施措施数为26起,占全球比例为21.85%;而2011年上半年,我国被实施措施数占全球比例为47.50%,高居全球之首。

从反倾销立案调查数量来看,1995—2011年,全球共有30个国家和地区对中国出口产品共发起了多达825起的反倾销立案调查。排名前10的国家和地区分别是印度(144起)、美国(106起)、欧盟(102起)、阿根廷(85起)、土耳其(58起)、巴西(48起)、南非(33起)、澳大利亚(31起)、墨西哥(30起)、加拿大(26起),这10个国家共663起反倾销立案调查,占总量(825起)的80.36%。

从对我国实施反倾销措施的发起国家来看,尽管早期来说发达国家是对我国出口产品实施反倾销措施的主要国家,但是近几年,发展中国家对我国发起的反倾销数量大幅度地上升,现已取代发达国家成为对我国实施反倾销措施的主力军。从具体的实施情况来看,1995—2011年,对我国实施最终反倾销措施的前10名的国家和地区分别是印度(114起)、美国(89起)、欧盟(74起)、阿根廷(62起)、土耳其(56起)、巴西(32起)、加拿大(19起)、墨西哥(18起)、南非(18起)、澳大利亚(13起)。这10

个国家共对中国实施了495起反倾销措施,占总量(612起)的80.88%。按照实施措施和发起调查的比率来说,土耳其(96.55%)、美国(83.96%)、印度(79.17%)、加拿大(73.08%)、阿根廷(72.94%)、欧盟(72.55%)这六个国家和地区为反倾销高发国家,采取措施的比率都高于70%。

另据WTO的统计,2014年其成员共发起反倾销案件236起,中国涉案63起,占全球的27%,仍然是全球第一涉案大国。

资料来源:WTO, *Anti-Dumping Measures: By Exporting Country*,中国贸易救济信息网.

三、关税的税则

关税税则(Customs Schedule),是根据政府关税政策及其他经济政策,通过一定的政府立法程序制定和公布实施的,对进出口的应税和免税商品加以分类的一览表。关税税则以税率表为主体,通常还包括实施税则的法令、使用税则的有关说明、注释和附录等,这些说明和注释与税率表具有相同的法律效力。关税税率表是海关税则的主要内容,分为商品分类目录和税率栏两部分。商品分类目录是以商品不同的性质、用途、功能或加工程度等为依据,对各种商品进行系统分类和编排的,完整、准确的商品分类体系。税率栏是根据商品分类目录逐项制定的关税税率。

(一) 分类目录

关税税则中的商品分类目录是根据进出口货物的自然属性、用途、组成成分、加工程度或制造阶段分门别类、由粗到细简化而成的商品分类体系。早期的商品分类目录比较简单,而且各国不一。随着国际贸易的不断发展,各国关税税则商品分类目录不一致的问题越来越严重,给各国间的贸易谈判和关税谈判带来了较大的困难。因此,国际社会开始着力建立一个统一统计目录。1927年,在国际联盟主持召开的世界经济会议上,各国决定共同制定一个海关税则目录,该目录于1931年最终定稿,被命名为《日内瓦目录》。第二次世界大战之后,欧洲海关同盟在《日内瓦目录》的基础上,草拟了《布鲁塞尔税则目录》,也称《海关合作理事会税则商品分类目录》。1983年6月,海关合作理事会第61届会议通过了《商品名称及编码协调制度的国际公约》。中国早于1985年开始采用《海关合作理事会税则商品分类目录》制定关税税则,1992年之后改为实行以《商品名称及编码协调制度》为基础的新关税税则。

《商品名称及编码协调制度》一般为每4—6年修订一次。其总体结构分为三部分:一是归类总规则,共6条,规定了分类原则和方法,以保证其使用和解释的一致性,使某一具体商品能够始终归入一个唯一编码;二是商品的具体分类,设"类"(section)、"章"(chapter)、"目"(heading)和"子目"(sub-heading)四级,严格界定了相应商品的范围,阐述专用术语的定义或区分某些商品的技术标准及界限;三是按顺序编排的目与子目编码及条文,采用六位编码制,将所有商品分为21大类、97章,章下面再分目和子目。编码的前两位数代表"章",前四位数代表"目",五、六位数代表"子目"。

《商品名称及编码协调制度》中的"类"基本按社会生产的部类划分,如农业在第一、二类,化学工业在第六类,纺织工业在第十一类,机电制造业在第十六类。"章"的分类有两种情况:一是按商品原材料的属性分类,相同原料的产品归入同一章,在章内再按产品加工程度从原料到成品顺序排列,如52章棉花,按原棉—已梳棉—棉纱—棉布顺序排列。二是按商品的用途或性能分类,适用于由多种材料制成的产品。各章都有一个"其他"子目,起兜底作用,以确保任何一件国际贸易商品都能在这个分类体系中找到适当的位置。

(二) 税率栏

税率栏是根据商品分类目录逐项定出的相应关税税率。从税率角度来看,关税税则制度可以分为单式税则制和复式税则制。凡每种税目仅规定一个税率的称为单式税则制,如果一个税目同时列有两个甚至两个以上的不同税率,则称复式税则制。例如,我国的关税就属于复式税则制,对每件进口商品,按照原产地的不同,分别规定了最惠国税率、协定税率、特惠税率、普通税率、关税配额税率等。进口关税的税率结构主要体现为产品加工程度越深,关税税率越高,形成梯级有效保护,即在不可再生性资源、一般资源性产品及原材料、半成品、制成品中,不可再生性资源的税率最低,制成品税率最高。

四、关税的经济效应

关税对经济运行的影响,主要体现在以下三个方面:

(一) 保护国内产业

关税的贸易保护功能使其成为世界各国通用的、非常重要的贸易保护手段。通过对进口商品征收高额关税,大大提高进口商品在国内市场上的销售价格,改变进口商品和国内同类商品之间的相对价格,相应降低进口商品的国内需求、提高国内同类商品的市场需求,从而起到限制进口、保护本国相关产业发展的作用。在实践中,关税贸易壁垒往往和非关税壁垒结合使用,共同作用于国际贸易。当然,过高的保护性关税也可能引发国际贸易纠纷和摩擦。

(二) 调节市场供求

差异化的关税政策有助于一国政府调节国内市场供求,实现供求平衡。一方面,通过对本国紧缺的工业原料、生活必需品、本国尚不能生产又急需的技术先进产品征收较低税率或免税进口,扩大相关产品的进口,满足国内市场供给。另一方面,通过选择对一些稀缺性资源产品、国内市场供不应求的商品征收出口关税,提高相关商品在国际市场上的价格,从而减少出口,保障国内市场的消费需求。可见,进出口关税的征收,最终都会在不同程度上影响相关商品国内市场的供求平衡。

(三) 平衡国际收支

关税税率的调整,也可以用来调节一个国家的国际收支平衡。当国际收支出现逆差时,可提高进口关税的税率来限制进口,以达到缩小甚至消除国际收支逆差;而当国际收支出现较大顺差时,则可以降低进口关税的税率来鼓励进口。当国内需求过旺时,可降低进口税率来鼓励进口,增加商品供给;而当国内供给相对过剩时,则可提高进口税率来限制进口,以减少商品供给。出口关税对国际收支和社会总供求平衡的调节作用,则与进口关税相反。

资料链接 6-7

我国进口车价格为何居高不下

2014年8月4日,上海市发改委、江苏省物价局所属的反垄断局组织力量,对奔驰公司上海办事处进行了调查。8月6日,国家发改委新闻发言人李朴民在新闻发布会上确认,奥迪、克莱斯勒和12家日本企业存在垄断行为,近期将会受到相应处罚。

发改委的一系列动作,让进口车在中国销售价格过高的现象重新引发了广泛关注。到底是什么原因,使进口车在中国的价格那么高呢,是因为关税,还是垄断经营所导致?

1. 进口车国内售价为何比国外高两、三倍

中央财经大学国际经济与贸易学院副院长刘春生给记者算了一笔账,"进口车的到岸价格要增加运费(主要是海运运费)和保险费,然后加上关税、增值税、消费税、经销商的费用与利润,形成最后零售价格,部分型号的进口汽车还会被征收反补贴税。加上以上各项税费,进口汽车售价平均大约提高60%。但目前进口车动辄高于原车价100%—150%,显然不只是税费的问题,剩余的部分应该是厂商、经销商的加价。"

同时在汽车界,加价提车的现象十分常见,销售顾问告诉记者,因为产品数量的限制,一般畅销车型都需要额外加钱才能提到现车。

2. 进口车授权经营,客观上形成垄断

《汽车品牌销售管理办法》规定的授权经营办法,源于办法出台前的汽车业销售乱象,其初衷是为了保护消费者的合法权益。其中第六条规定,同一汽车品牌销售和服务网络规划,一般由一家境内企业制定和实施。第二十五条规定,汽车品牌经销商应当在汽车供应商授权范围内从事汽车品牌销售、售后服务、配件供应等活动。根据该办法,卖车首先要厂家授权,然后到工商部门备案,消费者可以通过工商部门的系统,查到哪个店是他们的授权店,同时总经销需要对问题产品负责。

中国汽车流通协会常务副会长兼秘书长沈进军解释:"中国市场经济发展太快,政府经过一些行政的、政策的干预,会使我们在短暂的高速发展的过程中尽量少走弯路。所以《办法》设立的初衷没有问题。"

但是,《汽车品牌销售管理办法》也带来了一定的负面影响。国外品牌要在中国卖车得设立总代理,由总代理授权品牌经营,客观上形成了汽车销售的垄断,进口车被不断加价在所难免。

3. 经销商与厂商的话语权博弈

在实践中,国外品牌的中国总代理多由该品牌投资兴建,形成总代理与厂商一体

的现象。在经销商与厂商的博弈中，中国经销商总是处于劣势的地位。厂商与经销商的这种关系，是源于现实操作中厂商与经销商之间一年一授权的授权办法决定的。这让经销商受制于厂商。

因此，为解决这一问题，政府应该在保护经销商方面有所作为，制定游戏规则，公平竞争。增加经销商与厂商博弈的力量，倒逼厂商开发更适合中国的产品，增加畅销车的供应量，用供求关系改变市场价格。

资料来源：徐霄桐.我国进口车价格为何居高不下.中国青年报，2014年8月11日.

本 章 小 结

1. 所谓商品税，是对商品的生产、流通、消费以及劳务的提供课征的各种税的统称，国际上将其统称为"商品与劳务税"。这里的商品既包括有形商品，即货物，也包括无形商品，如劳务和技术。由于商品课税多是以商品或劳务的流转额为课税对象，所以又被称为流转税。

2. 与其他课税体系相比较，商品税具有以下四个方面的显著特点：第一，征收面广，税收收入稳定；第二，税负容易转嫁，课税隐蔽；第三，计征简便；第四，税负具有可转嫁性。

3. 按课税范围的大小不同，商品税可分为一般性商品税和选择性商品税；按课税环节的多少不同，商品税可分为单环节商品税和多环节商品税。

4. 在商品税体系中，主要包含周转税、销售税、增值税、消费税和关税等税种。这些税种的课税对象、计税依据、纳税环节以及税率形式等要素均不同，对实现某些特定社会政策目标的调节功能也不同。不同商品税的搭配模式主要有以下两种：销售税与消费税相结合的模式和增值税与消费税相结合的模式。由于各国社会经济问题各异，各国在具体税制实践中，选择开征的商品税税种及其相互间的搭配模式也有所不同。

5. 增值税是以商品生产流通各环节或提供劳务的增值额为课税对象而征收的一种流转税。课税对象是商品和劳务流转过程中的增值额或附加值，按照计算增值额时对外购固定资产扣除的处理方法不同，增值税可以分为生产型、收入型和消费型三种类型。增值税应纳税额的计算方法主要有税基列举法、税基扣除法、税额相减法三种，税额相减法又分为发票扣税法和账簿扣税法。大多数国家实践中选择税额相减法，特别是发票扣税法。

6. 消费税是指对消费品和特定的消费行为按流转额征收的一种商品税。对消费税概念理解上，有直接消费税和间接消费税两种。直接消费税是对个人的实际消费支出的课税，属于直接税范畴；间接消费税是指向消费品的经营者的课税，属于间接税的范畴。我们通常所说的消费税是指间接消费税。根据消费税征税范围的不同，各国实行的消费税大体上可以分为有限型、中间型和延伸型三种类型。消费税对于引导消费方向、调节收入分配和促进节能环保有着特殊调控意义。

7. 关税是海关依法对进出境货物、物品征收的一种流转税。按课税对象的不同，关税可以分为进口关税、出口关税和过境关税。按照征收目的不同，关税可以分为财政性关税和保护性关税。关税税则以税率表为主体，分为商品分类目录和税率栏目两部分。关税对贸易保护、调节国内市场供求、平衡国际收支具有重要意义。

复习思考题

1. 什么是商品税？商品税的特点是什么？
2. 商品税有哪些分类？试比较不同类型商品税的优缺点。
3. 商品税的搭配模式有几种？我国商品税模式属于哪种模式？
4. 结合我国营业税改增值税改革，谈谈增值税制的发展趋势。
5. 消费税有哪些特点？应如何选择消费税的征免税范围？
6. 关税有哪些主要分类？结合我国实践，谈谈关税的经济效应。

案例讨论题

海外代购：高税率是一把双刃剑

据中国电子商务研究中心的监测数据，2011年海外代购市场交易规模达265亿元，同期增长120.83%，2012年海外代购交易规模为480亿元，2013年海外代购交易规模为744亿元，预计2014年海外代购交易规模超过千亿元。2013年中国奢侈品消费量达1 160亿美元，其中，在中国实体店的奢侈品消费量达280亿美元，增速仅30%，如此看来，奢侈品的代购渠道已经直逼主流销售渠道。

海外代购，是一个规模巨大且又颇受争议的行业，与国内专柜相比，其产品具有明显的价格优势，消费者可通过淘宝、全球购等第三方平台，足不出户，轻点鼠标，就能买到来自世界各地的商品。从路易威登、古驰等国际名牌包到香奈儿、兰蔻等知名化妆品，乃至异国他乡的各种美食……海外代购一直备受国内消费者追捧。但是，在操作上它还处于灰色地带，由于建立在逃避纳税的基础上，所以这种商业模式存在着很大的不确定性和风险性。

2013年"离职空姐代购案"二审落定，让海外代购现象广受关注。

1. 事件回顾

李晓航2008年离职之后与男友在淘宝网上开了化妆品店。检方指控，2010年8月至2011年8月间，李晓航与男友去韩国带化妆品46次，以客带货方式从无申报通道携带进境，均未向海关申报，共计偷逃海关进口环节税113万余元（后认定为109万余元）。

2013年7月北京市二中院一审以走私普通货物罪判处李晓航有期徒刑11年，罚金50万元。李晓航不服判决，于2012年9月提起上诉。2013年12月17日，北京法院重审"空姐代购案"，以走私普通货物罪判处李晓航有期徒刑3年，但认定的偷逃税款为8万元。

这一判决对海外代购业的影响无疑是巨大的。有媒体报道称，网上的海外代购卖家约超10万家,其中化妆品代购有5 000多家。此案件不仅引发人们对于代购的讨论,进口税率的问题也引来关注。有网友称李晓航"走私"40多次就能逃税109万元人民币,足以说明进口税率之高。对此,有专家表示,我国代购业之所以旺盛,主要的原因还在于国内市场商品的零售价格比国际市场高很多,一些商品的进口税率确实有调整的必要。

2. 业内声音

木偶剧演员("爱血拼站"站长,曾做海外代购):"代购是打擦边球!"

我之前做的海外代购是需要经过海关程序的,大部分转运都是正规报关,也会被海关收税。但是不排除其他人的部分转运和代购是通过一些非法途径入关,如果被查到就涉嫌走私了。大卖家可能还是走灰色渠道的比较多,因为现在合法报关的话,每一个包裹都要提供收件人身份证,他们很难操作。一些"有路子"的大卖家根本不愁海关问题。

代购和朋友帮忙从国外带东西,都是走行邮税,也就是进境物品完税价格表中的关税。如果是商业用途的话就要征收关税、进口环节增值税和消费税。简单地说,从国外带东西如果是自己买来自用是合法的,如果带回来转卖就涉嫌走私,所以海关文件里面一直强调"合理自用"。代购实际上是打擦边球,比如说我帮别人代购,但收件人和报关身份证都是别人的,这样可以理解成是那个人自用,我只是帮他下单。

3. 专家建议

赵萍(商务部研究院消费经济研究部副主任):"进口关税有必要调低!"

对于较高端的化妆品来说,要收30%的消费税、17%的增值税以及关税。关税的税率取决于消费品来源国,如果享受最惠国待遇是10%的关税,其他国家可能达到20%—30%的关税税率。所以即使是来自享受最惠国待遇的化妆品,其三项税的总税率也在57%左右。

化妆品的进口环节税比较高,我认为除了极高端的化妆品品牌,其他定位中高端人群的化妆品的进口环节税收是应该降低的。随着生活水平的提高,这些消费品已经不是奢侈品了,所以有必要调低进口关税。定位高端奢侈品的化妆品就没有必要调整了,因为即使调低关税,他们依然会大幅涨价。

目前我们国内的代购非常普遍,代购业也很旺盛,主要的原因还在于国内市场商品的零售价格比国际市场高很多。进出口环节税高是其中一个原因,其他的还包括高成本和高利润。调节关税问题解决了一个内因,但是并不能完全解决价格高的问题,也就无法阻止代购行为的发生。

4. 旁观者说

孙小姐(26岁,公司白领):"应思考代购为何普遍!"

我经常在淘宝上找代购或者让国外的朋友回国时帮忙带些物品。一般情况下,从国外代购比国内专柜便宜三分之一甚至是一半的价格。身边很多朋友都是这么做的。

那位空姐代购40多次逃税金额居然能够达到109万元,我觉得空姐代购后的利润都到不了这么多钱。这也足以说明我们国家某些进口消费品的税率太高了。

我觉得应该思考的是为什么现在代购这么普遍,关税高导致价格高肯定是一个原因,这说明管理和体制方面存在问题,这些问题是政府应该考虑的事情,而不是从老百姓身上找毛病。

邱宝昌(北京汇佳律师事务所主任):"免税额度应提高!"

按照海关规定,进境旅客可免税携带进境价值人民币5 000元的自用物品,个人邮寄进境物品,应征进口税税额在人民币50元(含50元)以下的,海关予以免征。

如果超过了海关规定的免税标准而没有进行申报的就涉嫌逃税了,尤其是还以营利为目的,这就涉及走私了。这其中有个问题是,并非每个人都了解海关的申报要求和额度限制。从这个角度来看,法律法规的普及很重要,海关应当在出入关的时候有明确的提醒;公民也要自觉申报。

还有就在于制度的不合理。多年前海关规定可免税携带进境自用物品的价值不超过5 000元,现在仍然是这个标准。随着经济的发展,人民的生活水平跟工资收入都提高了,自用品的免税额度应当上调。

面对日益增多的海外代购,一些大品牌也开始考虑重新制定价格策略了。奢侈品巨头香奈儿就决定自2015年4月8日起协调全球各个市场的价格差距,下调中国内地售价,同时上调欧洲售价,幅度均为20%,调价后两地价差不超过5%。香奈儿公司称,此次调价为缩小各个市场价差,打击代购市场。分析认为,香奈儿的降价会引发整个奢侈品行业的降价趋势。曾奔赴国外海购的中国消费者如今在国内也能买到与欧洲几乎无价差的奢侈品。要想让整个奢侈品行业降价从"特惠"变成"普惠",税率、物流成本过高等政策值得商榷。

资料来源:李蕾.海外代购:高税率是一把双刃剑.新京报,2013年1月3日;李媛.香奈儿中国内地售价将下调20%店里连夜撤换价牌.新京报,2015年3月19日.

请结合上述案例材料,讨论面对日益增多的海外代购,我国是否应该降低奢侈品的税率?

延伸阅读文献

1. 各国税制比较研究课题组.消费税制国际比较.中国财政经济出版社,1996.
2. 各国税制比较研究课题组.增值税制国际比较.中国财政经济出版社,1996.
3. 胡怡建.2013中国财政发展报告——促进发展方式转变"营改增"研究.北京大学出版社,2013.
4. 胡怡建."营改增"财政经济效应研究.中国税务出版社,2014.
5. 贾康,张晓云.中国消费税的三大功能:效果评价与政策调整.当代财经,2014.
6. 平新乔,张海洋,梁爽,郝朝艳,毛亮.增值税与营业税的税负.经济体制改革,2010.
7. 赛伯仁·科诺林.消费税理论与实践:对烟、酒、赌博、污染和驾驶车辆征税.中国税务出版社,2010.
8. 魏志华,夏永哲.金融业"营改增"的税负影响及政策选择——基于两种征税模式的对比研究.经济学动态,2015.
9. 岳树民,王怡璞.对商品税促进收入公平分配作用的探讨.涉外税务,2013.

10. 朱为群. 消费课税的经济分析. 上海财经大学出版社, 2001.

11. Alan A. Tait. Value-Added Tax: International Practice and Problem, IMF, 1988.

12. Richard M. Bird, Pierre Pascal Gendron. Is VAT the Best Way to Impose a General Consumption Tax in Developing Countries? International Tax Program Working paper 0602, 2006.

第七章 所得税

【本章要点】

1. 所得税的特点和应税所得的界定
2. 个人所得税的税制要素
3. 公司所得税的税制要素
4. 资本利得税的税务处理
5. 社会保障税的税制要素

案 例 导 入

近日,一条关于香港个人所得税单的微博引发网友热传,微博说的是:香港某单身人士,2010年收入17.8万港元,最终却只缴纳了729港元的个人所得税。不少内地网友对这一数据表示惊讶,而且饱含着"羡慕嫉妒恨"的情绪。还有人质疑这到底是不是真的。

香港税务局发言人专门就此做了解释:在香港的薪俸税中,高收入人士负担了大部分税额,中低收入的香港居民只需缴纳很少,甚至不用缴纳,这是很正常的现象。此外,薪俸税中还设有多项很高的免税额。

比如微博中提到的这位香港单身人士,年收入17.8万港元,而香港薪俸税单身人士基本免税额为10.8万港元,超过部分属应课税收入,实行累进税率征税。所以,这名年收入17.8万港元的青年,应课税收入为7万港元。第一个4万港元税率为2%,计800港元;剩余的3万港元适用7%税率,计2 100港元,总计2 900港元。但是,香港政府对2010/2011年度的薪俸税有75%的税收宽减(封顶6 000港元),最终,这名青年全年只需要缴纳2 900港元的25%,即725港元,平均每月60港元。所以,微博流传的数据基本属实。另外,如果是已婚人士,全年免税额为21.6万港元,这样算来,如果年收入17.8万港元,根本不用缴税。

年收入17.8万港元在香港属于什么收入水平?香港政府统计局最新的调查提供了今年第二季度香港一些行业就业人员月收入的中位数。所谓中位数,就是被纳入统计的个体中,多于和少于这个数字的人同样多。统计显示,制造业就业人士月收入中位数为13 000港元,进出口贸易业为15 000港元,金融保险业为13 000港元。年收入17.8万港元的青年,其平均月收入约为14 800港元,基本位于中位数附近。

香港向来以低税率闻名于世,薪俸税也是如此。像这名青年一样的中低收入者,不是薪俸税的缴纳主体。最新公布的年报显示,在 2009/2010 纳税年度,年收入 50 万港元以上的约 28 万人,他们缴纳了薪俸税总额的 87.4%。其中,年收入 100 万港元以上的 84 000 多人,承担了薪俸税总额的 62.06%。在 2008/2009 课税年度,当年政府宽减了 8 000 港元以内的全部税款。在 137.8 万名纳税人中,扣减后仍须缴税的只有 62.3 万人。香港的薪俸税很好地达到了税收目的——调节收入分配。

资料来源:香港年入 17.8 万只需缴税 729 元属实. 人民日报,2011 年 11 月 10 日.

现代所得税是由英国在 1799 年正式创立,最初是为筹集战争经费、弥补财政赤字所需,一直到 20 世纪 40 年代前后,人们才开始注重其收入分配的功能。目前,世界上绝大部分国家和地区都开征了所得税,所得税的收入份额也随着经济的发展而不断提高,甚至成为许多发达国家的主体税种,特别是个人所得税,已成为各国政府调节个人收入分配最重要的税收手段。

第一节 所得税概述

所得税是以已实现的所得或利润为课税对象,向取得所得的所有者征收的税,主要包括公司所得税和个人所得税,在发达国家和越来越多发展中国家的所得税体系中还包含社会保障税、资本利得税等。

一、所得税的特点

第一次世界大战后,所得税被西方国家广泛采纳,深受欢迎。西方学者把它看作最能体现税收公平的制度安排。与其他课税体系相比,它具有以下四个方面的特点。

(一) 普遍课征、税源广泛

所得税的课税对象是企业和个人的所得。作为课税基础所得源自国家的经济资源和个人的经济活动,只要有所得,就可以课征所得税;凡是有所得的自然人、法人和其他社会团体、组织,只要符合法定标准,就必须课征所得税,因此所得税具有普遍课征、税源广泛的特点。而且随着经济资源的不断增加和经济活动的不断扩大,所得的来源、种类将会越来越丰富,因此所得税税源也将会更加广泛,所得税的收入也必然随之增长。

(二) 税收负担难以转嫁

所得税是在收入分配环节,对企业净利润和个人纯所得进行的课税,不与商品流通和市场交易直接相关,一般来说,其税收负担难以转嫁,最终的税收负担将由纳税人直接承担,纳税人就是负税人,因此所得税属于直接税的范畴。

(三) 税负公平,具有累进性

所得税不仅允许税前扣除各项成本、费用,而且还设置了宽免额,同时普遍采取累进税率,这使所得税的税收负担具有鲜明的累进性,较好地体现了"高收入者得多交税,低收入者少交税甚至不交税"的量能负担原则,在调节收入分配差距方面具有明显的优势,成为各国政府调节收入分配的最主要税收工具。在所得税制下,没有收入的个人和亏损的企业是不需要缴纳所得税的,而对于商品税来说,只要发生了市场交易行为,无论纳税人是否盈利,都必须要纳税。故与之相比,所得税更具人性化,有利于缓和阶级、社会矛盾,促进社会和谐、稳定,特别是所得税体系中的社会保障税,还具有增进社会福利的作用。

(四) 计征复杂

所得税以按照税法计算的应纳税所得额为计税依据,其中涉及一系列复杂的成本、费用扣除,因而计算过程比商品课税复杂得多,税收征管的难度也相对较大。对于企业来说,要准确界定哪些项目可以扣除以及扣除的金额、哪些项目不可以扣除等;对于个人而言,要针对具体情况计算个人的各种扣除额和宽免额等;再加上累进税率的运用,所得税的计税方法非常复杂。同时,个人所得税的课征,还面临纳税人数众多、税额普遍较小和税源相对分散等问题,所以其税收征管难度也比其他税种更大。

由于上述特点,和商品税相比,所得税存在如下三大缺陷:一是所得税的税收收入与国民收入关系密切,能够比较准确地反映国民收入的增减变化情况,所以税收弹性大,易受经济波动的影响,不容易保持税收收入的稳定。二是计征复杂,偷逃税现象更加严重,对征管水平的要求相对较高。为了确保所得税的良好运行,客观上要求整个社会具有较高水平的会计核算和信息化管理基础。发展中国家之所以难以把所得税作为主体税种,除了经济发展水平较低的原因外,还与这些国家的税收征管水平相对落后密不可分。三是由于所得税的税收负担具有直接性、公开性和透明性特点,对纳税人征收所得税,使其直接感受到自身经济利益的损失,更容易引发其对税收的反感和抵触情绪,甚至诱发政权更迭等社会不稳定因素,故而征收阻力相对较大,特别是在税收法制化水平不高、纳税意识淡薄的情况下。

二、应税所得的界定

所得税是以所得为征税对象的,而"所得"一词是一个非常宽泛的概念,作为计税依据的应税所得,其具体含义是什么?所得的征税范围究竟有多大?有没有例外的情形?凡此种种问题的回答,就涉及应税所得的范围界定。因此,应税所得的界定是征收所得税的关键问题。对于应税所得应该如何界定,一直以来就有不同的看法,概括起来主要有周期说、净资产增加说、净值加消费说和交易说四种观点[①]。

(一) 周期说

周期说又称所得的源泉说,其主要代表人物是普伦(Plehn)。这种学说认为,应税所得应是从一个可以获得固定收入的永久性来源中取得的收入。在周期说中,应税所得是一个特定的概念,其来源应该具有循环性、周期性和反复性的特点,如工资薪金、利

---

① 杨斌. 比较税收制度. 福建人民出版社,1993年版,第292—294页.

息、利润等所得项目;而一次性、偶然性、临时性的所得不属于应税所得的范围,应排除在应税所得之外,如资产转让所得、奖金、著作权的销售收入等所得项目。周期说的特点是征收便利,但不利于公平。

(二) 纯资产增加说

纯资产增加说又称净值说,该学说最早是由德国学者熊滋(Schanz)提出的。该学说认为,所得是组织或个人的经济力量在两个时点之间新增的且可随意支配的经济资产总额,但要扣除所应支付的利息和资本损失。这一学说纯粹从货币增加值的角度出发,不问所得来源是否具有规律性。如此一来,不仅反复连续发生的所得包括在应税所得的范围内,同时偶然性、临时性的所得也纳入应税所得的范围内。该学说课税范围比周期说有所扩大,更加注重税收的公平性,但是如果按此设计所得税,制度可能比较复杂。

(三) 净值加消费说

该学说是由美国学者海格(Haige)和西蒙斯(Simons)在净值说的基础上提出来的。西方税收学把以这一学说为基础的所得概念称为"H-S"所得。这一学说认为,所得是在一定时期内纳税人消费能力净增加的货币价值,即在此期间的实际消费额加上财富净增加额。凡能增加一个人消费能力的东西就应该是所得,包括财富净增加额和储蓄,因为它代表着潜在消费能力的增加。因此,各种来源的所得,无论是经常性的还是偶然性的、规律性的还是不规律性的、已实现的还是未实现的都要列入应税所得的范围。根据这一学说,应税所得不仅包括货币所得,而且还包括房地产、机器设备、无形资产等升值的重估溢价;不仅包括商品劳务交换过程中产生的所得即交易所得,还包括不经交易产生的所得,如自己生产的产品供自己使用、家务劳动等情况。该学说的优点在于注重公平性,反映的所得较为全面,使应税所得接近真实所得,最符合量能负担的原则,但是这一学说忽视了征税的可行性,在实践中会因过于复杂而难以完全实施。

(四) 交易说

交易说是会计学家的观点,他们认为所得是与交易有关的。该学说的所得是指在某一时期内,一切在交易基础上实现的收入减去为取得这些收入而耗费的成本费用,再减去同期亏损之后的余额。按照这一学说设计的所得税税制较为简单,征管比较便捷,税收效率也较高,但是征税范围仅限于交易所得,不能全面反映一个人的综合纳税能力。

在各国课征所得税的实践中,并没有一个国家固守上述某一种学说,但不同的国家在对四种学说的应用上表现出不同的倾向性,如历史上英国和法国偏重于周期说,而美国则偏重于纯资产增加说。应税所得学说的应用,更深层次上来说,是各国所得税制对公平和效率的选择。理论上,如果完全遵循量能负担的税收公平原则,最好采用以净值加消费说为基础的所得税,但是非货币收入的推算通常很难有一个统一的计量标准,征税成本会大大增加,税收效率也会受到损害。因此,尽管国际社会越来越多的国家逐渐接受和采纳净值加消费说,但各国法律实际上规定的应税所得范围仍然远远小于"H-S"所得概念下的应税所得范围。

在实际应用中,各国目前对应税所得的界定,一般采取两种方法:一种是概括法,即在税法中规定包括各项应税所得的条款,但对每一项的内容都只作比较粗略的概括性描述,这样可以使税法条款具有较大的弹性空间,避免过多限定应税所得的范围;另一种是列举法,即把总所得定义为各种应税所得的总额,对各种应税所得进行分类、列举,并详细解释每一类所得包含的内容,凡是不属于规定类别的所得都排除在征税范围之外。

三、所得税的课税范围

所得税的课税对象是从纳税人的总所得中扣除按照税法规定允许扣除项目后的余额,而不是全部所得或者总收益。从世界各国的所得税制来看,尽管列入课税范围的所得项目各不相同,但总的来说应税所得具有如下两大基本特征。

(一) 应税所得是净所得

纳税人为了取得任何一笔所得,不论是生产经营所得、财产所得、投资所得、劳动所得还是其他所得,都会发生相应的消耗和支出。为了避免所得课税对市场配置资源和经济活动带来的不利影响,各国通常在课征所得税时,都允许从总所得中扣除为取得这些所得而发生的一切相关的、合理的、符合营业常规的生产成本和费用开支。所以,纳入课税范围的所得通常都是净所得,而不是毛所得。

(二) 应税所得是合法所得

根据所得来源的法律属性,我们可以将其区分为"合法所得"和"非法所得"。合法所得是指自然人和法人在法律准许的范围内,从事正常生产经营活动获得的所得,包括劳动所得、经营所得、投资所得等。传统税收理论认为,只有具有合法来源的所得才应被列入所得税的课税范围。对于通过偷税、漏税、贪污、受贿、盗窃、走私、赌博、诈骗、违法经营、以权谋私等获得的非法所得,都不得纳入所得税课税范围之内,而应通过司法途径做出判决、予以没收或取缔。将非法所得排除在应税所得的范围之外,并不是说政府就置之不理,而是说它不适用于税收手段,国家应使用其他的司法手段来加以处理。

资料链接 7-1

非法所得的可税性

20世纪90年代末,沈阳、南京和广州等地的税务机关先后对"三陪服务人员"征税,引起新闻媒体的关注和社会的讨论,理论界随之掀起了一股争论非法所得是否应当课税的热潮。概括起来,关于这一问题主要有两派观点:一派认为(以下简称正方)应税所得应当具备合法性,一派认为(以下简称反方)非法所得也应当课税。正方的论据包括:(1)对非法所得课税违背了税收的依据;(2)对非法所得课税违背了税法的正义性和社会道德观念;(3)税收原则并不要求对非法所得课税。反方的论据包括:(1)根据量能课税原则,应当对非法所得同样课税;(2)对非法所得课税并不等于承认其合法性,并不违背社会道德观念;(3)仅对合法所得课税不具有可操作性。从两者的论据来看,显然是针锋相对,颇具辩论的风格。但仔细推敲起来,就会发现,两者的争论实际上走入了一个误区,这一误区就是,双方的争论是脱离实践的抽象理论争论。

非法所得是否应当课税问题的争论实际上就是在抽象实践中的问题时省略了时间的限制,导致实践中的问题变成了理论中的另外一个问题。这里所谓的非法或者合法,是以何时为标准的?是以征税之时,还是以征税以后?正方实际上是主张在征税之时,应当考虑收入的合法性,只有合法收入才能征税,非法收入应当采取没收等其他处理措施。反方实际上是主张从征税以后的发展来看,有可能对非法所得也征了税。如果从征税以后的发展来看待正方观点,正方也不否认,有可能对非法所得征了税,但就征税之时来看,该所得尚未被宣布为非法的,因此,应当推定是合法的。如果从征税之时的状况来看待反方观点,反方也承认,如果在征税之时,某项收入已经被宣布为非法的并被没收,该项收入也不具有可税性。

找出步入误区的根本原因,实际上也就发现了走出误区的途径,即将特定的时间限定加入讨论的范围,在特定的时间限定下来讨论非法所得是否应当课税的问题。这个问题可以分成两个阶段来讨论:第一,在征税之时,对于非法所得是否征税,对于其他所得,税务机关是否有必要判断其合法性;第二,在征税以后,所得被征了税是否就意味着国家承认其合法性。首先,税务机关在征税之时并没有判断所得是否合法的权力,也没有必要去判断其是否合法,是否征税和被征税所得的合法性之间就没有必然的联系。其次,某项所得被征税,只能断定其在被征税之时尚未被认定为非法,至于其实际上是否合法,那要看有关机关的终局判断。征税的过程并不是合法化的过程,征税不等于承认其合法性。

资料来源:翟继光.也论非法所得的可税性.河南省政法管理干部学院学报,2007年第3期.

第二节 个人所得税

个人所得税是以自然人取得的各类应税所得为课税对象而征收的一种所得税,是政府利用税收对个人收入进行调节的重要手段。进入现代社会以后,世界各国普遍开征了个人所得税。在一些发达国家,个人所得税已成为主体税种,对社会经济生活有着重大影响。

一、个人所得税的纳税人

个人所得税的纳税人是指具有独立法律地位的自然人,如何确定一国税法所管辖的自然人范围及其承担的纳税义务,取决于一国采用何种税收管辖权,而税收管辖权是由该国的政治、经济、文化背景、对外政策、税收权益和在国际所处的经济地位等因素决定的。属地原则和属人原则是国际社会公认的两种税收管辖原则,属地原则就是指认定一国主权所及的领土疆域为其行使征税权力的范围,而不论纳税人是否为该国的公民或居民;属人原则是指认定一国的国民或居民为其行使征税权力的范围,而不论这些公民或居民的经济活动是否发生在该国领土疆域之内。按照属地原则确立的税收管辖权被称为地域税收管辖权,按照属人原则确立的税收管辖权被称为公民税收管辖权或居民税收管辖权。

(一) 公民税收管辖权

公民管辖权又称国籍管辖权,属于遵循属人原则确立的税收管辖权,是指一国政府对本国公民来自世界范围的全部所得有权行使征税权力。行使公民管辖权的关键在于确定纳税人(自然人和法人)的公民身份,而不论其居住在何地或哪国。自然人公民身份的判定以是否具有本国国籍为标准,法人公民身份的判定则是以登记注册地为标准。凡属于本国公民,就被认定为该国个人所得税的纳税人,而外国公民却被排除在征税范围之外。目前,世界上只有少数国家实施公民管辖权,如美国和非洲的阿斯马拉。美国是个很特殊的例子,因为其既行使公民管辖权,又行使居民管辖权,实际上就是行使所有的管辖权,对居民和非居民公民来自境内外的收入都征税,以最大限度维护美国的税收权益。也就是说,无论美国公民居住在哪里,都必须向美国联邦政府缴纳个人所得税。为此,美国税法规定了一系列复杂的判定标准,外国公民只要通过美国居民测试或拥有美国绿卡,就会被当作美国居民对待。

(二) 居民税收管辖权

居民税收管辖权又称居住税收管辖权,也属于遵循属人原则确立的税收管辖权,是指一国政府对本国居民来自世界范围的全部所得行使征税权力。行使居民管辖权的关键在于确定纳税人(包括自然人和法人)的居民身份。大多数国家和地区都行使居民管辖权。

在世界各国的税法实践中,对于自然人居民身份的确认,通常采用的判定标准主要有以下三种:

1. 住所标准

住所标准是以自然人在一国境内是否拥有永久性住所或者习惯性住所为标准,决定其是否为居民纳税人。其中住所一般是指自然人的配偶、家庭以及财产的所在地。由于住所具有永久性和固定性的特征,采用这种标准较易确定纳税人的居民身份。目前主要有中国、法国、德国和日本等国采用此标准。

2. 居所标准

居所标准是以自然人在一国境内是否有居所,决定其是否为居民纳税人。各国税法中所说的居所可能不尽相同,但一般都是指一个人在某一时期内经常居住的场所,却不具有永久居住的性质。居所标准能在更大程度上反映个人与其实际工作活动地之间的联系,与住所标准相比,这是它更为合理的地方。采用居所标准的国家,主要有英国、加拿大、澳大利亚等国。

3. 居住时间标准

居住时间标准是以自然人在一国境内居住是否达到或超过一定期限为标准,决定其是否为居民纳税人。采用这种标准的国家很多,但在税法上规定的居住期限并不一致,有些国家规定的居住期限为半年,如英国、印度、印度尼西亚等国;有些国家则规定为1年,如中国、巴西、日本等。

各国根据本国的实际情况选择适合本国的居民判别标准。当然,一个国家在同一时间并非只能选择某一个居民判别标准。事实上,大部分国家会同时选择两个甚至两个以上的判别标准,以最大限度地保障本国的税收权益。如我国个人所得税法规定,凡是在我国境内有住所的自然人,或者在一个纳税年度中在我国境内居住满一年的自然人,都构成我国的居民纳税人。

近年来,由于交通、通讯的便利,人员在国际流动大大增加,而各国之间个人所得税的税负水平却相差巨大,为防止税款流失,各国政府对居民纳税人的判定标准正变得越来越复杂、越来越严格。

(三) 地域税收管辖权

地域税收管辖权又称收入来源地税收管辖权,属于遵循属地原则确立的税收管辖权,指一国政府只对来源于本国境内的全部所得行使征税权力,其中包括本国居民的境内所得和外国居民的境内所得,但对本国居民的境外所得不行使征税权。所得来源地的判定标准主要有生产经营活动发生地、提供劳务所在地、不动产所在地、财产或权利的使用地、所得的支付地等。

单纯实行地域税收管辖权的国家或地区大多是一些发展中国家,或者是一些人口流动性较强的国家或地区。这些国家或者地区出于管理的方便或吸引人流的考虑,通常仅仅行使地域税收管辖权,如巴西、阿根廷、文莱、巴拿马、乌拉圭、委内瑞拉、玻利维亚、多米尼加、厄瓜多尔、危地马拉、尼加拉瓜和中国香港等12个国家或地区。

各国根据本国的国情独立选择行使不同的税收管辖权,具体情况如图7-1所示。行使公民或居民税收管辖权的国家一般都同时兼顾地域税收管辖权,相应个人所得税的纳税人就分为居民纳税人(Resident)和非居民纳税人(Non-resident)。居民纳税人

■ 没有个人所得税的国家和地区　　■ 仅实施地域管辖权的国家和地区
■ 实施居民、地域管辖权的国家和地区　　■ 实施公民、地域管辖权的国家和地区

图7-1　个人所得税及其类型世界分布图

负有无限的纳税义务,要就其境内外的全部所得向居住国政府纳税;而非居民纳税人只负有限的纳税义务,仅对来源于境内的所得向收入来源国政府纳税。

目前,世界上没有开征个人所得税的国家和地区主要有两类:一是属于传统避税地的太平洋、大西洋及印度洋上的一些岛屿,如英属维尔京群岛、巴哈马群岛、百慕大群岛、开曼群岛等;二是部分盛产石油的国家,如巴林、沙特阿拉伯、阿曼、卡塔尔等国。

资 料 链 接 7-2

美国盯上伦敦市长

满头白发的英国伦敦市长鲍里斯·约翰逊常因快人快语登上世界各大媒体的头条。最近,他向美国政府缴纳了一大笔资本利得税的新闻再次吸引了人们的眼球。

鲍里斯和他的律师妻子玛丽娜·惠勒在1999年购买了英国伦敦弗朗路的一套房子,当时的购入价是47万英镑,借着伦敦房地产市场蓬勃发展的东风,他们在2009年的时候将房子以120万英镑的价格售出,获利约73万英镑。根据英国税法规定,英国公民出售其第一套住房所获得的收益不需要缴纳税款,因此市长先生并没有就该73万英镑的获利向英国政府缴纳任何税款。

但是,美国政府却跳出来要求鲍里斯向美国缴纳资本利得税,原因是,鲍里斯同时拥有美国和英国双重国籍。鲍里斯1964年出生在美国纽约,5岁的时候离开美国来到英国,但是他一直拥有美国国籍。而美国税法规定,所有的美国公民,包括那些拥有双重国籍的人士,在法律上都有义务向美国政府提交纳税申报表和缴税,无论他们在哪里生活。

因此,在2014年11月鲍里斯故地重游,到美国纽约推销自己的新书时就被美国政府的税务官员盯上,并要求他向美国政府缴纳其在伦敦出售首套房屋的资本利得税。不久之后,在接受美国全国公共广播电台采访时,当被问及是否会缴纳这笔税款时,鲍里斯颇为无奈地说:"我的答案是,不会,这个要求甚至会让人感到愤怒,凭什么?我从5岁起就离开了美国,我没有享受美国的公共服务,包括教育、道路、医疗、治安和军队等,我只会按照英国的税法缴纳各项税款,因为我生活和工作全在英国。"

不过他的强势态度并没有持续太久。据英国《金融时报》报道,近日鲍里斯已经向美国政府缴纳了税款。按照美国税务专家马克·谢尔的说法:"作为美国公民,他必须遵守美国税法,如果他坚持不缴税,有可能会被控告。并且鲍里斯原定的今年3月出访美国波士顿、纽约和华盛顿三地的计划也将可能受到影响。"看来为了扫清障碍,缴税只能是个不得已的选择,不过鲍里斯拒绝向媒体透露缴纳税款的具体金额。

资料来源:美国盯上伦敦市长:鲍里斯先生请缴税.中国税务报,2015年2月11日.

二、个人所得税的课税模式

按照计税模式的不同,个人所得税制可以分为分类所得税模式、综合所得税模式和分类综合所得税模式三种类型。

(一) 分类所得税模式

分类所得税是指将纳入课税范围的全部所得按照来源的不同划分为若干类别,如工资薪金所得、劳务报酬所得和利息所得等,对各种不同类别的所得,分别适用不同的税率来计算其应纳税额。分类所得税的计税依据是法律规定的各项所得,并不是个人的总所得,其税率多为比例税率或较低的超额累进税率两种形式。

分类所得税的理论依据在于,纳税人为取得不同性质的所得,其付出的劳动和努力程度是不一样的,因此不同性质的所得应适用高低不同的税率水平。对于勤劳所得,如工资薪金所得,需要付出艰辛的努力才能获得,应承担较轻的所得税;而对于资本利得,如利息、股息、租金及转让股票和不动产资本所得等,主要凭借本身拥有的资本而取得,其所需付出的劳动比较少,应承担较重的所得税;对于偶然所得,如中奖所得,完全不用付出辛苦即可取得,应承担最重的所得税。

分类所得税的优点在于,可以按所得性质的不同采取差别税率,实行区别对待,有利于实现国家特定政治、经济、社会政策目标。而且分类所得税征收比较简便,易于进行源泉控制,一次性征收,不需要汇算清缴,减少了征纳的成本。但分类所得税无法按纳税人真实的纳税能力征税,所得来源渠道更多且综合收入更高的纳税人缴税可能更少,不能有效地贯彻量能负担原则和税收公平原则的要求,也容易改变纳税人的行为,产生逃避税问题,带来经济效率的扭曲。分类课税模式首创于英国,但当前实行纯粹分类课税模式的国家已经很少,我国尚属于典型的分类课税模式。

(二) 综合所得税模式

综合所得税是指将纳税人一定时期内的各种不同来源的所得汇总起来,在减去法定扣除额和宽免额后,对余额依法课征所得税,其计税依据是纳税人的全部所得。综合所得税一般采用累进税率计征。

综合所得税的理论依据是,所得税作为一种对人税,应充分体现量能负担原则和税收公平原则,因此,应该综合纳税人所有各种性质的所得,按统一的累进税率课征。

综合所得税的优点是既能体现纳税人的真实收入水平,又能照顾到纳税人的不同家庭负担差异,做到高收入者多交税、低收入者少交税,对个人收入分配的调节作用最强,符合量能课税、公平税负的原则。但综合所得税的缺点是计算复杂、征管难度大。一方面,由于综合所得税模式建立在纳税人自行申报制度基础之上,不便于实行源泉扣缴,征纳手续比较繁杂,逃避税风险更高,要求纳税人纳税意识强、税收遵从程度高,以及较健全的财务会计体系相配套。另一方面,综合所得税对征管的要求比较高。为了准确掌握纳税人的全部所得信息,征管机关必须具有较高的工作效率和先进的税收管理手段,征税成本较高。综合所得税最早出现于德国,后来逐渐被世界各国普遍采用。

(三) 分类综合所得税模式

分类综合所得税也称二元所得税制或混合所得税制,它是将分类所得税制和综合所得税制结合在一起的一种所得税课税模式。这种模式先对纳税人在一定时期内各种不同来源的所得,采取源泉扣缴的办法,分项课征,然后再将全部所得汇总起来,扣除法定项目之后,按照累进税率课征所得税,对分类阶段已经缴纳的税款允许扣除,多退少补。分类综合所得税制最早是法国在1917年第一次世界大战期间开始实行的。

分类综合所得税既坚持按能力纳税的量能负担原则,对不同来源的所得综合计征,体现税收公平;又坚持差别课税、源泉扣缴,对不同性质的所得进行区别对待,实现税收的政策性调节功能。同时,它还具有便于征管、减少偷逃税等优点。因此,分类综合所得税模式在一定程度上集合了分类所得税和综合所得税的优点。

在实践中,分类综合所得税模式的税制安排非常复杂,又可以分为二元、半二元、半综合等不同税制模式。典型的二元所得税制是指,工薪所得适用较高的累进税率,各类资本利得适用基本相同的比例税率或者适用差别较小的比例税率,如挪威、冰岛、芬兰。半二元或半综合所得税制是指,对不同类型的所得实行略有不同的名义税率,其中对某些类型的资本利得适用较低的比例税率,而对其他类型的资本利得和一般所得适用较高的累进税率,如法国、日本、瑞典。对资本利得课以更低的比例税率主要是因为资本比劳动力更容易跨境流动,通过储蓄、投资转移到国外,导致资本外逃,从而逃避所在国对资本利得的高税收。为了将资本留在国内和鼓励投资,许多国家都对资本利得制定了比工薪所得更低的税率。

个人所得税制度的核心是实行分类征收还是综合征收。回顾相当长的个人所得税的发展历史,越来越多国家正由传统的分类个人所得税向更综合的个人所得税转化。以OECD国家为例,葡萄牙作为最后一个保留分类税制的OECD国家,已于1989年放弃了分类税制。在此之前,比利时(1963年)、意大利(1973年)和西班牙(1978年)转向了综合税制。在最近几年,一些东欧国家政府(捷克斯洛伐克、匈牙利和波兰)正在跟随这一趋势,一些拉丁美洲在最近二十多年也在向综合所得税制过渡。

目前,世界各国在所得税课税模式的设置上主要呈现出以下特点:一是主要发达国家都实行二元、半二元或半综合所得税制度,即部分所得累进征税、部分所得按比例征税。二是累进征收的项目以勤劳所得为主,如工薪所得、养老金所得、经营所得、职业所得、杂项所得等,加上部分资本利得。按比例征税的项目主要有资本利得或投资所得,如利息、股息、资本利得等。三是比例税率大多数情况下低于最高累进税率。四是累进课税的项目,一般享受税收扣除,比例课税的所得一般不允许扣除,但有的国家规定亏损可以与同类收入抵扣,并且亏损可以跨年结转。

三、个人所得税的纳税单位

从严格意义来说,个人所得税是对取得应税收入的自然人课征的一种税,因此以负有纳税义务的自然人作为纳税单位是理所当然的。但是在现代社会,家庭是社会经济生活的基本单位,有婚姻关系或血缘关系的自然人通过家庭结为财产统一体,有些国家法律明确规定夫妻关系存续期间的财产甚至收入为夫妻双方所共有。因此,从征收管理的角度来看,个人所得税的纳税单位又可能不只自然人一种选择。在各国的个人所得税实践中,有个人制和家庭制两种不同类型的纳税单位选择。

(一)个人制

个人制是指以个人作为所得税的申报纳税单位,具体包括两种形式:未婚者单独申报和已婚者分别申报。个人制的优点在于对婚姻既不惩罚也不鼓励,即"婚姻中性",夫妻双方如果收入未发生改变,则婚前和婚后应缴纳的个人所得税是相同的。但个人制也存在一些缺点。首先,非常容易出现家庭成员之间通过分散财产、分计收入的方法分割所得逃避税收或避免适用较高级次累进税率的现象。其次,取得相同收入的不同纳税人,可能会因其赡养人口数量不同、家庭负担不同而具有不同的纳税能力,但在以个人为基础的申报制度下,他们承担的税负却是相同的,这显然并不符合量能负担原则。中国、日本、加拿大和奥地利等国都是以个人为纳税单位。

(二) 家庭制

家庭制是指以家庭作为所得税的申报纳税单位,必须将夫妻或全体家庭成员的收入汇总,按规定向税务机关申报纳税。具体又分为两种形式:已婚者联合申报和单身户主申报。从理论上讲,按家庭征收可以充分考虑各个家庭的差异,实行不同的税前扣除和税收优惠,有利于各个家庭之间税负的公平。家庭是社会的基本单位,赡养老人、抚养后代是家庭的基本功能,家庭之间的税负公平比劳动者个人之间的税负公平更为重要。因此,按家庭征收个税长期以来被视为最优的选择。

家庭制的优点在于充分考虑了家庭成员的收支情况,便于控制家庭生计费用扣除,比较符合税收的公平负担原则,无需进行家庭共同财产和收入的分割,还可防止家庭成员通过资产和收入分割逃避税收。但是,家庭制破坏了夫妻间的隐私权,由于婚前和婚后的税负不同,还会对婚姻造成干扰,会鼓励收入差距较大的伴侣结婚,而惩罚收入接近的伴侣结婚。在高税率、多档次的累进税率的前提下,家庭制可能会降低妇女的工作意愿,这是对已婚妇女基本权利的一种抑制。因为如果女性参加工作,获得的收入要与丈夫合并计算,会提高适用税率的级次,加重家庭的税收负担。

资料链接 7-3

美国个人所得税纳税单位的演变

美国的个人所得税法从1913年开始颁布执行。几十年来,其个人所得税法几经修改,其中对课税单位的选择也发生过多次变化。

第一阶段为1913—1948年。在个人所得税的开征早期,美国个人所得税选择以个人为课税单位,即不管居民个人的婚姻状态如何,居民按照其个人的实际收入报税。选择以个人为课税单位,居民个人的税负不随居民婚姻状态的改变而发生变化,同时个人所得税的边际税率随着个人所得的增加而增大,因此个人所得税法基本实现了"婚姻中性"和"税收累进"这两个原则。

第二阶段为1948—1969年。为了改变由于税制不统一造成区域间居民个人所得税税负差异较大的不合理状况,美国1948年颁布的《收入法案》选择以家庭为个人所得税的课税单位。新法允许美国境内的所有夫妻可以对其总收入均分后再分别填报纳税申报单。这一改变意味着家庭收入相同的两个家庭要负担数额相同的税收。这种做法虽然实现了"税收公平"的目标,但是由于个人所得税法设计中的累进性,其实际上降低了夫妻总体的税负,成为一种"婚姻奖励",违背了"婚姻中性"的目标。在随后的20年里,这种"婚姻奖励"不断增加。例如,按照美国1965—1970年个人所得税的平均税率计算,一个应税所得为32 000美元的单收入家庭,运用收入均分的方法联合申报纳税,其家庭总纳税额为8 660美元。但对于一个具有同样收入的未婚居民个人来说,其纳税总额却高达12 210美元,税负差异为41%。

第三阶段为1969年至今。公共压力促使美国政府在1969年颁布的《税收改革法案》对"婚姻奖励"这一不合理的状况进行了修正。这次税改通过婚姻关系把个人分为两类——已婚个人和未婚个人。已婚个人可以合并他们的所得和扣除项目只进行一次申报,亦可以各单独申报。未婚的纳税人分成单身和户主两类。这样就产生了4个税率表:一个用于夫妻双方联合申报,一个用于夫妻双方分别申报(税率较高),一个用于居民个人单独申报,一个用于户主申报。而居民个人适用的所得税税率表不仅税率偏低,而且新税法还规定居民个人的个人所得税税负比一对总收入与其相同的夫妻的税负差异不能超过20%。这样该法案却产生了另外一个负效应,那就是它第一次使美国的税法出现了"婚姻惩罚",虽然对于一些夫妇来说仍然存在"婚姻奖励",但对很多家庭,尤其是双收入家庭造成了"婚姻惩罚"。

从20世纪70年代开始,美国联邦政府多次修改其税收法案以改变"婚姻惩罚"或"婚姻奖励"的程度,以期实现"婚姻中性"的目标。美国1975年《税收削减方案》提高了夫妻联合申报的标准扣除数额;1981年《经济复兴税收法案》又颁布了一项对家庭中第二收入人收入的税收扣除条款,希望能降低家庭的所得税税负,降低"婚姻惩罚"的程度;1986年《税收改革法案》虽然删减了这一条款,但增加了其他条款以降低家庭税负和居民个人税负的差异,如增加了家庭报税的扣除款项、降低了家庭报税的边际税率。20世纪90年代,美国联邦政府税改的趋势却转向提高税率以增加"婚姻惩罚"。但进入21世纪,美国税改的趋势又重新转向降低"婚姻惩罚"。如2001年《经济增长和恢复法案》提高了对家庭的扣除标准,在税率表中新增了10%这一档超额累进税率,同时拓宽了15%这一档的范围,力争达到夫妻双方的税负基本与两个个人的税负之和相当。2003年《就业增长和税收协调法案》延续了这一税改的趋势。

事实上,没有一种累进的个人所得税制度能够同时实现"税收公平""税收累进"和"婚姻中性"这三个目标(Rosen,1977)。1948年之前,美国以居民个人为个人所得税的课税单位,但税法设计违背了"税收公平"的目标,即收入相同的家庭缴纳个人所得税不同;

1948年的税法改革之后美国以家庭为个人所得税的课税单位,但却违背了"婚姻中性"的目标;1969年的税法改革为个人报税和家庭联合报税设计了不同的税率表以期实现"婚姻中性",但"婚姻非中性"的问题直至现在仍然困扰着美国政府个人所得税税法的设计者。

资料来源:马君,詹卉.美国个人所得税课税单位的演变及其对我国的启示.税务研究,2010年第1期。

在相当长的时间内,经济学家一直从经济学的角度来研究纳税单位问题,是对个人征收,还是对家庭征收。有同样税前收入水平的单身个人和已婚纳税人,他们的纳税能力是否一致,一直是争论的焦点。主流经济学家的观点是:已婚夫妇享受一定的"经济规模"效应,如果已婚夫妇与两个单身个人拥有相同的所得,那么已婚夫妇要比两个单身个人的所得效用高,因为家庭成员间实际上分享他们的所得。根据按能负担的原则,很多国家过去都趋向于对已婚夫妇征收惩罚税。近年来,经济学家对待婚姻惩罚问题的观点逐渐发生了改变,认为男人与女人在法律和社会经济地位方面有权利被当作独立的个人,不应因为税收政策被迫形成某种偏好。因此,越来越多的国家开始中性地对待婚姻。

20 世纪 60 年代,在 OECD 国家中,有 15 个国家对勤劳所得选择以个人为纳税单位,5 个国家实行联合或家庭课税制度,4 个国家的已婚纳税人可在联合或单独课税制度两者之间选择。从 20 世纪 70 年代开始,丹麦、芬兰、荷兰、瑞典、英国、冰岛、奥地利、比利时、澳大利亚和意大利等 17 个 OECD 成员国陆续将以家庭为课税单位改革为以个人为课税单位。还有一些成员国是介于两者之间,形式上是按家庭征税,实质上偏向按个人征税。例如,法国将家庭所得汇总的收入,分解成若干份额分摊到每一个家庭成员,以个人份额计算应纳税额,再将家庭成员的应纳税额合并起来,即为家庭的应纳税额。德国、爱尔兰也是类似的做法,将夫妻收入合并计算出家庭总收入,然后除以 2 得出夫妻各自的应纳税所得额,各自按照相应档次的税率计算应纳税额,合起来即为家庭应负担的税款。由于家庭制的很多规定会使个人所得税制复杂化,这可能是上述国家最终放弃使用家庭为纳税单位的重要原因。同时,也可能是希望减少个税对婚姻的非中性影响。更为重要的是,随着计算机技术在税收征管中的广泛运用,税务部门掌握纳税人的相关抚养、赡养情况等信息变得越来越容易,个人申报制下也完全可以考虑家庭生计费用扣除。

四、个人所得税的费用扣除

所得税最显著特点是对纳税人的纯收入征税,而不是对毛收入征税。世界各国的个人所得税制都允许从列入征税所得范围的毛收入中扣除必要费用,排除掉不反映其纳税能力的部分,保留能反映其纳税能力的部分,然后对余额计算应纳税所得额。费用扣除的项目不仅包括与获取应税收入直接有关的费用,如工商经营活动、劳务活动和职业活动中消耗的成本,而且还包括与获取应税收入无关的,但又是获取收入所必需的各项生活开支。这些费用都是纳税人进行正常生产经营活动和保证劳动力再生产所必需的,而且其收入数额的多少和相关费用支出有着密切的联系。

一般来说,可从纳税人毛收入扣除的费用包括两类:一种是为获得应税收入而支付的必要成本费用(简称成本费用扣除);另一种是赡养纳税人自身和其家庭成员的最低生活费用(简称生计扣除)。

(一)成本费用扣除

在对个人征收所得税时,为取得应税收入而直接发生的有关成本费用,如果不按照一定的标准从计税依据中扣除，那么就会伤及税本，影响到物质资料再生产的可持续性。

成本费用的扣除，主要有综合扣除、分项扣除以及综合分项扣除相结合等三种方式。综合扣除方式是指从总所得中一次性扣除一个综合扣除额，综合扣除的优点是计算方便、简单易懂。分项扣除方式是指对各项不同性质的所得分别按规定的扣除额标准进行扣除，差别对待，分项扣除的优点是适应性强，能够从整体上照顾到各种所得的具体情况，从而体现纳税人的真实纳税能力，缺点是计算较为复杂。综合分项扣除相结合的方式是对部分所得项目采取综合扣除方式，对另一部分所得项目采取分项扣除方式，这种方式把综合和分项扣除的优点结合起来，是未来成本费用扣除的发展趋势。

不论各国个人所得税制采取何种扣除方式，都需要有一个确定具体扣除数额的标准。在所得税实践中，一般有据实扣除和核定扣除两类扣除标准。据实扣除是指依据实际成本费用发生额扣除，核定扣除是指不管成本费用是否实际发生或发生多少，都得按照税法规定的标准扣除。核定扣除在各国税制中，又具体表现为定额扣除、定率扣除和定额定率扣除相结合三种扣除标准。

1. 据实扣除

据实扣除是依据实际成本费用发生额扣除的方法，它是指对所得项目计税时，允许扣除为取得收入实际发生的各项成本费用数额。据实扣除的优点是符合"发生多少，扣除多少"的量能负担原则，体现对纯所得课税的宗旨，最符合税收公平的要求。但据实扣除的缺点是容易引发纳税人任意扩大甚至虚增成本费用以逃避纳税，可能造成税收流失问题。由于并非所有实际发生的成本费用都是合理的，为避免侵蚀税基，据实扣除时税法往往会对允许扣除费用的项目、范围和金额进行一定的限制。

2. 定额扣除

定额扣除是依据核定扣除标准而生成的费用扣除方法，它是指对所得项目，无论实际成本费用数额是多少，都按照税法规定的一个固定数额来进行费用扣除。这种方法的优点是透明度高、简化税款计算和征管，在扣除额足够高的情况下，可能缩小征税面，更大程度地照顾低收入纳税人的利益。特别是对于应税收入较少的纳税人，采用定额扣除法，可避免因定率扣除费用导致扣除额过低而加重其税收负担的现象的发生。

3. 定率扣除

定率扣除法也是依据核定扣除标准而生成的费用扣除方法，它是指对所得项目，不论数额大小，都按照税法规定的一个扣除比例来进行费用扣除。定率扣除法比较符合"所得与费用正相关"的规律。通常来说，取得各项所得的数额不同，其所需支付的费用也不同，收入数额越大，支付的费用也就越多。

4. 定额定率扣除相结合

定额定率扣除相结合也是依据核定扣除标准而生成的费用扣除方法，它是指对不同的所得项目采取不同的扣除方法，对某些所得项目采用定额扣除法，对其他所得项目采用定率扣除法；或者对同一应税所得项目，在某些情况下（如收入在一定数额以下）采用定额扣除法，其他情况下（如收入超过一定数额以上）则采用定率扣除法。

(二) 生计费用扣除

生计费用扣除又称个人宽免额、免税额,它是指从纳税人的应税所得中减除维持其本人及其家庭成员生存所必需的最低生活费用,这部分维持生计的所得并不代表真实纳税能力,而是用于维持劳动力自身的再生产能力,故不应对这部分收入征税。生计费用是个人维持基本生活所必需的消费支出,生计费用的扣除实质上是对纳税人创造税源能力的认可和保护,保障了人类的基本生存权、发展权。当然,生计费用的扣除也体现了税法对低收入者的照顾,从而有利于税收公平的实现。

生计费用的扣除一般先规定一个基本宽免额,然后再根据家庭成员结构、年龄大小和是否残疾等状况规定补充宽免额。在生计费用扣除中,除了维持最低限度生活费用的基础扣除、配偶扣除和抚养扣除、赡养扣除外,有时还涉及针对残疾人或老年人的额外扣除,这是考虑年迈、残疾等因素削弱了纳税人税收承担能力的特别扣除。

个人所得税的生计费用扣除的具体方法,主要有所得减除法、税额抵扣法和家庭系数法三种。所得减除法就是从应纳税所得额中直接扣除生计费用,绝大多数国家都采用这种方法。税额抵扣法即抵免法,是指先不从应纳税所得额中减除生计费用,而是在计算出应纳税额之后,再从应纳税额中减除一定数额的生计费用,如意大利采用这种方法。家庭系数法就是将应纳税所得额除以家庭系数,得到一个数额,以此为基础找出一个适用税率,两者相乘,然后将其得数与家庭系数相乘计算出应纳税额,如法国采用这种方法。家庭系数法的优点是计算简便、能照顾到不同的家庭情况。但与前两种方法相比,家庭系数法的效果相当于降低了累进税率结构的累进效应,只有在累进税率档次比较多且最高一级边际税率较高的情况下才有效,而且只适用于以家庭为申报单位的申报制度。

从各国的个人所得税制来看,生计费用扣除额的确定一般受以下几方面因素的影响。

1. 最低生活费用

生计费用扣除额取决于最低生活费用标准。而最低生活费用标准取决于当时的经济发展水平,不同国家、不同时期的最低生活标准相差悬殊。经济发展水平越高,最低生活标准包含的内容就越丰富,最低生活费用的标准就更高。同时,最低生活费用标准还应考虑物价变化的影响。最低生活费用宽免额应能保证纳税人按照当时的物价,购买到当时生产力水平所决定的维持最低生活所必需的生活资料。一般情况下,为了增进人民的福利和提高人民的生活水平,生计费用的扣除额也应随着生产力发展和社会进步相应提高。例如,为了体现对纳税人健康的关怀和全面发挥个人潜能,税法应允许纳税人扣除适当额度的医疗费用和教育培训费用。

2. 功能定位

生计费用扣除额取决于个人所得税的功能定位。个人所得税具有组织财政收入和调节收入分配的双重功能。如果一国政府以个人所得税的财政职能为主,那么生计费用扣除额就可以低一些,使个人所得税有更宽泛的税基,税源更加充足,从而能筹集到更多的财政收入。如果以个人所得税的收入调节职能为主,那么生计费用扣除额就可以高一些,以便把更多低收入者排除在课税范围之外,更好地针对高收入者征税。

3. 社会接受程度

生计费用扣除额取决于个人所得税的社会接受程度。个人所得税作为一种直接从纳税人手中征收的直接税,它给纳税人所带来的痛苦程度远大于其他间接税。如果一个社会对个人所得税的接受程度越高,那么生计费用扣除额就可以定得越低,使个人所得税的课税面更广;反之,生计费用扣除额就应该定得较高,以避免太多人成为个人所得税的纳税人。

值得一提的是,个人所得税生计费用扣除额的确定还涉及税种之间税收负担的协调问题。在一定时期内,纳税人的税收负担能力和国家对财政收入的需求是既定的,个人所得税和其他税种之间在税收负担上存在此消彼长的关系。如果商品税等其他税的负担已经比较重,那么个人所得税的负担就应该轻一些,生计费用扣除标准就应该高一些。反之,如果商品税等其他税的负担比较轻,那么个人所得税的负担就可以重一些,生计费用扣除标准就可以低一些。

资料链接 7-4

不同国家生计扣除比较

一、发达国家个人所得税生计扣除标准

一般而言,发达国家单身个人和三口之家的税前生计扣除额低于人均 GDP 和就业人口平均工资,甚至低于贫困线。但是绝对额比较高,非标准扣除(据实扣除)项目多。例如,2013 年,美国人均 GDP 为 48 387 美元,据美国劳工部的统计数据,全职就业人口(不含自营业者)平均工资为 43 460 美元,三口之家的税前扣除额为 16 350 美元,单身个人的税前扣除额为 6 200 美元。同年,根据美国移民局的数据,美国三口之家的贫困线为 19 350 美元。不考虑成本、费用、损失等据实扣除项目,美国的个人所得税生计扣除数额大大低于贫困线。其他一些 OECD 国家的生计扣除额也都低于人均 GDP、平均工资,甚至是贫困线。

二、发展中国家个人所得税生计扣除标准

发展中国家(不包括中国)个人所得税生计扣除额比人均 GDP 和就业人员平均工资要高,一般为人均 GDP 的 2 倍左右,就业人口平均工资的 1.5 倍左右,远远高于最低工资标准和贫困线。发展中国家的个人所得税单身个人和三口之家的生计扣除额相差不大。生计扣除的绝对额比较小,但其他法定扣除(据实扣除)项目也比较少。

例如,2002 年,巴西人均 GDP 为 2 600 美元,就业人口平均工资为 2 544 美元,最低工资标准为每年 972 美元,而巴西单身个人的税前扣除额为 4 289 美元,三口之家的税前扣除额为 5 394 美元;单身个人税前扣除额为就业人口平均工资的 1.7 倍,人均 GDP 的 1.6 倍,但是单身个人与三口之家的税前扣除额相差不大。

值得注意的是,生计费用扣除只是发达国家费用扣除的一部分而非全部,除此以外,发达国家还有大量其他扣除项目,特别是直接成本、费用扣除和损失扣除等据实扣除项目占很大比重。事实上,就全部税前扣除的绝对数额而言,发达国家扣除的绝对数额还是远远高于发展中国家。

资料来源:解学智,张志勇.世界税制现状与趋势(2014).中国税务出版社2014年版,第48—49页。

(三) 其他法定扣除

由于现实生活非常复杂,个人和家庭不可避免会遇到各种需要支出的特殊情况,这些支出也会构成家庭的额外经济负担,所以除了成本费用扣除和生计费用扣除之外,很多国家的个人所得税制还会出于特定的目的,允许纳税人再进行一些特殊法定扣除。常见的特殊扣除项目有慈善捐赠、按揭贷款的利息支出、医疗支出、教育或培训支出、意外灾害造成的损失等。不同的国家对其他法定扣除项目和标准的设定差异很大,但为了防止税基侵蚀,各国一般都会对这些额外扣除项目附加一定条件或数额上的限制。

其他法定扣除项目一般是纳税人创造总所得时所形成的负担支出,而不是在创造某一类特殊所得时形成的,因此,一般是在综合所得税课税模式下实施。在世界各国现行的分类所得税制中,除捐赠扣除外,一般都没有规定个人的特定扣除项目。

资料链接 7-5

美国个人所得税的法定费用扣除

美国个人所得税的法定费用扣除项目主要有:

(1) 某些利息支出。如不超过100万美元的用于个人基本住房或者第二套住房的贷款利息;不超过10万美元的住房抵押贷款的利息;符合条件的教育贷款利息支出(每人每年不超过2 500美元);贷款购买金融资产的利息支出(不超过金融资产投资所带来的收入)。

(2) 纳税人的医疗费支出,包括家庭成员的医疗费。美国规定,医疗费用超过调整后毛所得(AGI)的10%的部分、65岁以上个人医疗费用超过AGI的7.5%的部分,或者医疗保险不能赔偿的医疗费用超过AGI的10%的部分,都可以从AGI中扣除。

(3) 慈善捐赠。个人可以扣除向教会、慈善组织、教育、科研及文化机构的捐款,包括实物财产捐赠,但个人服务不能扣除。在大多数情况下,允许扣除的慈善捐赠的数额不得超过调整后毛所得的50%。

(4) 某些已纳税款,如向州和地方政府缴纳的所得税、财产税可以扣除,但销售税不能扣除。

资料来源:哈维·罗森,特德·盖亚.财政学(第八版).中国人民大学出版社2009年版,第377—379页。

(四) 扣除的指数化

通货膨胀是现代社会的一种常态化经济现象，其对税收负担的不利影响表现为税档爬升(Brackets Creeping)和扣除不足。

首先，通货膨胀会带来税档爬升。税档爬升是指通货膨胀会使应税所得从较低的税率级距上升至较高的税率级距，从而抬高应税所得适用的边际税率。如果在一定时期内，个人所得和价格水平以相同比例增长，那么此人的实际所得没有变化。但是，非指数化税制是以个人的名义所得为基础的，在累进税制下，随着名义所得的增加，此人就被动地进入边际税率更高的税率级次。从表面上看，个人所得税制的整个税率结构并没有变化，但所得被征税的比例却提高了。因此，通货膨胀会自动加重纳税人的税收负担，而无须改变税法。

其次，通货膨胀会带来扣除不足。以扣除各项成本费用和基本生计费用后的余额课税，才能保障劳动力的再生产和纳税人生产经营活动充分的成本补偿，体现对真正有纳税能力的净收益课税的原则。现实税制中，免税额、生计费用扣除和标准扣除额均是按照名义货币价值确定的，当发生通货膨胀，就会导致按不变名义价值扣除的金额其实际币值下降，不足以维持纳税人的基本生活或生产经营所需，从而变相抬高纳税人的实际税收负担。特别是扣除不足还会进一步加剧税档爬升效应，即在非指数化税制下，随着价格水平的上升，免税额和扣除额的实际价值下降，一方面因扣除不足使税基扩大，另一方面税基扩大又抬高了应税所得的边际税率，因此通货膨胀使整体税负全面上升。

指数化(Indexation)是指按照每年消费物价指数的变化，自动调整应纳税所得额的适用税率和纳税扣除额，其目的是从应纳税额的计算中自动排除通货膨胀的干扰，消除通货膨胀对纳税人税收负担的不利影响。指数化采取的具体措施有两点：一是定期按照物价上涨的幅度，相应提高生计费用扣除和其他成本费用扣除标准。二是定期按照物价上涨的幅度，相应提高累进税率表的各档累进级距。各国惯例通常是一年调整一次。为避免每年调整税法的烦琐，有的国家或地区也会给指数化调整设定一个门槛。如我国台湾地区税法规定，只有当消费者物价指数较上次调整年度之指数上涨达到3％以上时，才按照上涨幅度进行指数化调整，调整金额以千元为单位，未满千元者按百元四舍五入。

美国在20世纪60年代后，通货膨胀率开始上升，人们慢慢意识到，通货膨胀使实际所得税税负不用经过立法就能提高。最初采取的对策是，通过对法定税率进行一系列的专门下调，来缓解通货膨胀的影响。单单1969—1981年，美国就实施了6次减税，部分抵消了通货膨胀的影响。但是，很多人并不喜欢这种方法。由于每次减税只能在瞬间抵消通货膨胀，过一段时间以后，还需要更进一步减税。因此整个事情往往是公众对税制改革持更加玩世不恭的态度。很多公民意识到，立法者大肆鼓吹的"减税"，从其实际价值来看一文不值。在1981年，由于对这种专门减税方法的不满，导致了一项立法的通过，要求对税法中的特定部分指数化。目前，美国个人所得税的免税额、标准扣除额、纳税档次的级距以及劳动所得税收抵免等都实现了指数化。这些举措有效地消除了税档爬升的现象。此后，指数化为越来越多国家所采纳，成为通货膨胀背景下一种常规性税收制度安排。

是否应该继续实施指数化呢？指数化的支持者认为，推行指数化有助于实现税收公平，避免或减少实际税负因通货膨胀而上升，而且指数化自动调整机制很好地避免了立法的人为干预，有利于保证税法的客观公平。指数化支持者最重要的论点是，指数化排除了不经立法的实际税率上升。实际税率表不经立法就经常变动，是与民主价值观相对立的。另一方面，指数化的反对者认为，定期专门调整的制度是件好事，因为这使立法机关得已审查和修改税法可能需要变更的其他方面。从宏观经济层面来看，指数化会削弱个人所得税制所固有的"内在稳定器"功能，丧失实施宏观经济调控的一个重要工具，并在一定程度上引起政府税收收入的损失。例如，在通货膨胀时期，如果没有税收指数化，不需要修改税法，就可以自动实现增加税收收入的紧缩政策效果，比通过投票来决定是增税还是减支节省时间。

五、个人所得税的税率

各国在开征个人所得税的初期，一般都采用比例税率，如英国最早实行的所得税采用的是10%的比例税率。20世纪中前期，个人所得税慢慢从比例税制转变为累进税制。目前，尽管比例税率和累进税率在各国的个人所得税制中并存，但毋庸置疑的是，累进税率是各国个人所得税最主要的税率形式。

（一）累进税率

现阶段，世界各国，特别是采用综合所得税制的国家，个人所得税都以超额累进税率为基本税率形式。一般来说，累进税率的运用必须考虑收入分配的状况、社会舆论对税收公平的看法以及课税后对经济运行的影响等因素。从各国实践来看，收入分配差距比较大的国家，通常对税收公平的呼声更高，个人所得税的累进税率偏高一些、累进的级数会多一些、级距也要密一些，以增进税制的累进程度，更好地调节收入分配，缩小收入差距。世界各主要国家2013年度个人所得税的累进税率见表7-1（以联邦税率为准）。

表7-1 主要国家个人所得税累进税率(%)

国 家	税 率	国 家	税 率	国 家	税 率
美 国	10—39.6	法 国	0—45	日 本	5—40
英 国	20—45	德 国	0—45	印 度	0—33
澳大利亚	0—45	比利时	0—55	韩 国	6—38
新西兰	15—33	意大利	23—43	智 利	0—40
加拿大	0—29	奥地利	0—50	泰 国	5—35
阿根廷	9—35	丹 麦	0—51.7	埃 及	10—20
巴 西	0—27.5	瑞 典	28.89—57	越 南	5—35
墨西哥	3—29	西班牙	0—52	新加坡	3.5—20

在累进税率推出初期,各国累进税率的级数比较少、边际税率也不高,但此后随着累进税率的发展,税率级次快速增加、边际税率也上升到一个较高的水平,虽然累进税率在税收公平方面起到了较强的作用,但是其多级次、高税率的特点也给社会经济的运行带来很多负面影响,特别是阻碍投资意愿和储蓄倾向,产生了严重的效率损失,从而受到很多经济学家的批评,其中又以供给学派和货币学派的经济学家为主。而且,在高额累进税制下,名目众多的税收优惠常常因为政治方面的原因而不可避免,其结果导致中低收入者依然承担了大部分个人所得税,根本无法实现高额累进税制所希望达到的公平收入分配的目标。所以,在20世纪80年代以来,世界各国纷纷对个人所得税进行了"简并级距、降低税率"的改革。

以美国为例,美国个人所得税的税率级距曾经高达55级(1932年),最高税率曾经高达94%(1944年)。1977—1981年,美国联邦政府个人所得税的累进税率随收入增加从14%到70%共分25个级次。1981年,里根当选总统后,以供给学派的理论为指导,对美国税制进行大刀阔斧的改革,多次降低个人所得税的最高边际税率以及减少累进税率的档次。1982年将税率级次削减至从12%到50%共12个级次,1987年将税率级次削减至从11%到38.5%共5个级次,到1988年税制改革之后减为15%和28%两级,此后税率级次又逐步增加,到2014年增加至从10%到39.6%共7个级次。在美国"简并级距、降低税率"改革的推动下,世界其他国家也纷纷对个人所得税采取类似的改革举措。1981—1985年,大约有49%的国家税率档次超过10个,其中,约9%税率档次超过20个。而1995年以来,世界各国个税的平均税率级距一直维持在4—6个,2001—2005年,55%的国家税率级距在6个以下,其中税率级距在4—5个的占32%,税率级距在1—3个的占23%。全球189个国家加权平均个税最高税率从1981年的62%快速下降至1993年的40.7%,此后又小幅下降至2005年的36.4%。1981年,个税最高税率超过40%的国家占71%,而2005年该比例降至17%。21世纪以来,所得税的减税浪潮仍在延续,如OECD的30个成员国平均个人所得税最高边际税率,从2000年的40.7%,降至2008年的34.9%,金融危机后2010年小幅上升至35.1%。

资料链接 7-6

累进税率的设计

累进税率的理论基础,源于19世纪的边际效用主义学派。它认为,累进税率制最能公平实现税收负担,因为在累进税率制下虽然纳税人的税前收入不同,但纳税后因最后一单位征税而损失的所得边际效用彼此相等,因而是公平的。在政府征收同样税收收入的条件下,此法最易实现纵向公平原则。这一原则在西方被称为"最小牺牲原则"。累进税率的设计,要涉及以下一系列比较复杂的问题。

一、累进的起点与止点

累进起点是开始累进征税的界限。所得税的累进问题,必须首先考虑如何使低收入者少缴税甚至不缴税,这就必须明确一个界限,界限以下的收入不征税。收入的最初部分是不应该被课税的,因为必须维持纳税人基本的生活需要。为了平衡纳税与不纳税的关系,累进的起点不宜过高。累进止点是最后一级的税基水平与税率水平,它受整体税率水平与起点税率水平的制约,既不能无税可征,也不能使征税面过大。具体量值必须在测算所得分布状况的基础上来确定。一些国家为了更好地发挥个人所得税的收入再分配功能,在累进税率制度中做累进消失结构的安排,规定应纳税所得额达到或超过一定数额时,不再按超额累进税率计算应纳税额,而是全额适用最高一级的边际税率。这种做法的不足之处是应纳税所得额位于临界点时,会出现税负剧增的问题。

二、累进的路线

累进路线是累进起点与止点之间各级税率的相互关系,它有加速累进、减速累进和直线累进三种类型。加速累进表现为各级次间边际税率的差距越来越大,减速累进表现为各级次间边际税率的差距越来越小,直线累进则表现为各级次间边际税率的差距保持不变。采取加速累进方法,税负的增加幅度大于所得的增加幅度,对增加所得具有明显的限制作用。采取直线累进办法,税负与所得同幅度增加,对增加所得既没有限制作用,也没有鼓励作用。采取减速累进办法,既能缓和分配不公,又对增加所得起鼓励作用。

三、累进的级数与级距

累进的级数是指将应税所得分成多少级次。累进级数少,计算简单,但不尽公平;累进级数多,有助于公平的实现,但计算复杂。现代世界各国个人所得税的累进级数有多有少,是由各国所得的分布情况及对公平税负的要求不同而决定的。

累进的级距是指每级的税基有多大。一般情况下,在所得额小时,级距的分布相应小些,所得额大时,级距的分布也比较大,大体呈几何状态。累进税率在运用时,一般说来,最高边际税率规定得高,累进级数也会比较多,在基本税率不变的情况下,累进的速度就比较慢,累进速度越慢,弹性越大,越有利于贯彻量能负担的公平原则。

资料来源:马国强.税收概论.中国财政经济出版社1995年版,第198—199页.

(二) 比例税率

大多数国家在对综合所得实行累进税率的同时,通常对不合并在综合所得中征税的一些资本利得或股息、利息等投资所得、偶然所得适用比例税率,实行分类所得税的国家也往往区别不同的所得类别,实行差别比例税率。

如我国对股息、利息、特许权使用费所得、租金、财产转让所得、偶然所得等统一实行20%的比例税率;美国在对大部分综合所得累进计税的同时,对不同性质的资本利得也适用差异化的比例税率。但近年来美国对资本利得适用的税率也开始与个人普通所得税适用的税率水平挂钩,即同等情况下,纳税人普通所得适用的税率水平越高,其资本利得适用的比例税率也越高。

(三) 单一税率

为了降低个人所得税高税率、多级次累进税率产生的负面影响,有专家学者提出了"单一税"(Flat Tax)的设想,主张对所有应税收入适用一种固定的边际税率,并且规定一个固定的免税扣除额,用公式表示为:

$$T = t(Y - E) \tag{7-1}$$

其中:T 为应纳税额,t 为边际税率,Y 为应税收入总额,E 为免税扣除额。

单一税率最主要的特征是只有一档不变的边际税率,这是与累进税率最大的区别。尽管只有一档边际税率,单一税下的平均税率仍随着应税收入的增加而上升,所以,单一税依然属于累进税制(详见第五章第二节关于税收累进性的分析)。赞成单一税的理由认为,传统累进税制纳税成本高、效率扭曲大、容易诱发大量税收欺诈,特别是高收入阶层往往采用各种避税手段逃避税负,使所得税调节收入分配的美好愿望落空。而实行单一税,一方面大大降低了纳税人的逃税动机,减少了税收漏洞,提高了纳税遵从度,反而使富人承担更大的税收份额,增加了税收的累进性;另一方面,单一税降低了税收成本,减少了税收的效率损失,有利于促进投资和提高劳动生产的积极性。而单一税的批评者则认为,单一税率过于偏重效率原则,对单一税的公平性和累进性持怀疑态度,并且对丧失累进税率下自动稳定器作用表示担忧。尽管如此,在单一税的争论中,降低税率、扩大税基、简化征管的中性税收思想还是得到越来越多国家的认可。

> **资料链接 7-7**
>
> **单一税的产生和发展**
>
> 1981 年,美国胡佛研究所的罗伯特·E. 霍尔(Hall)和阿尔文·拉布什卡(Rabushka)针对美国税收制度过于复杂、遵从成本过高的状况以及销售税对低收入人群税负相对过高等问题,提出了单一税的设想,即取消各种税收优惠、所有的人都按同一个税率纳税的主张。它具有单一税率、消费税基和税收中性三大基本特征,力求通过拓宽税基、降低税率,体现税制优化、易于征管的原则,尽可能减少税收的超额负担和效率损失。单一税的提出,很大程度上是对累进税制的一种否定。
>
> 单一税构想诞生之初,对美国 1986 年税制改革产生了重要影响,1986 年税收法案以 15% 和 28% 两档税率代替原先最高达 50% 的多档税率体系正体现了单一税理论所提出的降低税率的核心目标。真正意义上的单一税实践于 1994 年 1 月 1 日在爱沙尼亚正式付诸实施,随后立陶宛、拉脱维亚、俄罗斯、乌克兰、阿尔巴尼亚、格鲁吉亚、塞尔维亚、斯洛伐克、罗马尼亚、马其顿、吉尔吉斯、捷克、蒙古和保加利亚等中东欧国家也先后跟进。到 2009 年,全世界有 27 个国家和地区对个人所得税实行单一税率。事实上,"单一税俱乐部"每年都在扩大,最近加入的国家包括白俄罗斯、波黑共和国和匈牙利。这些国家在实施单一税之后,所得税的税率都大幅度下降,单一税率基本都设定在 20% 以内,同时提高了免征额标准。

单一税的结果是令人吃惊的。爱沙尼亚实行单一税不久,就克服了苏联解体所产生的严重财政危机,经济增长率达到了7%的水平,其经济改革也被公认为是"独联体国家"中最成功的一个。俄罗斯的单一税也取得了非常积极的效果。俄罗斯自2001年1月1日起用13%的单一税取代原最高税率30%的累进个人所得税后,逃税现象大大减少,纳税人遵从度显著提高,通胀指数通胀后的2001年税收收入增长了28%,同时资本外流下降,经济开始稳步增长。过去经济非常落后的斯洛伐克,在实行单一税后也成为一个GDP增长幅度较快的国家,"地下经济"大大减少,并吸引了数额不少的外来投资。

资料来源:罗伯特·E.霍尔,阿尔文·拉布什卡.单一税(第二版).中国财政经济出版社2003年版;张文春,帅杰.全球单一税改革的比较分析.经济与管理评论,2012年第4期.

六、个人所得税的征收方式

个人所得税主要有源泉扣缴和自行申报两种征收方式。两种征收方式并不互相排斥,可以并行不悖。大部分实行源泉扣缴制的国家往往也要求纳税人进行日常或年终申报。

(一)源泉扣缴

源泉扣缴法又称从源征收法,它是指在支付工资、薪金、劳务报酬、股息或利息时,扣缴义务人按税法规定预先扣除纳税人应该缴纳的税款,然后代替纳税人向税务机关缴纳的一种方法。

源泉扣缴的优点是纳税人不需要直接申报纳税,税务机关也不需要审核,征收简便,征收费用低,能做到据实扣缴,政府能及时获得税款,税源能得到严格控制,并尽量避免或减少偷逃税的现象发生。源泉扣缴的缺点是适用范围有限,尤其是对生产经营性所得无法进行源泉扣缴,而且源泉扣除法不能综合纳税人的全部所得来确定其税收负担,无法体现"量能负担"的课税原则。

(二)自行申报

自行申报法也称直接征收法,它是指纳税人在规定期限内,按照税法的规定自行申报所得额,税务机关根据申报情况征收个人所得税,并由纳税人年终一次性缴纳或年中分次缴纳。在完全自行申报制下,支付方不对纳税人取得的各种所得进行代扣代缴。为了均衡税款的入库,大多数实行自行申报制的国家都要求纳税人对自行申报收入进行分期预缴税款。各国预缴税款的标准不尽相同,有的国家以前一年度实际缴纳的税款为依据,有的国家以纳税人当年估算的收入为依据。

自行申报的优点是有利于培养纳税人自觉纳税的意识,并且可以较好地体现"量能负担"的课税原则。自行申报的缺点是,在税务当局对个人收入无法有效监控的情况下,容易助长纳税人偷逃税款现象,所以,自行申报制度的高效运行要求税务机关具有较高的征管水平,以及良好的社会纳税意识和纳税环境。因此该方法一般较少在发展中国家采用。

实行分类所得税模式的国家,一般都采用源泉扣缴为主的课税方法。而实行综合所得税课税模式的国家一般采用自行申报的课税方法。但为了防止税款流失并保证税款均衡入库,即使实行综合课税模式的国家,对于可以进行源泉扣缴的工资薪金、股息、利息等所得,通常也会先采用源泉扣缴方法代扣代缴,待自行纳税申报时再予以税款抵扣,多退少补。如 OECD 国家中,除法国和瑞士之外,其他国家对工资薪金所得都采用源泉扣缴的方法征收个人所得税,而且大部分国家都要求雇主向税务机关申报雇员的工资、薪金及扣税情况等详细信息。对于利息收入,除美国、荷兰、挪威、法国等国外,英国、瑞典、西班牙等 25 个国家采用源泉扣缴;对于股息红利收入,除美国、加拿大等国外,奥地利、丹麦、德国、意大利等 23 个国家采用源泉扣缴。而在实行源泉扣缴为主的国家,税务部门往往也会要求部分特定纳税人(尤其是高收入者)进行日常纳税申报或年终综合申报。总之,大部分国家都会根据本国的国情,综合运用源泉扣缴和自行申报两种税款征收办法,以起到相互补充的作用。

资料链接 7-8

预填申报制度

近 20 年来,以北欧的瑞典、挪威、丹麦和芬兰等为代表的部分国家在自行申报的基础上,发展出了预填申报制度。在这种申报制下,雇主或其他收入的支付者仍然要进行源泉扣缴,税务局会在财政年度结束后根据计算机系统内纳税人的信息生成纳税人申请表,包括纳税人取得收入、已经缴纳的税款和应补(退)税款等信息,然后发给纳税人进行确认。纳税人对表中信息进行核实,认为需要修改的,应及时向税务局报告,税务局会定期将纳税人多缴的税款返还给纳税人。目前北欧四国的预填申报制度已经完全实现网络化和自动化。由于预填申报制度省去了纳税人烦琐的填报事务,降低了其纳税成本,因此在纳税信息体系不断完善的基础上,智利、斯洛文尼亚、南非以及西班牙等国家也开始实行预填申报制度。

资料来源:解学智,张志勇.世界税制现状与趋势(2014).中国税务出版社 2014 年版,第 67 页。

七、个人所得税的经济效应

随着经济的发展和个人收入水平的不断提高,个人所得税收入也随之增长。目前,个人所得税在发达国家已经成为最主要的一项财政收入来源,并且在社会经济生活中发挥着越来越重要的作用。

(一) 社会公平

个人所得税有利于缩小收入分配差距,实现社会公平。所得(特别是综合所得)是最能真实反映一个人税收负担能力的客观标准,对个人所得的课税最好地体现了税收公平原则。如果采用综合所得税制,自然可以实现"高收入者多交税、低收入者少交税"的目标;即使采用分类所得税制,也可以区别不同来源所得差别化课税,实现对勤劳所得予以轻税或减免税优惠的目标。总之,不论实行哪种类型的个人所得税制,都可以在一定程度上缩小个人收入分配差距,从而更好地实现社会公平、缓和社会矛盾。

(二) 自动稳定器

在采用累进税率结构的情况下,个人所得税可以发挥国民经济的"自动稳定器"功能,熨平或缓和经济周期的波动。在经济扩张和繁荣时期,随着生产扩大就业增加,国民收入和居民收入增加,政府税收也会相应增加,在实行累进税制的情况下,税收收入的增长率快于国民收入的增长率,意味着实际税收负担率的上升,居民可支配收入比例下降,从而遏制总需求过度扩张和经济过热。当经济处于衰退和萧条时期,国民收入下降,税收收入相应减少,累进税制使税收收入的减少快于国民收入的减少,意味着实际税收负担率的下降,居民可支配收入比例上升,从而缓解总需求不足和经济紧缩。可见,累进的个人所得税税收收入随经济周期自动地反方向变化,起到抑制经济过热或缓解经济紧缩的作用。

资料链接 7-9

法国的巨富税

法国名为"特别互助贡献"的税收,由于是对富人征收,且税率相对较高,被社会各界称为巨富税。

该税于 2013 年 12 月 30 日由法国宪法委员会通过议案,要求对年收入 100 万欧元以上的个人征收税率为 75% 的"巨富税"。"巨富税"是奥朗德在 2012 年竞选时提出的,是与亲富人的前总统萨科齐时代决裂的标志。最初,法国宪法委员会认为征收"巨富税"这一措施侵犯了税收平等原则,裁定其违宪,并否决了这一税种。宪法委员会的这一决定也打消了很多富人外逃的决定。后来,为了征收这一税种,奥朗德补充说明,称 75% 的巨富税由企业来承担,因此,法国宪法委员会通过了这一决议。

根据法国政府提交的 2014 年财政预算案,2013 年和 2014 年,在法国进行工商注册的企业将为年收入超过 100 万欧元的员工缴纳一项名为"特别互助贡献"的税收,税率确定为 50%,但一家企业对此项税种缴纳的总额不超过其营业额的 5%。由于在法国进行工商注册的企业还必须为员工缴纳一定比例的社会保险费用,因此,这一新税种实际税率接近 75%。其目的是在经济不景气、失业率高企以及企业普通员工薪水减少的背景下,通过对高收入人群增加税收来平衡社会财富,缩小贫富差距。法国政府称,这一新税种将涉及 470 家企业的 1 000 名员工,每年可为法国政府带来 2 亿—3 亿欧元的收入。据调查,法国 40 大上市公司高官的人均年薪在去年高达 411 万欧元,而且国企高管的平均工资每年仍以 10% 的速度在增长,这还不算诸如股权和会议车马费这类隐性收入。相比之下,许多普通员工每年只能拿到最低 1.68 万欧元的薪水。

自从奥朗德政府提议开征"巨富税",特别是"巨富税"通过之后,法国出现了为避免高额赋税而改变国籍、移民海外,以及变卖股票愈演愈烈的现象。最知名要数法国国宝级演员杰拉尔·德帕尔迪约改换为俄罗斯国籍,法国首富——路易威登集团首席执行官伯纳德·阿诺特向比利时移民局递交申请,法国达索集团老板伯纳德·查尔斯出售数千万欧元股票以缴纳高额赋税。从法国政府宣布"巨富税"到目前为止,许多法国金融家、律师、企业家等社会精英纷纷选择向伦敦、日内瓦、苏黎世、布鲁塞尔等赋税相对较低甚至在下降的邻国城市"出逃"。

对于"巨富税",一些专家认为,"富人税"虽然在短期内有助于财政收入以及社会保险的全覆盖,但从长远来看,不利于法国经济的复苏。因为过高的税负不仅会提高劳动力成本、增加企业负担,迫使企业外迁,加剧国内的失业率,还会打击人们创造和积累财富的热情,甚至挫伤投资创业的积极性,反而会伤害国家的经济发展。

资料来源:解学智,张志勇.世界税制现状与趋势(2014).中国税务出版社2014年版,第76—77页.

八、最低税负制

最低税负制(Minimum Tax System)是指针对一些高收入者或高利润企业因享受较多税收优惠而只承担较低税负甚至不用交税的情况,而对他们采取的缴纳最基本税款的一种制度安排。其主要目的是使有纳税能力的高收入者对政府财政保持基本的贡献度,以维护税收公平,同时也确保政府的税收收入。最低税负制实质上是用来调整高收入者税收负担的一种变通方法,是一种次优选择。

(一)最低税负制的产生

在现代税收理论和实践中,支付能力原则从来都是税收负担公平分配的一项重要标准,它要求纳税人承担的税收负担与其所得、财产或消费等能够体现其支付能力的指标相适应。通常来说,支付能力越强的纳税人承担的税收负担就应当越高,反之则越低。然而,在许多国家的实践中,一些有着较强支付能力的个人或企业,却只缴纳较少的税款,甚至完全不纳税。这种怪异现象,不仅在税收制度不尽完善的发展中国家存在,而且在那些税收制度比较健全的发达国家也比较常见。如果将不合法的因素排除在外,这一直接违背支付能力原则的现象之所以发生,一个重要原因就是相当多的国家和地区都基于诸多方面的考虑而出台了许多税收优惠措施。这些措施实际执行的结果,常常是其带来的利益较多地由高收入者或盈利丰厚的企业所享有。于是,便出现了具有较强纳税能力的经济活动主体只承担较低税收负担的现象。

此外,税收优惠方面的诸多规定,也为纳税人通过税收筹划来达到减轻税收负担的目的提供了较大的空间。高收入者或高利润的企业,有足够的财力聘请专业人士,利用税收优惠方面的规定及存在的漏洞,为其进行税收筹划来减轻其纳税负担,有时甚至可能将其税收负担降为零。而穷人却因财力不足而无力进行税收筹划,不得不照章纳税,这在很大程度上也加剧了"富人少纳税,穷人多纳税"的不公平状况。

税收优惠的普遍化严重侵蚀了税基,直接导致政府财力的不足和财政赤字的扩大。更为重要的是,税收优惠较多地由高收入者享有,使其只缴纳较少的税款,甚至完全不缴税,严重违背了税收公平原则。针对这些情况,最直接而且也是最为有效的措施就是对过多、过滥的税收优惠措施进行全面的检讨和修正。然而,在现实中,税收优惠措施一旦出台之后,就会形成一个稳定的既得利益群体,他们会通过各种各样的渠道影响最终的政策制定,使这些措施很难被取消。而且,对整个税收制度中繁杂的税收优惠规定进行清理和修正,从立法技术上看也是一个旷日持久的过程,难以在短期内完成。正是在这种情形下,美国于1969年率先出台了最低税负制,以应对过多税收优惠所带来的负面效应。最低税负制实施之后,不仅增加了美国的税收收入,而且也一定程度地改善了税收不公平的现象,因而陆续有一些国家和地区纷纷效仿。目前实行最低税负制的国家和地区主要有加拿大、韩国、印度和中国台湾,阿根廷、玻利维亚、哥斯达黎加、哥伦比亚、厄瓜多尔、秘鲁、委内瑞拉和巴基斯坦等国虽然没有正式建立最低税负制,但也有类似于最低税负制的相关规定[①]。

(二)最低税负制的计算模式

最低税负制有附加式最低税负制(Add-on Minimum Tax)和替代式最低税负制(Alternative Minimum Tax)两种基本计算模式。在不同的模式下,最低税负的计算方法及其对纳税人税负的影响是各不相同的。

1. 附加式

附加式的最低税负制,是指除了按常规税制计算并缴纳一般性质的税款之外,还对纳税人享受的税收优惠就其超过规定数量的部分额外征收的一种税收。其计算公式如下:

$$附加式最低税负 =(各项税收优惠额-经允许的扣除额)\times 税率$$

例如,1969年美国推行最低税负制之初,实行的就是"附加式"模式,先对纳税人所享受的税收优惠项目进行加总,如果税收优惠额总计超过了3万美元的话,则就超过3万美元的部分加征10%的最低税负。

2. 替代式

替代式最低税负制下,纳税人应当缴纳的税款一般经过三个步骤来确定(见图7-2):第一步,计算替代式最低税负的税基。它等于常规税制下的应纳税所得额,加上按照替代式最低税负制的规定应当还原计入应税税基的各种税收优惠额,再减去最低税负制允许的扣除额。第二步,将替代式最低税负的税基乘以最低税负制的基本税率,计算替代式最低税负的应缴税款。第三步,将计算出来的最低税负制下的应纳税额与常规税制下计算的应纳税额进行大小比较。若最低税负制下的应纳税额高于常规税制下的应纳税额,则纳税人需要补缴两者间的差额;反之,纳税人就不适用最低税负制,只

[①] 李建兴,黄国芬.租税公平与最低税负之探讨.财税研究,2007年第4期.

需按常规税制纳税。其计算公式如下:

(1) 计算替代式最低税负制下的应纳税额(A)。

$$应纳税额 = \left(\begin{array}{c}常规税制下的\\应纳税所得额\end{array} + \begin{array}{c}应还原计入的\\各项税收优惠额\end{array} - 扣除额\right) \times 税率$$

(2) 计算常规税制下的应纳税额(B)。

(3) 比较(A)、(B):

如果(A)＞(B),则缴纳(A);如果(A)＜(B),则缴纳(B)。

例如,在美国,如果加回各项税收优惠额、再减去扣除额后的最低税负制应税税基未超过17.5万美元,适用26%的税率,而对超过17.5万美元的部分,则适用28%的税率。

最低税负制的直接目的是让那些较多享受税收优惠的高收入者和高利润企业承担基本的税收负担,因而它在本质上是一种"富人税",而不是"大众税",这也就决定了最低税负制的征税对象应当局限在一个较小的范围内。正因为如此,不管是附加式最低税负制,还是替代式最低税负制,都规定有相应的扣除额,且扣除额逐年增加。如2013年美国对单身申报个人所得税者规定了51 900美元的最低税负扣除额,以家庭为单位联合申报个人所得税者则有80 800美元的扣除额,而1986年该两项扣除额分别只有30 000和40 000美元。只有所得超过了扣除额的纳税人,才适用于最低税负制。最低税负制设置适用门槛,可以在不影响经济发展和税制结构的前提下,争取最基本的税收公平。与此同时,也能够降低最低税负制的实施成本及其可能对社会经济产生的负面影响。

附加式最低税负制是在常规所得税制之外,对纳税人享有的税收优惠另行征收的一种税。从本质上看,它属于补充性的制度安排,通过对税收优惠本身的征来使那些享受过多税收优惠的纳税人承担最基本的税收负担,达到实现税收公平的目的。由于附加式最低税负制的税基是纳税人享有的税收优惠,所以,它实际上是针对高收入者过度使用税收优惠规避税收负担所采取的一种惩罚性措施,其政策目标非常明确。而且,在附加式最低税负制下,也无需考虑在常规税制下应当缴纳多少税,只需用应税税基乘以基本税率就得出应纳税额,操作简便易行。所以,附加式最低税负制的优点是,纳税人的遵从成本和税务机关的征管成本较低。然而,由于附加式最低税负制的税基是"税收优惠额"而不是"所得额",因而它不过是对过度适用税收优惠方面的规定而征收的一种"消费税"。在这一模式下,纳税人承担的最低税负与其所得额之间并无直接联系,无法很好地体现量能负担原则,改善税收公平的效果不是很大。

替代式最低税负制,在本质上是与常规税制平行运转的一种税收负担确定方法。与常规所得税制相比,替代式最低税负制的税基相对较广、平均税率相对较低,而且应纳税额确定的方式也不相同。替代式最低税负制的税基并不是纳税人享有的税收优惠额,而是将常规税制下的应纳税所得额与替代式最低税负制下不允许扣除的各项税收优惠额都包括在内,对税收优惠不再仅起局部性的惩罚作用。由于税基更加接近于综合所得,因而替代式最低税负制可以结合纳税人的综合所得情况,对其发挥整体性的调整作用。在替代式最低税负制下,纳税人承担的最低税负与其所得之间具有更为直接的联系,较好地体现了所得税的量能负担原则,从而在很大程度上有助于税收公平的实现。但是,替代式最低税负制的计算相对比较复杂,需要分别计算常规税制和最低税负制下的税负,纳税人的遵从成本及税务机关的征管成本都更高。

  基于附加式最低税负制与替代式最低税负制间的比较(见表7-2),不难发现,尽管替代式最低税负制也存在一些不足,但相对于附加式最低税负制来说,它仍是一个更好的选择。所以,1978年美国将实行了十年之久的附加式最低税负制逐步改为替代式模式,韩国、加拿大和印度等国实施的最低税负制也都是替代式模式。

表7-2 附加式与替代式最低税负制比较

项　目	附加式最低税负	替代式最低税负
与常规税制之间的关系	补充性的制度安排	平行运转的制度安排
最低税负与所得额间的关联程度	较低	较高
对税收支付能力原则的体现	较差	较好
是否有助于税收公平的实现	相对较低	相对较高
对税收优惠的影响	局部性的惩罚作用	整体性的调整效果
最低税负计算的难易程度	简单	复杂
税收遵从成本	较低	较高

资料链接 7-10

美国的最低税负制

  1969年1月美国财政部长Joseph W. Barr向国会报告,全美国有155位年所得超过20万美元的高所得者,在1967年的申报书上不用缴纳任何一毛钱的所得税。1969年,美国随即通过租税改革方案,实施最低税负制(Alternative Minimum Tax,AMT),采用附加式模式,将最低税负制的基本税率定为10%。先对纳税人享受的税收优惠项目加总,如果税收优惠总额超过3万美元的话,则超过部分加征10%的最低税负。但实施结果却发现,附加式最低税负制难以涵盖所有的租税优惠项目,造成仍存在许多高所得者还是仅缴纳很少的税额,同时也存在许多纳税人在常规税制下缴纳的有效税率已超过10%,但如有大额的租税优惠项目,仍需补缴最低税负的不公平现象,具有强烈的"惩罚"性质,与最低税负制追求租税公平的精神相违背。因此,美国在1982年及1986年分别将个人与公司的最低税负制改为替代式,1978—1982年,附加式和替代式最低税负制在美国同时并存。

  替代性最低税实质上是一种影子税制,具有自身的税基计算规则,也有自己的税率表。计算的第一步是正常的应税所得加上AMT优惠项目所得。这些项目包括个人免税额、标准扣除额、州税的分项扣除等。第二步是减去AMT免税额,得到AMT

所得(AMTI)。不管受抚养者的人数有多少，免税额都一样，而且高收入者的免税额逐渐减少。AMTI 适用的税率为：第一个 17 500 美元适用 26%，其余部分适用 28%。重要的是，与普通所得税不同的是，不管是免税额还是税率档次，都不对通货膨胀进行调整。

按这种占 AMTI 单一比率计算出来的应纳税额称为推定 AMT。为完成这一过程，把推定 AMT 与普通所得税的应纳税额相比较。如果推定 AMT 大于普通所得税额，该差额就是纳税人的 AMT，纳税人除了缴纳普通所得税外，还必须缴纳 AMT。

AMT 的最初目的是要让逃避部分或全部所得的高收入者纳税，从未想让它成为一个大众性税种。然而，按照现行法律，到 2015 年，大约有 2 850 万纳税人要缴纳 AMT。因为只有当 AMT 的应纳税额大于普通所得税的应纳税额时，AMT 才开始启动。因此，相对于 AMT 而言，不管什么因素减少了普通所得税的应纳税额，都会增加 AMT 的纳税人数量。还有两个情况很重要。第一，AMT 不对通货膨胀进行调整，而普通所得一般要对此进行调整。因此，AMT 容易出现档次爬升；相对于普通所得税的应纳税额而言，随着时间的推移，即使温和的通货膨胀也会提高 AMT。第二，2001 年，小布什总统大幅削减了普通所得税，而没有使 AMT 有多大改变。到 2010 年，仅此一项就会使 AMT 的纳税人数几乎翻一番。

如何避免 AMT 的大众化？可以采取的具体措施有很多：免税额和纳税档次可进行通货膨胀指数化，免税额可提高，或干脆取消 AMT。如果不考虑财政收入成本，干脆取消是最有吸引力的。如果国会不想让人们从特定的优惠中获益，把它们从普通所得税中抹去不比针对它们设计一个全新的税制更明智吗？总之，AMT 是所得税制缺乏一致性的另一种表现。正如前参议员比尔·布拉德利一针见血地指出的那样："最低税是对失败的承认。它不仅说明税制有破绽，还表明国会没有勇气修补它。"

资料来源：哈维·罗森，特德·盖亚.财政学(第八版).中国人民大学出版社 2009 年版，第 389—390 页.

(三) 最低税负制的效应

就制度设计本身而言，最低税负制是一个次优选择，而不是一个最优税制选择。引入最低税负制的目的是通过让高收入者承担一个最基本的税负水平，以减少逃避税现象，增进税收公平。要全面评价最低税负制对税收公平的改善程度，需结合在常规税制下享受各项税收优惠政策的纳税人分布情况，以及实施最低税负制后高收入阶层税负增加的情况综合判断。尽管最低税负制在一定程度上增进了税收的公平性，但对税收公平的影响有限。一方面，一些国家的最低税负制的扣除额并没有进行指数化调整或调整不及时，随着经济的发展和通货膨胀，越来越多的中等收入阶层也纳入最低税负制的调控范围，使其专门针对高收入者的性质发生了改变，也使其在税收公平方面的有效性大打折扣；另一方面，最低税负制的税率多采取比例税率，且税率水平明显低于常规税制累进税率的最高税率,所以,即使高收入者适用了最低税负制,其补缴的税款并不多。

更重要的是,各国较多采用的替代式最低税负制,是与常规税制平行运行且极大不同的另一套税收制度,这大大增加了税制的复杂性,纳税人为了履行最低税负制的纳税义务,不得不设置两套申报表,进行两次计算,增加了税收遵循成本和管理成本,带来经济效率损失。

九、负所得税

负所得税概念是在20世纪60年代,针对现行福利制度对经济效率和国家社会结构的不利影响,由以弗里德曼(Friedman)和托宾(Tobin)等为代表的经济学家提出的,借以替代传统福利制度的对低收入者进行补助的一种方案。

(一) 负所得税的概念

负所得税指的是国家对收入低于一定水平的人们按照其实际所得与维持一定社会生活水平需要的差额,运用税收形式,依率计算给予低收入者补助的一种方法。可见,负所得税本质上并非是一种税,更不是国家税收收入的来源,而是国家解决贫困问题一种方法,是国家实现对低收入者转移支付的一种方案。

负所得税的具体设计是,先由政府制定出低收入者的基本收入保障标准G。如果纳税人的收入Y超过这一标准,就对超过部分课征正所得税,收入越高,缴纳的个人所得税就越多;如果纳税人的收入低于这一标准,就按照收入缺口的大小和一定比例t,发给纳税人一笔收入补助,即负所得税。负所得税T和税后个人可支配收入Y_d的计算公式如下:

$$T = G - tY \tag{7-2}$$

$$Y_d = Y + T = G + (1-t)Y \tag{7-3}$$

负所得税方案试图将现行的所得税的累进税率结构扩展到最低收入阶层中去,通过负所得税对那些收入低于一定标准的人提供补助,补助的依据是被补助人的收入水平,补助的程度取决于被补助人的所得低到何种程度,补助的数额会随着其收入的增加而逐步减少。供给学派认为,实行负所得税可以通过收入或享受上的差别来鼓励低收入者的工作积极性。

负所得税对个人可支配收入的影响可以用图7-2来表示。图7-2中的横轴表示纳税人的税前所得Y,纵轴表示纳税人的税后可支配收入Y_d,OA为45°对角线,表示既没有征税也没有政府补助情况下的个人可支配收入。BG表示有政府介入时的个人可支配收入,即收入高时政府课税,收入低时政府给予补助。OA和BG相交于E点,决定了获得政府补助(即负所得税)的临界收入OD,$OD = G/t$,当税前收入小于这一临界值,将获得政府补助。当税前收入为0,纳税人可以获得最大的政府补助OG。阴影部分三角形OEG即为负所得税下的补助区间,在这一区间,随着纳税人的收入每增加1元,纳税人可获得的政府补助减少t元,可支配收入增加$1-t$元,纳税人可支配收入的

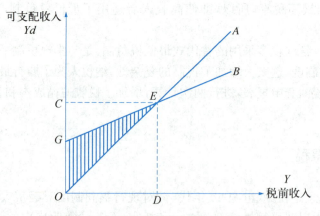

图 7-2 负所得税对可支配收入的影响

增加额大于减少的政府补助,劳动可以起到改善纳税人物质生活的效果。而在传统福利制度下,纳税人的收入每增加1元,纳税人可获得的政府补助就减少1元,劳动完全不能起到改善纳税人物质生活的效果,极大地降低了低收入者的工作积极性。

(二) 负所得税的经济效应

如图 7-3 所示,在没有负所得税的情况下,个人的预算线是 YL;在有负所得税的情况下,个人的预算线为 YAB。A 点对应某一特定收入水平,低于这一收入水平,政府就必须支付负所得税。实施负所得税前预算线 YL 与 I_1 相切的均衡点 E_1,决定的工作时间为 L_1L。实施负所得税后预算线 YAB 与 I_2 相切的均衡点 E_2,决定的工作时间为 L_2L,负所得税使纳税人的闲暇时间增加,工作时间减少。

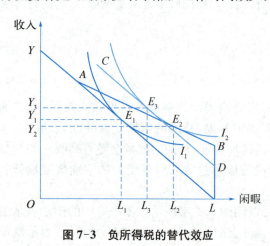

图 7-3 负所得税的替代效应

负所得税的经济效应可以分解为收入效应和替代效应。首先,当政府为低收入者支付现金补助时,个人的总收入将增加,由此产生收入效应。在总收入水平增加的情况下,纳税人会选择消费更多的闲暇时间。如图 7-3 所示,作 YL 的平行线 CD,与 I_2 相切,切点为 E_3。从 E_1 到 E_3 的变化即为收入效应。说明当得到政府补助时,收入水平从 Y_1 提高到 Y_3,闲暇时间则从 L_1 增加到 L_3。实际上,相当于纳税人把一部分额外补助收入用来购买更多的闲暇时间。由于引进负所得税计划后,纳税人处在更高水平的无差异曲线 I_2 上,此时,纳税人的收入不仅提高了,而且闲暇时间也有所增加,大大增加他的福利水平。

其次,负所得税也会降低闲暇的相对价格,产生替代效应。在没有负所得税的情况下,低收入者的劳动收入每增加1元,就意味着其总收入多增加1元。但是在负所得税的情况下,他收入每增加1元,负所得税补助就减少 t 元,即总收入增加 $(1-t)$ 元。也就说,个人在获取收入时,负所得税对其征收了额外成本,使其损失了一定数额的补助金,这将导致当事人以闲暇替代工作,产生替代效应。在图中,E_3 到 E_2 的变化即为替代效应。替代效应使劳动者的闲暇时间从 L_3 进一步增加到 L_2,可支配收入则由 Y_3 下降到 Y_2。如果负所得税的替代效应足够大,甚至超过收入效应,很有可能导致降低劳动者的总收入下降。如图 7-3 所示,由于负所得税的受益者用过多的闲暇来替代工作,导致总收入从 Y_3 下降至 Y_2,而且 Y_2 比 Y_1 还要低。尽管负所得税使受益者位于较高水平的无差异曲线 I_2 上,表明福利水平提高了,但受益者的总货币收入以及政府的转移支付均有所下降。当然,实施负所得税后,纳税人的实际总收入会增加还是会减少,最终取决于收入效应和替代效应的力量对比。

总的来说,负所得税提高了低收入者的福利水平,改善了整个社会的收入分配状况,消除了定额补助制度下临界点附近的不公平与工作负激励,避免了现行福利计划的大部分缺陷,较好地解决了财政分配中的公平与效率矛盾,实现了收入再分机制的改善。尽管负所得税方案引起了许多经济学家的重视,但由于负所得税本身的一些缺点,如由于地区差异,很难形成一个统一的最低补助标准以及边际税率,其从未在任何一个国家付诸实施。值得一提的是,美国实施的一种家庭救助计划 TANF,某种程度上可以看作是对负所得税思想的一个实际运用。

资料链接 7-11

美国的 TANF 补助制度

1935—1996 年,政府主要现金转让计划是对有儿童家庭的补助计划(Aid to Families with Dependent Children,AFDC)。顾名思义,这项计划是针对有需要抚养儿童家庭的,一般还加上单亲家庭。它由联邦政府和州政府共同管理。每个州政府确定本州的补助水平及资格标准,只要遵守联邦政府的大政方针即可。联邦法律规定,一个人每获得 1 美元的收入,就相应减少 1 美元的 AFDC 补助额,但有些小额收入不予考虑。

1966 年,美国通过了《个人负担与工作机会调和法案》(*Personal Responsibility and Work Opportunity Reconciliation Act*)取代了对有儿童家庭的补助计划。这项立法产生了一个新的福利计划,称为对贫困家庭的临时补助(Temporary Assistance for Needy Families,TANF)。

TANF 的计算公式为:$B = G - tE$。其中,B 表示实际获得的补助额,G 表示基本补助,E 表示补助者的劳动收入水平,t 表示补助递减率,相当于税率。

与 AFDC 相比,TANF 有如下特点:

(1)无资格准入。根据 AFDC,任何人只要其收入低于某一特定水平并满足其他特定条件,就有权一直获得现金补助。TANF 结束了 AFDC 这种资格要求。TANF 中的 T 强调的是,现金补助现在只是临时性补助。每月大约有 500 万家庭获得 TANF 补助。

(2) 时间限制。一般来说,人们获得现金补助不能超过5年,各州可以设置更短的时间限制。

(3) 工资要求。如果有50%以上的单身母亲受益者和90%以上的双亲家庭受益者没有参加工作或参加工作培训计划,州政府将面临财政惩罚。

(4) 对州的配套拨款。根据AFDC,联邦支出没有固定限额。根据TANF,联邦政府拨给每州一笔资金,用于联邦政府的福利支出,拨款规模的大小预先确定。各州在比较高的限额内,利用该拨款(加上其配套资金)来实施其认为合适的福利计划。现在,各州实质上全面控制其福利制度的结构,包括哪些家庭需要资助。州政府可以用其拨款支付现金补助、就业和培训计划、消除少女怀孕计划和鼓励结婚计划等(但是,各州不能放宽上述的工作要求和支付限额)。

(5) 福利补助递减比率。作为各州掌握福利计划结构控制权的必然结果,当福利受益者取得收入时,州政府能决定减少多少补助。在AFDC制度下,补助大致是一比一地减少,即收入增加1美元,补助就减少1美元。TANF制度下,有几个州仍然实行这种政策,但其他各州修改了这项规定,且各州的福利补助减少比率相差较大。例如,在内布拉斯加州,收入每增加1美元,补助就减少80美元。相反,在伊利诺伊州,该减少比例只有33%。加利福尼亚州规定,福利受益人每月的收入在225美元之内,不减少福利补助;在月收入超过225美元之后,收入每增加1美元,减少所增收入50%的补助。各州不仅在有效税率上不同,在支付给无收入家庭的福利补助上也不同。就拿三口人的单亲家庭来说,该数字在亚拉巴马州是164美元,在马萨诸塞州是633美元。总之,现在对福利受益人的补助与收入挂钩的政策,没有一定之规。

资料来源:哈维·罗森,特德·盖亚.财政学(第八版).中国人民大学出版社2009年版,第263—264页.

第三节 公司所得税

公司所得税是指对公司或企业法人在一定时期内取得的生产经营所得和其他所得课征的一种税,我国习惯称之为企业所得税。严格意义上的公司所得税是对法人征收的,以区别于对自然人征收的个人所得税,故个人独资企业和合伙企业不属于公司所得税的课税主体。尽管在二战之后,公司所得税在经济发达国家税收收入总额中所占的比重有较大幅度下降,但它仍然是当今各国最重要的税种之一。

一、公司所得税存在的必要性

公司所得税起源于英国早期的商业活动,随着西方国家经济的发展和理论研究,它已成为一个成熟的税种。尽管公司所得税有着悠久的历史,但是财税理论界却一直受困于"为什么要开征公司所得税"这个基本问题。首先是美国在20世纪60年代中期时对公司所得税存在的必要进行了激烈的讨论,然后在20世纪70年代中后期的欧洲国家争论达到白热化。基于应如何处理公司所得税和个人所得之间的关系,税收学领域产生两种针锋相对的观点:一是以"实质法人说"为基础的"独立课税论",二是以"拟制法人说"为基础的"合并课税论"。

(一) 独立课税论

独立课税论以"实质法人说"为法律依据,该理论认为在普遍征收个人所得税的同时,之所以还要征收公司所得税,主要有以下四个理由:

第一,同等纳税原则。公司一经依法成立,就是独立存在的法人实体。作为公司所有人的股东和公司本身在法理上是两个不同的法律实体。现代股份有限公司在资产的所有权和经营权是分离的,股东虽然购买公司股票后拥有股票所有权,但是必须放弃实际资产的支配权,并且股东一般不介入公司内部的具体经营业务。公司可以以自身的名义拥有财产、对外举债和签订契约,并成为诉讼的当事人,因而公司具有独立的人格和利益。既然公司具有独立的人格和独立的利益,而且与自然人一样享受政府保护的权利,那么公司就应当独立负有纳税义务。也就是说,公司法人的经营所得和股东个人的股息所得,是两种独立纳税主体的所得,应当分别纳税。

第二,特权报偿原则。公司作为一个独立的经济活动主体,享有有限责任、股票流动性等特权,因而要按特权报偿原则向政府纳税。股份公司可以利用这些特权发行股票和债券,较为容易地吸收社会上的闲散资金,从而克服筹资的空间限制,实现技术进步和规模经济对资本数额的要求,在激烈的竞争中处于有利地位。股票的流动性使投资者可以随时按照自己的意愿在证券市场上卖出股票、收回投资,而不影响投放于企业的资本及其功能形态——机器设备仍可继续使用,使股份公司具有永恒生命的特权。与此同时,公司股东只对公司债务负有限责任,即使公司破产倒闭,股东个人的损失仅以其出资额为限,降低了企业的经营风险。这些给公司及投资者带来巨大利润的特权,是在国家的保护之下才得以享有的,故公司理应以缴纳公司所得税的方式作为报偿。

第三,宏观经济调控原则。通过征收公司所得税,可以有效地引导公司的经营行为,实现国家的宏观经济调控政策目标。如国家为了鼓励研究开发活动和技术创新,可以在公司所得税中对相应支出制定加速折旧、加计扣除或投资抵免的制度安排;为了调节产业结构和地区经济结构,可以在公司所得税中对特定投资规定降低税率、定期减免、再投资退税等优惠措施;为了鼓励创业和扩大就业,可以通过对中小企业的税收减免来扶持中小公司的发展。企业所得税已成为世界各国引导投资的重要手段之一。

第四,税收征管的效率原则。从税收征管的层面来看,如果不征收公司所得税,就会导致公司通过增加保留利润的形式来逃避纳税。股东可以把从公司分配到的股息所得以股票增值的方式,在公司中积累起来,从而逃避缴纳个人所得税,产生税收负担不公平的现象。此外,公司一般具有较为完善的财会制度,各项经营所得的确定比个人所得税更为容易和方便,征收成本也比个人所得税要低,是一个稳定可靠的税源,公司所得税能给国家带来充足的财政收入,这也是公司所得税一直保留在各国税制的重要原因。

税收经济学

（二）合并课税论

合并课税论以"拟制法人说"为法律依据，该理论认为公司法人只是法律上的虚拟，法人与股东间有密不可分的关系，实际上，公司只是股东的集合体，并没有独立的人格。对公司征收所得税，形式上是由公司负担，但实质上税负还是由全体股东来承担。因此公司和股东的所得应合二为一。所有的税收归根结底都要由个人来承担，公平课税的概念只能应用于纳税人个人，应当根据总所得的概念把所得作为一个整体来课税，而与所得的来源无关①。由于公司所得税和个人所得税的税源基础是一样的，因此如果同时征收公司所得税和个人所得税，会造成对股息的经济性重复征税，进而产生诸多税收不公平和效率损失。

单独课征公司所得税产生的税收不公平，突出表现在以下两个方面：第一，造成公司企业和非公司企业税收负担的不公平。对比非公司企业，由于非公司企业的纯收入不管是否实际分配，都不必缴纳公司所得税，只对企业所有者的纯收入征收个人所得税，而公司企业除总的纯收入要缴纳公司所得税外，其分配利润在个人股东阶段还要缴纳个人所得税。也就是说，公司纯收入中用于分配的数额越大，公司承担的总税负（实际上由全体股东承担）就越重，造成这两种企业的税负不公平。第二，公司所得税没有考虑股东之间的不同状况和个体差异。公司所得税一般对所有利润都按相同比例征税，也就是说，所有股东都按相同的税率来纳税，没有和公司不同个人股东的具体负税能力相联系，从而不利于税收负担的公平分配。

单独课征公司所得税产生的效率损失，主要表现在以下三个方面：第一，公司部门与非公司部门之间的资源配置扭曲。在单独课征公司所得税的情况下，由于对公司所得存在双重征税，税负更重，因此理性投资者就会把资源配置转向非公司部门，以平衡税后报酬率，进而扭曲了资源的有效配置。第二，分配股利和保留利润之间的扭曲。在独立课税论下，公司所得税鼓励公司保留利润，以避免股利的双重征税，降低公司和股东的整体税负。同时，公司由于积累了较多保留利润，可以从事其他的投资计划，股东的股票价值也将随公司未来收益能力的提高而增加，投资者还可以通过提高股份出售价格的方式获取更多的利益。第三，举债和募股之间资金筹措方式的扭曲。在单独课征公司所得税的情况下，公司以举债方式所支付的利息可以在税前扣除，而公司分配给股东的股利不可以在税前扣除。为了减轻税收负担，公司就会更多的通过举债方式来筹集资金，从而干扰资本市场，损害经济效率，甚至增加公司的经营风险乃至破产的可能性。

总体来看，尽管理论界存在争议，各国实践仍然倾向于同时征收个人所得税和企业所得税的税收制度。但是，对于两税并存产生的种种不公平和效率损失，各国政府并没有坐视不理，而是提出了各种不同的解决方案来加以消除或缓解。

二、公司所得税的类型

依据各国对公司所得税和个人所得税重复征税的态度和税务处理方法的不同，公

---

① 理查德·马斯格雷夫，佩吉·马斯格雷夫.财政理论与实践.中国财政经济出版社，2002年版，第388页.

司所得税可分为古典制、归属制、双率制、股息扣除制等不同类型。

(一) 古典制

古典制(Classical System)是根据"实质法人说",完全独立地课征公司所得税和个人所得税,即对公司的全部所得征收公司所得税,其向股东分配的股息不能在公司总利润中扣除,股东取得的股息还必须作为股东个人的投资所得缴纳个人所得税的公司所得税类型。这一类型历史悠久,因而被称为古典制。

随着古典制的不断发展,又形成了两种不同的类型:"纯粹的古典制"和"经过修改的古典制"。前者是指对已分配利润在公司层面和股东层面分别征收公司所得税和个人所得税,后者是指在公司所得税层面,对分配利润中的股息不作扣除直接征税,而在股东个人所得税层面,对股息给予部分税收减免。如美国,对公司所得在公司层面征收公司所得税,在自然人股东层面对股利所得按照优惠税率征收个人所得税;又如法国,在自然人股东层面仅对60%的股息所得课税。

古典制的优点是税制简便易行、有利于保证财政收入,缺点是对已分配利润存在经济性重复征税,从而加重公司部门的实际税负,造成公司部门和非公司部门的税负不公,并可能扭曲资本市场配置、企业的利润分配决策和筹资方式选择,加大企业的债务风险。

(二) 归属制

归属制(Imputation System)又称归集抵免制,是指将公司所支付税款的一部分或全部归属到股东所取得的股息中,用于抵免股东的个人所得税,它是减轻重复征税的一种有效方法。具体计算时,先将股东获得的股息还原为税前所得,然后与其他所得项目合并,按累进税率计算股东应纳的个人所得税,再从股东应纳的个人所得税中抵扣全部或部分已由股息承担的公司所得税税款,得出股东实际应纳的个人所得税。

归属制一般又可以分为"部分归属制"和"完全归属制",前者准予将股息承担的公司所得税税款的某一部分用于抵免股东的个人所得税,后者准予将股息承担的公司所得税税款的全部用于抵免股东的个人所得税。英国、爱尔兰、韩国等国家采用部分归属制,澳大利亚、巴西则采取完全归属制。虽然归属制对保留利润仍存在税收歧视,但在完全合并公司所得税和个人所得税尚不可能的情况下,是解决重复征税的好办法,因而在世界各国广泛采用。

(三) 双率制

双率制(Dual-rate System)是指对公司已分配的利润和保留利润分别按不同税率课税的制度。一般对已分配利润适用较低的税率,而对保留利润课以较高的税率。这种制度的实施难点在于两种税率的设计,只能减轻对股息重复征税的程度,并未从根本上消除对股息的双重征税。如果双率制中的两种税率差别不大,实际上就接近于经过修改的古典制。现在很少有国家采用这种类型的公司所得税。

因为双率制下仍然涉及有无归属性税收抵免问题,所以,双率制又可以分为双率古典制和双率归属制。双率古典制,是不存在归属性税收抵免而分率计征的公司所得税。其目的是减轻对已分配利润的重复征税。双率归属制,是指存在归属性税收抵免而分率计征的公司所得税。在这种制度安排下,对已分配的利润和保留利润分别按不同税率计税,同时对已分配利润部分允许税收抵免,即股东个人取得的股息在计征个人所得税时允许抵免这部分股息所对应的公司所得税。

(四) 股息扣除制

股息扣除制(Dividend Deduction System)是指在计征公司所得税时,对于所分配的股息允许从公司应纳税所得额中全部或部分扣除,即把股息的支付视同费用支出。因此有些国家也称这种公司所得税为保留利润税或未分配利润税。

股息扣除制一般有两种形式:一种是部分扣除制,即对于所分配的股息允许从公司应纳税所得额中部分扣除,即对保留利润课税,而对分配利润给予减税。另一种是全部扣除制,即对于所分配的股息允许从公司应纳税所得额中全部扣除,即对保留利润课税,而对分配利润给予免税。

资料链接 7-12

公司所得税类型的演变

从各类公司所得税制的应用来看,美国采用的是改良过的古典制模式,即对公司所得在公司层面课征公司所得税,对其获得股利分配所得的自然人,股东按照优惠税率课征个人所得税。该规则主要规定于美国《联邦税法典》的 A 子编 §1(h)(11)。按照该法典的相关规定,美国的居民公司每个纳税年度的利润需按公司所得税税率征收一次公司所得税,股东分得利润时需再征收一次所得税。股东按其身份不同适用不同税率,如企业、个人、信托和不动产。居民公司支付的股息不可以从应纳税所得额中扣除。居民公司获得的应税股息可以部分或者全部扣除。居民公司向非居民支付的股息需要预提税款。德国、俄罗斯、日本、印度、菲律宾等国都实行古典制模式。澳大利亚、巴西目前实行的是完全的归集抵免制,英国、韩国采用的是部分归集抵免制。加拿大对归集抵免制进行了修正,试图实现公司与股东之间的磨合,对支付给个人的国内股息,采用名义股息税抵免的方法提供税收减免。股息税抵免采用固定的比率,而与公司产生股息的收入所适用的实际税率无关。这意味着,一项通过公司到达个人的收入不应该比直接到达个人的收入承担更多的额外税负。当税收在个人和股东层面同时征收时,加拿大这种修正的归集抵免制可以部分地消除重复征税。法国从 2005 年 1 月 1 日起开始用古典税制取代归集抵免制,企业所得首先在公司层面纳税,然后股息在股东层面按适当税率征收,居民公司从另一居民公司取得的股息有资格获得免税。同时,法国也对古典制进行了修改,对于个人股东所得的股息,只对其中 60% 的部分征税。但也有部分国家仍然在税制中保留了归集抵免制度。

从总体上看,大部分经济发达国家都是采用古典制或归集抵免制。古典制与归集抵免制相比,制度结构简便易行。除了对股息和利息因处理不同而产生扭曲外,对跨国经济行为的扭曲总体来说较少。归集抵免制一般只适用于居民股东,非居民股东并不能从中受益。因而,归集抵免制在一定程度上阻碍了资本的自由流动。许多欧盟国家已经开始放弃了归集抵免制。

表 7-3 部分国家公司所得税类型比较

国　　家	古典制	归集抵免制	双税率制	股息扣除制
美　国	√			
英　国		√		
法　国	√			
德　国	√			
加拿大		√		
澳大利亚		√		
俄罗斯	√			
日　本	√			
印　度	√			
巴　西		√		
柬埔寨	√			
印度尼西亚	√			
泰　国	√			
韩　国		√		
菲律宾		√		
马来西亚				√
新加坡				√
越　南				√

资料来源：根据国际财政文献局 IBFD(2013)在线数据库相关资料整理；魏志梅.企业所得税与个人所得税一体化的国际比较与借鉴.税务研究,2006 年第 5 期。

三、公司所得税的纳税人

公司所得税的纳税人和个人所得税一样，也是由各国所行使的税收管辖权决定的。在公司所得税制中，一般将公司分为居民企业和非居民企业。居民企业负有无限纳税义务，应就其来源于境内和境外的全部所得缴纳公司所得税；非居民企业负有限纳税义务，仅就其来源于收入来源国境内的所得缴纳公司所得税。各国对居民企业的认定标准主要有注册登记地、总机构所在地和实际管理控制中心三种标准。

(一) 注册登记地

在注册登记地标准下，依据公司的注册登记地来判定公司是居民企业还是非居民企业。如果公司按照本国的法律，在本国注册登记，那么它就是本国的居民企业；反之，则为非居民企业。

（二）总机构所在地

在总机构所在地标准下，依据公司总机构所在地的设立地点来判定公司是居民企业还是非居民企业。如果公司的总机构所在地设在本国境内，那么它就是本国的居民企业；反之，则为非居民企业。

（三）实际管理控制中心

在实际管理控制中心标准下，依据公司实际控制或管理中心所在地来判定公司是居民企业还是非居民企业。如果公司实际控制或管理中心所在地在本国境内，那么它就是本国的居民企业；反之，则为非居民企业。

世界上大部分国家都是以注册登记地或实际管理控制中心作为判定公司居民身份的主要标志，并且很多国家同时使用两种标准。如，中国企业所得税法规定，对居民企业的判定标准同时采取注册登记地标准和实际管理控制中心标准，满足任一标准的企业即为我国的居民企业。

资料链接 7-13

各国公司所得税居民身份判别标准比较

目前世界各国对居民公司的判定原则基本上没有大的差异，仅是具体标准的不同。大部分国家都是以注册登记地或实际管理控制中心作为判定公司居民身份的主要标准。有的国家是两者择其一，但更多国家是两者兼用。例如，美国、俄罗斯采用注册地登记地标准；巴西、法国、英国、德国、加拿大、澳大利亚、印度等国家都是两者兼用。但各国对"实际管理控制中心"的认定依据略有差异：英国从实质性角度确认管理和控制中心，倾向于观察公司的实际经营地区及其地址。加拿大则规定决定企业管理、控制中心所在地的因素包括：董事居住和会议场所所在地；经理居住和会议场所所在地；组织执行其主要业务及营运、并保存其账册记录所在地。如果管理、控制中心位于两个不同的地方，则该企业可能在这两个地方都被视为居民企业。一般来说，由董事控制管理、控制中心，在这种情况下，企业在董事会议场所所在地被视为是加拿大的居民公司。澳大利亚的判定标准是：实际控制管理的场所、机构在澳大利亚或其拥有控股权的股东是澳大利亚居民。印度则规定，管理和控制机构完全在印度的企业被认为是印度的居民公司。除此以外，也有少数国家采用总机构标准，如日本规定，总部或主要办公地点设在日本的公司为居民公司。

表 7-4　部分国家公司所得税居民身份判别标准比较

国　　家	注册登记点	实际管理控制中心	总机构	控股权	主要生产经营地
美　国	√				
英　国	√	√			
法　国		√			

(续表)

国　家	注册登记点	实际管理控制中心	总机构	控股权	主要生产经营地
德　国	√	√			
加拿大	√	√			
澳大利亚	√	√		√	
俄罗斯	√				
日　本			√		√
印　度	√	√			
巴　西	√				
比利时	√				
丹　麦	√	√			
希　腊	√		√		
爱尔兰	√	√			
意大利	√		√		
韩　国	√		√		
卢森堡	√	√			
马来西亚		√			
墨西哥		√			
荷　兰	√	√			
新西兰	√	√	√		
挪　威	√	√			
葡萄牙	√	√			
新加坡		√			
西班牙	√		√		
瑞　士	√	√			
泰　国	√				

资料来源：根据 IBFD(2013)在线数据库相关资料整理。当各国对公司居民身份确定规则存在差异而导致公司出现双重居民身份时，OECD 和 UN 协定范本都明确规定，应当认定该公司为实际管理机构所在国的居民。也就是说，两个协定范本都是以实际管理机构所在地作为解决冲突的唯一标准。

▶ 四、公司所得税的税基

公司所得税的税基，即计税依据，一般被称为"应纳税所得额"，是指公司生产、经营、投资活动取得的纯收益、净所得。公司所得税的应纳税所得额等于公司在一定时期内（通常为一个纳税年度）的取得应税收入总额，减去相关成本、费用、损失和其他法定扣除项目金额后的余额。其计算公式为：

$$应纳税所得额 = 收入总额 - 成本、费用扣除金额 \quad (7-4)$$

公司所得税税基的确定，主要涉及应税收入的确定和各项成本费用的扣除两大问题。不同的收支范围界定和计算方法会对企业所得税的税基产生不同的影响。一般来说，按照会计准则和按照税法规定计算的所得额并不完全一致，两者之间的差异可以分为暂时性差异和永久性差异。因此，在确定应纳税所得额时，通常都需要结合会计制度和税收制度的差异进行纳税调整。

(一) 应税收入

在公式 7-4 中，应计入收入总额的应税收入项目，通常包括企业从事生产经营活动取得的各种不同来源收入，主要有：

(1) 销售货物收入，是指企业销售商品、原材料、包装物、低值易耗品以及其他存货等取得的收入。

(2) 劳务收入，是指企业从事建筑安装、修理修配、交通运输、邮电通讯、文化体育、技术服务、旅游、娱乐、加工以及其他劳务活动取得的收入。

(3) 转让财产收入，是指企业转让固定资产、生物资产、无形资产、股权、债券等财产取得的收入。

(4) 投资收入，主要包括利息、股息和红利收入。

(5) 其他收入，如捐赠收入、政府补助收入等营业外收入。

在各国税制实践中，为了体现国家的政策调控目标，税法往往会规定对一些特定收入项目给予免税优惠，如对国债利息的免税。

(二) 费用扣除

从理论上看，凡是为取得应税收入发生的、合理的成本费用都应该允许纳税人在计算应纳税所得额时扣除。但在各国实践中，为了防止税基侵蚀、维护国家税收权益，并非企业发生的所有成本费用都可以在税前扣除，税法往往对某些特定支出项目在税前扣除的条件或金额进行限制，从而使费用扣除问题变得异常复杂。下面对几项比较重要的费用扣除项目加以具体讨论。

1. 折旧和摊销

公司购买的厂房、机器设备等固定资产在生产过程中会不断磨损，公司拥有的专利、非专有技术等无形资产随着时间的推移也会不断贬值，为了维持公司的基本再生产，就需要对固定资产和无形资产计提折旧和摊销，作为一项费用在税前扣除，以弥补资产的磨损和损耗。

资产折旧和摊销（以下简称折旧）的计算，主要涉及折旧的计税基础、资产的残值率、折旧的期限和折旧的方法等问题。各国常见的折旧方法包括直线法、余额递减法、年数总和法。不同的折旧方法直接影响计入公司各期的利润和应纳税所得额，一般来说，折旧期限越短、折旧速度越快，越有利于企业尽早收回投资成本，起到延期纳税的效果。

纵观各国税收折旧制度,虽然做法各有不同,但具有以下共同趋势和特征:(1)由于直接减免税对征税的公平性产生不利影响,各国税收政策已走向间接税收鼓励,对税收的加速折旧制度尤为青睐。(2)各国的税收折旧制度对各种折旧方法及其适用的范围等都有详细规定,而且都具有一定的灵活性和弹性。(3)各国的一般税收折旧制度均侧重于直线法和余额递减法(见表7-5)。(4)各国的特殊税收折旧制度都明显地倾向于鼓励新技术、新项目的开发与运用。如我国税法规定用于研发的仪器、设备,单位价值不超过100万元的,可以一次性在计算应纳税所得额时扣除;超过100万元的,可按60%比例缩短折旧年限,或采取双倍余额递减法或年数总和法进行加速折旧。(5)在折旧基础上,各国通常以固定资产的原始价值(即历史成本)为准。但是在严重通货膨胀时期,按原价计提折旧不能保证有足够的资金更新资本设备,为此一些国家采取以下两种方法来应对通货膨胀的不利影响:一是对固定资产原值进行指数化处理,按照调整后的基数计提折旧;二是准许企业按照固定资产的重置价值计提折旧。

表7-5 部分国家税收折旧方法比较

国　家	直线法	余额递减法
美　国	√	
英　国		√
法　国	√	√
德　国		√
加拿大		√
澳大利亚	√	√
俄罗斯	√	
日　本	√	√
印　度		√
巴　西	√	

资料来源:根据国际财政文献局IBFD(2013)在线数据库相关资料整理。

2. 准备金

财务会计制度规定,基于资产的真实性和谨慎性原则考虑,为防止企业虚增资产或者虚增利润,保证企业因市场变化、科学技术进步,或者企业经营管理不善等原因导致资产实际价值的变动能够真实地得以反映,要求企业合理地预计各项资产可能发生的损失,提取各项准备金。但由于准备金只是对未来损失的预估,提取准备金时,资产损失并没有实际发生,所以各国公司所得税法对准备金的税前扣除往往限制较多,管理也非常严格。

大多数国家都不允许会计上计提的准备金在税前扣除,只有当资产损失实际发生时才允许据实扣除。如美国、加拿大规定,只有当年实际发生的应收账款和负债损失允许扣除。有的国家即使允许准备金在税前扣除,也会对扣除的条件和金额进行一定的限制。如俄罗斯规定,允许税前扣除的坏账准备金不得超过报告期内销售收入的10%;日本规定,基于特定事件(如破产)的坏账准备金可以全部扣除,一般的坏账准备金则有限扣除,扣除的限制依据前三年的实际坏账损失比例计算;印度规定,一般企业不允许扣除坏账准备金,但银行和保险公司可以享受对准备金的有限扣除。

3. 业务招待费

业务招待费是指企业为生产、经营业务的合理需要而支付的应酬费用,它是企业生产经营中所发生的一项必需的成本费用。由于在业务招待费中不可避免地包含各种私人消费因素,为了防止税基侵蚀,各国对业务招待费的税前扣除都有非常严格的规定,但是具体做法各不相同。如英国税法规定,业务招待费能否税前扣除取决于招待的对象,如果招待的对象是本公司的雇员,那么可以扣除,除此以外,如果招待的对象是客户,则不予扣除(符合条件的小额商务广告宣传性礼品除外)。日本税法则规定,中小企业允许扣除的业务招待费限额为 800 万日元(根据 2013 年的税制改革,2013 年 4 月 1 日及以后财年提高后的标准;以前允许扣除 90% 的费用,上限是 540 万日元),中小企业以外的其他企业不允许扣除任何业务招待费。加拿大规定,除特殊情况外,企业只能扣除 50% 的招待费,且此扣除并不适用于雇员招待(如员工圣诞派对)。

五、公司所得税的税率

公司所得税的税率既反映了公司所得税的法定税收负担水平,又体现了一个国家的税收政策取向,税率的高低对公司投资的积极性和公司的市场竞争能力有着重大影响。公司所得税的税率通常来说不宜过高,因为税率过高会大幅减少公司利润,抑制公司的投资意愿,并降低本国公司的国际竞争力,引发资本外逃,影响本国经济的正常发展。公司所得税的税率在实践中有比例税率和累进税率两种形式。

(一)比例税率

比例税率又可分为单一比例税率和分类比例税率。从各国公司所得税的实践来看,多数国家和地区实行单一比例税率,这种税率简便易行,是当今公司所得税税率设计的主流。

分类比例税率是一种有区别的单一比例税率,部分国家选择分类比例税率的目的主要是为了扶持和照顾利润较低或规模较小的公司以及某些特殊行业的公司。其分类方法大致有以下几种:一是按企业规模和收入规模划分,如我国企业所得税的基本税率为 25%,但对年利润不超过 30 万元的小微企业,实行 20% 的低税率。二是按居民企业和非居民企业划分,如印度对居民公司的基本税率为 30%,对非居民企业的基本税率则为 40%。三是按收入来源和收入性质划分,如加拿大对非投资性所得适用 15% 的基本税率,而对投资性所得适用 28% 的基本税率。四是按行业或公司类型划分,如巴拿马一般行业的基本税率是 25%,但能源、通信、金融保险、采矿等行业的基本税率则为 27.5%;意大利一般行业的基本税率是 27.5%,但大部分油、气、电力行业的基本税率则为 38%。五是按地区划分,如葡萄牙公司所得税的基本税率是 25%,而亚速尔群岛(Azores)的基本税率则是17.5%。

(二) 累进税率

只有少数国家采取累进税率,而且实行累进税率的国家和地区日趋减少。如新加坡采用三级制累进税率,对1万新元以下的应纳税所得额适用税率为4.25%,对超过1万新元但不超过30万新元的部分适用税率为8.5%,对超过30万新元的部分适用税率为17%;美国联邦公司所得税采取非常特别的多级制累进消失的税率结构,按照应纳税所得额由低到高分别适用15%、25%、34%、39%、34%、35%、38%、35%的八级超额累进税率,最高实际税率不超过35%。

实行累进税率的初衷是为了公平,但是过高的边际税率减少了公司的税后可支配利润,削减了公司投资规模,降低了本国税制的国际竞争力。所以,自从美国1986年开始推行以"降低税率、拓宽税基"为基调的税制改革以来,基于国际税收竞争的压力,世界各国所得税税率普遍呈下降趋势。

表7-6 部分区域及经济组织公司所得税平均税率(%)

地 区	2006	2007	2008	2009	2010	2011	2012	2013	2014	2015	2016
非 洲	30.82	30.56	28.65	28.75	28.38	28.55	29.02	28.57	27.85	27.92	27.46
美 洲	29.97	29.27	28.84	28.82	28.28	29.28	28.67	28.35	27.96	27.35	27.86
亚 洲	28.99	28.46	27.99	25.73	23.96	23.10	22.89	22.49	21.91	22.59	21.97
欧 洲	23.70	22.99	21.95	21.64	21.64	20.81	20.42	20.60	19.68	20.12	20.48
大洋洲	30.60	30.20	29.60	29.20	29.00	28.60	28.60	27.00	27.00	27.00	26.00
北美洲	38.05	38.05	36.75	36.50	35.5	34.00	33.00	33.00	33.25	33.25	33.25
拉丁美洲	29.07	28.30	27.96	27.96	27.52	29.02	28.30	27.61	27.52	26.85	27.29
欧 盟	24.83	23.97	23.17	23.11	22.93	22.70	22.51	22.75	21.34	22.25	22.09
经合组织	27.67	27.00	25.99	25.64	25.7	25.40	25.15	25.32	24.11	24.86	24.85
全球平均	27.50	26.95	26.10	25.38	24.69	24.50	24.40	24.08	23.64	23.87	23.63

资料来源:https://home.kpmg.com/xx/en/home/services/tax/tax-tools-and-resources/tax-rates-online/corporate-tax-rates-table.html.

近年来世界各大洲和重要经济组织的公司所得税平均税率的演变情况见表7-6。总体来看,各国税率的变化呈现两大趋势:一是税率水平继续下调,但下降速度放缓。全球平均税率从2006年的27.5%下降到2016年的23.63%,十年间下降了3.87个百分点。从长期来看,全球公司所得税还可能继续下降,但下降的速度会有所放缓。特别是2008年金融危机导致各国政府负债高企,使减税势头有所削弱,甚至一些国家公司所得税的税率在2013年、2014年略有回升。二是世界各国所得税税率逐步趋同。目前大部分国家和地区的所得税税率水平介于20%—30%之间,在经济全球化的背景下,各国税率差异的缩小和税制的协调有助于降低跨国避税的动机,促进经济资源的正常流动,推动全球经济健康发展。

六、公司所得税的亏损结转

公司的经营结果既可能是盈利,也有可能发生亏损。当经营结果是盈利时,政府向公司征收所得税,分享公司的经营收益;当经营结果是亏损时,按照收益和风险对等的原则,政府也应该为企业分担一部分的经营风险和损失。各国政府帮助企业分担经营损失的主要方式是盈亏互抵或亏损结转,即允许用以前或以后的利润弥补当年度发生的亏损额。之所以规定亏损结转制度,主要是考虑到企业的生产经营活动是连续不断的,故对企业纳税能力的判断也应有比较长期的时间概念。亏损结转制度有利于保护公司再生产、降低或减少投资风险以及鼓励投资。

按照亏损弥补的时间方向不同,公司所得税的亏损结转一般分为向前结转和向后结转这两种方式。

(一) 向前结转

向前结转是指当公司发生经营亏损时,允许其从以前年度的利润中扣除当年的亏损额,相当于政府以放弃企业以前年度缴纳税款的方式,帮企业分担了一部分经营亏损。由于以前年度的税款已经上缴给政府,向前结转意味着亏损公司可以从税务机关获得相应的退税款,而税款的退还不仅涉及政府的既得利益,而且操作手续也比较复杂,所以采取这种亏损结转方式的国家比较少。

(二) 向后结转

向后结转是指当公司发生经营亏损时,允许其从以后年度的利润中扣除当年的亏损额,相当于政府以放弃企业以后年度缴纳税款的方式,帮企业分担了一部分经营亏损。向后结转是世界各国亏损弥补的主要方式。但向前结转和向后结转并非互相排斥,两者可以同时并存。一般允许向前结转的国家同时也允许向后结转。

在具体计算亏损结转的过程中,有的国家还会对一个纳税年度可以向前结转的亏损金额进行限制,或者将亏损划分为经营亏损、财产亏损、资本亏损等不同类别,对跨类别的亏损结转进行限制。

在确定了亏损结转的时间方向之后,接下来,税制设计的重点是确定亏损结转的时间期限。一般来说,结转期限由各国政府的财政承受能力和企业扭亏增盈的要求共同决定。表 7-7 列示了 2013 年部分国家的亏损结转方式和具体期限。

表 7-7 部分国家结转年限的规定

国 家	向前结转年限	向后结转年限	国 家	向前结转年限	向后结转年限
美 国	2	20	意大利	不允许	无限期
英 国	1	无限期	澳大利亚	2	无限期
法 国	1	无限期	日 本	1	9
德 国	1	无限期	巴 西	不允许	无限期
加拿大	3	20	俄罗斯	不允许	9

(续表)

国　家	向前结转年限	向后结转年限	国　家	向前结转年限	向后结转年限
中　国	不允许	5	墨西哥	不允许	10
印　度	不允许	8	智　利	无限期	无限期

七、公司所得税的税收优惠

在各国公司所得税制中,税收优惠往往作为对特定类型企业行为进行税收激励的重要手段,具有明确的政策导向,配合国家或地区的整体经济政策目标,并且根据经济发展阶段的不同和政策目标的变化灵活进行调整。根据税收优惠作用对象的不同,公司所得税的税收优惠可以分为两类:第一类是作用于税率和应纳税额的优惠,属于直接税收优惠,包括降低税率、减免税、投资抵免等;第二类是作用于应纳税所得额(即税基)的优惠,属于间接税收优惠,包括加计扣除、减计收入、加速折旧等。

(一) 减免税

减免税指的是对纳税人按税法规定计算的应纳税额给予减少征收和不予征收的优惠。按减征的方式不同,可以分为比例减征和减率减征;按政策实行的时间长短,可以分为永久减免和定期减免。例如,我国企业所得税法规定,企业从事国家重点扶持的公共基础项目的投资经营的所得,或者从事符合条件的环境保护、节能节水项目的所得,自项目取得第一笔生产经营收入所属纳税年度起,第一年至第三年免征企业所得税,第四年至第六年减半征收企业所得税,这一规定就属于按照比例减征方法实行的定期减免税。减免税由于直接作用于应纳税额,因此具有影响程度大、作用效果快的特点,一般运用于政府大力支持的产业、领域和项目上,以达到短期内快速融资的目的。但从长期的角度出发,直接减免税优惠首先是以牺牲国家一定的财政收入为代价的,其次容易导致企业的过度投资,最终造成区域和行业发展的不均衡,所以不宜大范围、长期使用。

(二) 投资抵免

投资抵免是指对纳税人特定项目的固定资产投资,允许按投资额的一定比例抵免应纳税额的一种税收优惠措施。实行投资抵免是国家鼓励企业投资、促进经济结构和产业结构调整、推动产品升级换代、加快企业技术改造步伐、提高企业经济效益和市场竞争力的一种重要手段,是世界各国普遍采取的一种税收优惠政策。从目前各国的税收实践来看,投资抵免政策往往对不同类别的固定资产规定不同的扣除比例,不仅可以起到刺激投资的作用,而且可以引导企业资金流向。如我国税法规定,企业投资环境保护、节能节水、安全生产的专用设备,可以按照设备投资额的10%抵免应纳的企业所得税,当年不足抵免的,可以在以后5个纳税年度结转抵免。

(三) 加计扣除

加计扣除是指对某些费用扣除项目在实际发生数额的基础上,再加成一定比例,作为计算应纳税所得额时的扣除数额的一种税收优惠措施。例如,我国企业所得税法规定,企业为开发新技术、新产品、新工艺发生的研究开发费用,未形成无形资产计入当期损益,在据实扣除的基础上,按照研究开发费用的50%加计扣除;形成无形资产的,按照无形资产成本的150%摊销。英国、澳大利亚、印度、巴西等很多国家的税法都对研究开发费用规定了加计扣除的税收优惠,英国还对中小企业规定了比大企业更高的加计扣除比例。加计扣除的目的是鼓励企业从事政府所需要重点扶持某些领域的经营活动。

(四) 减计收入

减计收入是指对企业某些经营活动取得的应税收入,准予按一定比例减少计入收入总额,而其对应的成本费用可以正常扣除,进而减少应纳税所得额的一种税收优惠措施。与加计扣除类似,减计收入也是一种间接税收优惠方式。例如,我国企业所得税法规定,企业综合利用资源,生产符合国家产业政策规定的产品取得的收入,可以减按90%计入收入总额。

(五) 加速折旧

加速折旧是指准予特定企业、行业采取余额递减法、年数总和法等办法,加快固定资产的折旧速度,减少其资产折旧前期应纳税所得额的一种税收优惠措施。对企业来说,虽然其总税负未变,但税负前轻后重,达到延期纳税的效果,等同于政府给予一笔无息贷款之效;对政府而言,在一定时期内,虽然来自纳税企业的总税收收入未变,但税收收入前少后多,有收入迟滞之弊,政府损失了一部分税收收入的"时间价值"。很多国家允许研究开发投资享受加速折旧,还有的国家允许中小企业的资产进行加速折旧。加速折旧可以起到减轻企业所得税税负、加速企业资本回收的作用。

(六) 降低税率

降低税率是指准予特定企业以低于标准税率的低税率来计算应纳税额的一种税收优惠措施。降低税率的税收优惠效果非常直观,也属于直接优惠。如英国、法国、西班牙、中国等很多国家都对中小企业或小微企业实施更低的优惠税率。

八、公司所得税的经济效应

公司所得税对经济、社会的影响主要体现在以下两个方面:

(一) 资源配置

公司所得税通过税负轻重的安排引导和改变社会资本在不同经济部门、不同地区的配置结构和比例。

首先,公司所得税会改变社会资本在公司部门和非公司部门之间的资源配置。古典制的公司所得税和个人所得税并存,造成对公司已分配利润的重复征税,导致公司股息的整体税收负担重于非公司企业的股息,这种税收上的不公平很可能促使资本从公司部门流向非公司部门,而伴随着资本的流动,劳动力等其他生产要素也会流动到非公司部门。也就是说,公司所得税干扰了资源配置。如果公司部门配置的资本过少,那么就不利于代表现代企业组织发展方向的股份公司的发展,进而造成效率损失。当然,在对公司分配利润的重复征税采取归集抵免制等措施后,公司所得税对资源配置的非中性影响已有所缓解。

其次,公司所得税会改变社会资本在不同产业、不同行业、不同地区、不同类型公司之间的资源配置。公司所得税会对宏观和微观经济结构带来多大的改变,主要取决于公司所得税的税收优惠政策导向。如果公司所得税税收优惠偏向于研究开发,就会鼓励技术创新产业;如果税收优惠政策偏向于中小企业,就会促进中小企业的发展壮大;如果税收优惠政策偏向于落后地区,就会有助于缩小区域经济差异、促进地区均衡发展。差别性的公司所得税政策,往往是政府引导经济结构的重要工具。

最后,公司所得税还会改变微观市场主体的融资偏好。公司融资方式分为债权融资和股权融资两种形式。融资方式的选择,一般取决于不同方式的相对成本和税收成本。由于各国所得税大多准予债权融资所支付的利息作为费用从应税所得中扣除,而股权融资分配给股东的股息却不能扣除,因此在其他条件不变的情况下,通常导致公司更多地偏好举债的方式来融资,从而造成对公司融资决策的扭曲。当然,这种扭曲也因以下两个现实的存在而有所约束:一是为防止资本弱化,越来越多的国家对公司所得税的利息扣除设置了一定的条件和额度限制;二是过度债务融资导致公司破产的风险相应增长。

(二) 收入分配

公司所得税通过对企业纯收益即净利润的课税,可以调节企业的盈利水平,缩小不同盈利状况的企业之间的税后收益差距,同时减少资本收益,有助于缩小资本收入者与劳动收入者之间的收入差距。特别是在累进税率条件下,这一调节功能将发挥得更加明显。不过,随着经济活动全球化的不断发展,公司所得税的国际竞争局势逐渐加剧,世界各国为争夺公司所得税税源,普遍削减了公司所得税的边际税率,使公司所得税调节收入分配的功能明显弱化。

值得注意的是,对公司所得税在收入分配方面的调节功能,理论界并未形成一致的看法,有关实证分析结果也存在明显的意见分歧。反对以公司所得税来调节收入分配的观点认为,尽管公司所得税是向公司所有者征收,但考虑到税负转嫁的复杂性和不确定性,公司所得税并不适合承担调节收入分配的重任。鉴于公司所得税涉及国民经济的方方面面,研究公司所得税的税收归宿及其对收入分配的影响必须采用一般均衡模型而非局部均衡模型,遗憾的是,经济学家至今仍未就公司所得税的真正归宿达成共识,即公司所得税的真正承担者究竟是股东、消费者、劳动者或者是以上这些群体的某种组合,尚未可知。

第四节 资本利得税

资本利得税(Capital Gains Tax)又称资本收益税,是指对个人或公司处置资本性资产而取得的增值收益课征的一种税,常见的资本利得有买卖股票、债券、贵金属、房屋、建筑物、机器设备、土地、商誉、商标、专利权等所获得的资本增值。如果资本性资产的处置价格大于原购入价格,为资本利得;反之,则为资本亏损。从税种性质上来看,资本利得税的课税对象也是收益额,因此 OECD 在历年发布的税收分类指南(*The OECD*

Classification of Taxes and Interpretative Guide）中都把资本利得税纳入所得税类的范畴①。

一、资本利得的特点

资本利得是从资本性资产的出售或转让中所实现的利润，即已获得的资本性资产的增值收益，其与一般经营所得存在诸多不同之处，主要表现为以下几个特点：

（一）属于非勤劳所得

所得按照性质不同可划分为勤劳所得和非勤劳所得两大类。由于资本利得不是通过辛勤劳动和努力经营所获得的，因此它属于典型的非勤劳所得。一般来说，资本利得主要是由资源稀缺和通货膨胀因素共同作用形成的。因为生产劳动不附加于资本性资产，所以资本利得并不意味着实际财富的增加，而只是一种货币价值的增值。

（二）实现所得时间周期长

与经营性资产相比，资本性资产的流动性相对较弱，实现资本利得的时间周期更长。经营性资产强调缩短资金周转率，以获得更高的投资回报，而资本性资产经营周期一般较长，资产交易频率较低。所以，投资者如果投资于经营性资产，可以在短期内通过市场交易活动收回投资、获得利润；而如果投资于资本性资产，则需要经过一个相对较长的时间周期，才能获得相应的投资收益。

（三）具有非经常性和风险性

资本性资产是纳税人长期持有和使用的资产，也是生产要素的一个重要组成部分，与经营性资产相比，其资产交易具有非经常性和非持续性的特点，这就决定了资本利得并不是一种定期取得的常规性所得。此外，由于大部分资本投资具有较强的投机性，且资本利得的实现需要经过一个相对较长的时间周期，在此期间各种市场供求因素可能发生很大的变化，这使资本利得的实现具有很大的不确定性和风险性。

（四）不是纯粹的资本性所得

以资本利得形式体现的所得，并不是纯粹的资本性所得。因为在现实生活中，资本利得的形成受到公司保留利润的转化、资产供求关系的变化、加速折旧、通货膨胀等各种因素的影响，资本利得中也可能包含其他性质的所得，特别是投资所得转化而来的所得。例如股息是一种投资所得，如果公司将税后利润不作股息分配，而将这些盈余资本化，公司的总资产就会相应增加，公司股票的价格也会随之上涨。因此，出售升值股票所获得的资本利得，就包含了投资所得转化而来的成分。换言之，此时的资本利得是由资本性所得和部分正常所得组成的混合体。

二、资本利得税的课税模式

理论界一直对资本利得是否应该课税以及如何课税的问题争论不休。赞成对资本

---

① 由于资本利得税的实现必然离不开资本性资产，所以也有学者认为资本利得税应该归属于财产税类。

利得课税的观点认为,由于资本利得提高了纳税人的纳税能力,根据横向和纵向公平原则,应税所得必须包括资本利得,但在计税之前应允许其扣除资本损失额;如果不对资本利得课税,很可能扭曲资本投资结构,降低全社会的投资效率。而且考虑到资本利得的分布主要集中于高收入阶层,对其免税或优惠课税会加剧税制的不公平性。

反对对资本利得课税的观点认为,对资本利得课税既不公平,也不具经济效率。首先,通货膨胀会加重资本利得税的实际税负。在通货膨胀的情况下,名义资本利得既包含实际资本增值,又包含通货膨胀因素,如果对名义所得课征资本利得税,那么就会违背税收公平原则。但若要剔除通货膨胀对资本利得计算带来的影响,在实际操作中是非常困难的。尽管通货膨胀因素也会影响一般经营性所得的计税,但由于经营性所得的实现周期短,而资本利得的实现周期长,通货膨胀对后者的影响远远大于前者。其次,资本利得课税会带来锁定效应(Lock-in Effect),降低资源配置效率。在各国征管实践中,资本利得税只能对已经实现的资本利得课税,也就是说,资本利得税只能是在投资者出售资产时征税,在投资者出售资产之前是无法征税的。因此,资本利得税就可能会阻碍资本性资产的合理流动,导致投资者不愿意或尽量减少其投资资产组合的改变,以避免资产出售带来的税收负担,这种现象称为"锁定效应",因为税制安排把投资者锁定在当前的资产组合上。由此可能导致资本的错误配置,资本不再流向收益率最高的投资领域,从而降低经济效率。

在税收实践中,各国对资本利得的课税主要有三种模式:

一是综合课税模式,即将资本利得并入一般正常所得,根据资本利得的主体不同,分别课征个人所得税和公司所得税,资本利得与其他所得的税负相等。这种课税模式为大多数国家所采用,如日本、韩国、加拿大、澳大利亚、俄罗斯、中国等国家。

二是单独课税模式,即将资本利得从一般正常所得中分离出来,单独计征资本利得税,如法国、德国、意大利等国家。对资本利得单独课税的国家大多会在税率设计上给予资本利得适度的优惠待遇,资本利得税的税率通常明显低于一般性所得,以抵消通货膨胀使资本利得有效税率提高的倾向,防止产生投资锁定效应,同时以此来刺激资本积累和鼓励承担风险;或者根据实现资本利得的时间长短,设置高低不等的税率,对投资达到一定时间期限的资本利得大幅降低适用税率水平,以鼓励长期投资。

三是免税模式,即对资本利得免税。只有很少数的国家和地区(如巴巴多斯、安提瓜、新加坡、中国香港等)对资本利得实行免税政策。

实际上,各国对资本利得的具体税务处理细节差异性非常大。例如英国,对个人获得的资本利得单独开征资本利得税,税率比一般所得更低。在2014/2015年度,一般所得的累进税率为20%、40%、45%,而资本利得税的税率分别为18%和28%,且资本利得税的税率与一般所得的税率挂钩,一般所得越多,资本利得的适用税率越高;而对公司获得的资本利得,则合并计入公司的全部应税所得,统一按照一般公司所得税的税率课税。但无论个人还是公司,资本项目的亏损只能用资本项目的利得来进行弥补,而不能用其他一般所得来进行弥补。又如美国在处理个人的资本利得时,也采取了与普通所得挂钩的方式来确定税率。但总的来说,资本利得税的税率比一般普通所得更低(见表7-8)。

表 7-8 2013 年美国普通所得与资本利得的税率表(%)

普通所得适用税率	长期资本利得适用税率	短期资本利得适用税率	源自不动产长期资本利得适用税率	长期收藏品资本利得适用税率	特定小企业股票长期资本利得适用税率
10	0	10	10	10	10
15	0	15	15	15	15
25	15	25	25	25	25
28	15	28	25	28	28
33	15	33	25	28	28
35	15	35	25	28	28

不同的课税模式各有优缺点。单独课税模式的优点是，便于对资本利得实行特殊优惠政策，可以按照经济发展状况的变化和宏观调控的需要，灵活进行税制调整；缺点是使税制复杂化，容易加大税收遵从成本和税收管理成本。与之相对应，综合课税模式的优点是简化税制、节省税收征纳成本；缺点是不利于区别对待、体现国家的政策调控意图。

三、资本利得税的税务处理

除极少数国家对资本利得免税外，绝大部分国家都选择对资本利得课税，所以，资本利得课税的核心问题是如何设定资本利得税的税率水平，即如何正确处理资本利得和一般所得的税负关系。按照资本利得和一般所得的税负孰轻孰重不同，资本利得的税收负担政策可以分为高税负、等税负和低税负三种不同的类型。在各国实践中，极少有国家对资本利得采取高于一般所得的税收负担政策，有部分国家对资本利得采取等同于一般所得的税收负担政策，但大部分国家，无论是采取综合课税模式还是采取单独课税模式，往往基于抵消通货膨胀、防止锁定效应、鼓励投资等原因，给予资本利得一定的税收优惠，使资本利得的整体税收负担明显低于一般性所得。各国对资本利得给予税收优惠的方式主要涉及以下五个方面：

(一) 税基减征

税基减征是指仅将资本利得的一定比例而不是全部数额作为应税所得来征税。如加拿大税法规定，只对个人资本利得的 50% 课税，这相当于对资本利得减半征税，使资本利得的税负比普通所得下降了一半。还有一些国家按照资产持有期限的长短来确定资本利得税的减征比率，长期持有资产的资本利得减征率通常更高一些，而短期持有资产的减征率则更低一些，或者没有减征率，与普通所得同等课税。

(二) 降低税率

许多国家，无论是采用单独课税模式还是综合课税模式，都直接对资本利得规定比普通所得更低的个人所得税或公司所得税税率。如美国，从 2014 年开始，对于长期资本利得,若普通所得适用最高累进税率 39.6% 级距的个人,资本利得的税率为 20%;若普通所得适用 25%、28%、33% 或 35% 税率级距的个人,资本利得的税率为 15%;若普通所得适用 10% 或 15% 税率级距的个人,资本利得的税率为 0%。一些国家即使不对资本利得全面实施低税率,也会选择其中的部分项目(如长期资本利得)适用低税率。

(三) 通胀调整

一般来说,资本性资产的持有时间越长,受通货膨胀的不利影响越大,极端情况下甚至还会出现相关资产名义上增值、实际上贬值的现象。在对资本利得课税时,如果不考虑通货膨胀因素,不仅可能使资本利得承担过重的税负,而且存在侵蚀资本的风险。所以,不少国家采取指数化调整的措施来消除通胀对资本利得实际价值的影响。如英国在对公司的资本利得课税时,就根据零售物价指数来调整资产的历史成本,这是最常见的通货膨胀调整措施,但它会在一定程度上增加税制的复杂性,所以,英国在对个人资本利得的课税时,没有采取指数化调整的做法,而是代之以按纳税年度统一扣除一笔固定数额的免税利得,只有超过免税额的资本利得才需要缴纳资本利得税。

(四) 再投资纳税递延

政府对资产处置收益的课税减少了企业可用于未来再投资的资金规模,特别是对用于再投资的"融资转换型"资产转让的利得课税,其"锁定效应"更加明显。为了鼓励再投资,有些国家公司所得税法规定,若企业将现有旧资产出售后取得的资金,在一定时间期限内用于购置新的替代资产,则出售原旧资产应纳的所得税款可以暂时冻结,无需立即缴纳,而是递延到未来企业处置新的替代资产时再一并纳税。对纳税人而言,相当于推迟了资本利得税的纳税时间,获得了纳税递延。通常,相关国家对享受再投资纳税递延的资产类型会根据经济政策、产业政策作出一定的范围限制。

(五) 亏损结转

资本亏损的税务处理与一般经营亏损的税务处理原理和方法是一致的,政府通过盈亏互抵,分担了纳税人的一部分投资风险。不同国家对资本亏损的结转弥补范围有着不同的规定,如有的国家只允许冲减同类资本利得,有的国家允许冲减所有资本利得,还有的国家将盈亏互抵的范围放宽到一般经营性所得;而在资本亏损的结转方式上,绝大多数国家都只允许向后结转,不允许向前结转。总的来说,资本项目的亏损结转规则比一般经营性亏损更为严格。

资料链接 7-14

英国再投资递延纳税

为鼓励再投资,英国税法规定了一项再投资递延纳税的优惠政策(Rollover Relief),纳税人在处置指定类型资产后的一定期限内,如果将全部处置收入用于再投资,可以享受全部资本利得的延期纳税,递延至今后处置再投资资产时再课税,但再投资资产的账面价值将按递延的资本利得的金额相应减少。如果有部分资产处置收入没有用于再投资,则与未使用的部分对应的资本利得需要立即课税,不能享受纳税递延。

> 例如,某公司 2015 年购入一项资产,成本价为 24 000 英镑,2015 年该公司将资产以 34 000 英镑出售,扣除物价变动后取得资本利得 9 000 英镑。随即该公司又以 35 000 英镑的价格买入一件新的替代资产,假设 2017 年该公司将替代资产以 40 000 英镑出售。试计算两次资产转让应纳税的资本利得。
>
> 若不考虑再投资纳税递延,则第一次处置资产的资本利得为 9 000 英镑,第二次处置资产的资本利得为 5 000 英镑(40 000—35 000),两次合计 14 000 英镑。
>
> 若纳税人申请享受再投资纳税递延,则第一次资产处置的应税资本利得减为 0,当年不需要缴纳资本利得税,但新资产的计税基础相应调减为 35 000 — 9 000 = 26 000 英镑,因此,第二次资产处置的应税资本利得为:40 000 — 26 000 = 14 000 英镑,两次合计 14 000 英镑。
>
> 可见,无论纳税人是否享受再投资递延纳税的优惠政策,其两次资产处置应纳税的资本利得总额是一样的,这项税收优惠只是起到了递延纳税的效果。
>
> 资料来源:ACCA-Paper F6, Taxation, BPP Learning Media, 2014.

第五节 社会保障税

现代政府的一项重要职能是为社会成员提供社会保障,以确保其不因特定事件的发生而陷入生存困境。该职能是否能实现,在很大程度上取决于有无充裕、稳定的社会保障资金。社会保障税就是随着社会经济的发展、社会稳定的需求和政府职能的扩大而逐渐发展完善起来的专项用于社会保障方面的一种重要筹资模式①。

现代社会保障制度起源于 19 世纪末的欧洲。为了缓解社会分配的不公,保障老年人和残疾人等社会弱势群体的利益,1889 年 5 月 24 日,德国议会以微弱多数票通过了《老年和残疾社会保险法》,于 1891 年 1 月 1 日起在全国范围内生效。该法的颁布标志着现代社会养老保险制度的正式诞生。此后,英国借鉴了德国的经验,于 1911 年正式颁布了《国民保险法》,强制国民参加保险并按期缴纳保险费,标志着现代社会保障制度在英国正式建立。法国(1910)、瑞典(1913)、意大利(1919)等国也先后开征了社会保障税。美国于 1935 年通过了《社会保障税》,标志着美国现代社会保障制度的建立。在该法中,美国首次提出了社会保障的概念,将以前西方各国为社会保险筹资的社会保险缴款统一冠以社会保障税的正式名称。

在二战以后,社会保障税进入了一个迅猛发展的繁荣时期,一方面开征国家数量大增,不仅开征的发达国家越来越多,数量众多的发展中国家也陆续开征社会保障税;另

---

① 世界各国对社会保障筹资方式并没有统一的称谓,如美国称为工薪税(Payroll Tax),英国称为国民保险缴款(National Insurance Contributions),挪威等国家称为社会保障缴款(Social Security Contributions),理论研究时通常将所有缴纳给政府的强制性社会保障收入统称为社会保障税。

一方面,社会保障税的课征范围越来越广,扩大到绝大部分劳动者,而且在各国税制中的地位也越来越重要,从一个无足轻重的税种发展成为一个举足轻重的主要税种,在法国、德国、日本等国甚至跃居头号税种。据国际财政文献局(IBFD)的统计,截至 2014 年 3 月,全世界 179 个国家(地区)中,有 162 个国家(地区)开征了社会保障税。

一、社会保障税的特点

社会保障税(Social Security Tax)也称"社会保险税""工薪税",是指主要以雇主向雇员支付的工资薪金为课征对象,由雇员和雇主分别缴纳,税款专门用于各种社会保障开支的一种特定目的税。社会保障税作为一种特殊形式的所得税,具有以下三大特点:

(一) 部分有偿性

社会保障税具有有偿性和直接受益性。各国社会保障制度一般规定,只有缴纳了社会保障税的社会成员,在其疾病、失业、年老或遇到其他生活困难情况时,才有资格享受社会保障制度带来的收入补贴。但这种有偿性又与商业保险制度很大不同,虽然纳税人从社会保障体系中获得的收益额与纳税人实际支付的社会保障税款有着一定联系,但两者并不一一对应。通常收入越高、缴款越多的人从社会保障体系获得收益的比例越低,收入越低、缴款越少的人从社会保障体系获得收益的比例越高。所以,尽管从整个社会的角度来看,收益额和缴款额两者是大致持平的,但具体到每一个纳税人,其收益额和缴款额并不相等。从这一点来看,社会保障税仅具有部分有偿性。

正是因为社会保障税具有部分有偿性和直接受益性特点,使之与普通税收形式上的无偿性相比,存在着显著的差别。很多经济学者并不认为社会保障税是真正意义上的税收,有的国家更直接称之为社会保障费或社会保障缴款,而且国际组织在进行政府税收收入统计时,一般都把社会保障税单列,作为一类特殊的收入形式。

值得注意的是,从 20 世纪 90 年代末以来,随着全民福利型社会保障模式弊端的逐步显现,以瑞典、智利为代表,在世界范围内掀起了一股社会保障私有化、市场化改革的国际潮流,改革更加强调社会保障的个人责任,个人承担的社会保障缴款份额要逐步增大,而且个人缴纳的社会保障税费与其社会保障收益额之间的关联性还将进一步加强。预期未来社会保障税的有偿性特征将更加凸显。

(二) 累退性

社会保障税之所以具有税收负担的累退性,原因有三:一是因为社会保障税主要对工资薪金所得课税,而将资本利得、股息所得、利息所得等资本性收入排除在课税范围之外,致使以工薪收入为主的中低收入者税收负担更重,而以资本收入为主的高收入者税收负担更轻。二是社会保障税一般采取单一比例税率,甚至超额累退税率,且通常没有宽免扣除,也不考虑纳税人的家庭情况及实际负担能力,从而导致低收入者的实际社会保障税税率大于高收入者。三是很多国家对社会保障税的应税所得额采取最高限额的做法,即当应税所得超过一定数额时,超过部分可以免予缴纳社会保障税。最高限额的做法体现了社会保障税缴款与受益之间的相关性,同时也为那些希望通过私人项目、团体签约项目或自愿商业保险补充国家保障计划的人留出一定的余地,但这一做法加剧了社会保障税的累退性。

(三) 专款专用

社会保障税是一种指定税款用途的特定目的税,其筹集的税收收入不能用于政府的其他财政支出,必须由政府成立的专门基金管理,专门用于社会保障支出,而其他税种的收入则统一纳入政府预算,统筹安排用于满足社会所需要的各项经费支出。由于社会保障税收入的专款专用特性,因而可以保证社会保障基金免受政府财政预算情况恶化所造成的不利影响,为社会保障制度的实施提供稳定的资金来源。当然,由于人口老龄化的影响,各国社会保障基金都将面临资金缺口,除了社会保障税的筹款,政府往往还需要从其一般性财政收入中划拨一部分资金用于维持社会保障体系的正常运行。

二、社会保障税的模式

社会保障税制度在各国的运行模式各具特色,但根据承保对象和承保项目分类设置的方式不同,大体上可以分为以下三种类型:

(一) 项目型

项目型社会保障税是单纯按照承保项目的不同,分项设置社会保障税的模式。世界上许多国家如德国、法国、比利时、荷兰、奥地利等都采用这一模式,但以瑞典最为典型。

瑞典的社会保障税按照不同的保险项目支出需要,分别确定一定的比率从工资、薪金中提取。目前瑞典的社会保障税设有老年人养老保险、事故幸存者养老保险、疾病保险、工伤保险、父母保险、失业保险以及工资税七个项目,并分别对每个项目规定了税率。老年人养老保险税的税率为13.35%,事故幸存者养老保险税税率为1.70%,疾病保险税的税率为7.50%,工伤保险税的税率为1.38%,父母保险税的税率为2.20%,失业保险税的税率为5.84%,工资税的税率为8.04%[①]。征收的办法是按比例实行源泉扣缴,税款专款专用。

项目型模式的最大优点在于,在社会保障税的征收与承保项目之间建立起一一对应的关系,专款专用,返还性非常明显,而且可以根据不同项目支出数额的变化调整税率,哪个项目对财力的需要量大,哪个项目的社会保障税率就提高。项目型模式的缺点是,各个项目之间财力调剂余地较小。

(二) 对象型

对象型社会保障税是单纯按照承保对象的不同,分类设置社会保障税的模式。采用这种模式的典型国家是英国。英国的社会保障税在设置上主要以承保对象为标准,建立起由四大类社会保障税组成的社会保障体系。第一类是针对受雇劳动者,由雇主和雇员分别按工资薪金的一定比例缴纳,且对雇员缴税的工资薪金有一个最高缴税上限;第二类是针对自营业者,按定额税率缴纳,并设有起征点;第三类是针对自愿参保人,按定额税率缴纳;第四类对营业利润达到一定水平以上的自营业者,以营业利润为

---

① 马国强,谷成.社会保障税:国际比较与借鉴.上海财税,2002年第1期。

基数,按照超额累退税率缴纳。

对象型社会保障税模式的优点是,可以针对不同就业人员或非就业人员的特点,采用不同的税率制度,便于执行;对象型模式的缺点是,征收与承保项目之间没有明确挂钩,社会保险税的返还性未能得到充分体现。

(三) 混合型

混合型社会保障税是同时按照承保对象和承保项目的不同设置社会保障税的模式。美国是采用这一模式的典型国家。美国的社会保障税不是一个单一税种的结构,而是由一个针对大多数承保对象和覆盖大部分承保项目的一般社会保障税(薪工税)与针对失业这一特定承保项目的失业保险税,以及针对特定部分承保对象而设置的铁路员工退职税和个体业主税四个税种所组成的税收体系。

混合型模式的优点是适应性较强,可以在适应一般社会保障需要的基础上,针对某个或某几个特定行业,实行与行业工作特点相适应的加强式社会保障,还可以让特定的承保项目在保障基金收支上自成体系。混合型模式的缺点是统一性较差,管理不够便利,返还性的表现不够具体。此外,混合型社会保障税的累退性较强,再分配的效应受到抑制,社会保险税的社会公平功能趋于减弱。

三、社会保障税的纳税人

从世界各国的税收实践来看,社会保障税的覆盖面一般较广,只要在一国之内有工资薪金所得的人(包括其雇主)都是社会保障税的纳税人。社会保障税通常由雇员和雇主共同负担,但各国对双方负担比例的规定各不相同。如美国、德国规定雇主和雇员各自负担一半,加拿大、英国规定雇主负担的比例高于雇员,极少数国家雇主负担的比例低于雇员。当然,也有例外,有些国家社会保障体系中的个别项目只要求由雇主单方面缴纳,如美国失业保险项目的社会保障税。受雇劳动缴纳社会保障税的税基为工资薪金收入,不仅包括雇主支付的现金,还包括具有工资性质的实物收入和等价物收入,且一般不设减免额或费用扣除额,不允许扣除为取得工薪收入而发生的费用开支或个人宽免额,而是把工资薪金所得直接作为课税对象。

对不存在雇佣关系的自营业者,是否纳入社会保障税的课税范围,各国做法不尽相同。按照专款专用的原则,只有纳税后才有资格享受社会保障利益,因而多数国家在行政管理条件可行的情况下,把自营者也纳入社会保障税的纳税人范围,如美国、加拿大、英国、法国等。纳税人范围的扩大,有利于社会的安定和发展。一般来说,在一些社会保障体制不是很完善的发展中国家,自营业者往往被排除在社会保障体系之外;而在社会保障体系比较完善的发达国家中,大多将自营业者纳入课税范围。此时,自营业者也必须按规定缴纳社会保障税。自营业者缴纳社会保障税的税基一般为其营业净利润。

雇主缴纳的税款可作为费用在计征公司所得税时全部列支。雇员和自营业者缴纳的社会保障税,一般不允许在计征个人所得税时扣除。

四、社会保障税的税率

社会保障税的主要目的是为社会保障事业筹集资金,调节收入分配并不是其主要政策目标,所以,绝大多数国家的社会保障税采取简单的比例税率形式,而且往往根据保障对象的不同或者保障项目的不同采取差别比例税率。如美国 2014 年度养老保障项目的工薪税税率为 6.2%,医疗保障项目的工薪税税率为 1.45%。少数国家采用超额累退税率形式,如英国。2014/2015 年度,英国对雇佣劳动者个人缴纳的社会保障税,当年应税工资薪金在 7 956 英镑以下时,免税;当年应税工资薪金在 7 956 英镑到 41 865 英镑之间时,税率为 12%;当年应税工资薪金在 41 865 英镑以上时,税率为 2%。

各国社会保障制度的覆盖面和受益水平决定了社会保障税的税率高低,政府维持社会保障体系的需要和社会成员的承受能力是最重要的决定因素。随着世界各国社会保障税的发展,过去几十年来,各国社会保障制度的覆盖面和受益水平都在逐步扩大和提高,因而社会保障税的税率也普遍呈现逐渐上升的趋势。

五、社会保障税的征收管理

几乎所有国家社会保障税的课征都采取由雇主源泉扣缴的征收方法。具体来说,雇员所应缴纳的税款,由雇主按月在支付工资、薪金所得时负责扣缴,连同雇主应缴纳的税款一并向税务机关申报缴纳,无需雇员填写纳税申报表,简便易行。自营业者的应纳税款,则需要其本人自行申报缴纳或委托代理人缴纳,一般与个人所得税一并缴纳。

从社会保障税的征收机构来看,各国政府征收社会保障税的途径主要有两种:一是由单独的(或多个)社会保障机构征收;二是由税务部门和其他税种合并征收。OECD 报告显示,在所考察的 48 个国家中,由单独的(或多个)社会保障机构征收社会保障税的国家有 29 个,由税务部门征收社会保障税的国家有 19 个①。虽然在现阶段,多数国家不是通过税务部门征收社会保障税,但是从世界各国近 20 年来的发展趋势来看,将社会保障税和其他税种由税务机构合并征收的国家越来越多,合并征收很可能是未来改革发展的大势所趋。从一些已经实施合并征收改革国家的经验来看,征收机构的整合是一个富有效率的选择:一方面社会保障和税款的征收程序具有许多共性,如采用同一登记号码、共同的所得信息、相似的所得定义;另一方面,税务部门在收入稽核和征管上具有专业优势。通过税务机构合并征收社会保障税,消除了不同部门之间的职能重叠,政府的管理成本以及雇主和雇员个人的遵从成本明显减轻,新征管技术的应用和严格监控的执法程序也提高了社会保障缴款的遵从度,维护了社会保障制度的可持续性。

---

① OECD, Tax Administration 2013: Comparative Information on OECD and Other Advanced and Emerging Economics, 2013.

六、社会保障税的经济效应

社会保障税对国民经济运行主要有如下经济效应：

（一）社会稳定

英国在19世纪50年代颁布实施的《济贫法》，作为现代社会保障制度萌芽的标志，首创了"要求社会救助属于公民合法权利，社会救助是国家应尽义务"的新准则。社会保障作为现代政府必须长期承担的义务，是一项积极的福利举措。从目前各国情况来看，开征社会保障税是大多数国家最主要的社会保障筹资方式，因此社会保障税是国家提供社会保障的主要收入来源，具有保障社会安全网、维护社会稳定的作用。

（二）收入再分配

社会保障制度的实质是一种转移支付和风险分散制度，社会保障税只是实现上述目的的一个有效工具而已。不管转移支付的资金来源于社会保障税还是其他税种，只要进行转移支付就必然会对收入分配结果产生相应的影响。在领取收益环节，社会保障税的部分有偿性特点，使收入越高、缴款越多的人从社会保障体系获得收益的比例越低，收入越低、缴款越少的人从社会保障体系获得收益的比例越高，显然具有一定正向收入再分配作用。当然，在征税环节，由于比例税率、最高限额、不涉及资本所得等缺点，社会保障税又呈现逆向收入再分配作用。

（三）经济稳定

社会保障税的最初目标，主要是为了保障残疾人和老年人等社会弱势群体、缓解社会分配不公，征税范围相对较窄，税率也较低。随着社会经济的发展，社会保障税的征收范围与力度不断加大，最终形成一个有序的社会保障网络体系，社会保障税不仅可以缓解社会分配的不公，实现收入再分配，而且被当作反经济周期、平抑经济波动、扩大有效需求的有力工具，也就是说，社会保障税还具有稳定经济的作用。由于社会保障体系在内容和功能上的不断拓展，社会保障税开始向全面、多功能的方向发展。

（四）其他经济影响

社会保障税还可能会影响社会就业和储蓄水平。

社会保障税对就业的影响主要体现在以下三个方面：一是对劳动供给的直接影响。社会保障税作为一种主要对劳动力供给报酬的课税，会降低劳动力供给的净收益，从而降低劳动力供给的积极性和供给数量。虽然社会保障税由雇主和雇员共同负担，但由于劳动力的供给弹性大大低于劳动力的需求弹性，形式上由雇主缴纳的社会保障税转嫁给雇员的可能性非常大。所以，劳动者不得不承担大部分社会保障税负担，这会加剧社会保障税对劳动供给的不利影响。二是对退休年龄的间接影响。社会保障税可能导致退休年龄的提前，这和社会保障制度的收益水平密切相关。假如劳动者在退休后获得的退休金超过他们以前缴纳的社会保障税税款，同时这些收益与他们继续工作的所得相差不大的话，那么社会保障税可能会诱使劳动者提前退休，从而对社会劳动供给产生负面影响。三是对劳动需求的影响。社会保障税推高了雇佣劳动力的人工成本，不利于扩大劳动力的市场需求。

税收经济学

社会保障税会导致公共储蓄对私人储蓄的挤出效应。在建立社会保障税制度之前,个人会将一部分收入储蓄起来,以备将来失业、疾病或退休时使用;在建立了社会保障制度之后,缴纳的社会保障税税款有可能替代原有私人储蓄,其结果在政府收入增加的同时,私人储蓄水平大幅降低,从而使社会总储蓄率和资本形成率下降,阻碍劳动生产率的提高和经济的增长。

资料链接 7-15

我国社会保障费改税之争

税收制度是义务与权利相一致的统一体,与其纳税额的多少基本无关。与社保税恰恰相反,社保费的本质属性是缴款与权利关系密切,它强调的是缴款与权利的对等性。除了在固定性和强制性方面与社保税具有同样的法律约束之外,社保费的"补偿性"与社保税的"无偿性"是相对立的。

多年来国内学界主张社会保障费改税的主要依据可以归纳为八个方面:一是认为费改税是国际社会保障改革的大潮流;二是费改税可以提升征缴的权威性,增强征缴的强制性,提高征缴率;三是利用现有的税务机构可以大幅降低征缴成本;四是可以解决当前社保经办机构与地税系统双重征缴的矛盾;五是可以建立税务机关征收、财政部门管理、社保部门支出的"三位一体"管理体制,提高社保资金的安全性;六是由税务部门征缴可以提高征缴力度,增强参保的强制力;七是有利于提高统筹层次,有利于资金投资管理;八是符合全国范围内费改税的大趋势。

但是,从中国社会保障制度的发展进程来看,尤其是从中国社会保障制度发展的战略取向来看,费改税既不适应中国社会保障制度特征、社会保障发展阶段和客观经济社会环境,也不符合国际社会保障改革潮流。具体来说,主要体现在以下八个方面:

(1) 世界性的改革潮流不是费改税,而是税改费。在过去30年里,拉美、亚洲、欧洲地区大约有40个国家不同程度地引入了个人账户,实现了从税向费的转变。

(2) 费改税不符合旨在加强缴费与待遇之间联系的社保制度发展战略的要求。社保制度的财务可持续性是社保制度得以长治久安的基础,坚持缴费制是维持财务可持续性的一个基石。

(3) 费改税在技术上不符合统账结合的混合型制度的设计要求。个人账户部分的缴费则不可能改为税,否则就会与个人账户的存在产生冲突。

(4) 费改税不符合社会保障制度深化改革对"制度弹性"的要求。中国社会保障制度目前还远没有定型,费改税将会加大社会保障制度的刚性,导致社会保障制度缺乏灵活性。

(5) 明显的二元社会经济结构是制约费改税的重要因素。农业生产特性、农民收入水平及城镇化过程中大量失地农民的产生等,都决定了向农民征收社保税不具有现实性。

(6) 费改税不是加强征缴力度的关键所在。征缴力度来源于制度的激励机制，我国目前社保费征缴力度薄弱问题主要在于制度设计上存在诸多缺陷，只有解决了这些制度设计缺陷，征缴力度问题才能迎刃而解。

(7) 费改税不是加强基金安全的必要条件。中国社保基金安全性潜在风险来自两个内生原因：一是由于缺乏投资渠道；二是统筹层次十分低下，基金管理相当分散。

(8) 费改税不利于提高统筹层次。在区域之间、城乡之间发展水平极不平衡的二元结构下，一旦提高基金收支管理层次，地方政府的道德风险必将致使社保基金面临较高的财务风险，这是当前社保基金收支统筹管理水平难以提高的真正原因。

2008年全球金融危机的爆发及其对中国社会保障制度的挑战，新农保、新医保等社会保障政策的出台，以及事业单位养老金制度改革的止步不前等使费改税面临更大的复杂性，更不可行。

资料来源：郑秉文.费改税不符合中国社会保障制度发展战略取向.中国人民大学学报，2010年第5期.

本 章 小 结

1. 所得税是以所得额为课税对象，向取得所得的纳税人征收的直接税，包括企业所得税、个人所得税、资本利得税和社会保障税等。与其他课税体系相比，所得税具有课征普遍、税源广泛、税收负担难以转嫁、税负公平具有累进性，以及征收管理较复杂、征收阻力大的特点。所得税的应税所得应是合法所得、净所得。调节收入分配是个人所得税的一项重要社会功能。

2. 个人所得税的纳税人分为居民和非居民两类。居民纳税人承担无限纳税义务，应就其来源于居住国境内外的全部所得，向居住国政府履行纳税义务；而非居民纳税人承担有限纳税义务，仅就其来源于非居住国境内的所得，向非居住国政府履行纳税义务。各国行使的税收管辖权不同，个人所得税纳税人身份的判定标准也各不相同。

3. 按照计税方式的不同，个人所得税制可以分为分类所得税模式、综合所得税模式和分类综合所得税模式三种类型。分类课税模式和综合课税模式在公平和效率方面各有优缺点。分类综合所得税模式集合了前两者的优点，既体现了量能负担的税收公平原则，又保证了税收的政策性调节功能，还兼顾了征管的便利性，是个人所得税制改革发展的主流。

4. 个人所得税的纳税单位有个人制和家庭制两种选择。个人所得税的费用扣除分为直接成本费用扣除、生计费用扣除和其他法定扣除。费用扣除指数化是消除通货膨胀对纳税人税收负担不利影响的重要措施。个人所得税的税率以累进税率为主，比例税率为辅。个人所得税的征收方法主要有源泉扣缴和自行申报。

5. 最低税负制是指针对一些高收入者或高利润企业享受较多税收优惠而只承担较低税负甚至不用交税的情况，而要求他们缴纳最基本税款的一种制度安排。其主要目的是使高收入者对政府财政保持基本的贡献度,以维护税收公平。最低税负制本质上是调整高收入者税收负担的一种变通方法,是一种次优选择。

6. 负所得税指的是国家对收入低于一定水平的人们按照其实际所得与维持一定社会生活水平需要的差额,运用税收形式,依率计算给予低收入者补助的一种方法。负所得税本质上并非一种税收,而是替代传统福利制度的对低收入者进行补助的一种方案。

7. 公司所得税的纳税人分为居民企业和非居民企业。各国对居民企业的认定标准主要有注册登记地、总机构所在地和实际管理控制中心三种标准。依据各国对公司所得税和个人所得税重复征税的态度和税务处理办法的不同,公司所得税可分为古典制、归属制、双率制、股息扣除制等基本类型。公司所得税的税率以比例税率为主。公司所得税的税收优惠分为直接税收优惠和间接税收优惠。

8. 资本利得税又称资本收益税,是对个人或公司处置资本性资产取得的增值收益课征的一种税。资本利得的课税模式主要有综合课税模式、单独课税模式和免税模式。各国普遍对资本利得实行轻税政策。

9. 社会保障税是社会保障制度的重要筹资方式,它属于一种特殊形式的所得税,具有部分有偿性、累退性和专款专用的特点。社会保障税的课税模式分为项目型、对象型和混合型三种。社会保障税通常由雇主和雇员共同负担、按比例课税,并实行源泉扣缴。

复习思考题

1. 所得税有哪些特点?
2. 个人所得税的三种课税模式分别有什么优缺点?
3. 个人所得税有哪些费用扣除项目?我国应如何优化个税的费用扣除制度?
4. 最低税负制产生的原因是什么?我国是否有必要引入最低税负制?
5. 请结合我国国情,设计一个负所得税制度。
6. 简述公司所得税的经济效应。
7. 简述资本利得税的课税模式。
8. 简述社会保障税的课税模式。

案例讨论题

我国个人所得税纳税单位的选择

不得不承认,我国个税的最高边际税率达到 45%,从全球来看是很高的。尽管 2011 年调高了费用扣除额,达到 3 500 元,同时调整了税率级距及部分税率,但在改革的意义上并无实质性的进展。不少人呼吁要实行综合征收、以家庭为课税单位,但都是以不改变累进税为前提。在这样的前提下来讨论上述问题,将会使税制变得相当复杂。

从单个家庭出发来看,按家庭来征收累进的个税,似乎很简单,又合理,而从 13 亿人口的巨型国家这个整体来观察,需要权衡的问题将成几十倍增加,无法实施一个超出自身驾驭能力的复杂税制。技术层面的税收信息系统也许不是难题，对我国来说，最复杂的是工业化、城镇化背景下的劳动力、人口和家庭的流动。当前流动人口达到2亿多人，相当于一个大型国家的人口在整天不断地流动变化。这也由此改变了我国传统的家庭结构，出现了"留守儿童""留守妇女""空巢老人""夫妻分离"等大量跨越时空的家庭结构。量变产生质变。这是任何一个国家无法比拟的复杂性，处理这样巨型复杂性问题的规则恐怕与其他任何一个国家都不在一个层面上。在这样一种情况下，让家庭来申报其应税所得，按家庭来课征个税将使成本高到难以实施的地步。

具有税收筹划能力的人，一类是有钱的人，可以雇请专业人士；二类是有权势的人，可以影响税务当局对于各种情形和条件的认定。以家庭为课税单位，就需要依据家庭的状况来实行各项税前扣除或税收抵免，例如，老人、孩子、配偶的状况，其是否符合税收宽免的条件，一方面是自己申报，另一方面要由税务部门来一一认定。家庭信息属于隐私，孩子、老人和配偶的状况，对于税务部门是如何认定的，是否符合条件，是否存在作弊行为，只能通过内部稽查来发现，很难通过信息公开来实现监督。农村贫困户的认定、城市保障房申请资格的认定、购房资格的审定等等，都已经提供了许多不公平、甚至作弊的案例，个税收入，如果以家庭为单位，又如何做到独善其身。面对现实，应当放弃幻想。

与其针对一个个家庭去解决税负公平问题，倒不如从整体上实行低税负、宽税基，简单而又透明的税制，利用获得的税收收入再去"补低"，从而实现整体的社会公平。那么，个税实行单一税率，是否会变得不公平呢？从实践来看，已经做出了否定的回答。而要从理论来回答，则涉及"劫富济贫"的社会哲学问题。不少人认为，只有"收入多、多缴税"，即量能负担，才算公平。但"多缴税"的含义长期以来是模糊不清的。从"劫富济贫"的角度来看，税收累进程度越高，就越是公平；相反，就越是不公平。但若基于这样的公平理念，则与一次性的"打土豪"已经相差无几了。从对经济的影响来说，以税收累进程度的高低来衡量个税的公平性，将会产生严重后果：一是税基缩小；二是避税增加，税收相应减少。这会使个税的调节功能和筹集收入功能一同弱化。以个税的累进程度来衡量公平性，实际上是个税的一个误区，我们长期陷入其中而不能自拔。而我国收入差距很大的现实，更是强化了高累进税率必须保持的理由。这样一来，个税改革也由此而误入了复杂累进税的歧途。

资料来源：刘尚希. 按家庭征个人所得税会更公平吗. 涉外税务，2012年第10期.

请结合我国实际情况，分析讨论我国个人所得税的纳税单位应选择个人制还是家庭制。

延伸阅读文献

1. 各国税制比较研究课题组. 公司所得税制国际比较. 中国财政经济出版社，1996.

2. 各国税制比较研究课题组. 社会保障税制国际比较. 中国财政经济出版社，1996.

3. 罗伯特·E.霍尔，阿尔文·拉布什卡. 单一税（第二版）. 中国财政经济出版社,2003.

4. 佩吉·B.马斯格雷夫.美国州公司所得税税基的分配原则.经济社会体制比较,2007(2):33-40.

5. 万莹.个人所得税对收入分配的影响:由税收累进性和平均税率观察.改革,2011(3):53-59.

6. 夏琛舸.所得税的历史分析和比较研究.东北财经大学出版社,2003.

7. 解学智,张志勇.世界税制现状与趋势(2014).中国税务出版社,2014.

8. 徐建炜,马光荣,李实.个人所得税改善中国收入分配了吗——基于对1997—2011年微观数据的动态评估.中国社会科学,2013(6):53-71.

9. 岳希明,徐静,刘谦,丁胜,董莉娟.2011年个人所得税改革的收入再分配效应.经济研究,2012(9):113-124.

10. 郑秉文.费改税不符合中国社会保障制度发展战略取向.中国人民大学学报,2010(5):23-30.

第八章　财产税

【本章要点】

1. 财产税的特点与分类
2. 特别财产税与一般财产税
3. 房地产税制及其发展趋势
4. 遗产税的类型与经济效应
5. 遗产税与赠与税的配合模式

案 例 导 入

我国从2011年开始在重庆、上海试点征收房产税,近期内暂时没有新的城市会被批准加入试点。导致房产税扩围试点暂停的是"房地产税"思路的提出,住建部、财政部、国税总局正在从"房产税"调整到"房地产税"的思路上来。按照这一总体思路,房地产税将不仅涉及新增房屋持有环节税负的工作,还将涉及"城镇土地使用税"等涉及土地税费的归并工作。与土地有关的主要税种包括"城镇土地使用税"和"土地增值税",均归属地方财政。按照当前研究的"房地产税"思路,第一步很可能将首先对城镇土地使用税和目前仅对经营生产性物业征收的房产税合并征收。

实际上,2009—2010年,对于房产税的问题,财政部与住建部一直分歧巨大。住建部坚持增加房屋持有成本是长期稳定房地产市场的有效手段,并可以在短期内控制房价的快速上涨,而财政部则坚持认为房产税的改革是为地方政府提供稳定财政收入来源的体制改革工作,因此需要系统开展,不能将房产税作为控制房价的手段。但是,此后房地产市场的稳定问题成为上届政府经济工作的重点之后,住建部于2010年开始牵头房产税的有关改革工作,从而促成了上海、重庆两个城市房产税的试点征收。

资料来源:中国经营报,http://www.360doc.com/content/14/0308/20/5177773_358859023.shtml,2014年3月8日。

财产税是对纳税人在某一时点所拥有或支配财产课征的各种税的统称。早期财产税主要是对土地和牲口等课税,随着社会经济的发展,私人财产的数量和种类不断增多,财产税的课税范围也不断扩大,财产税已经逐渐从单一税种发展为多税种配合的现代复合财产税体系,财产税的职能也由早期以筹集财政收入为主逐渐向调节经济、进行社会财富再分配转变。

第一节 财产税概述

早在古希腊、罗马时代,一般财产税就已出现。封建社会中,土地税是主要的财产税税种。直到12世纪后,随着城市工商业的发展,动产大幅度增加,欧洲各国将土地税与动产税合并,设立了一般财产税。英国、法国、意大利等国都经历了由土地税扩展为一般财产税,又由一般财产税退回到土地税的情形。现代国家设立的一般财产税,又称财富税或财产税,1892年始于荷兰,德国1993年开征的普鲁士税也属于财产税,1922年改名为财富税。丹麦于1904年、瑞典于1910年、挪威于1911年相继开征此税。在现代社会,尽管财产税收入的总体规模不大,已经不作为中央政府税收的主要税种,但仍是各国地方政府的主要收入来源。据OECD组织资料显示,发达国家财产税收入占地方税收入总额比较高,美国占80%,加拿大占84.5%,英国占93%。发展中国家财产税占地方税收入比重比较低,但也多把财产税划归地方收入。

一、财产税的特点

财产税是课征于纳税人财产价值的税类,就其性质而言,是对人税。财产课税与所得课税关系紧密,其区别主要体现为课征客体的不同:财产课税是对财富的存量课税,而所得课税是对财富的流量课税;财产课税是对财产本身的数量或价值课税,而所得课税则是对财产产生的收益或所得课税。财产课税与商品课税的课税客体都体现为物品,在实践中两者的区别主要在于课征对象的相对耐久性不同。商品课税的课税对象是流通中的商品,属于货币资金流量部分,而财产课税的课税对象是财产,属于财富的存量部分;商品课税中的商品都加入商品流通行列,发生一次或多次交易行为,而财产课税中的财产大部分不参与流通,不发生交换或交易。

财产课税以国民收入存量或者以往创造价值的各种积累形式为税源,一般不课自当年创造的价值。与其他税类相比较,财产税具有以下主要特点:

(一)财产税是对社会财富的存量课税

由于财产持有者在财产拥有的过程中一般不与他人发生经济交易,所以财产税税收负担难以转嫁,财产课税中的多数税种具有直接税性质。通过课征税负高低不等的财产税,可以有目的地调节社会财富分配不均状况,有助于实现社会公平。对那些不使用的财产课税,可以促使该财产流通转移,做到物尽其用,同时也有利于矫正社会的奢侈浪费之风。

(二)财产税符合税收公平原则

从支付能力角度来看,财产可以在相当程度上直接反映财产所有者经济实力的大小,财产被认为是衡量纳税人支付能力的一项重要指标,对财产课税符合按能力负担的税收公平原则。从受益角度来看,政府对财产所有人提供了安全保护,政府提供的交通、教育设施以及社会治安等公共服务也有利于财产特别是不动产的增值,课征财产税因而符合受益原则。

(三) 财产税收入稳定,但缺乏弹性

现代社会,各国课征的财产税覆盖了财产的占有、使用、转让等诸多环节,税源比较充分,对财富的存量征税通常不易受经济波动因素的影响,税收收入相对稳定。但是,除非提高税率或扩大课税范围,否则财产税收入在短时期内难有较大幅度增长,缺乏必要的弹性,难以随着财政需要的多寡缓急提供资金。

(四) 财产税征管难度大,一般属于地方税种

财产税制的正常运行,有赖于对财产的有效管理和对财产价值的合理评估,财产中的动产由于易于隐匿而难于征收,不动产的价值也难于准确评估,税务部门往往需要花费大量人力、财力进行财产评估和防范税收偷逃,征收成本很高。从各国财产税实践来看,财产税一般划归地方政府征管,作为地方财政收入,便于地方政府对本地区的税源实施严格监控。当然,财产税作为地方财政收入主要用于地方性公共产品和服务的提供,可以较好地体现成本与收益对等的原则。

二、财产税的分类

财产税的课税对象是人们拥有或支配的财产,一般分为动产和不动产。动产一般指能自由移动而不改变其性质、形状的财产,又可以分为有形动产和无形动产两类。有形动产是指具有实物形态的动产,包括收益性财产和消费性财产,前者如机器设备、原材料、库存商品等,后者如各种耐用消费品等。无形动产是指不具有实物形态的财产,如股票、债券、银行存款等。不动产是指不能移动,或者移动后会引起性质、形状改变的财产,如土地、房屋及其附着物。根据征税对象的不同,各国开征的财产税种类繁多,如房产税、土地税、房地产税、财产税、净财富税、遗产税和赠与税等。按照不同的分类方法,我们可以对财产税分类如下。

(一) 一般财产税和特别财产税

按照课征范围的大小不同,财产税可以分为一般财产税和特别财产税。

一般财产税,又称综合财产税,是对个人所有的一切财产实行综合课征,课征时要考虑到对日常生活必需品和一定价值以下的财产免税,并允许对负债进行扣除。各国的一般财产税随着经济的发展,不断分离出新的税种和新的征税方法,此税的征税范围已经远不如原来广泛。

特别财产税,又称个别财产税、选择性财产税,是对纳税人所拥有的某一类或某几类财产,如土地、房屋、资本或其他财产单独或分别课征,课征时通常不考虑免税和扣除。

(二) 静态财产税和动态财产税

按照课税时财产的所有权是否发生改变,财产税可以分为静态财产税和动态财产税。

静态财产税,是对财产所有人一定时期内某一时点的财产占有额,按其数量或价值

进行课征。由于静态财产主要体现为财产的保有,因此静态财产税又被称为财产保有税。有的学者认为只有静态财产税才是真正意义上的财产税。

动态财产税,是对财产的转移、变动(如继承、增值等)课征的财产税。动态财产税根据财产转让时是否支付对价,可进一步分为财产有偿转让税和财产无偿转让税。财产有偿转让税一般仅指不动产有偿转让税,对有偿转让动产的课税通常被视为是对商品交易行为课征的商品税,而不被纳入财产转让税的范畴。财产无偿转让税主要体现为对财产的继承与赠与行为课征的遗产税和赠与税。

(三)财产价值税、财产转移税、不动产收益税

按照课税依据的不同,财产税可以分为财产价值税、财产转移税、不动产收益税。

财产价值税,是指依据财产的价值课征的税,一般有按财产总价值、财产净价值、财产实际价值等几种标准征收。财产保有环节课征的财产税一般按财产价值征税。

财产转移税,又称财产增值税,是指对财产清理或转让时,对售出财产超过原价的收益课税,即按财产的增值部分课税,不按财产的购价和净值等计税,只对在财产发生增值变动时其增加的价值部分征收。对这一类税收,各国税收实践多将其归为资本利得税。

不动产收益税,又称不动产所得税,简称不动产税,是指在不动产所有权不发生转移的情况下,对让渡不动产使用权所取得的收益课税。如由于开采或有权开采矿藏、资源而取得的收益课征的税就属于不动产收益税。

总之,广义的财产税既包括财产保有税,也包括财产转让税,还包括财产收益税;狭义的财产税仅包括一般财产税、特别财产税和财产无偿转让税,而将具有所得税性质的财产收益税、财产有偿转让税排除在外。

三、财产税的经济效应

财产税对社会、经济的调控作用主要表现在以下两个方面。

(一)财富再分配

贫富差距的形成不仅是收入分配不公的结果,也同社会财富存量的累积有关。个人所得税可以对收入分配差距进行调节,但它却无法直接对存量财富进行调节。财产税直接对社会存量财富课征,在一定程度上弥补了个人所得税的不足。遗产税和赠与税的开征,能够缓解财富跨代集聚问题。个人所得税通常被认为是为了消除以一年为单位的贫富差距;而遗产税则被认为是为了消除世代间产生的贫富悬殊。

(二)引导资源配置

对闲置的资产,尤其是土地资源课征财产税,可以促使这些资源从非生产性资源转化为生产性的资源,增加用于生产的投资,提高资源利用效率。对遗产课税也可以促使财产所有者增加即期消费和投资,减少财富的过度积累,同时通过将存量财富引入消费领域,可以促进有效需求的扩展,从而拉动经济增长。

第二节 静态财产税

静态财产税,是财产保有环节课征的财产税,可进一步细分为特别财产税和一般财产税两种课征形式。

一、特别财产税

特别财产税是财产税的最早形式,当今特别财产税的税种已大大减少,有的只征土地税,有的只征房产税,有的将土地、房产合并为房地产税,也有的将土地、房屋和有关建筑物及其他固定资产合并征收不动产税;动产则一般选择价值比较大、税源相对可控的车辆、船舶和飞行器等课征。

(一) 车船税

车船税是现实生活中各国普遍开征的一种动产保有税。各国车船税大多属于地方税种,其收入通常按照受益原则专税专用,主要用于公路等交通设施的维护。车船税的纳税人是机动车辆的所有者,税率多按照机动车辆的用途、种类、马力和重量等标志采用差别比例税率,也有的国家采用定额税率和累进税率。

资料链接 8-1

我国车船税立法引争议

2011年2月25日,十一届全国人大常委会第十九次会议经表决通过了《车船税法》,并于2012年1月1日起施行,但针对车船税的争议并没有因此而减弱。业界争论的焦点在于车船税征收的依据及其存在的必要性。

众所周知,车船税是一种财产税,其主要功能是组织地方财政收入。而按照车船税的征收办法,是以车辆排量作为征税依据,不是依据标的物的价值来征税。"这就让车船税的性质比较模糊,已经很难准确界定了。很明显,出台新版车船税的主要目的就是引导消费者配合政府部门在汽车行业内推进节能减排工作,而其调节社会贫富差距的功能已经非常弱化。"中投顾问高级研究员李宇恒在接受《中国产经新闻》记者采访时表示。

对于为什么对乘用车按排放量征收车船税,国家税务总局给出了相应的解释。对乘用车按排气量征税,主要基于以下考虑:从理论上讲,车船税作为财产税,其计税依据应当是车船的评估价值。但从实际情况看,车船价值难以评估。据统计分析,乘用车的排气量与其价值总体上存在着显著的正相关关系,排气量越大,销售价格越高。以2008年国内乘用车的数据为例,排气量与价格之间相关系数高达0.971 75。从征管角度看,按排气量征税简便易行,在计税依据方面,排气量是替代价值或评估值的最佳选择。据了解,英国、德国、日本、韩国等都选择以排气量作为机动车保有环节征税的计税依据。如日本对乘用车按10档排气量征税,韩国对乘用车按6档排气量征税。

资料来源:中国产经新闻报,http://www.ocn.com.cn/info/201103/chechuan031105.shtml,2011年3月2日;对车船税法有关问题的解读.国家税务总局网站,2011年3月2日.

(二) 土地税

土地税是以土地为课税对象征收的一种税。土地税以土地的数量或价值为税基,具体包括按土地面积从量计征的地亩税和按土地的单位价值从价计征的地价税。目前世界各国普遍采用的是地价税,以土地的市场评估价格为计税依据征税。

土地税是各国最早普遍征收的一种财产税,在各个历史发展阶段,它都在财产税体系中占有重要地位。当今,世界各国土地税的税源虽然不大,但在合理利用土地资源等方面却起着重要的调节作用,主要体现在以下四个方面[①]:第一,平均土地分配。在土地私有的国家里,由于土地的分配高度不均,致使土地生产力不能有效发挥,从而降低了农业人口的生活水平。课征土地税,但对自耕农和土地使用者实行一定的减免税,从而加大土地所有者的负担,逐渐均衡土地财富的分配。第二,平抑土地价格。土地是一种有限的资源,当今世界人口剧增,资本高度集中,对土地的需求日益增加,投资于土地的人也越来越多。以有限的土地,来应对无穷的需求,土地价格必然要快速上涨。课征土地税,可增加土地所有者的税收负担,降低土地所有者投资土地的利益,促使地价下降,同时土地税还能折入资本,这两个方面都可以降低地价,并有利于其他方面的物价稳定。第三,促进生产。土地应有效利用,方能地尽其利。如果土地所有者垄断操纵,待价而沽,从事不劳利得的获取,则常常会使有用的土地荒芜。对空地、荒地课以重税,可迫使土地利用与改良,而达到增加土地供给、促进生产的目的。第四,增加就业机会。土地如果发生大量兼并,所有权集中在少数人手中,会使农村剩余劳动力增加并转入失业大军。土地税重课于兼并者,可促进自耕农的发展,解决部分就业问题。

(三) 房产税或房地产税

房产税是对房屋及有关建筑物在持有环节课征的税收,一些国家对房产和土地合并课征房地产税。对于开征房地产税是否合理,理论上存在两种对立的观点[②]。

房地产税有益说者认为,作为地方税种的房地产税是受益税,即按照收益原则实施的有效税种,不会产生资本配置的扭曲,也不会产生不公平的效应。但是,要实现这一效应需要一些严格的假定前提。按照受益说的假设,地方政府通过房地产税的征收可以提高当地的财政支出水平,从而通过提供适当的公共基础设施和服务促进当地房地产价格的升值,这样房屋所有者缴纳的税收就产生了资本化的效应,即最终体现为房屋价值的增加。由于房屋的所有者信息充分,并且能够自由迁移,因此,一旦他发现其缴

---

① 李厚高.财政学.三民书局,1984年版,第248—249页.
② 杨斌.税收学原理.高等教育出版社,2008年版,第283—284页.

纳的财产税超过了他所获得的收益,那么他将选择到其他房屋价格较低或者财产税税率较低、但是公共服务类似的地区购买新的住房。最终,人们将按照自己的房屋价格和公共服务的偏好分类进入不同的社区,而这些分类社区的财产税将会趋同,并且通过地方政府的支出完全资本化,此时财产税就会转化为一种受益税,不会产生资源配置的扭曲。

与受益税相反的观点认为,地方财产税不是有效的一次性税收,而是对资本的课税,并会对资本的有效配置产生扭曲。该理论是建立在一般均衡的分析框架之下的,并假定房产资本在长期来看是具有弹性的,即资本流动自由,而全国的资本供给是完全无弹性的,即资本总量是固定的。在这两个最基本的假定前提下,最终各个地区对于房地产的课税将会带来两重"负担"。第一是通过降低资本的收益率,导致全国的资本所有者平均负担其税负;第二是由于资本从该地区的流出导致工资和土地价格的上升,从而导致商品和房屋价格的上升,进而使当地负担更多的消费税和财产税。进一步分析,该理论还认为,地方政府为了防止资本过多地流入到其他地区,从而会降低财产税的税率,进而降低地方公共服务支出的水平。

从世界各国的实践来看,房地产税一般是作为地方性税种而存在的,而且是作为省或州以下基层地方政府的税种。通过对OECD成员国、金砖国家及经济转型国家房地产税制的比较,可以看到,目前国际上对房地产征税有着以下几个鲜明的特点和趋势[①]:

1. 普遍开征

房地产税目前仍然是世界上许多国家征收的税种。在34个经合组织成员国中,开征房地产税的国家有31个,占90%以上,包括美国、英国、法国、德国、日本等当今主要的发达国家,只有比利时、以色列和新西兰3个国家没有开征房地产税。金砖五国中只有南非没有征收房地产税。经济转型国家大多数也在征收房地产税。

2. 根本目的是保障地方政府收入,拥有多套住宅不是关注的重点

各国征收房地产的基本目的是为了获得税收收入,从而为政府提供财力保障。一些国家在财政出现困难时,提高房地产税税负、开征新的房地产税收。如近年来陷入债务危机的冰岛、爱尔兰就曾提高了有关房地产税的税率,乌克兰从2013年开始对个人征收房产税等。另外,世界各国房地产税收大多属于地方收入,作为地方财政收入的一个重要来源。房地产税的立法也多由地方政府(议会)负责,由地方税务部门负责征管。

3. 税制复杂多样

首先,各国的房地产税在名称上五花八门,有房地产税、房产税、财产税、净财富税、城市房地产税、综合房地产持有税、年度豪宅税等。其次,各国房地产税在实际的征税对象、税率设置及管理方式上也各不相同。比如有的以普通住宅为征税对象,有的以别墅豪宅为征税对象;有的实行单一税率,有的实行累进税率,还有的实行单位税额等方式;管理上多数国家由地方税务部门管理,也有一些国家如智利就是由中央(联邦)税务部门管理。

---

① 解学智,张志勇.世界税制现状与趋势(2014).中国税务出版社,2014年版,第304—308页.

4. 纳税人主要是房地产所有人

世界上绝大多数国家都将房地产税的所有人确定为纳税人,但也有一些国家如法国、英国、葡萄牙、土耳其等国就将房地产税的课税对象从所有权扩大到了使用权、收益权,对房地产的承租人、使用人或受益人征税。

5. 税基以房地产的评估价格为主

有的国家按照房地产的价格征税,有的按照房地产的面积征税,还有的按照房地产的租金征税,但是多数国家还是以评估值征税。例如,OECD 成员国中,有澳大利亚、加拿大、日本、荷兰、美国等 19 个国家按照房地产的评估值征税;智利、德国、葡萄牙等国家是按照房地产的账面价格或地籍册价格征税;波兰是按照房地产的面积征税;还有的国家同时按照评估价格、账面价格(往往是两者当中较低的)征税,如意大利、西班牙和瑞士;法国的财产税和房产税、英国的商业房地产税则是按照租金价格征税。在金砖国家中,俄罗斯和巴西是按照评估价格征税,印度的房产税则是按照租金收入征税。

6. 普遍实行低税率

房地产的价值比较高,房地产税税率的高低直接关乎政府和个人之间税收利益分配。在实践中,各国实行的税率普遍不高。大部分国家的税率在 1% 左右,各国对房地产税负水平持审慎态度。

7. 房地产价格的评估形式多样

房地产的计税价格直接关系到税负的高低。目前世界各国对房地产的估值形式复杂多样。有的国家制定法律来规范房地产的估值行为,如加拿大、葡萄牙、斯洛伐克等国。许多国家确定由政府有关部门进行估值,如智利、爱沙尼亚、法国、冰岛、日本、荷兰等国。有的国家由纳税人自我评估,如墨西哥。有的国家由政府的专门评估机构和纳税人共同参与评估,如英国。总的来看,房地产如何估值是政府与纳税人相互妥协的一个结果。

8. 优惠形式五花八门

最主要的优惠形式是规定一定的免税额。例如,法国净财富税的免税额为 130 万欧元,希腊国家房地产税的免税额为 20 万欧元。还有不少国家如奥地利、葡萄牙规定纳税人的主要住所免税,保加利亚对个人的主要居所减半征收。国外很少按照人均居住面积征税,但有一些国家按照家庭抚养的儿童数量给予一定的税收优惠,例如,意大利市政税规定,家庭中每个 26 岁以下抚养子女每人可以减免税额 250 欧元;瑞士房地产税规定,家庭每抚养 1 个儿童最高享受 51 000 瑞士法郎的免税额。值得一提的是,作为财产税,各国的房地产税制基本上都是以房地产的价格或价值为制定相关政策的依据,对纳税人是否拥有多套住宅并没有太多的规定。

资料链接 8-2

我国房地产税改革方向

如果从最初的物业税讨论和设计算起,关于房产税的讨论已经 10 多年了。2003 年十六届三中全会提出"实施城镇建设税费改革,条件具备时对不动产开征统一规范的物业税,相应取消有关收费"。之后由于中国房价的暴涨,在房产税的政策目的中自然有了通过房地产税抑制房价过快上涨的意图,并在重庆、上海进行房产税试点。十八届三中全会提出要"加快房地产税立法并适时推进改革","房产税"又悄然变成了房地产税。

房产税在启动真正的立法程序之前,最起码应该讨论清楚以下四个问题:第一,房产税征收的目的是什么。是为了抑制房价、抑制投机,还是为了给地方增加稳定的收入税种。第二,房产税与房地产领域其他税收的关系如何。2003年十六届三中全会的思路是出台房产税,同时合并其他税费。近几年关于房产税的改革,却悄然转换成"增税"的思维。只谈房产税,不谈合并或者取消其他的税费。如果房产税的改革只是增加一个新的税种,这意味着在已经很重的房地产税收上再加税。第三,房产税和土地出让金的关系如何。在房产税立法的时候,应该明确回答征收房产税后土地出让金是取消还是照收?第四,房产税是财产税还是调节税。如果是财产税,除了法定减免的情形,要对每一套房产征收,如果是调节税,房产税究竟能不能调节房价?中国的房产税在设计之初,就背负着让房价回归的政策使命。但实际上,影响房价的因素非常多,供需关系、土地制度、投机因素、货币供应等都可能成为影响房价的因素。房产税本身可能会影响房价,但不会成为影响房价走势的决定性因素。如果房产税的目的是为了抑制房价,那在当前房地产深度调整的情况下,则意味着房产税出台的必要性不大。必须承认,房产税是一项重大的改革工程,其影响遍及政府、开发商和每一个民众。对此应严密论证,科学评估,慎重推行,而不能为了某种极其功利主义的目的而急于推出。

资料来源:马光远.房产税短期出台的可能性有多大.新京报,2014年11月4日.

二、一般财产税

一般财产税是财产保有税的主要形式。根据课征范围和计税依据的不同,各国开征的一般财产税可分为一般财产净值税和选择性一般财产税。

(一) 一般财产净值税

一般财产净值税又称财富税,它以应税财产总值减去未偿还债务后的净值为课税基数,并规定免税项目,同时给予生活费宽免。列入一般财产净值税课税范围的主要有不动产、有形动产和无形资产。一般财产净值税主要在一些欧洲国家、少数亚洲国家和几个拉丁美洲国家征收。从各国的实践来看,一般财产净值税大多由中央政府征收,也有少数国家由地方政府征收。多数国家的一般财产净值税都采用比例税率,少数采用累进税率,但累进程度相对缓和。

(二) 选择性一般财产税

从理论上说,一般财产税的课税对象应包括人们拥有或支配的全部财产,然而,由于社会成员的财产形式日趋多样和隐蔽,政府实际上不可能做到对纳税人的全部财产

税收经济学

尤其是动产课税,因此,严格说来现在已经不存在真正意义上的一般财产税。一些国家课征一般财产税,在课税对象上也是有所取舍,将征收查实困难、征收费用过高或不宜作价的财产排除在课税范围之外,仅对纳税人保有的不动产和部分容易课税的动产课征。这种以税法列举的几类财产作为课税对象进行综合征收的财产税就是选择性一般财产税。

课征选择性一般财产税的国家主要由地方政府负责征管,税率往往由地方政府根据本地区的财政需要逐年确定。

资料链接 8-3

法国财富税

法国是一个高税收、高福利国家,税收制度是政府对社会财富进行重新分配的重要手段。"共享社会财富"是法国税制一大理念,最具有"削富济贫"特点的是社会团结财富税。法国从1982年开始征收"巨富税",1989年起改称社会团结财富税。

根据法国法律,如果纳税人的财产净额超过76万欧元,即应缴纳社会团结财富税,其税率从0.55%至1.8%不等。如果纳税人财产净额超过1581万欧元,该税种税率封顶至1.8%。社会团结财富税每年缴纳一次,其纳税下限随居民收入增加而不断上调。2006年,法国有近46万户家庭缴纳社会团结财富税,总额达到36.8亿欧元,约占总税收的1.6%。

法国公共财政团结工会(SSFP)一份研究报告称,法国"财富税"应缴税家庭数量快速增加,由2002年的28.1万户增加至2010年的59.4万户。2000年开始的最初几年,法国共有350—400户应缴财富税的家庭离开法国,2004—2006年间开始有所增加,此后大致稳定在每年700—800户,2010年共有717户本应缴纳"财富税"的家庭离开了法国。

资料来源:新华网.法国税制重视财富共享;法国媒体,www.lefigaro.fr.

第三节 动态财产税

前已述及,动态财产税是对财产的转移、变动课征的一种税,财产有偿转让通常被视为是商品交易行为课征商品税,而财产无偿转让税主要体现为对财产的继承与赠与行为课征的遗产税和赠与税。

遗产税是对被继承人或财产所有人死亡时,对其遗留的财产即遗产课征的一种税。"死亡"是征收遗产税的基本条件,在英国曾称这种税为"死亡税"。就继承人而言,被继承人所遗留的财产就是继承人所分得的遗产,因此,对继承财产的课税也就等同于对遗赠财产征税,因此,遗产税与继承税通常是互称。

遗产税历史悠久,名称繁多,各国实行的情形也各异。早在 4 000 多年前的古埃及法老胡夫(Khufu)当政时就按 10％征收遗产税,用于筹资修造金字塔和应对战争。奥古斯都大帝征服古埃及后,将遗产税也带回罗马,对继承人继承的财产份额课征 5％的遗产税,并规定直系亲属或近亲继承可以免税,丧葬费用也可扣除,初具现代遗产税的雏形。14 世纪末许多意大利城市因财政困难先后征收遗产税,按比例税率 2％—5％课征,并规定捐赠给慈善机构的财产免税。近代意义上的遗产税始于 1598 年的荷兰,采用比例税率,并按继承人与被继承人的亲疏关系等具体情况设置不同的税率。

现代形式的遗产税,丹麦和挪威于 1792 年、法国于 1798 年相继颁行。之后,荷兰于 1804 年、卢森堡于 1817 年、普鲁士于 1822 年、美国于 1865 年也分别推行。早期世界各国开征遗产税主要是为了筹措军费、应对灾害等,直到 20 世纪以后,遗产税的财政意义逐渐让位于其对收入和财富分配的调节功能。

一、开征遗产税的理论依据

关于开征遗产税的理论依据,自 17 世纪以来就形成各种不同的学说,这些学说都试图解释为什么国家可以集中社会成员的一部分收入。归纳起来,大体有以下几种论点[①]:

(一) 国家共同继承权说

这种学说以德国的布兰奇利为代表。他认为,私人之所以能积聚财产,并非仅是其独自努力的结果,而是有赖于国家的保护,所以国家对财产所有人死亡时所遗留的财产理所当然地拥有分得部分遗产的权力。

(二) 没收无遗嘱的财产说

这种学说的代表是英国的边沁。其论点是,遗产由其亲人继承是死者的意愿,而对无遗嘱的财产应由国家没收最为合理。后来,英国的穆勒进一步发展了边沁的理论,认为遗产继承不一定与私有财产相联系,即使准许继承的遗产,也应该限于继承人独立生活所需费用的部分,其他部分则应通过征税形式收归国有。

(三) 社会公益说

这种学说以德国的瓦格纳为代表。他认为,征收遗产税可以鼓励个人对社会慈善事业、福利事业和公益事业的捐赠。原因在于这样做对个人利益无损害,还可以得到好名声,而且对社会发展有利。

(四) 溯往课税说

这种学说以美国的韦斯科特和法国的雪富莱为代表。他们主张,凡能留下遗产尤其是大额遗产者,往往都是靠生前逃避税收所致,因而应对遗产课以重税,对死者生前逃避的税收,在其死后无法逃避的情况下追缴回来。

---

① 张学诞. 中国财产税研究. 中国市场出版社,2007 年版,第 162—163 页.

(五) 平均社会财富说

这种学说以美国的马斯格雷夫为代表。他认为,国家有责任防止财富过多地集中于少数人手中,现实中遗产继承制度就是造成财富集中的重要因素之一,国家应当利用遗产税的课征,达到促进社会财富公平分配之目的。

(六) 课税能力说

这种学说以美国的塞力格曼为代表。他认为,应以负担能力为纳税标准,而继承人获取遗产就增加了纳税能力。遗产作为一种特殊所得,按照量能课税原则,应当对其课税。

上述观点虽各有侧重,但都反映了征收遗产税的社会公平意义及政府的财政目标。"国家共同继承说"认为私人之所以能积聚财产,有赖于国家的保护,其遗产课税符合税收公平的"利益原则"。"平均社会财富说"从社会正义的角度,论述了对不劳而获的遗产征收遗产税有利于促进社会每个成员都以同样的机会开始生活,实现机会公平。"社会公益说"主张通过征收遗产税鼓励财产所有人生前将财产的一部分进行慈善捐赠,从而促进社会公益事业的发展,使一部分穷人从社会公益中得到好处,从而促进人们在不同的机会或同等的机会中取得或享受的收入大致平等,即结果公平。"溯及既往说"认为死者生前能积蓄财产是由于平时逃税,对遗产课税是补足平时未纳之税。这一观点虽然有些绝对,但依照这一理论征收遗产税,我们可以将它看作是对所得税或财产税制的不足以及平时征收漏洞的一种补正,从而实现税收促进社会分配公平的目标。"没收无遗嘱的财产说"是从社会公平角度来论述对遗产这种不劳而获所得不仅应该征税,而且应该实行全部"没收"。"纳税能力说"根据支付能力原则,认为继承获得遗产等于增加了纳税能力,理应课税。

二、遗产税的类型

世界各国遗产税的税制设计通常有三种模式:第一种是总遗产税制;第二种是分遗产税制;第三种是总分遗产税制。

(一) 总遗产税制

总遗产税是对遗嘱执行人或遗产管理人就被继承人死亡时所遗留的财产净额课征的一种遗产税。总遗产税一般采用超额累进税率,通常设有免征额和不征税项目、扣除项目、抵免项目等。

总遗产税的特点是:在遗产处理上先税后分,即先对被继承人死亡时遗留的财产课税,然后才能将税后遗产分配给继承人或受遗赠人;在税率设计等方面,不考虑被继承人与继承人之间的亲疏关系和负担能力等。美国、英国、新加坡、中国台湾等国家和地区采用这种税制类型。

(二) 分遗产税制

分遗产税制又称为继承税制。分遗产税制是对各继承人取得的遗产份额课税,以遗产继承人或受遗赠人为纳税人,以各继承人或受遗赠人获得的遗产份额为课税对象,税率也多采用超额累进税率,允许抵免。

分遗产税的特点是：遗产处理程序是先分后税，即先分配遗产，然后再按规定就各继承人取得的遗产份额课税；在税率设计等方面考虑的因素较多，如被继承人与继承人之间的亲疏程度、继承人自身的经济状况和负担能力，甚至包括继承人的预期寿命等，进而分别课以差别税率。日本、韩国、法国、德国、波兰、保加利亚等采用这种税制类型。

(三) 总分遗产税制

总分遗产税制又称混合遗产税制，是将总遗产税制和分遗产税制综合在一起的税制，即对被继承人死亡时遗留的遗产总额课征一次总遗产税后，在税后遗产分配给各继承人的遗产份额达到一定数额时再课征一次继承税。总分遗产税制的遗产处理程序是先税、后分、再税。目前采用这一税制类型的国家有菲律宾等。

三种遗产税制模式比较来看，总遗产税制先税后分，税源可靠，税收及时，计算相对简单，征管相对便利，征管费用相对较少，但因不考虑被继承人和继承人之间的亲疏关系及各个继承人自身的情况，税负分配不太合理，较难体现公平原则。分遗产税制先分后税，考虑了各继承人经济状况和负担能力等，较为公平合理，但易给纳税人以偷逃税机会，计算较为复杂，征管费用较多。总分遗产税制先税后分再税，可保证收入，防止逃漏，也可区别对待，量能课税，但对同一笔遗产征收两道税，手续烦琐，计税复杂，不符合便利原则。总之，各遗产税制类型没有绝对优劣之分，各国开征时应考虑本国的社会经济政治状况、法律制度、税收政策目标、国民素质、税收征管水平、纳税历史习惯等。

资料链接 8-4

日本的遗产税

日本实行遗产税制度历史较长。为了筹措对俄战争军费，日本于1905年开始征收遗产税，当时采取的是总遗产税制，自1950年经夏普税制改革以来，日本政府采用分遗产税体系。

日本遗产税实行累进税率：1 000万日元以下为10%，3 000万日元以下为15%，5 000万日元以下为20%，依次累积，超过3亿日元税率就达到50%。

从2003年开始，日本实行税制改革，遗产税的基础减免额定为"5 000万日元＋法定继承人数×1 000万日元"。例如，继承人是户主的妻子和一个孩子共2人，这时计算出的基础减免金额就是7 000万日元，如果只有7 000万日元的财产被继承，那么继承人就无需缴纳遗产税，但是如果继承的遗产超过7 000万日元，超出部分就要交税。

根据日本民法，夫妻、子女及父母之间都有相互继承的权利。而遗产税征税对象包括动产、不动产、专利权、债权、现金、存款、有价证券、高尔夫会员权、汽车、书画、古董等，以及人寿保险、职工死亡时一次性获得的退休金（相当于慰问金）、继承开始3年前从继承人处获得的赠予等。但作为遗产税对象的财产要减去债务、葬礼费用等。关于纳税方法，基本是以现款支付，也可以将不动产、汽车、贵金属等交给税务署抵税。

税收经济学

> 不过，在日本，并非所有的财产继承都必须纳税，部分出于鼓励慈善事业的目的，或者出于人道主义考虑可以不纳税或者适当减免税金。例如，职工死亡时一次性获得的退休金及人寿保险，继承人纳税时可扣除"继承人数×500万日元"的减免部分。从事宗教、慈善、学术、幼教和其他公益活动的个人等通过继承和遗赠获得的财产也可申报免缴遗产税。通过继承和遗赠获得的财产，在申报遗产税之前，如果捐赠给国家、地方政府、以公益为目的的特定法人，或者特定的公益信托基金，也可以不缴纳遗产税。
>
> 日本在征收遗产税的同时开征了赠予税。因为这样可防范人们在生前以赠予的方式提前向被继承人转移财产，可更好地实现征收遗产税的目的。
>
> 2013年1月29日，日本内阁会议通过了税制改革大纲的决定，并根据该决定公布了遗产税法的修订，拟于2015年1月1日开始实施。此次遗产税法修订主要内容包括：(1) 缩小遗产税的免税额。2015年起免税额将缩小到原来的60%。即由现在的"5 000万日元+1 000万日元×法定继承人数"变为修正后的"3 000万日元+1 000万日元×法定继承人数"。遗产低于免税额的可免除申报遗产税义务，超过免税额的必须申报遗产税。现行遗产税的申报比例大约为4.2%，预计修正后将会提升到6%。(2) 提高遗产税税率。超过3亿日元(少于6亿日元)的部分其税率将会由40%变为45%，而超过6亿日元的部分其税率则将由50%提高到55%。(3) 扩大未成年人和残疾人扣除额。与遗产税的增税措施相反，2015年1月1日起，未成年人及残疾人的扣除额将会得到提高，均为每年6万日元提高到10万日元(未成年人20岁前，残疾人85岁前)；重度残疾人为85岁前的每年12万日元提高到20万日元。
>
> 资料来源：蓝建忠.日本：利用遗产税缩小贫富差距.经济参考报，2013年12月3日；http://www.xzbu.com/1/view-6220882.htm.

三、赠与税

赠与税作为遗产税的补充税种，以赠送的财产为课税对象，向赠与人或受赠人课征，其目的在于防止财产所有人生前利用赠与方式逃避死后应纳遗产税。赠与税开征较晚，1924年美国率先开征了赠与税，目前多数开征遗产税的国家同时开征赠与税，税种设置有的单设赠与税，也有的不单设赠与税，将遗产遗留人生前若干年的赠与并入遗产总额一并征收。

遗产税的有效开征，需要赠与税配合，否则财产所有人可能通过生前将财产无偿转移给其继承人从而逃避遗产税。各国在遗产税和赠与税配合方式上有所不同，主要有四种模式[①]：

---

① 杨斌.税收学原理.高等教育出版社，2008年版，第293—294页.

(一)"无"赠与税模式

"无"赠与税模式,就是将"死亡预谋赠与"归入遗产税税基中征收遗产税,使赠与税有实无名。英国及其前殖民地国家多采用这一模式。英国规定,财产所有人死亡前7年内赠与的财产份额要全部或部分并入遗产税税基征。赠与财产的份额计入遗产税税基的比例是死亡前三年内按100%,死亡前第四年按80%,第五年按60%,第六年按40%,第七年按20%,第八年以前赠与的财产免于征税。

(二)并行征税模式

并行征税模式,就是在遗产税之外另设赠与税,对赠与人就所有赠与财产价额或受赠人就所有受赠财产价额征税,与遗产税并行,作为遗产税的补充。一般情况是,实行总遗产税的国家采用总赠与税形式,即对赠与人就年内所有赠与他人的财产价额减去一定的宽减扣除后的余额征税,又称赠与人税,赠与政府、公益、慈善、教育文化等机构的财产一般免于征税。而实行继承税和混合遗产税制的国家,则实行分赠与税,即对受赠人年内获得的受赠财产总价值额减去一定的宽减扣除后余额征税,又叫受赠人税。抚养义务人取得的财产,慈善、宗教等以公益为目的机构获得的赠与一般免于征税。多数国家采用这一模式。

(三)交叉征税模式

交叉征税模式,仍设有赠与税和遗产税两种,即财产所有人生前赠与要课征赠与税;财产所有人死亡时征收遗产税。不过,遗产税的税基中包括死者生前累次的赠与财产价额,也就是在征收遗产税时必须将死者累次的赠与财产价额并入遗产总额中计算应纳遗产税,同时给予生前已纳的赠与税从中抵免。1977年美国在遗产税和赠与税配合上由并行征税模式改为交叉征税模式。目前实行这一模式的还有意大利、哥伦比亚等少数国家。

(四)相继征税模式

相继征税模式,就是对受转移人(继承人和受赠人)就其一生(或某一时期)因继承、受赠而取得的一切财产征税。具体征税办法是:受转移人在每一次取得受赠或继承财产时,均应按其价额与以前各次受赠或继承财产价值累计,就其总额征税,以前已纳的税额予以抵扣。交叉征税模式与此模式的区别在于,前者站在总遗产税立场对财产转移人征税,而后者站在继承税立场对财产受转移人征税。日本1950—1953年在美国税务专家夏普建议下采用这一模式。

总体来讲,实行总遗产税制的国家,通常选择总赠与税制;实行分遗产税制的国家,选择分赠与税制;选择总分遗产税制的国家,多采用分赠与税制。总赠与税制,又称赠与人税制,是对财产所有者生前赠与他人的财产课税,以财产赠与人为纳税人,以赠与他人的财产额为课税对象,采用累进税率。分赠与税制,又称受赠人税制,是对受赠人接受他人的财产课税,以财产受赠人为纳税人,以受赠财产额为课税对象,也采用累进税率。

四、遗产税的社会经济效应

在现代社会,各国课征遗产税基本上都不是出于财政方面的考虑,而主要着眼于社会公平正义。具体来讲，遗产税具备以下社会经济效应①：

（一）平均社会财富

虽然一代人手中积累起来的财产是有限的，但如果世代相承，积聚起来的财产数额将是非常惊人的。若不对遗产继承权加以适当的限制，那么就可能无法遏制财产向少数人手中集聚的趋势，少数人越来越富的另一面，就是多数人越来越穷。贫富严重分化，是加剧社会矛盾和导致社会不稳定的一大根源。遗产税是限制私人资本过于集中的一个重要手段，基于社会公平和社会稳定方面的考虑，开征遗产税是非常有必要的。

（二）弥补其他税种的不足

在课征所得税和商品税时，总有一些纳税人能够成功实现偷逃税。这部分逃漏下来的税收，常常集聚成为一笔数额不等的财富，这笔财富在其所有者死亡或者进行赠与时就会表现出来。课征遗产税，能够扩大税网覆盖面，将这部分由于主观原因而少缴的税款，在财产所有者死亡时补征上来。从这个意义上说，遗产税可以起到弥补其他税种不足的作用。

（三）促进社会进步

如不对遗产的继承进行适当限制，那么遗产继承人不需要通过任何努力，就可以获得较大数额的财富，这种不劳而获往往使遗产继承人饱食终日、无所作为，过着寄生虫式的生活，埋没了其投身实业活动创造财富的能力和才华，不利于社会进步和发展。遗产税的开征，能够促使部分遗产继承人不依赖遗产生活，更多地通过工作来改善自身的生活状况，同时也贡献社会。此外，遗产税的开征也为不同社会成员创造了更多的平等机会。

（四）促进社会慈善事业的发展

各国遗产税制一般都对将财产捐赠给公共团体、学校和慈善组织等机构的遗产继承人给予免税待遇，这会鼓励财产所有者将其财产捐献给社会慈善事业和公益事业。通过遗产税的减免税优惠政策，有助于树立鼓励公民向慈善事业捐赠的社会风尚。

> **资料链接 8-5**
>
> **为什么有些国家停征遗产税**
>
> 遗产税一般被认为是调节收入分配、缩短贫富差距的利器，被很多国家所采用，但争议也始终伴随着这一税种的前世今生，近些年来更是有加拿大、澳大利亚、新西兰、意大利等国家相继停征遗产税。我国的香港地区，也于 2006 年取消征收了 90 年的遗产税。为什么有如此长久历史的遗产税，会在众多经济发达国家和地区已经停止征收或是准备停征？
>
> 一是遗产税并未真正有效提高财政收入。据美国《时代周刊》统计，美国截至 1999 年不动产的遗产税只增加了 278 亿美元，而自 20 世纪 30 年代以来，美国遗产

---

① 王玮. 税收学原理. 清华大学出版社, 2012 年版, 第 276—277 页.

税的数量在全部联邦收入中的百分比不断下降,而人均财富却在惊人的增长。纳税人通过各种手段逃避缴纳遗产税,同时改变了原有的经营行业,这使这些国家和地区原有的一些高税种行业的税源收入大大缩水。同时,这些国家和地区的经济学家分析认为遗产税减少了人们储蓄和投资的动力。

二是遗产税的征收不利于吸引大量的投资和人才流入。不同国家和地区对遗产税的课税对象有不同的分类,大多数国家和地区采用属人与属地相结合的原则,同时,对不定居于本国(或地区)的个人拥有的位于本国(或地区)的全部财产,当其死亡时也要征收遗产税或继承税。这种征收办法,并没有鼓励国外的投资者到该国或地区投资,促进其经济发展。同时投资人对所投资产没有安全感,常常以投机的心态从事经营活动。

三是遗产税的征收成本较高。遗产税是一种特殊的税种,其征收工作是偶发的、一次性的,而且征税面窄,对因发生死亡而转移或接受财产在一定数额以上的才征税。不同的国家和地区又会根据遗产不同的数额划分不同的税率。这就需要投入较多的征税力量,需要设置征收遗产税的专门机构,聘请具有专业知识的人员,花费相当多的时间和精力对遗产税进行核实、评估和征收。在征税成本较高情况下,多数发达国家和地区遗产税的收入却相对较低。

资料来源:郑博文.遗产税为何纷纷停征.国际金融报,2005年11月14日.

本 章 小 结

1. 财产税是对纳税人在某一时点拥有或支配的财产课征的各种税的统称。财产税具有以下主要特点:对社会财富的存量课税;符合税收公平原则;收入稳定,但缺乏弹性;征管难度大,一般属于地方税种。

2. 广义的财产税既包括财产保有税,也包括财产转让税,还包括财产收益税;狭义的财产税仅包括一般财产税、特别财产税和财产无偿转让税。

3. 当今特别财产税的税种已大大减少,有的只征土地税,有的只征房产税,有的将土地、房产合并为房地产税;动产则一般选择价值比较大、税源相对可控的车辆、船舶和飞行器等课征。

4. 一般财产税是财产保有税的主要形式。各国开征的一般财产税可分为一般财产净值税和选择性财产税。一些国家仅对纳税人保有的不动产和部分容易课税的动产课征选择性一般财产税。

5. 动态财产税是对财产的转移、变动课征的一种税,财产有偿转让通常被视为商品交易行为课征商品税,而财产无偿转让税主要体现为对财产的继承与赠与行为课征的遗产税和赠与税。

6. 开征遗产税的理论依据有国家共同继承权说、没收无遗嘱的财产说、社会公益说、溯往课税说、平均社会财富说、课税能力说。在当代社会,征收遗产税的社会公平意义远大于财政收入意义。

7. 各国遗产税有总遗产税制、分遗产税制、总分遗产税制等三种税制模式。不同模式的遗产税制类型各有利弊,各国开征时应考虑本国的社会经济政治状况、法律制度、税收政策目标、国民素质、税收征管水平、纳税历史习惯等。

8. 赠与税作为遗产税的补充税种,以赠送的财产为课税对象,向赠与人或受赠人课征,其目的在于防止财产所有人生前利用赠与方式逃避死后应纳遗产税。目前多数开征遗产税的国家同时开征赠与税。

复习思考题

1. 什么是财产税?财产税有何主要特点?
2. 一般财产税和特别财产税有何区别?
3. 简述世界各国房地产税的发展趋势。
4. 简述课征遗产税的理论依据和社会经济效应。
5. 我国开征遗产税的必要性与可行性分析。

案 例 讨 论

美国众议院通过了取消遗产税的议案

根据美国税收政策中心(Tax Policy Center)的估计,美国每1 000名去世者中只有两个人的财产需要缴纳联邦遗产税,这是因为免征额很高,每个人为543万美元,一对夫妻为1 086万美元,超过部分才需要缴税,最高税率为40%。

2015年4月16日,美国众议院以240对179票通过了取消联邦遗产税的议案,有7位民主党人投了赞成票。这并不意味着遗产税会马上消失,但反对遗产税的拥护者说,这为该税项在2017年的可能废除创造了条件。

目前,参议院的赞成票不够,而且奥巴马总统无论如何都会否决取消遗产税。奥巴马总统的最新预算案要求将遗产税免征额降低至350万美元,并将最高税率提高到45%。

我国是否应该开征遗产税?

十八届三中全会前夕,"开征遗产税写入会议征求意见稿"的说法引起广泛关注。随着《决定》全文的公布,悬念已经落下:报告并未提及遗产税。而早在1993年中共十四届三中全会通过的《决定》就提出"适时开征遗产税和赠与税"。2013年2月,国务院批转了发改委、财政部、人社部三部门《关于深化收入分配制度改革的若干意见》,也提出"研究在适当时期开征遗产税"。

学界围绕遗产税开征的研究及讨论早已展开。2013年3月,受中国经济体制改革研究会委托,北师大中国收入分配研究院副院长刘浩牵头启动了关于遗产税征收的研究课题并发布报告《遗产税制度及其对我国收入分配改革的启示》。报告认为,我国推进遗产税改革的时机已经成熟,并建议将500万元作为起征点。网民则持反对声音。截至发稿前,2.7万余名网友参与了新浪财经关于开征遗产税的调查,接近六成的网友投了反对票。

资料来源：美国众议院通过了取消遗产税的议案.福布斯中文网,2015年4月17日；遗产税在中国该不该征收.中商情报网,2013年11月23日。

美国开征遗产税的争议对我国有何借鉴意义？开征遗产税有何利弊？我国开征遗产税的条件是否成熟？

延伸阅读文献

1. 北京大学中国经济研究中心课题组.物业税改革与地方公共财政.经济研究,2006(3)：19-24.

2. 谷成.基于财政分权的中国财产税改革.人民出版社,2011.

3. 郭宏宝.房产税改革的经济效应：理论、政策与地方税制的完善.中国社会科学出版社,2013.

4. 刘佐.遗产税制度研究.中国财政经济出版社,2003.

5. 漆亮亮.财产税体系研究.厦门大学出版社,2003.

6. 谢伏瞻.中国不动产税制设计.中国发展出版社,2006.

7. 解学智,张志勇.世界税制现状与趋势(2014).中国税务出版社,2014.

8. 杨斌.关于房地产税费改革方向和地方财政收入模式的论辩.税务研究,2007(3)：11-17.

9. 张学诞.中国财产税研究.中国市场出版社,2007.

10. 张学诞.中国房地产税：问题与探索.中国财政经济出版社,2013.

第九章　税收的微观经济效应

【本章要点】
1. 税收的收入效应和替代效应
2. 税收对劳动力供给和需求的影响
3. 税收对家庭储蓄的影响
4. 税收对私人投资的影响

案 例 导 入

　　2003年，爱尔兰环境部长马丁·卡伦宣布，爱尔兰开征绿色税一年来，该国塑料袋消费量猛降了九成。爱尔兰在2001年消费的塑料袋达12亿个。由于无节制的消费，许多塑料袋被弃之街上，吹到树上或挂在栅栏上。为了鼓励消费者多次重复使用，减少塑料袋的消费，爱尔兰政府于2002年3月对每个塑料袋征收15欧分的税收。据爱尔兰大部分商家反映，自开征绿色税收以来，塑料袋的使用量减少了90%。

　　丹麦政府于2011年10月推出脂肪税，旨在减少国民的油腻食品摄入量。丹麦国家卫生和医药局说，丹麦有47%的人口超重，13%的人过度肥胖。脂肪税针对所有含饱和脂肪的食品——从黄油、牛奶到比萨饼、食用油、肉类和熟食。丹麦产业联合会说，这种成本制度对生产者和经销者来说是一场官僚主义噩梦。时隔一年之后，2012年11月10日，丹麦政府表示将取消一年前施行的世界第一项脂肪税，称该税不但代价高昂，且未能改变国人的饮食习惯。丹麦税务部发布声明说："人们批评脂肪税和引申出来的巧克力税——即所谓的糖税——抬高了物价、增加了企业的管理费用并使丹麦人的工作机会受到威胁。"声明还说："与此同时，人们还认为脂肪税在一定程度上导致丹麦人到境外去购买不健康食品。"鉴于这种情况，政府和红绿联盟同意取消脂肪税。

　　资料来源：爱尔兰塑料袋开征绿色税使消费量猛降了九成.青年人网，2010年4月1日；丹麦取消"脂肪税".中国质量新闻网，2012年11月21日.

　　税收的微观经济效应是指政府课税对纳税人经济活动和行为选择产生的影响，具体来说就是，征税通过改变相关商品的市场价格或相关活动的机会成本，进而对私人经济活动主体的生产、消费、储蓄、投资选择以及劳动力供给和需求等产生影响。作为宏观调控的重要经济杠杆之一，政府往往寄希望于利用税收政策对纳税人的行为进行调节，但是税收的调节效果究竟如何，是否能达到预期调控目标，需要区分不同的税种、不同税收环境具体分析。

第一节 税收对经济行为的作用机理

政府征税无疑对微观经济活动和经济行为有着巨大的影响力,而这种影响力是通过税收的收入效应和替代效应实现的。对税收的收入效应和替代效应的理论分析有助于我们从根本上理解和把握税收对经济行为的作用机理。

一、税收的收入效应和替代效应

税收的收入效应是指,由于政府征税改变了纳税人可自由支配的收入水平,从而对纳税人经济行为的选择产生的影响。例如政府对商品征税,物价上涨,消费者购买力或相对收入水平下降,因此消费者会相应地减少该商品的消费量。税收的收入效应,相当于纳税人的一部分收入转移到政府的手中,不会造成经济的效率损失。

税收的替代效应与收入效应不同,是指政府实施选择性征税影响商品(或经济活动)的相对价格,导致纳税人以一种商品或经济活动替代另一种商品或经济行为而产生的效应。表现为当政府对不同的商品实行征税或不征税、重税或轻税的差别税收待遇时,商品的相对价格会受到影响,使纳税人减少征税或重税商品的消费量,增加不征税或轻税商品的消费量,也就是用无税或轻税商品替代征税或重税商品。替代效应会降低纳税人的福利水平,带来超额负担。

收入效应和替代效应构成了税收对微观经济主体的总效应,收入效应与替代效应的作用方向可以相同,也可以相反。

二、税收对生产者的收入效应和替代效应

首先分析税收对生产者行为的影响。假设生产者拥有的生产要素数量固定,并全部用于生产 X 商品和 Y 商品。生产者为实现其利润最大化的目标,可以自由地支配所拥有的生产要素,选择利润最大化的产品产量组合。如图 9-1,横轴和纵轴分别表示 X 商品和 Y 商品的数量,政府征税前,生产者的生产可能性曲线为 PPF_1,表示生产者可能生产出来的 X 和 Y 商品组合的所有情况。生产可能性曲线凹向原点,X 和 Y 商品的边际报酬递减,PPF_1 上任意一点的切线斜率代表生产 X 商品相对于 Y 商品的社会机会

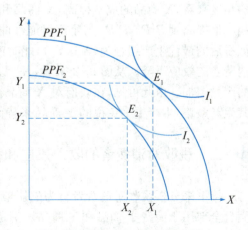

图 9-1 税收对生产者的收入效应

成本。征税前,个人无差异曲线为 I_1,与 PPF_1 相切于 E_1 点,决定了政府征税前生产者的最优生产组合为 (X_1, Y_1),此时生产者的利润最大。

现在假设政府对生产者征收选择性商品税,对 X 商品征税,而对 Y 商品不征税。税收对生产者的收入效应,表现为政府从本应属于企业的收入中分走了一部分,企业可利用的资源减少,同时使生产者的生产成本增加,企业生产能力下降,从而引起企业的产出水平下降。如图 9-1 所示,企业的生产可能性曲线内移,由 PPF_1 移到 PPF_2,此时 PPF_2 与无差异曲线 I_2 相切点 E_2,决定了政府征税后生产者的最优生产组合 (X_2, Y_2)。从图中可以看出 $X_1 > X_2, Y_1 > Y_2$,X 和 Y 产品的产量在税后都不同程度下降。产量下降的幅度取决于政府征税的程度,政府征税的税率越高,企业的税负越重,企业产量下降的幅度就越大。当征税使企业平均可变成本曲线的最低点高于企业实际得到的价格,或者是导致企业没有足够的可利用资源来维持生产经营活动时,企业最终会放弃生产,甚至退出市场。当然,税收对生产者的收入效应不仅仅局限于征收选择性商品税的情况,不论政府对生产者征收哪种形式的税收,只要政府课税减少了企业的可支配资源,都会产生收入效应。

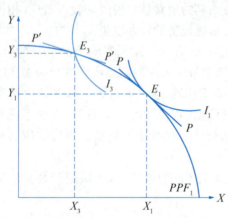

图 9-2 税收对生产者的替代效应

由于政府课征的是选择性商品税,因此该税收还会同时带来替代效应。税收对生产者的替代效应,表现为政府课征差异化税收,使课税商品的相对价格发生变化,生产者因此会调整生产结构,相应减少课税商品或重税商品的产量,增加不课税商品或轻税商品的产量。如图 9-2,征税前,PPF_1 与 I_1 相切于点 E_1,PP 是 PPF_1 与 I_1 的切线,PP 的斜率代表 X 商品和 Y 商品的边际成本比率。由于政府只对 X 商品征税,征税后,X 商品和 Y 商品的相对价格发生变化,从消费者的角度来看,X 商品的消费者支付价格提高,消费者的无差异曲线左移至 I_3;但从生产者的角度来看,X 商品的成本提高,X 商品和 Y 商品的边际成本比率提高,PP 的斜率也相应地提高到 $P'P'$,$P'P'$ 与生产可能性曲线 PPF_1 相切于新的均衡点 E_3,决定生产者征税后的最优生产组合为 (X_3, Y_3),此时消费者无差异曲线 I_3 与 PPF 相交于切点 E_3,消费者的效应下降。从图 9-2 来看,$X_3 < X_1, Y_3 > Y_1$,即 X 商品的产量下降,Y 产品的产量增加。由此可见,在政府对 X 商品征税、对 Y 商品不征税的情况下,生产者改变其生产策略,生产更多免税的 Y 产品来替代应税的 X 产品。

三、税收对消费者的收入效应和替代效应

接下来分析税收对消费者行为的影响。假设消费者拥有的可支配收入是固定的,而且全部用于消费 X 商品和 Y 商品。消费者为了获得效用的最大化,可以自由地根据自己的偏好和可支配收入情况作出消费决策。如图 9-3,横轴和纵轴分别表示 X 商品

和 Y 商品的数量,政府征税前,消费者的预算约束线为 AB,预算约束线表示在 X 和 Y 两种商品价格既定的情形下,消费者消费两种商品的所有可能组合范围。征税前,预算约束线与无差异曲线 I_1 相切于点 E_1,决定消费者的最优消费组合是(X_1, Y_1),此时消费者的效用最大。

同样假设政府对商品 X 征税,而对 Y 商品不征税,X 商品的相对价格提高,X 商品和 Y 商品的相对价格发生变化,导致消费者的预算约束线以 A 为原点向内旋转至 AC,

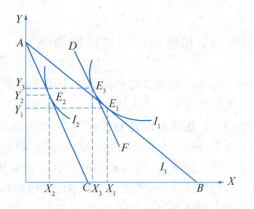

图 9-3 税收对消费者的收入效应和替代效应

此时 AC 与无差异曲线 I_2 相切于新的均衡点 E_2,决定了税后消费者的最优消费组合为(X_2, Y_2)。与征税前相比,$X_1 > X_2$,$Y_1 < Y_2$,政府征税使 X 商品的消费减少而 Y 商品的消费增加。

政府征税对消费者的总效应可以分解为替代效用和收入效应。如图 9-3,做一条辅助预算约束线 DF,DF 与 AC 平行且与无差异曲线 I_1 相切于点 E_3,此时消费者的最优消费组合为(X_3, Y_3)。税收对消费者的收入效应,表现为征税减少消费者的可支配收入,从而减少商品的消费。在图 9-3 中,从辅助预算约束线 DF 到 AC,消费者的收入减少,X 和 Y 商品的相对价格不变,因此从 E_3 到 E_2 的变化就是税收对消费者的收入效应,$X_3 > X_2$,$Y_3 > Y_2$,税收的收入效应使 X 和 Y 商品的消费不同程度减少。税收对消费者的替代效应,表现为选择性税收改变了商品的相对价格,从而改变消费者的消费结构。在图 9-3 中,X 和 Y 商品相对价格改变,预算约束线的斜率改变为 DF,与无差异曲线 I_1 相切于点 E_3,E_1 到 E_3 的变化就是税收对消费者的替代效应,$X_1 > X_3$,$Y_3 > Y_1$,税收的替代效应使消费者减少课税商品 X 的消费,增加免税商品 Y 的消费。

由于选择性商品税的替代效应和收入效应都使课税商品 X 的消费数量减少,所以最终课税商品 X 的消费数量绝对下降,从 X_1 下降到 X_3 再下降到 X_2;而税收的替代效应使免税商品 Y 的消费数量增加,Y_1 增加到 Y_3,收入效应使免税商品 Y 的消费数量减少,从 Y_3 下降到 Y_2,所以最终免税商品 Y 的绝对消费数量变化具有不确定性,取决于收入效应和替代效应哪一个作用力更强。

第二节 税收对劳动供给和需求的影响

劳动力市场供求失衡的矛盾,特别是劳动力的供给大于需求,会给一国带来严峻的就业问题。税收作为国家宏观调控的主要手段之一,直接影响劳动力的供给意愿和需求成本,从而改变劳动力市场的供求均衡和就业状况。税收对劳动力供给和需求的影响,主要是通过所得税和社会保障税来实现的,本节主要探讨所得税对劳动供给和需求的影响。

一、税收对劳动供给的影响

每一个劳动者都会面临一个重要的取舍,即劳动和闲暇之间的取舍,"劳动"是指劳动者在市场上为了取得工资收入而进行的工作,可以获得收入满足日常的物质消费,而"闲暇"是指劳动以外的其他活动,如看电视、娱乐、旅游等活动,可以获得精神享受。由于每个劳动者全部可支配的时间是有限的,既可以用于劳动也可以用于闲暇。每个劳动者都是理性的,将有限的时间在劳动和闲暇之间进行分配,从而获得效用最大化。

如图 9-4 所示,横轴表示闲暇的时间,纵轴表示收入,我们把工作和闲暇视为两种商品。劳动者可以用于劳动和闲暇的所有时间称为时间禀赋(Time Endowment),即劳动者可以支配的最大可能时间,用 OT 表示,OT 上的任意一点可以表示劳动者劳动和闲暇的时间组合。假设劳动者的工资率为 w,工资率不变,那么 BT 为劳动者的预算约束线,用来表示一个人可以获得的所有收入和闲暇的组合,BT 的斜率即工资率 w。可见,如果劳动者全部的时间用于闲暇,那么他的收入为 0;如果全部时间用于工作,那么他可以获得 OB 的收入。I_1、I_2、I_3 是劳动者对劳动和闲暇偏好的无差异曲线,E_1 点为预算约束线 BT 与无差异曲

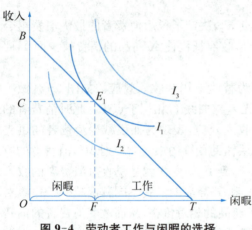

图 9-4 劳动者工作与闲暇的选择

线的切点,是劳动者实现个人效用的最大化的劳动和闲暇组合。此时,劳动者用于工作的时间为 FT,用于闲暇的时间为 OF,劳动者获得的收入为 OC。

(一)收入效应和替代效应

税收对劳动供给的影响分为收入效应和替代效应。税收对劳动供给的收入效应,是指政府对劳动者的收入征税直接减少了个人的可支配收入,劳动者为了维持既定的收入水平或消费水平,增加工作的时间,减少闲暇的时间。税收对劳动供给的替代效应,是指政府征税降低了劳动者的实际工资水平,劳动和闲暇的相对价格发生变化,闲暇相对于劳动的价格降低,导致劳动者减少劳动的时间,增加闲暇的时间,即用闲暇来替代劳动。收入效应的大小取决于个人所得税的平均税率;替代效应的大小取决于个人所得税的边际税率。

由此可见,政府课税会产生收入效应和替代效应,而且收入效应与替代效应的作用方向恰恰相反,收入效应促使人们增加工作时间,而替代效应则使人们减少工作时间,因此征税对劳动供给的最终影响是不确定的,最终劳动供给会增加还是减少取决于收入效应与替代效应相互抵消后的净效应。

为了分析税收对劳动供给的总效应,首先需要限定几个假设条件:第一,劳动者的劳动时间具有一定的弹性,劳动时间是可以变化的;第二,决定劳动力供给的唯一因素

是工资率;第三,劳动力结构是同质的,不存在劳动力质量和劳动熟练程度的差别。

如图 9-5 和图 9-6 所示,征税前,劳动者的无差异曲线 I_1 和预算约束线相切与点 E_1,用于闲暇的时间为 OL_1,用于劳动的时间为 L_1T。假设政府对劳动收入征收比例所得税,税率为 t。此时,劳动者的实际工作报酬率下降为 $(1-t)w$,劳动者预算约束线的斜率从 w 下降为 $(1-t)w$,预算约束线以 T 点为支点向内旋转,预算约束线由 BT 变为 CT。此时新的预算约束线与无差异曲线 I_2 相切于点 E_2,征税后劳动者用于闲暇的时间为 OL_2,用于工作的时间为 L_2T。

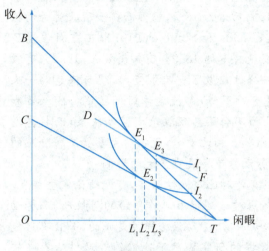

图 9-5　替代效应大于收入效应

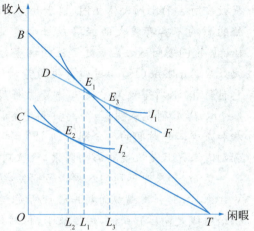

图 9-6　收入效应大于替代效应

为了分解税收对劳动供给的收入效应和替代效应,假设政府征税后,给予劳动者补偿,使他的可支配收入水平同税前一样,此时,劳动者的无差异曲线仍与征税前相同。图 9-5 和图 9-6 中,表现为劳动者形成了一条新的补偿预算约束线 DF,由于给予劳动者的补偿属于非工资收入,不改变劳动者的税后工资率,DF 与税后的预算约束线 CT 平行。此时,DF 与无差异曲线 I_1 相切于新的均衡点 E_3,用于闲暇的时间为 OL_3,用于工作的时间为 L_3T。从 E_1 到 E_3,劳动和闲暇的相对价格发生改变,但两者都在相同的无差异曲线上,劳动者的效用水平不变。因此,L_1L_3 表示的是税收对劳动供给的替代效应,替代效应增加了闲暇的时间,减少了劳动的时间。从 E_3 到 E_2,劳动和闲暇的相对价格没有发生变化,但劳动者的收入水平下降,劳动者的效用水平也随之下降,因此 L_3L_2 表示税收对劳动供给的收入效应,收入效应减少了闲暇的时间,增加了劳动的时间。替代效应＋收入效应＝总效应,即 $L_1L_3+L_3L_2=L_1L_2$。

由于替代效应和收入效应的作用方向完全相反,因此理论上无法确定税收对劳动供给的总效应。在图 9-5 中,呈现的是替代效应大于收入效应的情况,$L_1L_3>L_2L_3$,$OL_1<OL_2$,闲暇的时间因为课税而增加。因此,在替代效应为主的情况下,政府征税引起劳动供给减少。而在图 9-6 中,呈现的是收入效应大于替代效应的情况,$L_1L_3<L_2L_3$,$OL_1>OL_2$,闲暇的时间因为课税而减少。因此,在收入效应为主的情况下,政府征税引起劳动供给增加。

税收经济学

资料链接 9-1

税收对劳动供给影响的实证分析

从理论分析来看,由于对劳动供给和实际工资率之间关系不确定,税收对劳动供给的影响是不确定的。因此为了研究税收对劳动供给的影响,许多学者纷纷采用计量经济和调查问卷的方法进行研究。

Break(1957)对英国的 300 多名律师和会计师作了问卷调查,发现收入效应和替代效应所占的比例大体相同,前者为 10.1%,后者为 13.1%,因而得出税收对劳动供给的影响不具有重大的经济或社会意义;Fields 和 Stanbury(1970)在重新设置了 Break 的调查问题之后重复了他的调查,发现样本的 18.9% 有抑制效应,11.2% 有激励效应;Holland(1977)对所得税的劳动供给效应做了一次调查,发现与假想的一次总付税相比,所得税似乎使工作努力程度有所下降,却使退休时间推迟。Brown 和 Levin(1974)研究表明,74% 的被调查者认为不会因为税收改变劳动决策,而打算增加和减少工作时间的人分别占到 15% 和 11%。由此看来,税收对大多数工薪阶层的劳动者来说只是次要的影响因素,税收对劳动力市场没有多大的影响。

然而,如果对不同的人群进行研究,尤其是对已婚女性而言,可能结论完全相反。Watts(1973)利用横截面数据进行研究,表明对达到标准工作年龄的男性而言,劳动供给曲线是向后弯曲的,弹性较小,但对妇女而言,劳动供给弹性是正的,并且有可能较大。Heckman(1974)对已婚妇女截面数据的研究揭示了她们的劳动供给存在较大的正工资效应。Eissa(2001)采用双重差异分析法估计了已婚妇女的劳动供给弹性,结果是 0.8,说明对于已婚妇女而言,税收工资增加的替代效应大于收入效应。Blau 和 Kahn(2005)认为已婚妇女的工作时数和劳动力参与决策对净工资的变化似乎十分敏感,只是这种反应的灵敏度随着时间的推移越来越小,已婚妇女劳动供给弹性的合理估计值可能是在 0.4 左右。

资料来源:余显才.所得税劳动供给效应的实证研究.管理世界,2006 年第 11 期;哈维·S. 罗森.财政学(第八版).中国人民大学出版社,2009 年版,第 403—404 页。

(二) 不同劳动供给曲线的影响

由于不同劳动者对劳动和闲暇的偏好不一致,不同劳动者的无差异曲线也不相同,因此在劳动力市场上,可能会存在不同的劳动力供给曲线。此时,假定劳动的工资率是可变的,不断地改变工资率,劳动者的预算约束线的斜率发生变化,根据这些预算约束线与劳动—闲暇的无差异曲线的切点,可以确定工资率与劳动时间的一组组合,将这些组合在以横轴为劳动时间,纵轴为工资率的坐标轴上描绘并连接起来,就形成了劳动的供给曲线。劳动的供给曲线可能存在多种形状,但是基本上呈现出两种典型的形态:一是向上倾斜,二是向后弯曲。

图 9-7 中的劳动供给曲线是一条向上倾斜的曲线,表示在其他条件相同的情况下,劳动供给与工资率成正比,劳动时间随着工资率的提高而增加。在政府征税前,工资率

为 w_1，劳动供给为 L_1。在政府对劳动者征收个人所得税之后，劳动者的实际工资率水平由 w_1 下降为 w_2，相应的劳动供给也由原来的 L_1 下降为 L_2。由此可见，在劳动供给曲线为向上倾斜的情况下，政府征税会减少劳动的供给。

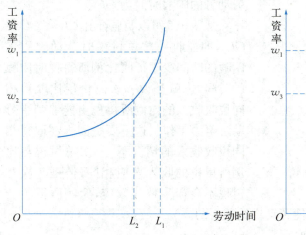

图 9-7　向上倾斜的劳动供给曲线

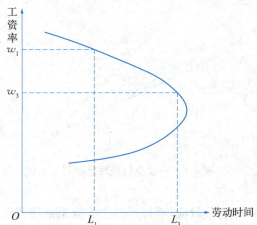

图 9-8　向后弯曲的劳动供给曲线

图 9-8 中的劳动曲线是一条先递增然后递减、向后弯曲的曲线，表示在开始阶段，劳动者的工资率水平处于较低水平的时候，劳动供给随着工资率的提高而增加；当工资率上升到一定阶段之后，劳动者对工资收入的需要不再那么迫切，希望选择更多的闲暇来享受他们的一部分劳动成果，因此当工资率超过某一个临界点之后，劳动供给随着工资率的提高反而减少。图 9-8 中，政府征税前，工资率为 w_1，劳动供给为 L_1。政府征税后，劳动者的实际工资率水平由 w_1 下降为 w_3，相应的劳动供给反而从 L_1 增加到 L_3。由此可见，在劳动力供给曲线向后弯曲的情况下，政府征税反而增加了劳动的供给。

（三）不同税率形式的影响

上述税收对劳动供给影响的分析是建立在征收比例所得税情况下的，事实上所得税除了可以选择比例所得税以外，还可以选择一次总付税或累进所得税形式，不同税率形式对劳动供给的影响各不相同。假定政府获得的税收收入相同，并且这些税收收入用于支出的方式也相同，以下将一次总付税、累进所得税与比例所得税进行比较，分析不同税率形式对劳动供给的不同效应。

1. 一次总付税和比例所得税比较

如图 9-9 所示，政府征税前，TB 为劳动者的预算约束线，与无差异曲线 I_1 相切于点 E_1，劳动者的闲暇时间为 OL_1，此时劳动者实现效用最大化。现在假设政府对劳动者征收比例所得税，税率为 t，征税后劳动者的预算约束线为 TC，与新的无差异曲线 I_2 相切于点 E_2，税后劳动者的闲暇时间为 OL_2。

一次总付税与比例所得税不同，是按照固定的数额征收，税额不随着收入的变化而发生变化，也不会改变劳动与闲暇的相对价格，因此一次总付税的征收不会产生替代效应，只有收入效应。图 9-9 中，政府征收与比例所得税相同数额的一次总付税，引起预

算约束线 TB 向内平移至 MN，MN 与 CT 相交于点 E_2，此时预算约束线 MN 与新的无差异曲线 I_3 相切于点 E_3，此时劳动者的闲暇时间为 OL_3。

从图 9-9 可以明显看出，$OL_3 < OL_2 < OL_1$，即征收一次总付税时劳动者用于闲暇的时间少于征收比例所得税时闲暇的时间，也就是说一次总付税比取得相同税收收入的比例所得税更能够刺激劳动者努力工作。这主要是因为在取得相同税收收入的情况下，一次总付税与比例所得税的收入效应相同，但是一次总付税不会产生替代效应，比例所得税会产生替代效应，而替代效应的效果是使劳动供给减少的。

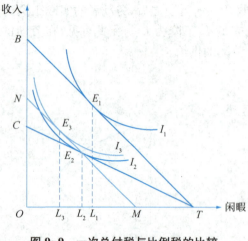

图 9-9 一次总付税与比例税的比较

2. 比例所得税和累进所得税比较

累进所得税对劳动供给的影响分析与比例所得税的分析方法相似，不同的是，累进所得税下劳动者面临的税率是递增的。如图 9-10 所示，假设一个三级累进税率，收入在 Y_1 以下税率为 t_1，收入在 Y_1 至 Y_2 税率为 t_2，收入在 Y_2 以上税率为 t_3，并且 $t_1 < t_2 < t_3$。税前，劳动者的预算约束线为 TB，斜率为 w；税后，劳动者的预算约束线是一条弯折线 $TFDC$，线段 TF 斜率为 $(1-t_1)w$，线段 FD 斜率为 $(1-t_2)w$，线段 DC $(1-t_3)w$，由于 $t_1 < t_2 < t_3$，所以线段 FD 比 TF 平坦，线段 DC 比 FD 更加平坦。此时，劳动者根据新的预算约束线 $TFDC$ 与新的无差异曲线 I_2 相切的切点，决定其效用最大化的均衡点 E_2，因此劳动者税后的劳动时间为 TL_2，与税前的劳动时间 TL_1 相比，劳动的时间减少了。

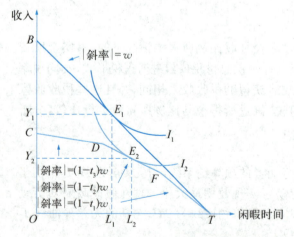

图 9-10 累进所得税下劳动者劳动与闲暇的选择

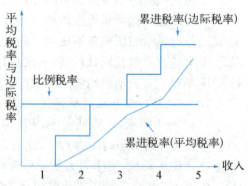

图 9-11 累进税率与比例税率比较

由于比例所得税的边际税率和平均税率是相等的，但是累进所得税的边际税率要大于平均税率，因此累进所得税与比例所得税对劳动供给的效应是不同的。如图 9-11

所示,将所有收入划分为五组,从第一组到第五组,收入水平逐渐提高。所有收入组,比例所得税的平均税率与边际税率相同。在累进所得税下,第一组免税;第二组的边际税率和平均税率都低于比例税;第三组边际税率相同,但累进税的平均税率低于比例税;第四组累进税边际税率高于比例税,但平均税率低于比例税;第五组累进税的边际税率和平均税率都高于比例税。

边际税率决定替代效应,因此边际税率降低有利于激励劳动供给,提高则会妨碍劳动供给;平均税率决定收入效应,因此平均税率提高激励劳动供给,降低则会妨碍劳动供给。据此,我们对各收入组累进税和比例税的效应逐一进行比较,结果如表 9-1 所示。从第一组和第二组来看,所得税累进程度提高会带来两种相反的影响,但是不能确定提高累进程度所产生的总效应最终会激励还是妨碍劳动供给。第三组,不论是比例税还是累进税,边际税率相同,随着累进程度增大,平均税率降低,从而对劳动供给产生妨碍效应。第四组,累进税的边际税率较高而平均税率较低,因此,对劳动供给产生的妨碍作用更大。第五组的总效应也呈现不确定性。

表 9-1 累进所得税对劳动的效应

收入组	平均税率变化	边际税率变化	收入效应	替代效应	总效应
1	下降	下降	妨碍	激励	不确定
2	下降	下降	妨碍	激励	不确定
3	下降	不变	妨碍	无效应	妨碍
4	不变	提高	妨碍	妨碍	妨碍
5	提高	提高	激励	妨碍	不确定

(四) 对限制条件的几点说明

上述分析基于三个限制条件:(1)纳税人只有劳动收入,没有其他的收入来源;(2)市场的工资率是稳定的,不会因为政府的征税而发生变动;(3)劳动者可以随意选择劳动时间。下面,放松这些限制条件,使其更符合现实情况,分析税收对劳动供给的影响结果。

1. 多种收入来源

现实生活中,劳动者除了劳动收入以外,还会有非劳动收入所得,例如资本所得、租金收入以及福利收入等。一般来说,当闲暇是正常品,非劳动收入的存在会鼓励个人减少劳动的供给。如图 9-12 所示,考虑存在非劳动收入,政府征税前劳动者的收入预算约束线为

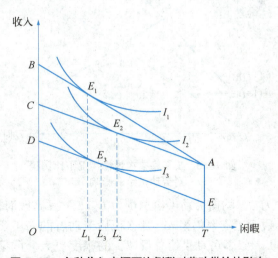

图 9-12 多种收入来源下比例税对劳动供给的影响

TAB,其中,TA 表示税前的非劳动所得,如资本所得。TAB 与无差异曲线 I_1 相切于点 E_1,决定闲暇的时间为 L_1。

现在假设政府只对劳动所得征收比例所得税,税率为 t。此时劳动者的预算约束线向内转动变为 TAC,AC 的斜率为 $(1-t)w$,TAC 与新的无差异曲线 I_2 相切于点 E_2,税收劳动者闲暇的时间由 L_1 增加到 L_2,比例所得税导致劳动者劳动供给减少。如果假设政府不但对劳动所得征收比例所得税,还对非劳动所得征收相同的比例所得税,税率也是 t,此时税后劳动者的收入预算约束线变为 DET,$ET=(1-t)AT$,DE 的斜率为 $(1-t)w$,与 AC 平行。DET 与新的无差异曲线 I_3 相切于点 E_3,劳动者此时的闲暇时间为 L_3。与税前相比,$L_3>L_1$,劳动者劳动供给的时间减少;与只对劳动所得征税相比,$L_3<L_2$,劳动供给的时间比只对劳动所得征税的时间多了 L_3L_2 个单位。这主要是因为政府对非劳动所得征税,对劳动力供给产生收入效应,导致劳动力供给比只对劳动所得征税的情况有所增加。可见,在劳动者收入来源多样化的情况下,为了促进劳动供给,政府不仅应对劳动所得征税,还应对非劳动所得征税。

2. 工资率存在弹性

现实生活中,税前税后劳动工资率并非是不变的,工资率存在一定的弹性。因为所得税的课征适用于劳动市场上所有提供劳动的个人,因此必然会影响社会劳动供给,从而影响市场工资率;而市场工资率发生变化,会进一步影响到劳动力的供给。

假设其他要素的市场价格没有发生变化,对劳动力的需求不变。如图 9-13 所示,税前,劳动需求曲线为 D,劳动力供给曲线为 S,反映在各种净工资率下的劳动供给量,劳动供给曲线 S 向上倾斜,说明税收对劳动供给的替代效应大于收入效应。此时,S 曲线与 D 曲线相交于点 E_1,市场上均衡的工资率为 w_1,均衡劳动供给总量为 L_1。先假设政府对毛工资率 w 课征比例所得税,税率为 t,税后劳动者的净工资率为 $(1-t)w$。由于劳动力需求曲线是以毛工资率表示,为了使供给曲线与需求曲线具有可比性,用毛工资率表示供给曲线,即 $S/(1-t)$。税后供给曲线 $S/(1-t)$ 与需求曲线相交于点 E_2,税后均衡市场工资率

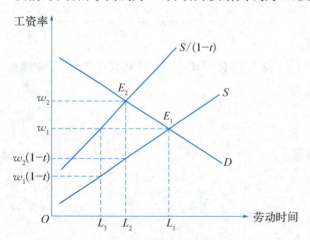

图 9-13 工资率存在弹性情况下比例税对劳动供给的影响

为 w_2,均衡劳动供给总量为 L_2,$L_2<L_1$,政府征税使劳动供给减少。如果工资率不变,税后工资率仍为 w_1,那么税后劳动者的净工资率为 $(1-t)w_1$,税后劳动供给则是 L_3,$L_3<L_2$,劳动供给总量减少的幅度更大。可见,工资率的可变性缓和了税收对劳动供给的总体影响。

3. 工作时间的灵活性

现实生活中，劳动者对自己工作的时间有一定的自主权，他可以选择加班加点或兼职等，但是大多数情况下，劳动者不可能随意地在劳动与闲暇之间自由选择，因为个人劳动的时间不仅仅与自己的个人意愿有关，还与雇主及工作性质有关，不论工资率或所得税怎么变化，雇员必须遵守由雇主制定的关于劳动时间的规定，而且国家或企业也会制定相应的硬性或强制性的劳动时间要求。因此，在大多数情况下，劳动者的无差异曲线与其收入预算约束线无法相切，而仅仅是相交。

如图 9-14 所示，假定劳动者仅有一种有限的闲暇—收入组合决策，他可以选择工作 L_1L_2 小时，也可以选择不工作。假设工资率水平为 w，假定预算约束线的斜率也是 w。如果该劳动者选择不工作，那么他将有 L_1 小时的闲暇，而且还能获得失业保障或福利收入，假设是 L_1B。如果该劳动者选择工作 L_1L_2 小时，那么他可以获得 AL_2 单位的收入，此时政府征收比例所得税，扣除税收，劳动者的实际收入为 L_2C。现实生活中，社会福利收入 L_1B 可能比劳动者实际收入 L_2C 大，也可能比 L_2C 小，因此图中 C 点既可能位于比 B 点更高的无差异曲线上，也

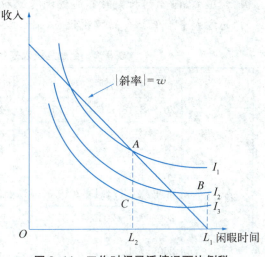

图 9-14　工作时间灵活情况下比例税对劳动供给的影响

可能位于比 B 点更低的无差异曲线上。但是不论如何，就整个社会而言，总会存在一部分人选择放弃工作。

二、税收对劳动需求的影响

税收对劳动需求的影响，主要是通过政府对企业征收社会保障税产生的。社会保障税是指政府按照企业雇员工资的一定比例分别向雇员和雇主征收的一种税。可见，企业雇佣劳动力，除了要支付工资外，还要为他缴纳社会保障税。因此，在劳动力市场工资率一定的情况下，政府对企业征收社会保障税或者提高社会保障税的税率水平，都会使企业劳动力成本增加。

当政府课征社会保障税，企业为了降低劳动力成本，或者保持原劳动成本不变，会尽可能地改进技术用资本来替代劳动力，从而减少企业对劳动力的需求。另外，即使资本与劳动力之间不能或很难替代，企业的总体成本短期会上升，企业可能不得不缩小生产规模，并最终导致长期内企业对劳动力的需求下降。这种现象在现实生活中广泛存在。许多企业在人工成本上升的时候都会选择裁员、雇佣短期工、使用机器代替人力或将经营活动转移到人工成本更低的国家和地区等方式来降低企业的经营成本。

资料链接 9-2

社会保障税对劳动需求的影响

伴随着人口老龄化速度的加快，经济发达国家普遍面临社会保障资金不足的问题，社会保障税是筹集社会保障资金的有效手段。由于社会保障税主要是对劳动征税，税负过高，则不利于社会就业。在这次金融危机过程中，迫于社会就业压力，德国、爱尔兰、匈牙利和美国都通过调整免税标准、降低税率（美国降低税率是临时性的）的方式来降低社会保障税税负，促进就业（见表9-2）。

表9-2 金融危机以来各国社会保障税政策变化

国 家	调整时间	税收政策（税率）变化
美 国	2010.3.18—2010.12.31	企业新雇佣失业人员，免社会保障税
	2011年	社会保障税：雇员从6.2%降至4.2%，自营职业者从12.4%降至10.4%
德 国	2009.1.1 其中：2009.1.1—2010.12.31	失业保险税：从3.3%降至3.0% 临时从3.0%降至2.8%
	2009.7.1—2010.12.31	医疗保险税：从15.5%降至14.9%
匈牙利	2009.7.1	社会保障税：雇主从29%降为26%；失业保险税：从3%降为1%*
	2010.1.1	雇主：取消5%医疗保险税和1%的劳动市场保险税，改为3%医疗和劳动市场保险税
	2011.1.1	养老保险税：雇员从9.5%提高到10%
爱尔兰	2009.1.1	社会保障税：提高不征税上限
	2009.5.1	医疗保险税：税率加倍：4%和5%
	2010.1.1	新雇用失业人员，免社会保障税
	2011.1.1	开征统一社会税：2%—7%，代替个人所得特别税和医疗保险税；取消社会保障税征税上限

* 适用于税基不超过最低工资标准2倍的部分，超过的部分税率仍然为29%和3%。

此外，俄罗斯已通过立法，从2010年1月1日起实施社会保障税改革，取消原统一社会税，改征社会保障税；新加坡和澳大利亚政府也都提出社会养老保障制度改革计划。可见，如何在人口老龄化趋势下满足社会保障需求和经济全球化背景下吸引劳动力就业之间寻找平衡点，改革和完善包括社会保障税在内的社会保障制度，有可能成为新时期的政策重点。

资料来源：国家税务总局税收科学研究所课题组.国际金融危机以来世界税收政策变化的特点与启示.财政与税务，2012年第1期.

第三节 税收对家庭储蓄的影响

储蓄是国民经济和社会生活的重要组成部分,储蓄是财富的积累,是未来消费和投资的来源。储蓄水平的高低不仅影响短期的经济活动水平,还会影响长期的经济增长率。国内储蓄包括公共储蓄和私人储蓄,私人储蓄又包括企业储蓄和家庭储蓄。本节主要考察政府征税对家庭储蓄的影响。

一、生命周期模型

税收对家庭储蓄影响的分析是建立在生命周期模型(Life-circle Model)基础上的。生命周期模型是指一个人某一年内消费和储蓄的决策,不仅仅取决于当年的收入,还取决于未来的预期收入和过去已经取得的收入,即综合个人一生经济状况的计划使用过程来做出决策。

假定一个人的生命周期分为"现在"和"未来"两个阶段,构建一个简单的两阶段生命周期模型,"现在"阶段视为工作期,该阶段取得劳动收入为 Y_1,消费为 C_1,储蓄为 S,$S=Y_1-C_1$。"未来"阶段视为退休期,没有劳动收入,但能取得固定的退休金收入为 Y_2,消费 C_2,$C_2=Y_2+Y_1-C_1$。假设所有收入都在两个阶段消费掉,不考虑财产遗赠的情况。则个人的收入预算约束线可以表示为:

$$Y = C_1 + \frac{C_2}{1+r} \tag{9-1}$$

式 9-1 中,$1/(1+r)$ 是折现系数,$C_2/(1+r)$ 是第二阶段的消费在第一阶段的现值。消费者根据其收入预算约束线与自身的偏好选择效用最大化的消费与储蓄决策。

如图 9-15 所示,横轴和纵轴分别表示当前消费和未来消费。个人的税前收入预算约束线为 BC,BC 的斜率的绝对值为 $(1+r)$。BC 必须经过个人禀赋点 A。个人禀赋点是指消费者在既不借款超前消费、也不储蓄推迟消费的情况下,每期刚好消费掉他当期取得的全部收入的消费组合,即现在消费 Y_1,未来消费 Y_2。根据个人对未来消费和当前消费偏好的无差异曲线 I_1 与收入预算约束线 BC 相切,个人效用最大化的点是 E_1,此时当前消费

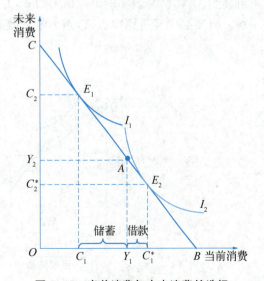

图 9-15 当前消费与未来消费的选择

为 C_1，未来消费为 C_2。E_1 位于 A 点的上方，个人当前收入 Y_1 大于当前消费 C_1，因此可以确定该个人为储蓄者，储蓄水平 S 为 Y_1 与 C_1 的差额。如果无差异曲线与预算约束线相切的点位于 A 点下方，如图中点 E_2，此时该个人的当前消费就大于当前收入，那么他就变成了一个借款消费者，需要借钱来维持当前的消费水平（此处假设借款的利率水平也是 r）。所以，最终的消费——储蓄选择取决于个人的储蓄偏好。

政府征税对家庭储蓄的影响也分为收入效应和替代效应两个方面。如果把当前消费视为正常品，首先，政府征收储蓄利息所得税对储蓄产生收入效应，表现为对储蓄利息收入征税，使纳税人未来可支配收入减少，纳税人第一阶段的消费不得不减少，即第一阶段的储蓄相应增加。因此，收入效应会使储蓄增加；其次，政府征收储蓄利息所得税对储蓄产生替代效应，表现为对储蓄利息征税时，改变了税后利息率，第一阶段的消费和第二阶段的消费的相对价格发生变化，第二阶段消费的相对价格提高，因此，纳税人会用相对价格较低的第一阶段消费来替代第二阶段消费。可见，替代效应会使储蓄减少。收入效应和替代效应同时发生而作用方向相反，因此，税收对储蓄的影响取决于收入效应和替代效应相互抵消后的最终结果。

假设政府对储蓄利息所得课税，征税的方式可以是单独对利息所得课税，也可以是采用利息所得与其他一般收入合并综合征税的方式。同时对于借款人，所支付利息支出的税务处理也分为允许税前扣除和不允许扣除两种方式。现在我们分别对利息收入课税且允许利息支出扣除和不允许利息支出扣除这两种情况下税收对储蓄的影响进行分析。

（一）利息收入课税同时允许利息支出扣除

假设对储蓄利息收入开征税率为 t 的比例所得税，同时允许借款人的利息税前扣除。如图 9-16 所示，课税前，当前消费和未来消费的组合为 (C_1, C_2)，税前储蓄是 C_1Y_1。课税后，储蓄获得的利率从 r 降低为 $(1-t)r$，税后的预算约束线由 BC 围绕 A 点旋转为 MN，MN 斜率的绝对值为 $[1+(1-t)r]$，因此 MN 比原预算约束线 BC 更为平缓。MN 必须经过禀赋点 A，因为不管政府是否对利息收入征税，个人都可以有既不

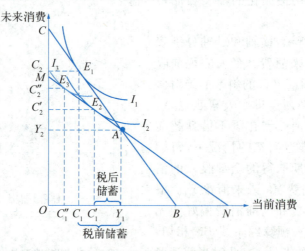

图 9-16 利息收入课税同时允许利息支出扣除

借款也不储蓄的消费选择,即禀赋点 A 的选择不受政府课税的影响。从图 9-16 来看,政府对利息收入课税同时利息支出可以扣除的情况下,税收对储蓄的影响存在两种可能的情形。

第一种情形,税后储蓄减少。新的预算约束线 MN 与无差异曲线 I_2 相切于点 E_2,点 E_2 位于点 E_1 的右边,决定了税后的当前消费和未来消费组合为 (C_1', C_2'),税后储蓄为 $C_1'Y$,税后储蓄 $C_1'Y_1$ 小于税前储蓄 C_1Y_1,这种情况下,利息税减少了家庭储蓄的规模,减少的幅度为 C_1C_1'。这种情况是替代效应大于收入效应的结果。

第二种情形,税后储蓄增加。新的预算约束线 MN 与无差异曲线 I_3 相切于点 E_3,点 E_3 位于点 E_1 的左边,决定了税后的当前消费和未来消费组合为 (C_1'', C_2''),税后储蓄为 $C_1''Y$,税后储蓄 $C_1''Y_1$ 大于税前储蓄 C_1Y_1,这种情况下,利息税增加了家庭储蓄的规模,增加的幅度为 $C_1''C_1$。这种情况是收入效应大于替代效应的结果。在现实生活中,税后储蓄增加的情形主要体现在"目标储蓄者"身上。例如,一个目标储蓄者想要储蓄足够的钱来买房或支付孩子未来上大学的学费,在政府对储蓄利息征税或者税率提高的情况下,为了实现既定储蓄目标,唯一的办法就是增加储蓄。

(二) 利息收入课税同时不允许利息支出扣除

假设对储蓄利息收入开征税率为 t 的比例税,同时借款人的利息不允许税前扣除。如图 9-17 所示,BC 为税前的收入预算约束线,当前消费和未来消费的组合为 (C_1, C_2),税前储蓄是 C_1Y_1。课税后,收入预算约束线也必须经过禀赋点 $A(Y_1, Y_2)$,在 A 点纳税人既不借款也不储蓄。

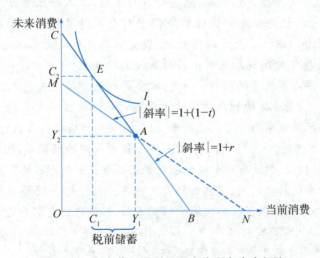

图 9-17 利息收入课税且不允许利息支出扣除

现在假设纳税人决定增加 1 单位储蓄,即从 A 点向左移动 1 个单位,由于征收利息税,纳税人下一期增加的消费为 $[1+(1-t)r]$ 单位。因此,在 A 点左边的预算约束线斜率的绝对值为 $[1+(1-t)r]$,图中为线段 MA,与对利息收入课税的同时允许利息支出税前扣除时的税后预算约束线 MA 段完全一致。再假设从禀赋点 A 开始,纳税人决定增加 1 单位的当前消费,即需要借款 1 单位,从 A 点向右移动 1 单位。由于借款的利息支出不允许扣除,因此政府征税对借款成本不产生影响,纳税人当前多消费1单元,会导致未来消费减少$(1+r)$单位。因此,税后预算约束线与税前预算约束线BC的AB段相同。可见,在对利息收入课税同时不允许利息支出扣除的情况下,税后纳税人的收入预算约束线是一条在禀赋点弯折的折线,即图中的MAB,在A点的左边,MA段斜率的绝对值为$[1+(1-t)r]$,在A点的右边,AB段斜率的绝对值为$(1+r)$。

现在分析征税对储蓄的影响。如果纳税人在政府征税前是一位借款者,即在A点的右边,那么征税对储蓄没有任何影响。因为,征税前,纳税人在AB段已经实现效用最大化,征税之后他的效用仍然是最大的。如果纳税人在政府征税前是一位储蓄者,那么征税会使其消费和储蓄的选择发生变化,根据税后预算约束线MA与无差异曲线相切的位置来决定。与允许利息支出扣除的情况相似,政府征税同样可能引起两种结果,既税后储蓄可能增加也可能减少,取决于收入效应和替代效应的大小比较。

资料链接 9-3

税收对储蓄影响的实证分析

根据理论分析,税收对储蓄的影响是不确定的,因此需要通过实证研究来进行分析。为此,研究人员不得不依赖观察研究,以储蓄量为因变量,以税收储蓄收益率、可支配收入以及可能影响储蓄的其他变量作为自变量,倘若收益率系数是正的,那么税收增加会抑制储蓄。Bernheim(2002)综述了这类研究后指出,税收收益率变化对储蓄的影响非常小或者为零。就是说,从整个人口来看,收入效应和替代效应大致相互抵消了。Ishi(1989)认为日本的税收刺激似乎对个人储蓄只有微小的影响。Friend 和 Hasbrouck(1983)进行了大量的研究,发现储蓄具有巨大的正利息弹性,但是他们的经验证明却没能支持高税后报酬率将增加储蓄的观点。

但是这种方法存在较多的问题:一是,收益率的变化很可能与人们对未来经济条件预期的变化有关,而这样的预期是很难度量的;二是,收益率变量的度量问题。驱动人们行为的是实际收益率而非名义收益率。因此,实际市场收益率的计算,需要从观察到的名义市场收益率中扣除预期通货膨胀率。假定人们的预期是在过去经验的基础上,加上对未来的预测,但没有一个人能确切知道预期是如何形成的。利用不同方法计算预期通货膨胀率的种种研究,得到的结论可能不一样。这些问题再加上还没提到的其他问题,使经济学家们在税收如何影响储蓄方面,不能形成完全确定的结论。

资料来源:哈维·S. 罗森. 财政学(第八版). 中国人民大学出版社,2009年版,第414页;西蒙·詹姆斯等. 税收经济学. 中国财政经济出版社,2011年版,第66—67页.

二、不同税率形式对储蓄的影响

不同的税率形式对储蓄的影响也不相同。就比例税率和累进税率而言,两者的影响效果是有差异的。我们知道边际税率决定替代效应的强弱,平均税率决定收入效应的强弱。比例税率形式下,边际税率等于平均税率,无法确定替代效应和收入效应的大小比较,两者作用方向相反,因此税收对家庭储蓄行为的实际影响不确定。

但是,如果采取累进税率形式,税收对家庭储蓄行为的影响结果则基本上可以确定。所得税的累进程度是决定税收对家庭储蓄影响的重要因素。第一,由于高收入者的边际储蓄倾向高于低收入者的边际储蓄倾向,因此对高收入者征税比对低收入者征税对家庭储蓄有更大的阻碍作用。累进税的累进程度越高,对家庭储蓄行为的抑制作用就越大。第二,由于累进税的边际税率往往高于平均税率,因此在累进税下,替代效应往往大于收入效应,因此累进所得税与比例所得税相比,对家庭储蓄有着更大的阻碍作用,累进程度较高的所得税比累进程度较低的所得税,对家庭储蓄的阻碍作用更大。

可见,累进税率对家庭储蓄不利,通过降低高收入者的税收负担,降低家庭储蓄课税的边际税率,有利于增加家庭储蓄。

三、不同税种对储蓄的影响

除了所得税之外,其他的税种(如商品税、财产税等)也会对家庭储蓄行为产生影响,而且不同税种对储蓄的影响各不相同。

(一) 所得税

如前面分析的一样,所得税对家庭储蓄会产生阻碍效应。所得税对家庭储蓄的影响主要体现在以下四点:(1)所得税对储蓄的收入效应大小取决于所得税的平均税率,替代效应大小取决于所得税的边际税率;(2)高收入者的边际储蓄倾向一般较高,因此对高收入者征税不利于储蓄的增加;(3)边际税率的高低决定替代效应的强弱,所得税的累进程度越高,对家庭储蓄行为的阻碍作用越大;(4)减征或免征利息所得税,将提高储蓄的收益率,有利于储蓄。

为了减少所得税对储蓄的阻碍作用,我们可以从所得税制度设计上进行优化。一是允许纳税人在其应纳税所得中扣除部分或全部储蓄;二是允许纳税人在其应纳税所得中扣除部分或全部的利息所得。

(二) 商品税

商品税作为一种间接税,同样会对家庭储蓄产生影响。商品税是对商品的交易征税,实际上是对消费征税,而对储蓄不征税。在与所得税产生相同税收收入的情况下,商品税比所得税更有利于提高家庭储蓄率,原因如下:

首先,由于商品税仅仅涉及用于消费的部分,将储蓄排除在课税范围之外,在某种程度上可以视为对储蓄行为的一种鼓励。因此商品税更多的是减少用于消费的收入,在同等情况下,消费的减少就意味着储蓄的增加。当然,如果一个人的储蓄具有较强的契约性质(比如养老保险等保险费),那么任何收入或消费的变化对储蓄行为的影响都非常小。

其次,商品税具有累退性,而所得税则具有累进性。由于储蓄能力和边际储蓄倾向与收入成正比例关系,收入水平越高,储蓄倾向越高。对高收入者来说,税收的累进程度越低,其可支配的资金就越多,因此储蓄倾向也就越高。因此,商品税的累退性,在一定程度上鼓励了储蓄。

最后,商品税带来"货币幻觉"(Money Illusion)。因为商品税一般采用价内税的形式,税款包含在商品价格中,虽然税负通过买卖双方的交易转嫁给了消费者,但消费者基本上难以察觉到价款中包含的税款。因此,消费者承担的商品税只与消费支出相关,与储蓄无关。开征商品税只会减少当期的消费,有利于提高当期的储蓄能力和储蓄倾向。

(三) 财产税

财产税是影响家庭储蓄的另一个重要税种。财产是指一定时点家庭所拥有的经济资源总值,是往期储蓄的存量,表示家庭在各个时期储蓄的积累。家庭储蓄的动机有多种,包括生命周期动机,即在收入较多的时期进行储蓄,为将来收入减少时的消费做准备;谨慎动机,即为了防止将来可能发生的意外而进行储蓄,如家庭变故等;馈赠动机等。不论是出于何种动机,家庭都会拥有一定数量的财产。政府对家庭财产征收财产税,必定会影响到家庭储蓄行为。当财产税税收负担过高的时候,由于通货膨胀等因素的影响,人们不可能将储蓄永远存放在银行,因此人们会选择减少储蓄,甚至不储蓄,完全用于消费。可见,财产税对储蓄会产生不利的影响。财产税与所得税相比,一般来说,课征财产税比课征等量所得税对储蓄的阻碍作用要小。

可见,无论是何种形式的税收,税收都可能会对家庭储蓄产生影响,但最终影响结果具有不确定性。

除税收外,家庭储蓄行为更多的是由非税因素决定的。首先,收入水平决定家庭储蓄,储蓄不仅取决于当前的收入水平,还与以前的收入水平以及未来的收入预期有关。收入水平越高的家庭储蓄倾向就越高。其次,家庭储蓄行为还与消费习惯有关,即使征收利息所得税,偏好消费的家庭会保持既定的消费水平,偏好储蓄的家庭会保持储蓄水平不变。最后,家庭储蓄行为还与家庭对未来支出的预期、确定的未来目标等密切相关。

资料链接 9-4

不能高估税收对储蓄的影响

西方经济学家认为,税收在一定程度上可以改变个经济主体(政府、企业、家庭)的储蓄行为,但从国民储蓄总量来看,税收的作用不像人们想象的那么大,千万不能高估税收的效应,其原因在于:

第一,旨在刺激私人部门储蓄增加的税收政策措施,有可能减少了政府预算储蓄,从而使整个国民储蓄不增不减或增加甚微。有研究表明,政府预算储蓄与私人部门储蓄之间的相互替代性很高。

第二,税收体系内部,各税种之间在鼓励储蓄上有相斥效应。如果个人为退休和遗产而储蓄,在他们心目中早已确立了某一储蓄累积目标,那么降低个人为退休储蓄需要的措施可能极大地影响私人储蓄。社会保障税就是这方面很好的例子,如果个人把社会保障认为是一种为退休储蓄的形式,他们可能会减少储蓄,数额至少等于他们缴纳的社会保障税,而不管政府是否把这些缴款用于资本形成。Feldstein(1974)曾估计,在1971年,美国的社会保障制度减少了大约38%的总储蓄。

第三,一国储蓄比例的高低,主要不是由税收因素决定的,而是由其他更为重要的因素决定的。经济学家Feldstein(1980)通过对美国、加拿大、日本、英国等国家的情况进行比较研究发现,美国、英国、瑞典等国家的储蓄比率较低,而日本的储蓄比率较高,原因在于日本的收入增长率较高,退休人口所占比重较低,年龄在65岁以上者的劳动参与率较高,有限的社会保障体系以及年龄在20岁以下的人口比重较低。所有这些都是提高储蓄比率的强有力的因素。

资料来源:郭庆旺,范新丽,夏文丽.当代西方税收学.东北财经大学出版社,1994年版,第39页.

第四节 税收对私人投资的影响

私人投资是指企业或个人为了获得一定的收益,将储蓄转化为资本进行购买或投资的行为。私人投资包括实际投资(直接投资)和证券投资(间接投资),实际投资又可以分为实物资本投资和人力资本投资。实物资本投资是指企业为扩大生产能力而进行设备和建筑物的购置和安装活动;人力资本投资是指企业为了提高人力资本价值而进行的投资,如教育或培训等。证券投资是指企业或个人购买各种有价证券来获得收益的行为。

私人投资受到多种因素的影响,但最终依据是每一新增投资的边际报酬率,企业或个人不断积累资本直至最后一单位投资的收益等于运用资本所产生的机会成本。税收对私人投资决策产生重要的影响,因为征税会改变投资收益,影响投资者的投资回报率。本节将通过分析税收对投资的收入效应和替代效应,研究税收对投资的影响。

一、税收对投资收益的影响

投资,事实上是投资者放弃当前消费以便在将来获得更多收入的行为,因此为了兼顾当前和未来的效用,纳税人必须在消费和投资之间做出适当的安排。税收对投资的影响,主要体现在课征企业所得税对投资收益的影响上。政府课征企业所得税,导致纳税人的税后投资收益降低,投资收益和投资成本的对比发生改变,因而纳税人的投资行为发生变化。

税收对投资者的投资行为同时产生两种效应——替代效应和收入效应。把消费和投资视为两种正常商品,税收对投资的替代效应,是指由于政府征税导致投资者税后投资收益下降,投资和消费的相对价格改变,投资者对投资的偏好降低,从而选择更多的消费来替代投资。税收对投资的收入效应,是指由于对投资收益课税,投资收入降低,投资者可支配收入下降,投资者为维持以往的收益水平而不得不牺牲消费来增加投资,以保障一定的投资规模。税收对私人投资的收入效应和替代效应作用方向相反,因此税收对私人投资的总效应取决于收入效应和替代效应的力量对比。

(一) 替代效应大于收入效应

如图 9-18 所示,横轴和纵轴分别表示消费和投资,征税前,AB 为投资者的收入预算约束线,与无差异曲线 I_1 相切与点 E_1,决定投资者效用最大化的消费和投资组合为 (C_1,V_1)。现在假设政府对投资收益征收比例所得税,投资者的税后投资收益下降。如果纳税人因为税后投资收益出现下降而倾向于减少投资,即替代效应大于收入效应,那么税后投资者的收入预算约束线以 A 点为原点向内旋转至 AD,与新的无差异曲线 I_2 相切与点 E_2,投资者税后的消费和投资组合为 (C_2,V_2)。从图中可以看出,$C_1<C_2,V_1>V_2$,说明当税收对私人投资的替代效应大于收入效应时,投资者会选择增加消费,减少投资。

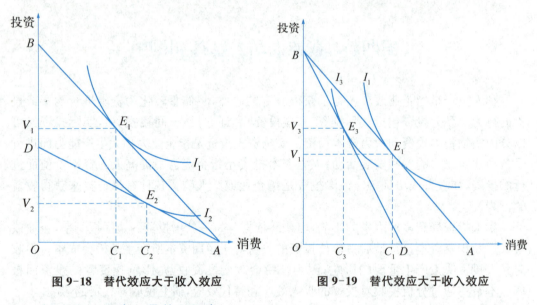

图 9-18　替代效应大于收入效应　　　　图 9-19　替代效应大于收入效应

(二) 收入效应大于替代效应

如图 9-19 所示,同样税前投资者效用最大化的消费和投资组合为 (C_1,V_1)。政府对投资收益征收比例所得税,如果纳税人因为税后投资收益下降而倾向于增加投资,即收入效应大于替代效应,那么税后投资者的收入预算约束线将以 B 点为原点向内旋转至 BD,与新的无差异曲线 I_3 相切于点 E_3,投资者税后的消费和投资组合为 (C_3,V_3)。从图中可以看出,$C_3<C_1,V_3>V_1$,说明当税收对私人投资的收入效应大于替代效应时,投资者会选择减少消费,增加投资。

二、税收对投资成本的影响

投资成本是指企业拥有一笔实物资本所产生的全部机会成本,这些成本包括融资成本(利息支出)、折旧等。政府征税对投资成本产生影响,从而影响私人投资。假设企业的投资额为 I,投资的税前总收益率为 r,市场利息率为 i,资产的年折旧率为 d,当投资收益大于投资成本时,企业会不断地投资下去直至投资收益与投资成本相等,即 $r = i + d$。

(一) 融资成本的扣除

融资成本又称利息成本,是指企业为了购买实物资本而借贷货币资金所必须支付的利息或者是企业利用自有资金购买实物资本而损失的利息收入。如果企业是通过市场借贷进行融资,企业所得税政策通常会允许企业在税前扣除一定的利息成本,假设借贷利率为 i,则企业实际的利息成本为 $(1-t)i$。如果企业使用自有资本购买实物资本,那么企业损失的实际利息收入为 $(1-t)i$。可见,企业每年为利息支付的税额实际上构成了企业投资成本的抵减项。

企业要筹集资金除了从资本市场上进行借贷融资之外,还可以采取股票融资的方式,通过将企业挣得的利润以股息的形式支付给股东一定的报酬。因此,股息也是企业的融资成本之一。但是股息的分配是从企业的税后利润进行分配,也就是股息的支付不能在税前扣除,因此税收的存在可能会导致企业在一定程度上更偏好采取债务融资的方式筹集资金,引发资本弱化的避税现象。

(二) 折旧的扣除

折旧是影响私人投资的另一个重要因素,折旧是指企业的实物资本在一定时期内消耗或磨损的价值。实物资本的折旧,可以分为经济折旧和税收折旧。经济折旧是指根据固定资本实际的损耗情况计提的折旧,税收折旧是指由税收制度根据经济政策的需要而规定的可以在税前扣除的折旧。由于税务机关无法确切地知道每项资产的使用年限和每年折旧多少,因此,税务机关直接规定每类资产的折旧年限和折旧方法,折旧方法包括直线折旧法、双倍余额递减法、年数总和法等。可见,税收折旧额和经济折旧额往往是不一致的,折旧年限、折旧方法和数额等对纳税人的投资行为都有着很大的影响。

假设企业所得税税率为 t,$D(n)$ 表示企业第 n 年按照税收政策计提的折旧额,r 表示企业资金的机会成本,即贴现率。假设一项资产的税法折旧年限为 T 年,φ 表示资产折旧所产生的全部节税现值,则:

$$\varphi = \frac{t \times D(1)}{1+r} + \frac{t \times D(1)}{(1+r)^2} + \frac{t \times D(2)}{(1+r)^3} + \cdots\cdots + \frac{t \times D(T)}{(1+r)^T} \tag{9-2}$$

由此可见,因为折旧而获得的节税额大小,取决于折旧年限 T 和每年的折旧额 $D(n)$,也就说,税法规定的折旧年限越短,T 值越小,资产每年的折旧额 $D(n)$ 就越大,节税额就越大,即加速折旧法可以大大降低企业的投资成本。一方面,加速折旧帮助企业获得延期纳税的好处;另一方面,如果存在通货膨胀,折旧提取指数化和缩短折旧年限的方法可以减少通货膨胀带来的不利影响,因此加速折旧法比直线折旧法更有利于鼓励投资。目前,许多国家为了鼓励投资,允许企业在某些情况下采取加速折旧的方法。

（三）投资抵免

投资抵免是指允许企业在购进一项资产时，把该资产的投资额按照一定的比例从企业的应纳税额中扣除。例如我国企业所得税法规定企业购置并实际使用符合规定的环境保护、节能节水、安全生产等专用设备的，该专用设备投资额的10%可以从企业当年的应纳税额中抵免，当年不足抵免的，可以在以后5个纳税年度结转抵免。

投资抵免的税收政策是影响企业投资的另一个重要因素。假设企业的投资抵免率为 k。企业购置设备的投资额为 q，则企业当期可以少缴纳所得税税额为 $q \times k$，购置资产的有效价格降低为 $(1-k)q$，从而直接降低了企业的投资成本。不同国家对税收投资抵免的规定不同，有的国家规定在进行税收投资抵免后，按照抵免后的投资额为基础来计提折旧，有的国家则允许按照抵免前的投资额为基础计提折旧。很明显，后一种政策更有利于鼓励投资。

为了分析所得税对企业投资的影响，我们以 C 代表资本使用者成本，r 为税后收益率，δ 为经济折旧率，则资本使用者成本就是 $(r+\delta)$，若投资的税收抵免率为 k，考虑折旧和投资抵免，资本成本会按系数 $(1-\varphi-k)$ 递减；如果 θ 为企业所得税税率，t 为个人所得税税率，那么所得税后收益为 $(1-\theta) \times (1-t)$，决定企业投资成本的综合表达式为：

$$C = \frac{(r+\delta) \times (1-\varphi-k)}{(1-\theta) \times (1-t)}$$

所以，税后收益率为：

$$r = \frac{[(1-\theta) \times (1-t)] \times C}{1-\varphi-k} - \delta \tag{9-3}$$

由此看出，税收对企业投资决策的影响是双向的：一方面，对资本的收益征税，降低投资的边际收益，从而抑制私人投资；另一方面，政府在征税的过程中允许某些资本成本项目的扣除，降低了资本成本，从而鼓励私人投资。在其他条件不变的情况下，任何旨在使资本成本下降的税收优惠措施，都会刺激私人投资的意愿；任何旨在提高资本成本的税收措施，都会抑制投资的增长。

三、税收对资产组合和投资风险的影响

投资的形式是多样化的，不同的投资项目的收益率不同，而且由于市场的不确定性和信息不透明等市场失效因素的存在，不同投资形式的风险也不同。一般来说，风险与投资成正比例关系，风险越大，收益就越大。每个投资者都是以投资收益最大化为目标，投资者往往会同时持有多种具有不同收益和风险的资产组合，通过资产组合的多样化来降低投资的总体风险，同时对风险和受益进行权衡，对各种形式资产的比例进行调整，直到各种资产的边际收益率相等，从而保证投资收益的最大化。简而言之，投资者通过投资组合和风险承担决定投资决策。税收会对投资者资产组合的选择以及投资风险的承担产生影响。

假设有两种资产,一种是安全资产,完全无风险但是收益率为零;一种是风险资产,风险较大,但是可以获得较高的收益率。投资者根据其对风险和受益的偏好来决定其投资资产组合。税收对资产组合的影响,实质上也是税收对风险承担的影响,通过课税影响投资者投资资产结构的选择。

假设投资者的资产规模为 A,在安全资产和风险资产之间配置。该投资者的资产组合有 n 种可能的收益率 $Y_i(i=1,2,\cdots\cdots,n)$,$Y_i$ 为负数时表示投资损失。P_i 代表即将发生收益率 Y_i 的概率,那么投资者的预期收益 y 可以表示为:

$$y = \sum P_i Y_i (\text{其中} \sum P_i = 1) \tag{9-4}$$

用资产的预期损失表示投资者承担的风险,L_i 表示亏损值,q_i 表示亏损的概率,那么投资者的风险 r 表示为:

$$r = \sum q_i L_i (\text{其中} \sum q_i = 1)$$

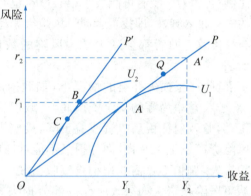

图 9-20 税收对投资风险的影响

如图 9-20 所示,投资者的偏好用无差异曲线 U 来表示,投资者的风险与收益组合可以用投资机会线 OP 表示,原点 O 表示安全资产的风险和收益均为零,P 点表示风险资产的风险和收益,因此 OP 线上所有的点可以表示风险资产和无风险资产的各种组合。在不征税的情况下,OP 与投资者的无差异曲线 U_1 相切于点 A,此时投资者的效用最大化。OA/OP 就是投资者持有风险资产的比例。

假设政府决定对投资收益征收所得税,根据政府是否允许投资者用投资亏损来冲抵投资收益,可以分为两种情况进行分析。

(一) 充分损失补偿制度下的税收效应

如图 9-20,假设政府对收益率 Y_i 课征比例所得税,在充分损失补偿制度下,税收对损失与利得同等待遇。因此,如果投资者盈利,那么纳税人应缴纳的税额为 tY_i,如果投资亏损,那么投资者可以获得退税或税收抵免。此时风险资产的收益减少为:

$$y_n = \sum P_i X_i (1-t) = (1-t)y \tag{9-5}$$

同时,风险减少为:

$$r_n = \sum q_i L_i (1-t) = (1-t)r \tag{9-6}$$

随着风险和收益比例下降,风险—收益机会线上的 P 点按照 $(1-t)$ 的比例向原点移动至 Q 点,新的机会线变为 OQ。对投资者而言,预算线没有发生变化,投资者收益最大化的点仍然是 A 点,但是风险资产的比例有 OA/OP 提高到了 OA/OQ。

可见,在充分损失补偿制度下,政府相当于成为企业的"风险合伙人",政府在通过对投资收益征税分享企业投资收益的同时,也承担了企业的一部分损失。政府征税,一方面降低了风险资产的收益率,一定程度上降低投资者投资风险资产的意愿;但另一方面降低了投资的风险程度,刺激投资者进行风险资产的投资。由于两种影响方向相反,因此税收对投资者投资组合的选择的影响是不确定的。但是,如果投资者有既定的收益目标时,可能会愿意选择更多地投资于风险资产。

(二) 非充分损失补偿制度下的税收效应

如图9-20中所示,假设政府零损失补偿的情况,税后P点向左水平移动至P',新的机会线为OP',OP'上的B点与A点的风险资产组合比例相同。但是根据机会线与无差异曲线相切决定的投资者新的效用最大化的点C,C点的位置可能低于B点,也可能高于B点,这取决于税收对投资者的收入效应和替代效应。所以,投资者风险资产的比例OC/OP'既有可能大于OA/OP,也有可能小于OA/OP。但如果承担风险具有正的需求收入弹性,即投资者属于风险厌恶型,那么C点的位置就会低于B点,收入效应与替代效应两者都会减少承担风险的数量,在零损失补偿下,投资者承担的风险减少。

可见,在零损失补偿的情况下,如政府不允许投资者用投资亏损来冲抵投资收益,对于收益率为零的安全资产而言,政府征税对其没有影响;而风险资产投资收益为正,因此政府征税后投资收益下降,投资者选择风险资产的意愿降低;若果投资者的风险资产发生了亏损,而亏损又不能冲减收益,那么投资者不得不独自承担所有的风险损失,哪怕不再需要缴纳投资收益税。此时,投资者更愿意进行安全投资,不愿意从事风险投资。如果政府允许部分损失补偿,那么投资者的风险——收益机会线会位于OP与OP'之间,显然,政府允许的损失补偿越多,投资者承担的风险越有可能增加。

四、税收对人力资本投资的影响

人力资本投资既包括企业为提高企业员工工作绩效而为员工提供的教育和培训,也包括个人为了提高自己的劳动生产率或自身的价值而进行的投资。税收对人力资本投资的影响,主要是通过影响人力资本投资的成本和收益来实现的。

假设一个企业的员工,目前的年工资收入为Y。现在他考虑去深造,到国外大学研读,将要花费C元,培训的时间为n年。通过深造,预期可以使他未来的工作收入每年增加B元。该员工将会对这次培训的成本和受益进行比较,来决定是否要去参加深造。如果该员工去深造,需要支付的成本为$C+nY$;深造回来参加工作,假设从参加工作的年份到退休的时间为T年,那么该员工预期增加的收益的现值为:

$$PV = \frac{\sum B_T}{(1+r)^T} \qquad (9-7)$$

其中,r为市场利率,T为工作时间,$T=1,2,\cdots,n$,如果$PV-(C+nY)>0$,那么该员工会选择去深造,否则选择不去深造。

现在考虑政府征税的问题，假设政府对个人收入征收比例所得税，税率为 t。政府征税使预期增加的收益从 B 降低为 $(1-t)B$；假设个人所得税中培训费用 C 不允许税前扣除，参加培训的成本也从 $C+nY$ 降低为 $C+n(1-t)Y$。那么该员工决策依据变为：

$$\frac{(1-t)\sum B_T}{(1+r)^T} - [C+n(1-t)Y] > 0 \qquad (9-8)$$

如果个人所得税允许培训费用在税前扣除，那么该员工的培训成本降低的幅度更大，降为 $(1-t)(C+nY)$，员工是否进行人力资本投资的决策依据变为：

$$\frac{(1-t)\sum B_T}{(1+r)^T} - (1-t)(C+nY) = (1-t)[PV-(C+nY)] > 0 \qquad (9-9)$$

在这种情况下，员工与税前的决策依据实质上是等价的，政府征税对人力资本投资的成本和收益同比例减少，因此对人力资本的投资没有影响。当然，这里假设征税后的劳动供给是不变的。如果假设税后劳动供给增加（即收入效应居于主导地位），在这种情况下，税收将导致人力资本投资增加。因为劳动供给表示人力资本投资的"利用率"，劳动供给越多，一定量人力资本投资带来的收入增量就越多。因此，在其他条件不变的情况下，如果税收导致更多的劳动供给，就会使人力资本投资更具吸引力。相反，如果征税后替代效应居于主导地位，使劳动供给减少，人力资本投资则会受到抑制。所以，税收对人力资本投资的最终影响同样取决于个人的投资偏好。

上述分析考虑的是比例所得税，但现实生活中所得税往往是实行累进税率，由于人力资本投资前收益 Y 的适用税率小于投资后收益 B 适用的税率，所以，在累进税率下，税收对人力资本投资可能会起阻碍作用。Rosen(1980)曾对美国税收对就读大学概率的影响进行实证分析，结果表明，累进所得税降低了就读大学的概率，即对人力资本投资产生了抑制效应[①]。

可见，税收是通过影响未来工作收益的净值来影响人力资本投资。但是由于人力资本收益 B 具有不确定性，而且人力资本投资还可能受到税制的其他方面政策（如对物质资本投资的税收政策）的影响，因此，税收对人力资本投资的影响是不确定的。另外，由于现实中，我们个人所得税不像企业所得税那样，允许一些成本费用在税前扣除，这导致个人的税后净收益降低，从而对个人的人力资本投资起到一定的抑制作用。正如美国经济学家 Schultz(1961)在研究人力资本投资时，指出"我们的税法对人力资本的投资方面到处充满着歧视，虽然这种资本存量日益增多，而且人力资本和其他的可再生资本一样，也会折旧，需要维护甚至报废，但是我们的税法对于这种情况却熟视无睹。"[②]

[①] H. S. Rosen. *What Is Labour Supply and Do Taxes Affect It?* American Economic Review, Vol. 70, No. 2, 1980.

[②] 郭庆旺等. 当代西方税收学. 东北财经大学出版社, 1994年版, 第64页.

税收经济学

资料链接 9-5

我国税收对区域风险投资的影响

我国关于风险投资的税收激励政策于 2002 年已经出台,十余年来这些政策对我国风险投资的区域规模产生了一定的影响。从 2009 年我国风险投资业务地域分布来看,我国风险投资地域分布不均,主要集中于深圳、上海、北京等经济发达地区。无论是从新增投资项目数、投资金额还是新增管理资本方面,深圳、北京、上海三个城市都占了相当大的比重。中国风险投资研究院(香港)通过问卷调查的方式,对全国 141 家风险投资机构进行了考察,风险投资机构管理的资本主要集中于深圳、北京和上海,比例依次为 26%、23% 和 6%。各地区风险投资新增管理资本额总计 52.454 亿元,北京和深圳地区比重最高,分别占全国新增资本额的 26% 和 16%,上海占 1.5%,其他经济发达地区如华东地区新增资本占 34%,西部地区占 4%。

税收激励对东部地区风险投资影响明显,一方面这与该地区处于沿海地区、区域经济发达、金融市场相对成熟、财富积累丰厚有关,为风险投资提供了充足的资金来源;另一方面,该地区汇集了丰富的教育资源,培育并吸引了大量的国内精英,储备了风险投资所需要的人力资本,为风险投资的发展提供了温床。税收激励政策对中部地区风险投资的影响不明显,一方面是因为政策落实不到位,风险投资相关主体没享受到实质的优惠;另一方面是该地区地处内陆、对外开放程度较低、资金积累有限、思想还比较保守,对政府政策依赖性强。对西部地区风险投资影响也不明显,一方面是西部地区社会长期生活在边疆地区,对政策动向不敏感;另一方面是该地区经济实力偏弱,产权交易市场欠发达,行政效率偏低,不利于成熟期风险投资的发展。

资料来源:李丹丹.税收激励政策对中国风险投资规模与区域的影响.复旦大学出版社,2013 年版,第 89—95 页.

本 章 小 结

1. 税收的微观经济效应是指政府课税对纳税人的经济活动和行为选择产生的影响,税收对这些经济行为的影响是通过税收的收入效应和替代效应实现的。税收的收入效应,是指由于政府征税改变了纳税人可自由支配的收入水平,从而对纳税人的经济行为的选择产生的影响。税收的替代效应,是指政府实行选择性征税影响商品(或经济活动)的相对价格,导致纳税人以一种商品或经济活动替代另一种商品或经济行为而产生的效应。

2. 税收对劳动供给的影响,主要是通过个人所得税实现的。税收对劳动供给的收入效应,是指政府对劳动者的收入征税直接减少了个人的可支配收入,劳动者为了维持既定的收入水平或消费水平,增加工作的时间,减少闲暇的时间。税收对劳动供给的替代效应,是指政府征税降低了劳动者的实际工资水平,劳动和闲暇的相对价格发生变化,导致劳动者减少劳动的时间,增加闲暇的时间,用闲暇来替代劳动。收入效应与替代效应的作用方向恰恰相反,最终总效应取决于收入效应与替代效应相互抵消后的净效应。不同的劳动供给曲线和不同的税率形式的情况下,税收对劳动供给的影响也不相同。

3. 税收对劳动需求的影响,主要是通过社会保障税实现的。政府对企业征收社会保障税或者提高社会保障税的税率水平,会增加企业的劳动力成本,从而降低企业对劳动力的市场需求。

4. 政府征税对家庭储蓄的影响也分为收入效应和替代效应两个方面。一方面,对储蓄利息收入征税的收入效应,使纳税人可支配的收入减少,纳税人第一阶段的消费减少,即第一阶段的储蓄相应增加。因此,收入效应会使储蓄增加;另一方面,对储蓄利息收入征税的替代效应,改变了税后利息率,第一阶段消费和第二阶段消费的相对价格发生变化,第二阶段消费的相对价格提高,因此,纳税人用相对价格较低的第一阶段消费来替代第二阶段消费。可见,替代效应会使储蓄减少。收入效应和替代效应作用方向相反,因此,税收对储蓄的影响也取决于收入效应和替代效应相互抵消后的最终结果。

5. 税收对投资者投资行为的影响也分为收入效应和替代效应两个方面。税收对投资的替代效应,是指由于政府征税导致投资者税后投资收益下降,投资和消费的相对价格改变,投资者对投资的偏好降低,从而选择更多的消费来替代投资,使投资减少。税收对投资的收入效应,是指由于对投资收益课税,投资收入降低,投资者可支配收益下降,投资者为维持以往的收益水平而不得不牺牲消费,增加投资,以保障一定的投资规模。税收对私人投资的收入效应和替代效应作用方向相反,因此税收对私人投资的总效应也取决于收入效应和替代效应的对比。

复习思考题

1. 什么是税收的收入效应和替代效应?
2. 试分析税收是如何影响生产者和消费者的行为选择的。
3. 试比较一次总付税、比例所得税和累进所得税对劳动供给的影响。
4. 运用税收原理,分析我国税收政策对我国就业形势的影响。
5. 比较分析不同税收对家庭储蓄的影响。
6. 比较直线折旧法、年数总额法和双倍余额递减法等不同折旧方法对投资的影响。
7. 运用税收原理,分析我国开征环境税的微观经济效应。
8. 运用税收原理,分析我国税收政策对房地产投资的影响。

案例讨论题

财税政策如何支持创业、创新

当前,我国面临着国内经济增速放缓、结构性矛盾增多和体制机制改革正在深入推进的挑战,同时也受到美国主导的世界经济再全球化和再失衡的压力。全球经济再失衡突出表现为发达国家在复苏中占据优势,并利用其科技创新和模式创新的优势,以及信息化和竞争性的市场条件,通过较高的生产效率提升资本回报率,从而使发展中国家的资本外流和需求外流。解决压力和挑战的路径主要有三个方面:一是建立高效率的市场,二是形成差异化的竞争,三是开展智能化的生产。这三个方面的共同基础就是创新,就是创新与生产的对接与结合,即创新驱动。

创新驱动包括"创新"和"驱动"两层含义。其中,创新是战略的基础,也是战略实现的条件;驱动是战略的目标,也是战略最终的价值表现。因此,创新驱动战略实际上包括两个环节,即创新和创新驱动,从不同的侧面推进我国的经济发展。在创新中,包括创新投入、创新活动和创新成果三个环节,将直接形成对经济的投资需求,并形成新的资产和模式。而创新驱动则包括过程驱动和成果驱动两个层面,过程驱动是指创新的过程就将形成对市场要素的组织和组合,并通过创新活动将这些理念、机制、模式和经验外溢到整个生产体系之中;成果驱动则是指创新活动产生的不同类型的成果,如新技术、新产品和新模式等,这些成果由创新主体自己使用(创业或改造),或是由创新主体授权他人使用(知识产权贸易或合作生产),并对经济增长带来促进效果。创新驱动还有利于提升市场的效率性和产品的差异化。

创新的目标是驱动,即创新与生产的结合,而创业则是最为直接的方式。因此,大众创业是创新驱动最为有效的载体,"大众创业、万众创新"成为我国经济发展的新"引擎"。

作为"国家治理的基础和重要支柱"的税收政策,应调动自身资源,统筹各方力量,为经济发展和创新驱动提供动力支撑。目前,促进创新的税收政策主要有:(1)减税降费,包括加大结构性减税力度,推进税制改革,继续完善对中小企业特别是小微企业的税收优惠政策。结构性减税和普遍性降费是降低市场门槛、提升企业活力、增强投资意愿的重要保证,对企业的综合促进作用巨大。当前,我们亟需这两种手段的有效搭配,用财税政策的"加减法"换取市场活力的"乘法"。(2)改革企业所得税制,增加研发费用包含的项目,并实施加计扣除。(3)定向调控,立足"驱动"。包括对创业投资实施税收优惠,对投向种子期、初创期等创新活动的投资,统筹研究相关税收支持政策;建立完善高等学校、科研院所的科技成果转移转化制度。

资料来源:财税如何支持大众创业、万众创新.光明日报,2015年4月30日。

请结合我国当前的经济形势,利用微观经济学的分析方法,探讨应如何改革和完善我国的税收政策,以促进"大众创业、万众创新",实现创新驱动战略的目标与使命。

延伸阅读文献

1. 保罗·克鲁格曼,罗宾·韦尔斯.微观经济学.中国人民大学出版社,2009.
2. 付文林,赵永辉.税收激励、现金流与企业投资结构偏向.经济研究,2014(5):19-33.
3. 郭庆旺等.当代西方税收学.东北财经大学出版社,1994.
4. 哈维·罗森,特德·盖亚.财政学(第八版).中国人民大学出版社,2009.
5. 李宗卉,鲁明泓.中国外商投资企业税收优惠政策的有效性分析.世界经济,2004(10):15-21.

6. 马栓友.税收优惠与投资的实证分析——兼论促进我国投资的税收政策选择.税务研究,2001(10):39-44.

7. 平新乔.财政原理与比较财政制度.上海三联书店,1995.

8. 平新乔.微观经济学十八讲.北京大学出版社,2001.

9. 西蒙·詹姆斯,克里斯托弗·诺布斯.税收经济学(第七版).中国财政经济出版社,2002.

10. 约瑟夫·斯蒂格利茨.公共部门经济学(第三版).中国人民大学出版社,2005.

第十章　税收的宏观经济效应

【本章要点】

1. 税收对经济增长的乘数效应
2. 宏观税负与经济增长的关系
3. 拉弗曲线的政策含义
4. 相机抉择的税收调控政策
5. 税收对收入再分配的影响

案例导入

2015年12月28日,全国财政工作会议召开。财政部部长楼继伟在会上表示,2016年及今后一个时期,财政将通过供给侧结构性改革,促进经济发展动力顺利转换。

实行结构性改革,要求宏观政策要稳,要营造稳定的宏观经济环境。"按照中央经济工作会议部署,2016年及今后一个时期,要继续实施积极的财政政策并加大力度。"楼继伟说。

"阶段性提高赤字率,扩大赤字规模,相应增加国债发行规模,合理确定地方政府新增债务限额。"楼继伟表示,同时进一步实施减税降费政策,如继续推进"营改增"试点、全面清理规范政府性基金、完善涉企收费监管机制等,坚决遏制乱收费。

2016年不仅将全面推开"营改增"改革,把建筑业、房地产业、金融业和生活服务业纳入试点范围,还将积极推进综合与分类相结合的个人所得税改革,加快建立健全个人收入和财产信息系统。部分地区还将开展水资源费改税试点,加快推进环境保护税立法。

资料来源:楼继伟:2016年及今后一个时期将继续实施积极财政政策.中国经济网,2015年12月29日。

经济增长、经济稳定和社会公平是宏观经济运行中的几个最重要的问题,并构成宏观经济政策的基本内容。税收宏观经济效应就是从国民经济整体和总量平衡的角度,来考察税收对经济增长、经济稳定和社会公平的影响。

第一节 税收与经济增长

税收对经济增长的影响从微观层面来讲,是税收对劳动力供给、储蓄、投资、生产等微观经济行为的影响,本章将从宏观层面探讨税收对经济增长的影响,从税收与总需求和总供给两个方面的关系分析税收对经济增长的宏观经济效应。

经济增长通常用一定时期的总产出即国民生产总值或国民收入的增长率来表示。因此,税收与经济增长的一般关系,实际上就是税收与国民生产总值或国民收入变动的一般关系。

一、国民收入的构成

国民收入是一个国家或地区以当年价格或不变价格计算用于生产的各种生产要素所得到的报酬总和。在一个由消费者、厂商和政府等组成的三部门经济模型中,通过对社会总供给 AS 和社会总需求 AD 的构成分析,可以得到国民收入水平的决定公式。

从总供给的角度来看,国民收入是一定时期内各个生产要素供给的总和,也就是各种生产要素相应地获得收入的总和,即工资、利息、利润和租金之和。总收入中除了用于消费和储蓄的部分外,还要拿出一部分缴纳税收。这样,从收入方面看,国民收入的构成可表示为:

$$Y = AS = C + S + T \tag{10-1}$$

其中:AS 为一定时间段内的社会总供给;C 为消费;S 为储蓄;T 为税收。

从总需求的角度来看,国民收入等于一定时期内消费、投资和政府购买性财政支出等各项支出的总和,它可以表示为:

$$Y = AD = C + I + G \tag{10-2}$$

其中:AD 为一定时间段内的社会总需求;C 为消费;I 为投资;G 为政府的购买性财政支出。

按照社会总产出等于总支出、总支出的价值又构成总收入的基本原理,可以把三部门经济中国民收入构成的基本公式概括为:

$$C + I + G = C + S + T \tag{10-3}$$

由此可知,

$$I = S + (T - G) \tag{10-4}$$

其中:$T - G$ 是政府税收收入和政府购买性财政支出之间的差额,它可看作是政府储蓄。这样,公式 $I = S + (T - G)$ 也就意味着在国民经济运行中私人储蓄与政府储蓄的总和同投资恒等。

二、税收对国民产出的影响

（一）税收乘数与财政支出乘数

由于社会总需求和社会总供给在实际生活中经常出现变化并形成经济波动，因而税收 T 与政府购买性财政支出 G 可以作为政府调节宏观经济运行的手段，来维持社会总供给与社会总需求间的平衡。当 $C+I$ 出现不足时，就会引起经济增长缓慢和失业人数的增加，政府可以通过减少税收 T，增加政府购买性财政支出 G 来刺激经济增长以维持社会总供求平衡；反之，当 $C+I$ 过多引致通货膨胀时，政府则可以增加税收 T、减少政府支出 G。可见，税收不仅是构成国民收入的一个重要因素，而且在维持社会总供给与总需求之间的平衡方面起着特殊的调节作用。税收对国民收入水平的影响，具体是通过税收乘数效应来实现的。

由于消费是收入的函数，如果在没有收入时的基本消费为 Ca，可支配收入为 Yd，边际消费倾向为 b，于是有：

$$C = Ca + bYd$$

如果税收 T 是总额税，可支配收入 Yd 等于从总收入 Y 中扣除 T 后的余额，即：

$$Yd = Y - T$$

因此有：$Y = C + I + G = Ca + bYd + I + G = Ca + b(Y-T) + I + G$

由 $Y = Ca + b(Y-T) + I + G$ 移项整理后得：$(1-b)Y = Ca - bT + I + G$；

也即：$Y = (Ca - bT + I + G)/(1-b)$

对上式求 T 的导数，得到：$Kt = -b/(1-b)$

对上式求 G 的导数，得到：$Kg = 1/(1-b)$

Kt 就是通常所说的税收乘数，它表明税收与国民收入变动之间的关系。由于税收乘数是一个负数，这就意味着税收的变动与国民收入的变动之间是一种反向关系。当政府增加税收时，国民收入将减少，减少的数额相当于税收增量的 $b/(1-b)$ 倍；而当政府减少税收时，国民收入将增加，增加的数额相当于税收减少量的 $b/(1-b)$ 倍。税收乘数的大小是由边际消费倾向 b 决定的，边际消费倾向越大，则税收乘数的绝对值越大，对国民收入的影响也就越大。

Kg 是财政支出乘数，它表明财政支出与国民收入变动之间的关系。由于财政支出乘数是一个正值，表明国民收入的变动与财政支出的变动方向相同。即：当政府支出增加时，国民收入也随之增加，并且增加数量为财政支出数量增量的 $1/(1-b)$ 倍；当政府支出减少时，国民收入也随之减少，并且减少数量为财政支出数量减少量的 $1/(1-b)$ 倍。因此，如果仅仅考虑财政支出因素，则财政支出增加有利于加速经济增长。

下面，我们将同时考虑税收与财政支出这两个因素对于经济增长的影响。我们假定，政府在增长税收的同时，也增加同等数量的政府支出，于是有下式：

$$Kt + Kg = -b/(1-b) + 1/(1-b) = 1 \qquad (10-5)$$

式 10-5 表明,当政府增加 T 和 G 时,即使 T 和 G 在数量上完全相等,也会产生经济上的扩张效应,国民收入增加量正好等于 T 和 G 的增加量。这个结果被称为"平衡预算原理"。这一原理表明,如果经济中的产出水平低于充分就业时的产出水平,则政府可以通过适当增加税收同时等量增加政府支出以把产出水平提高到充分就业时的水平,这样就避免了通过财政赤字来达到目标的缺陷。

在平衡预算条件下,预算规模的扩大之所以具有扩张效应,主要在于增加税收的递减效应小于增加等量政府支出的扩张效应。政府支出的增加在总量上是总支出的增加,但税收的增加在总体上并不是总支出的减少。因为税收增加量的一部分被储蓄起来并用于投资,从而增加了经济产出,而只有税收其余部分才能导致消费减少或总支出减少。需要指出的是,这里的政府支出要用于直接购买商品或用于投资,如果政府支出只是用于转移支付,这部分转移支付并不能使国民收入增加,因为获得转移支付的人只能按照其边际消费倾向增加其消费支出,但纳税人却按照其边际消费倾向减少支出,结果自然是相互抵消,促进经济增长的预期效果也就无法实现。

(二) 税收对储蓄的影响

在经济增长中最重要的投入要素是资本,而资本的生成又主要来源于储蓄。国民储蓄包括家庭储蓄、企业储蓄和政府储蓄。储蓄的增加,取决于各经济活动主体的储蓄意愿和储蓄能力。政府对个人的所得征税会减少个人收入,对个人储蓄存款利息征税还会降低储蓄报酬率,从而减少个人储蓄。政府对企业利润征收企业所得税,也会降低企业留利,减少企业储蓄。但政府在减少个人和企业储蓄的同时,会增加政府储蓄。从国民储蓄的角度分析,如果个人和企业的边际储蓄倾向大于政府的边际储蓄倾向,减税有利于增加国民储蓄;反之,如果个人和企业的边际储蓄倾向小于政府的储蓄倾向,则征税有利于增加国民储蓄。

政府储蓄指的是政府预算中经常性收入(即税收)与经常性支出之间的差额。防止政府储蓄率下降,既要严格控制政府预算经常性支出的增长,使其与税收收入增长和经济增长相适应,又要增加税收收入。通过增加税收收入来提高政府储蓄的途径很多,具体包括:第一,在现有税种不变的情况下,周期性地提高税率;第二,开征新税种,开辟新的收入来源;第三,加强税收征管,堵塞税收漏洞,减少偷逃税收;第四,优化税制结构,培植新税源。由于提高税率和开征新税通常会在政治上遇到较大阻力,通过提高税收收入的途径来增加政府储蓄的主要方式在于挖掘现行税收制度的收入潜力,完善税收制度,堵塞税务征管漏洞。

(三) 税收对投资的影响

根据哈罗德—多马模型,经济的稳定增长取决于社会储蓄率的提高,也即促使更多的储蓄转化为投资。在现实经济活动中,由于储蓄和投资往往是分离开来的,即储蓄是家庭行为,而投资是企业行为,家庭储蓄只是表明了潜在资本的供给,但要把储蓄供给转化为实际投资或资本形成,还要取决于企业对于资本及投资的需求,如果没有投资需求,则储蓄只能是储蓄而已。所以,储蓄只是资本形成和投资形成的必要条件,实际的资本生成要取决于对资本的现实需求,而对资本或投资的需求是由对投资者的激励决定的,即在市场条件下,来自获取更多利润的激励促使企业投资和增加资本需求。在存在投资需求不足时,政府可以运用税收政策来刺激投资,以促进储蓄转化为投资。

在影响投资需求的诸多因素中,最为基本的因素是投资收益,即投资利润率,只有投资收益高于投资成本才能刺激投资需求增加,而投资收益的增加在很大程度上取决于政府税收政策。投资者在进行投资选择时主要关心的是税后净收益率而不是毛收益率,商品课税和财产课税将直接导致企业所得税前的收益减少,企业所得税将使投资者的净收益水平进一步下降。此外,亏损结转政策会减小企业投资风险,有利于鼓励企业进行风险投资。

(四) 税收对技术创新的影响

技术创新是经济内涵式增长的前提条件。技术创新对经济增长的影响体现为技术创新直接提高劳动生产率。在同样资金和劳动投入的情况下,整个社会技术水平的高低决定着经济增长率的高低。

技术进步的途径是发明、创新、引进先进技术和增加人力资本投资。对新兴企业、企业技术改造、新产品开发以及高风险的科技产业给予减免税,对高新技术设备允许加速折旧、允许所得税前加计扣除研发费用等措施,都会起到鼓励技术进步、促进经济发展的作用。

三、宏观税负与经济增长

(一) 拉弗曲线

美国供给学派的代表人物阿瑟·拉弗对宏观税负与经济关系的研究有重要影响,他提出了有关税收负担与税收收入或经济关系的曲线,即拉弗曲线。阿瑟·拉弗用一个简单的图形形象地描述了税率、经济增长及政府收入之间的相互依存关系,该理论主张以大幅度减税来刺激供给,从而刺激经济活动。"拉弗曲线"的基本含义是,税收并不总是随着税率的增高不断增高,当税率高过一定点后,税收的总额不仅不会增加,反而还会下降。过高的税率会削弱经济主体的经济活动积极性,因为税率过高企业只有微利甚至无利,企业便会缩减生产,从而削减了课税的基础,使税源萎缩,最终导致税收总额的减少。过高的宏观税负将导致投资率和经济增长率下降。当税收达到极端100%时,就会造成无人愿意投资和工作,政府税收也将降为零,经济零增长。

在图 10-1 中,横轴表示税率 t,纵轴表示政府的税收收入,曲线 OAB 反映了税率、经济增长与政府税收收入之间的关系。当税率为 0 时,政府税收收入也为 0;在一定的幅度内,随着税率的提高,政府的税收收入也会相应增长。然而,一旦税率超过了某一个范围($t>$

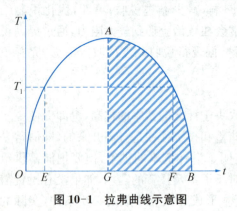

图 10-1 拉弗曲线示意图

OG),则继续提高税率,政府获得的税收收入反而会下降。如果税率提高到 100%,这意味着人们要把全部收入用来纳税,此时无人愿意工作或投资,因而政府的税收收入降低为 0,所以曲线 OAB 呈抛物线形态。拉弗曲线的含义是,政府不应一味通过提高税率获取税收,否则可能适得其反。之所以会这样,主要是因为决定政府税收收入大小的因素不仅仅只是税率的高低,还取决于税基的大小或者说经济发展水平。税率过高,经济活动主体承担的税收负担太重,其积极性也必然会受到极大的限制,从而削弱劳动和资本的投入量,导致生产出现下降趋势,并最终减少税收收入。

根据拉弗曲线,可以得到以下启示[①]:其一,高税率不一定能够取得高收入,高收入也不必然要求高税率。一般来说,高税率会挫伤经济活动主体的积极性,从而削弱生产者和经营者的活力,直接导致经济的停滞或倒退。上图中右侧阴影部分 AGB,往往被称为课税禁区。其二,取得同样多的税收,可以采取高低两种不同的税率。在上图中,要取得 T_1 数量的税收收入,既可以采用高税率 OF,也可以采用低税率 OE。适度的低税率在短期内可能会减少政府的税收收入,但从长远看却可以刺激生产,扩大税基,并最终有利于政府税收收入的增长。其三,税率、税收收入与经济增长之间存在着一种相互依存、相互制约的关系。税率必须适当,过高的税率会损害经济的正常运行。从理论上说,应当存在一种兼顾税收收入与经济增长的最优税率,三者的最优组合点在上图中体现为 A 点,此时税率为 OG。这就为合理地确定宏观税收负担水平提供了一定的理论依据。

从某种意义上说,拉弗曲线实际上是在为减税政策或轻税政策寻找理论依据。在拉弗看来,美国 20 世纪 70 年代和 80 年代初的税率特别是边际税率太高,已经超过了拉弗曲线上的最优点,进入课税禁区。较重的税收负担造成纳税人实际收入下降,严重挫伤了他们储蓄、投资和劳动的积极性,阻碍了经济的增长,因而实行较大幅度的减税就成为摆脱经济困境的重要措施。在供给学派理论的指导下,美国推行了以减税为核心的税制改革,并且带动了世界范围内大规模税制改革浪潮。然而,美国的减税改革并没有完全奏效,它在缓解美国经济滞胀危机的同时,也付出了高额财政赤字的沉重代价。之所以出现这种状况,主要是因为拉弗曲线在众多影响税收收入和经济增长的因素中,过分强调税率这一变量,而对其他宏观经济变量缺乏考虑。仅就理论自身而言,拉弗曲线存在一定缺陷,它只能作为解决具体经济问题而提出的特定方法。

资料链接 10-1

拉弗曲线的提出

阿瑟·拉弗生于 1941 年,是美国南加州大学商学院教授,在尼克松政府时期曾担任行政管理和预算局的经济学家。1974 年的一天,阿瑟·拉弗和一些著名记者及政治家坐在华盛顿的一家餐馆里,他拿来一张餐巾纸并在上面画了一幅类似倾斜的

---

① 王玮. 税收学原理. 清华大学出版社,2012 年版,第 338 页.

税收经济学

抛物线的图,向在座的人说明税率与税收收入的关系:税率高到一定程度,总税收收入不仅不增长,反而开始下降。这便是著名的拉弗曲线。拉弗曲线问世二十多年来,并没有多少国家的实践证明拉弗的这一假设,但经济学家们大都相信:税收会造成社会总经济福利的减少,过高的税率带给政府的很可能不是税收增加的美好前景。

拉弗曲线说明的是这样一个问题:总是存在产生同样收益的两种税率,所以减税未必使政府税收收益减少,于是可以通过减税增加供给又不用担心会减少政府收入。如果税率为零,意味着人们可以获得生产的全部成果,政府的收益自然就为零。这样,政府对生产没有妨碍作用,生产即可达到最大化。但是,由于税率为零,政府的收益也为零,政府就不可能存在。如果税率为100%,政府的收益仍为零,这是因为由于人们的所有劳动成果都被政府征税,他们就不愿意再工作。在一定的税率之下,政府的税收是随税率增加而增加的,而一旦税率再增加超过转折点,政府的税收将随税率进一步增加而减少。

资料来源:凤凰财经网,2008年7月17日.

(二) 最优税收负担率

从理论上说,应当存在一种兼顾税收收入与经济增长的最佳宏观税负水平,并应以这个最佳宏观税负水平作为税制设计的依据。1983年,前世界银行工业部高级顾问基斯·马斯顿选取21个不同类型的国家,采用实证分析的方法,考证了宏观税负与经济增长的基本关系,得出了如下结论:第一,低税负国家的人均GDP增长率大于高税负国家,高的税收收入必定是以牺牲经济增长为代价的;第二,高税负国家的出口增长率一般也小于低税负国家;第三,低税负国家的社会就业与劳动生产率的增长幅度大于高税负国家。

一些经济学家对部分国家的最优宏观税负率进行了实证分析。斯卡利(1996)运用新西兰1927—1994年的数据,计算使新西兰经济增长速度最大化的最优税率是19.7%,假定误差是±0.2,则最优宏观税负率是15.8%—23.6%。而新西兰1995年实际宏观税负是34%—35%,比最优值高了14个百分点。卡拉加塔和斯莫尔(1996)也估计了新西兰的最优税率,其范围是13.4%—15.5%。同时,他们还分析了宏观税负与地下经济的关系,发现宏观税负下降1个百分点,会使正规经济真实GDP增长率增加0.3个百分点,使地下经济增长率减少0.1个百分点。布兰森和洛弗尔(1997)估计新西兰1946—1998年的最优税率为22.5%。斯卡利(1996)还估计了其他国家的最优税率:美国1929—1989年为21.5%,丹麦、芬兰、瑞典和英国1927—1988年分别为18.5%、18.9%、20.1%、16.6%和25.2%,样本国家的最优税率平均为20.1%。

对于我国宏观税负水平高低的研究,一直存在两种观点:其一,认为我国宏观税负过高,财政困难主要是来自纳税人缺乏监督所导致的浪费;其二,认为我国的宏观税负水平并不高,与西方国家相比甚至可以说偏低,偏低的宏观税负将导致财政开支困难。那么,我国当前的宏观税负水平是较高还是较低? 马拴友(2001)在经济增长框架中分析了税收与投资和经济增长的关系,认为宏观税负与投资和经济增长不是单调关系,存在使投资率或经济增长率最大化的最优宏观税负。他通过不同的凹投资函数模型设定,估计宏观税负与总投资和民间投资的关系,发现投资或经济增长率与宏观税负呈显著的非线性函数关系,我国使政府收入最大化的拉弗曲线最高税率为 34%,使投资和经济增长最优的宏观税负估计是 18%—19%,这与国际上关于最优税率约为 20% 的估计基本一致[①]。郭彦卿(2010)以 1993—2006 年为实证分析区间,估计出我国使经济增长率最大的最优宏观税负为 26.3%,如果考虑到模型的误差,我国的最优宏观税负水平应该保持在 23%—30% 之间[②]。

第二节 税收与经济稳定

经济稳定是指在经济发展过程中经济运行的波动幅度较小,经济过热和经济萧条都是经济不稳定的表现形式。一般认为,经济稳定主要体现为充分就业和物价稳定。要实现这两个目标,最重要的是要保持社会总供给和社会总需求间的平衡。为了维持经济的平衡运行,客观上需要政府通过宏观经济政策来进行调控,税收就是政府保持宏观经济稳定的一个重要手段。

一、税收对就业的影响

充分就业是指一切生产要素都处于以自己愿意的报酬参加生产的状态。充分就业是一个相对指标,在许多国家,失业率不超过 4%—6% 就被认为达到了充分就业。以失业是否是出于失业者自身的愿望为标准,可以把失业区分为自愿性失业和非自愿性失业两种类型,政府要着力解决的是非自愿性失业。按失业原因的不同,非自愿性失业又可进一步区分为摩擦性失业、季节性失业、结构性失业和周期性失业四种。在这四种失业当中,政府控制失业的政策主要是针对周期性失业而言的。

周期性失业是市场对商品和劳务需求不足所导致的失业。当现实中的国民收入水平低于潜在的国民收入水平时,由于资源没有得到充分利用,就会因有效需求不足而产生失业。解决周期性失业的关键,在于增加有效需求。当出现因总需求不足而引起的失业时,降低税率引起的连锁反应在一定程度上就能发挥扩大总需求、增加产出和促进就业的功效。

二、税收对物价的影响

物价稳定指的是一般价格水平或价格总水平的大体稳定。价格总水平是由社会总需求和社会总供给共同决定的。社会总需求与社会总供给之间的关系,一方面决定了均衡的国民收入水平,另一方面也决定了均衡价格水平。当均衡价格水平决定后,社会

---

① 马拴友. 宏观税负、投资与经济增长:中国最优税率的估计. 世界经济,2001 年第 7 期.
② 郭彦卿. 经济增长率最大化的最优宏观税负估计. 山东经济,2010 年第 9 期.

总需求或社会总供给的变化都会导致价格总水平发生变化。当社会总需求和社会总供给共同决定的国民收入已经达到潜在的国民收入水平时,继续增加总需求就会使总需求大于总供给,引起价格总水平上升。总供给是由生产成本决定的,生产成本的变动也会影响价格总水平。作为社会总需求和社会总供给的变量因素,税收的变化无疑会引起社会总需求或社会总供给的变化,并由此导致价格总水平的变化。

物价不稳定是指一般价格水平或价格总水平持续性地普遍上涨或下跌。通货膨胀是最为常见的一种物价不稳定的表现形式。如果要运用税收手段来抑制通货膨胀,必须首先弄清楚所面临的通货膨胀到底是需求拉动型还是成本推动型,然后再采取相应的措施。

(一) 税收对需求拉动型通货膨胀的影响

需求拉动型的通货膨胀是由需求过度而引起的。当社会总需求和社会总供给已经达到充分就业的均衡状态时,资本和劳动力等资源已被充分利用,在这种情况下,进一步扩大需求不仅不能使产出增加,反而只能使价格上升。作为社会总需求中的重要变量因素,在通常情况下,增加税收能减少总需求。当现实的国民收入已经达到潜在的国民收入时,如果经济中还存在超额需求,那么增税将充分降低价格水平,而不会减少国民收入。在图10-2中,如果提高税率,则总需求曲线将从AD_1下降为AD_2,价格总水平也从P_1降为P_2,如果继续提高税率,总需求曲线将会从AD_2进一步下降为AD_3,价格总水平降为P_3。可见,当已经实现充分就业时,采取削减过度需求的增税政策,其全部效应都表现为减轻通货膨胀的压力。

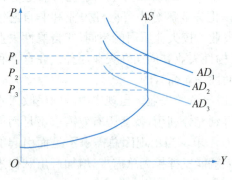

图10-2 税收与需求拉动型通货膨胀

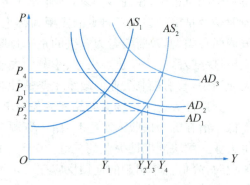

图10-3 税收与成本推动型通货膨胀

(二) 税收对成本推动型通货膨胀的影响

成本推动型通货膨胀是由于包括自然资源和劳动力资源在内的生产投入要素的价格提高,使生产成本上升而引起的平均价格水平普遍上涨而形成的。税收不仅是社会总需求构成中的重要变量因素,而且也是成本构成中的重要变量因素。通过调整税率结构,降低对生产投入要素征税,就能降低企业的生产成本,进而控制成本推动的通货膨胀。减税主要是通过经济运行中的劳动和资本的投入来影响总供给的。

当政府采取减税政策时,经济运行中的劳动和资本的投入就会增加,从而增加总供给,这在图10-3中表现为总供给曲线往右下方移动,即从原来的AS_1移至AS_2。假定总需求不变，仍然是 AD_1，这时产出将从 Y_1 增加到 Y_2，价格总水平却从 P_1 下降为 P_2。然而在短期内，减税也具有强大的需求增加效应。降低个人所得税，会增加个人实际可支配收入，从而使作为总需求主要组成部分的消费需求的增加；降低公司所得税将刺激投资增加，也将增加总需求。可见，减税既有可能使总供给出现增加的程度大于总需求的增加程度，也有可能使总供给的增加程度小于总需求的增加程度。当减税的结果是总供给的增加程度大于总需求的增加程度，那么在图中就表现为 AD_1 移至 AD_2 的幅度小于 AS_1 移至 AS_2 的幅度，此时产出水平将从 Y_1 增加到 Y_3，价格总水平从 P_1 下降为 P_3。当减税的结果是总供给的增加程度小于总需求的增加程度，那么在图中就表现为 AD_1 移至 AD_3 的幅度大于 AS_1 移至 AS_2 的幅度，此时的产出水平虽然从 Y_1 增加到 Y_4，价格总水平却从 P_1 提高到 P_4，反而加大了通货膨胀的压力。

三、税收调控政策的类型

税收在维护经济稳定、熨平经济波动方面，能发挥逆向调节作用。税收的逆向调节，具体是通过发挥税收的自动稳定器功能和采取相机抉择的税收政策两种方式来实现。

（一）自动稳定器

税收的"自动稳定器"功能是指一些税收政策具有自动稳定经济的作用。在不调整税收制度的前提下，依靠税收制度中某些特定的制度安排对国民经济运行周期性变化所产生的反应，就能自动地实现税收收入的增减变化，从而抵消经济波动的部分影响来实现稳定经济的作用。税收的"自动稳定器"功能的实现，并不需要政府随时作出判断并采取相应的措施就能对需求管理起到自动配合的作用，收到自行稳定经济的效果。

税收自动调节社会总需求的内在稳定机制，主要是依靠采用累进税率的个人所得税来实现的。当经济处于繁荣时期，生产迅速发展，经济较快增长，个人可支配收入也随之快速上升，累进所得税制运行的结果，一方面可使超过免征额的人数增加，从而扩大了所得税的征税范围；另一方面收入的增加也会使相当一部分纳税人在累进税制中适用税率的档次提升，这些都会使税收收入增加，增税的结果是在一定程度上抑制经济过分扩张，从而延缓通货膨胀的发生。当经济运行不景气时，生产出现衰退，个人可支配收入有所下降，累进所得税制运行的结果，一方面可使超过免征额的人数减少，从而缩小了所得税的征税范围；另一方面收入降低也会使部分纳税人在累进税制中适用税率的档次下滑，这些都会使税收收入减少，减税的结果是在一定程度上可以防止生产进一步衰退或促进经济恢复。采用比例税率的公司所得税，由于公司利润在整个经济波动中大于其他形式收入的波动，所以在一定程度上也具有内在稳定的功能。一些采用有起征点规定的比例税率的商品税，也含有内在稳定的因素。不同税种自动稳定机制的反向调节能力的大小，取决于税收弹性系数大小。在其他因素既定的情况下，累进税率的税收弹性系数最大，比例税率的税收弹性系数次之，而定额税率的税收弹性系数最小，所以税收内在的制度性调节机制在累进税制下体现得最充分。

(二) 相机抉择的税收政策

相机抉择的税收政策是指政府根据具体宏观经济形势的变化,相应采取灵活多变的税收措施,以消除经济波动,谋求既无失业又无通货膨胀的稳定增长。相机抉择的税收政策是一种人为的税收政策选择,其任务就是要消除税收自动稳定器无法消除的经济波动。相机抉择的税收政策包括扩张性的税收政策和紧缩性的税收政策两种形式。

在不同的宏观经济形势下,政府应根据宏观经济政策的调节要求,及时选择并决定是开征还是停征税种,是提高还是降低税率,是扩大还是缩小税基,是增加还是减少税收优惠。当经济运行过热、发生通货膨胀时,国民收入高于充分就业的均衡水平,存在过度需求,此时就要实行以增税为主要内容的紧缩性税收政策,具体包括开征新税种、提高税率、扩大征税范围以及降低起征点或免征额等措施。增税的结果是减少个人可支配收入,从而造成私人消费支出下降、社会总需求缩小以及国内生产总值水平下降。当经济运行低迷、发生通货紧缩时,国民收入小于充分就业的均衡水平,这体现为总需求不足,此时就要实行以减税为主要内容的扩张性税收政策,具体包括降低税率、增加减免税等措施。减税的结果是有助于增加个人的可支配收入,进而增加消费支出和投资支出、提高社会总需求水平。

为了使相机抉择的税收政策更为有效,政府应选择弹性比较大、税基比较宽以及反应速度比较快的税种作为政策工具。所得税和商品税作为两大主体税种,在经济稳定中都发挥着重要作用,但两种税对经济稳定也有不同的特点。相比较而言,所得税在控制需求方面更为有效,商品税在影响商品生产成本方面更为有效;而从作用于供给的角度看,所得税和商品税各具特点,所得税对储蓄和投资结构影响比较大,而商品税对生产结构影响比较大。

(三) 税收政策的局限性

税收自动稳定机制的主要优点在于其自动反应能力,它完全避免了在相机抉择税收政策中所遇到的认识时滞,同时还可以避免部分执行时滞,而且税收自动稳定机制的作用目标准确、作用效果比较快。但税收自动稳定机制也存在较大的局限性[1]:首先,税收自动稳定机制无法应对经济运行中的巨大外生变化,这种影响仅靠内在稳定机制是不可能抵消的。其次,税收自动稳定机制只能够缓解经济周期的波动幅度,而无法完全消除经济周期波动。这是因为在税收收入能够变化之前,需要有国民收入水平的原始变化,除非税率高达100%,否则国民收入的原始变化就无法完全被抵消。第三,税收自动稳定机制有可能产生拖累效应,阻碍经济复苏。当经济逐渐走向复苏时,一部分增加的国民收入将被税收的内在稳定机制所吸纳,这实际上就构成经济增长过程中的一种紧缩性因素,从而对经济增长形成财政拖累,并阻碍经济复苏。税收自动稳定机制越强,对经济复苏的阻力就越大。

相机抉择税收政策对经济稳定的效应,首先,需要政府能够对经济运行状况作出清晰而准确的判断,这就要求政府能够收集大量的经济信息并对其进行分析,从而得出准确的判断。一旦政府不能获得足够的准确信息而作出了错误的判断,那么政府所采取

---

[1] 王玮.税收学原理.清华大学出版社,2012年版,第348页。

的政策对经济运行的影响就将是灾难性的。其次,即使政府能够作出正确的判断,那么在政府决定实施相机抉择税收政策时,也可能会因为这样或那样的政治阻力而影响税收政策在适当的时机得以执行,尤其是增税政策往往会面临更多的阻力。第三,政府在调整税收政策时,必须使社会公众认识到这一政策是稳定的,否则如果社会公众认为某种增税或减税政策仅仅是临时性的,那么他们很可能不会改变自己的经济行为,从而降低税收政策的预期效果。此外,相机抉择税收政策的有效性也面临着政策时滞方面的限制。总体来看,相机抉择税收政策的政策时滞非常长。如果政府本身的洞察力不够或者经济运行没有显现出强烈的不稳定信号,那么认识时滞就会比较长一些,相机抉择税收政策中的一些重大调整,往往需要经过立法机构审议批准,由此会产生或长或短的决策时滞,而这些在税收自动稳定机制中是不存在的。

资料链接 10-2

财政政策的两难选择

财政制度的内在反馈机制不可能完全胜任经济稳定的角色,这不仅是因为自动稳定器的力度有限,而且因为经济波动的原因是非常复杂的。财政政策内在稳定机制存在的缺陷为财政当局的相机抉择提供了某种可能。然而,和自动稳定机制一样,财政当局的相机抉择在稳定经济的能力上也同样存在问题——相机抉择的有效性依赖于财政当局信息的完备程度和预测能力。不仅如此,政策的内在时滞将可能使相机抉择表现出顺周期特征,从而造成经济更大的波动。

尽管许多研究都对财政政策相机抉择的稳定效果提出质疑,但各国的财政实践和经济稳定的需要都表明,完全抛弃政策的相机抉择既不可取,也不可能。既然如此,如何保证政策的相机决策的有效性才是我们需要考虑的问题,为了解决这一问题,目前世界上大部分国家对财政政策的相机抉择都做出了相应的限制。尽管如此,对于财政政策是否需要规则约束,理论界还存在较大的分歧。对于这一问题,我们需要从三个角度分析,这样才能把握财政政策的相机性和规则约束的根本。首先我们需要弄清楚财政规则的含义及其目的;其次考察这种规则的效果;最后需要关注规则的设计与执行。已有的经验证据表明,如果规则的制定不可能通过公共选择的形式,那么这一重任只能交由一个独立的、有信誉的组织执行,不仅如此,为保证规则得到有效的实施,我们还必须增加规则制定和实施过程中信息的透明度,因为信息透明不仅可以增加外部监督的力量,而且也有利于提高政策制定的科学性。

资料来源:裴育,李永友.财政政策的两难选择:自动稳定器与相机抉择.中国行政管理,2007年第1期.

▶▶ 四、税收调节的时滞

税制的设置与执行、税收政策的制定与实施毕竟是政府行为,因此,税收的调节功能是否能够有效发挥,以及调节力度是否恰当,都取决于政府对经济形势的判断力和反应速度。这样,就会出现在税收调节措施发挥其功效之前,却因为经济条件的变化而出现不适的情形,即税收调节的时滞。

根据造成时滞原因的不同,马斯格雷夫把政策时滞分为认识时滞、执行时滞和反应时滞三种类型①。认识时滞(Recognition Lag),即从经济运行发生失衡到决策者意识到需要采取政策手段之间的时间差。研究表明,认识时滞平均为5个月。发生认识时滞的原因主要有:一是由于收集统计资料造成的延误,二是由于经济失衡造成结果的不确定性。认识时滞的长短取决于决策者的认识水平和判断能力,以及是否拥有一个准确高效的社会经济信息反馈机制。执行时滞(Implementation Lag),包括立法和行政上的滞延。税收制度的变动往往需要经过冗长的审批程序,尤其是减税容易增税难,这就造成税收政策在执行时间上的延误。反应时滞(Response Lag),即从实施政策调整到这些政策调整开始生效的时间差。税收政策在付诸实施后不会立即产生效果,根据政策措施性质和强度的不同,其起作用的时间也不同,有的政策可能比较快就收到成效,有的则可能见效缓慢。

各种政策时滞的存在,不仅降低了税收调节的效力,而且也限制了税收稳定政策的有效性,在有的情况下,甚至还可能导致经济运行出现更大的波动。斯蒂格利茨更进一步用图表的方式描绘了因税收法典改变、履行速度和征收税款的滞后所导致的税收调节滞后对经济的影响(见图10-4)。

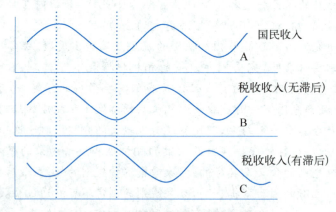

图 10-4 税收调节时滞对经济的影响

图 10-4 中 A、B、C 分别表示经济变动、无滞后时的税收变动、有滞后时的税收变动,其中,经济变动是假设的理想状况。从图中可知,当税收变动没有滞后问题时,税收调节可依经济变动情况而即时变动,起到反周期调节的稳定作用。但由于税收稽征的滞后性,则会出现图 C 的情形,经济波动与税收收入反向波动:当经济开始衰退时,政府开始采取减税的扩张性政策,但由于政策时滞,当减税政策生效时,经济已经走出衰退,进入高涨期,减税反而加剧了经济的泡沫;而当经济高涨时,为避免通货膨胀,政府

---

① 马斯格雷夫.美国财政理论与实践.中国财政经济出版社,1987年版,第469—471页。

开始采取提高税收的紧缩性政策,但同样由于政策时滞,当增税政策生效时,此时经济已经走出高涨期,进入衰退期,增税反而加剧了经济萧条。所以,斯蒂格利茨认为:"税收计划履行的滞后会使一个具有良好意图的税收政策失效,实际上加剧波动。"①

因此,应充分考虑时滞效应,正确选择实施税收政策的时点,使税收调节功能得以充分发挥。

资料链接 10-3

当代对罗斯福新政的反思

2008年金融风暴中当选的奥巴马可谓是临危受命。上台伊始,他就表示要步富兰克林·罗斯福总统"新政"的后尘,来一个"新新政":推行凯恩斯主义政策,以大规模国家干预来带动经济复苏。正是在这样的背景下,美国思想界对罗斯福及其新政给予了新的关注。不少著作以及大批关于新政的评论试图就这段历史做翻案文章,主要集中在以下几个方面:

关于大萧条的起因,罗斯福的前任胡佛总统被批评为坚持自由资本主义、阻止政府介入经济,从而导致经济自危机转为萧条。可是一些学者在研究过胡佛时代的政策之后指出:胡佛政府在股市危机之后采取了一系列史无前例的政府干预政策,胡佛政府的干预使本来是市场经济中正常的起落演变成一场大萧条。也就是说,大萧条的灾难不是起源于政府管得太少,而是太多。

关于新政是否拖长了危机。持上述观点的人进一步认为,罗斯福政府的政策令本来应该结束的危机拖延了八年。如果没有第二次世界大战的爆发,按照罗斯福的道路,美国很难走出萧条的低谷。更激烈的批评者甚至觉得罗斯福从根本上就是个崇拜大政府和强权的人。

关于重新评价新政的现实意义。在奥巴马时代重新评价罗斯福新政,有着极为直接的现实意义。自罗斯福以来(也有人认为自威尔逊以后),美国的民主党在执政时多以新政为楷模,不断地加强国家对经济的干预,以立法和规章制度来限制私营企业的力量,大规模建设公共工程,增加对下层的社会福利,推动美国走向欧洲式的社会民主主义制度。美国自20世纪30年代以来已经朝这个方向逐步转型。除里根之外,共和党历届政府也没有着意去扭转这一趋势。奥巴马政府在金融危机中上台,从金融救市到汽车业接管,其政策颇有点罗斯福新政的味道。上台伊始,失业率为7%强。在提出银行救助法案时,奥巴马保证说,如果法案得到通过,失业率绝对不会超过8%。可是不到一年,失业率却跃升至两位数。与30年代不同的是,美国今天还面临着全球化背景下来自世界各国的激烈竞争。此情此景,人们去重温罗斯福时代的历史经验与教训,也是一件很自然的事情。

资料来源:龚小夏.美国反思罗斯福新政:或许让大萧条拖延得更久.中国周刊,2010年第8期.

---

① 许建国,蒋晓蕙.西方税收思想.中国财政经济出版社,1996年版,第366—368页.

第三节 税收与收入分配

税收作为一种调节收入分配的手段,不仅可以对高收入者课征高税,而且还可以通过税收筹集占整个国民收入较大份额的资金,再通过转移支付等手段把资源或收入分配给低收入者,从而明显改善整个社会的收入分配状况。

一、收入分配理论基础

在市场经济条件下,收入分配取决于生产要素的分布状况和由竞争市场决定的生产要素的价格。但由于每个人天赋能力的不同、受教育和训练机会的不同、所拥有财产或财富的差别、对市场控制能力的不同及其他偶然因素的影响,如疾病、事故等,都可能引起收入分配的不公平。收入分配追求的公平有两个方面,即机会公平和结果公平。所谓机会公平,是指每个人都以平等的机会开始生活,获得收入。所谓结果公平,是指人们在不同的机会或同等的机会中取得的收入大致相等。机会公平并不一定意味着最终结果的公平,因此,税收政策更多地倾向于最后结果的公平,即对收入分配的调节应导致最终对收入分配结果的调节。

对于分配结果的公平,效用主义观点认为,社会的福利依赖于每个社会成员的福利水平。如果社会中有 n 个成员,且第 i 个成员具有的效用表示为 U_i,则社会福利函数可以表示为:

$$W = F(U_1, U_2, \cdots, U_i, \cdots, U_n) \quad (10-6)$$

这个公式又被称为效用主义的社会福利函数。它假设当其他一切条件不变时,若某个人的效用增加,则全社会的福利都会增加。对于收入分配而言,政府收入分配的结果就是应当使整个社会福利 W 增加。

社会福利函数的最简单表达式为每个社会成员效用的简单加总,即:

$$W = U_1 + U_2 + \cdots + U_i + \cdots + U_n \quad (10-7)$$

如果社会福利函数为每个社会成员效用的简单加总,每个社会成员具有相同的效用函数,且该效用函数仅与个人收入有关,并符合收入的边际效用递减规律,假设短期内整个社会可供分配的收入总额是固定不变,那么,依据这些条件可推导出使社会福利最大化的收入分配最终结果应是整个社会收入的绝对平均分配,即只有当每个人都获得相同的收入时,社会才实现了社会福利的最大化。因为根据收入边际效用递减的假定,某个人的收入越高,其增加收入的效用就越低,为了使全社会效用最大化,必须对高收入者征税并转移给低收入者。

但是,如果社会福利函数不是每个社会成员效用水平的简单相加,而是由社会中拥有最小效用的那个人的福利水平所决定的,即:$W = \min(U_1, U_2, \cdots, U_i, \cdots, U_n)$,那么,收入分配的结果就应当是使该社会效用水平最低的人效用最大化,这就是所谓的最大最小化标准(Maximin Criterion)。通常,对该标准的运用就是政府通过收入分配使社会中最低收入者的效用最大化。这种观点是由美国经济学家约翰·罗尔斯最先提出的,他主张政府应对高收入者征税,并把这种税收收入再分配给低收入者,直至他们的效用最大化为止,但这种政策的结果并不要求实现完全平均的收入分配,他主张对高收入者征税不一定很高,因为如果税率过高,会阻碍生产经营的积极性,可供分配的收入总量会减少,税收收入可能反而下降。

二、税收对收入分配的影响

影响收入分配的因素是多方面的,一般来说,现代多数国家主要是通过税收、转移支付和公共支出等政策来实施对收入分配的调节。税收对收入分配的调节作用主要是从两个方面来实现:一是从收入来源方面减少个人可支配收入,这主要体现为对高收入群体征收高额累进个人所得税;二是从个人可支配收入的使用方面减少货币的实际购买力,对于主要由高收入群体消费的商品和劳务课以重税也具有收入再分配功能。此外,课征财产税对于进行财富再分配、防止财富跨代集聚具有一定的作用。

(一)个人所得税对收入分配的影响

个人所得税是调节收入分配的重要工具。个人所得税作为一种直接税,它具有税负难以转嫁的特点,课征个人所得税可直接减少纳税人的可支配收入。多数国家实行的是累进税率,即税率随着收入的增加而上升,因此累进的个人所得税可以更好地调节高收入者的收入水平,很好地体现了按能力负担的税收公平原则。但是,累进的个人所得税制也可能带来效率损失,过高的累进税率可能会抑制高收入者的工作积极性,从而不利于整个社会的经济发展,因此个人所得税在设计税率时既要考虑公平的需要,也应适当选择边际税率,避免过多的效率损失。

个人所得税通常具有较广泛的税基,包括工资、租金、利息、股息、资本收益、馈赠、遗产及各类转移支付等。多数国家的个人所得税制尽可能地包括上述所有形式和所有来源的收入,但出于一些政策或政治的考虑,有时又会对某些收入给予免除或优惠。例如,大多数国家都规定对纳税人从政府获得的转移支付免予纳税;多数发展中国家为鼓励本国资本市场的发展,而对一些资本收益给予免税的优惠,如股票买卖收益。这些优惠措施是对个人所得税基的侵蚀,但它们对调节收入分配的效果却各不相同。对转移支付免税会增加低收入者的实际收入,因为通常只有低收入者才有机会和可能获得政府的转移支付收入;而对资本收益免税,则会在一定程度上增加个人所得税的累退性,因为通常只有高收入人群才有能力获得资本收益,该优惠措施会损害个人所得税的累进程度。

(二)商品税对收入分配的影响

对商品和劳务征收的间接税也是调节收入分配的重要工具,它主要是从降低纳税人的货币实际购买力方面来发挥调节作用。利用对商品和劳务征收间接税来调节收入分配有两个明显的优点,其一,商品税较为隐蔽,容易为纳税人所接受。商品税由于其易于转移而多数直接包含于最终的消费价格中,因此不易被消费者察觉。其二,商品税由于是对消费课税,因此在一定程度上有鼓励储蓄的作用。一般认为,个人所得税既对纳税人的劳动所得征税,又对纳税人的储蓄所得征税,存在重复征税问题,不利于鼓励储蓄。而商品税仅对纳税人的消费支出征税,不存在对储蓄所得重复征税问题。

总体而言,商品税具有税收负担的累退性,不利于收入再分配。如果对所有的消费品都征收一般比例税率,那么,由于边际消费倾向递减,商品税的税收负担将呈现累退性质,即:低收入者承担的税收负担要高于高收入者所承担的税收负担,因为对高收入者来说,普通消费品在其所有收入中所占的比重要低于这些消费品在低收入者的所有收入中所占的比重,这种累退性对于收入分配的调节会产生不利的影响。但是,如果对生活必需品给予免税或减税,而对奢侈品课以高税,就可减轻或免除低收入者的税收负担,增加高收入者的商品税负担,在一定程度上也能起到调节收入分配的作用。

(三) 财产税

在市场经济条件下,财产的拥有者可以运用其财产所有权参与收益的分配,获得各种收入,而这些收入通常都是非劳动收入,它们的存在既不利于鼓励劳动供给,又可能挫伤劳动者的劳动积极性。对财产征税,尤其是对无偿获得或转让的财产所有权征税,如课征遗产税、赠与税可以对财产的积聚形成一种制约,促进财富的公平分配。虽然一个人终身积累的财产有限,但若世代相承,积累起来的财产数额就会不断增大,少数人将越来越富,而多数人相对越来越穷,课征遗产税和赠与税是防止财富过分集中的重要措施。对财产征税也可以对收入分配进行调节,以弥补所得税和商品税对收入分配调节的不足。

(四) 社会保障税

社会保障税是以纳税人的工资和薪金所得作为征税对象筹集财政收入用于社会保障的一种税。就社会保障税制本身而言,它不是公平收入分配的良好手段。首先,它仅以工资、薪金作为课税对象,不对纳税人的资本利得、股息所得、利息所得、红利所得等非工薪收入征税,从而使高收入阶层的税收负担相对较轻。其次,社会保障税一般实行比例税率,不能随着收入的增加而提高征收比率,在征收比率上高收入者与低收入者没有差别。再次,社会保障税只对一定限额以下的所得部分征税,超过这一限额部分的收入免税,使高收入者缴纳的社会保障税占其收入的比例大大小于低收入者。最后,社会保障税没有区分不同纳税人的境况设置减免扣除规定,不像个人所得税那样会规定一个免征额,而是按照实际挣得的工薪作为应税所得,不利于低收入阶层。社会保障税的这些特点表明社会保障税具有很强的累退性,对高收入者有利,对低收入者不利。

但是,社会保障税最终是否有利于低收入者,是否能实现有效再分配,不能只看社会保障税税制本身的分配效应,而必须把它同转移支付联系起来综合考察。因为社会保障税为个人失业救济、退休养老和医疗保险提供了资金来源,使个人基本生活得到了保障。如果社会保障税筹集的税收收入,能够通过转移支付再分配给那些真正需要帮助的人,那么从整体上看,社会保障税就有利于实现收入公平分配。

资料链接 10-4

库兹涅茨曲线

库兹涅茨曲线(Kuznets Curve),又称倒 U 曲线(Inverted U Curve),是发展经济学中重要的概念。库兹涅茨曲线最先是由美国著名经济学家、1971 年诺贝尔经济学奖得主西蒙·史密斯·库兹涅茨在 1955 年的美国经济协会的演讲中提出来的。他经过对 18 个国家经济增长与收入差距实证资料的分析,得出了收入分配的长期变动轨迹是"先恶化,后改进",或用他自己的话说是"收入分配不平等的长期趋势可以假设为:在前工业文明向工业文明过渡的经济增长早期阶段迅速扩大,而后是短暂的稳定,然后在增长的后期阶段逐渐缩小。"并且他通过比较一些国家的横截面资料,得出的结论是处于发展早期阶段的发展中国家比处于发展后期阶段的发达国家有更高的收入不平等。表现在图形上是一条先向上弯曲后向下弯曲的曲线,形似颠倒过来的 U,故人们将其称之为"倒 U 曲线"。演说发表之后,在世界经济学界引起了热烈的讨论,有人称倒 U 关系"已经获得了经济规律的力量",也有人称"经济发展中收入分配的轨迹并无什么自然的'经济规律'可循"。根据后人的研究,几乎所有的国别横截面资料都支持倒 U 曲线。

从 20 世纪 80 年代开始,我国进入国民经济持续增长的阶段,与此同时,居民的收入差距也进入了一个持续的扩大时期,而且有进一步扩大的趋势。到目前为止,从我国的经济增长与收入差距的相关性来看,与倒 U 曲线基本一致。我们的基本判断是我国的收入差距还处于其左侧的上升期,没有达到驻点。

资料来源:百度百科,库兹涅茨曲线.

三、税收收入分配效应的评价

经济学理论中通常用洛伦兹曲线(Lorenz Curve)和基尼系数(Gini Coefficient)来衡量收入再分配的效果,如图 10-5 所示。

洛伦兹曲线是一条反映人口百分比和收入百分比组合的曲线。该曲线是美国统计学家 C. 洛伦兹于 1905 年设计,它形象地说明了各阶层人口与其对应的收入份额之间的关系。图 10-5 中,横轴表示按收入水平由低至高排列的人口占总人口的百分比,纵轴表示的是累计个人收入占社会总收入的百分比。45°对角线 OC 又称绝对平均收入分配线,因为在该线上的任一点表示家庭人口百分比与其所拥有的收入百分比相等,它表示的是个人收入绝对平均分配的状况,如 20% 的家庭人口拥有 20% 的收入,50% 的家庭人口拥有 50% 的收入,等等。直角折线 ODC 表示的是收入绝对不平均分配的状况,此时,全部的收入都集中在一个社会成员手中,其他人的收入都是零。绝对平均的收入分配和绝对不平均的收入分配是两种极端状况,在现实生活中是不存在的。现实生活中总是不同程度地存在收入分配不均的现象,实际的收入分配曲线会是介于 OC

和 ODC 之间的一条曲线,如图中曲线 OxC 或曲线 OyC 所示。一般来说,当实际的收入分配曲线越接近直线 OC,说明与该曲线相对应的收入分配状况越平均;反之,若实际的收入分配曲线越接近折线 ODC,则说明与该曲线相对应的收入分配状况差距越大。图中,曲线 OxC 代表的收入分配状况要比曲线 OyC 代表的收入分配状况差距要小。

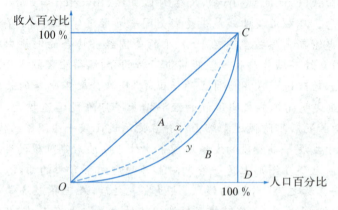

图 10-5　洛伦兹曲线与基尼系数

基尼系数是在洛伦兹曲线的基础上形成的用来表示收入分配状况的一个指标,它是由意大利统计学家 C. 基尼在 1922 年推出的,旨在定量测定居民收入分配差异程度。图中,A 表示曲线 OyC 与直线 OC 围成的面积,B 表示曲线 OyC 与折线 ODC 围成的面积,于是,基尼系数用公式表示为:

$$基尼系数 = A/(A+B) \qquad (10-8)$$

若基尼系数等于 0,即 $A=0$,此时,洛伦兹曲线与绝对平均线 OC 重合,表示收入分配是绝对平均的;若基尼系数等于 1,即 $B=0$,此时,洛伦兹曲线也即折线 ODC,表示收入分配是绝对不平均的。实际情况是,基尼系数通常介于 0—1 之间,且基尼系数越小,表明收入分配越公平。一般认为,基尼系数小于 0.2,说明社会收入分配是绝对公平的;基尼系数在 0.2—0.3 之间,说明社会收入分配是比较公平的;基尼系数在 0.3—0.4 之间,说明社会收入分配较为合理;基尼系数在 0.4—0.5 之间,说明社会收入分配差距较大;基尼系数若大于 0.5,则说明社会收入分配差距悬殊。

洛伦兹曲线和基尼系数常用于比较不同年份、不同国家的收入分配状况,也可以用于比较税前与税后的收入分配情况。如果税后的基尼系数小于税前的基数,如图中,如果税前的洛伦兹曲线为 OyC,而税后的洛伦兹曲线为虚线 OxC,则说明税收对收入分配起到了积极的调节作用,使税后的收入分配更加均等;否则,如果税后的洛伦兹曲线更加远离对角线 OC,则说明税收非但没有起到应有的收入调节作用,反而加剧了社会收入分配不平等的状况。

税收对收入分配的影响实际上是把一部分人的利益转移给另一部分人,从而使一部分人从中受益而另一部分人从中受损。因此,税收对收入分配的调节实际上也是对市场分配的干预,它会在一定程度上影响经济主体的生产和投资决策,从而有可能影响到资源配置的效率。这就要求政府在设计税收制度时,既要考虑税收对收入分配的公平效应,也不能忽视税收对效率原则的影响,而是应当通过对公平和效率的权衡选择对社会最有利且最优的税收制度。

> **资料链接 10-5**
>
> **我国的基尼系数**
>
> 国家统计局在 2013 年 1 月 18 日举行新闻发布会,首次对外公布了经过最新计算的、衡量收入差距的指数——全国居民收入基尼系数。数据显示,2003—2012 年全国居民收入基尼系数如下:2003 年是 0.479,2004 年是 0.473,2005 年是 0.485,2006 年是 0.487,2007 年是 0.484,2008 年是 0.491。然后逐步回落,2009 年是 0.490,2010 年是 0.481,2011 年是 0.477,2012 年是 0.474。
>
> 据国家统计局提供的资料,2009 年阿根廷基尼系数为 0.46、巴西 0.55、俄罗斯 0.40,2008 年墨西哥基尼系数是 0.48,2005 年印度基尼系数是 0.33。世界银行测算的中国基尼系数 2008 年是 0.474。总的看,中国的基尼系数明显高于印度、俄罗斯,与阿根廷、墨西哥大致相当,明显低于巴西。
>
> 如何看待我国的基尼系数,国家统计局局长马建堂指出,0.47—0.49 之间的基尼系数不算低,这说明我国加快收入分配改革、缩小收入差距具有紧迫性。而基尼系数自 2008 年 0.491 的最高位逐年回落,则揭示了自 2008 年金融危机以后,我国各级政府采取了惠民生的若干强有力的措施。
>
> 不过,国家统计局公布的 2003—2012 年间的基尼系数,因显著低于部分机构和专家计算的结果而遭遇质疑。比如西南财经大学中国家庭金融调查与研究中心调查显示,2010 年中国家庭的基尼系数为 0.61,大大高于 0.44 的全球平均水平,也高于国家统计局公布的 0.481。
>
> 根据中国改革基金会国民经济研究所副所长王小鲁的《灰色收入与国民收入分配 2013 年报告》,2012 年中国城镇居民收入基尼系数是 0.501,考虑到城乡收入差距,全国基尼系数应该更高。
>
> 北京师范大学中国收入分配研究院执行院长李实对《第一财经日报》表示,中国当前的基尼系数应该在 0.5 左右。由于高收入样本难以准确收集等原因,国家统计局公布的基尼系数存在低估的问题,但 0.473 的数据也基本可以反映中国收入分配的现实。
>
> 据国家统计局发布的数据,我国 2013 年居民收入基尼系数为 0.473,2014 年基尼系数为 0.469。
>
> 资料来源:新华视点,2014 年 1 月 20 日;王羚.基尼系数新值 0.473 再引争议.第一财经日报,2014 年 1 月 21 日;中国新闻网,2015 年 2 月 27 日。

本章小结

1. 税收宏观经济效应是从国民经济整体和总量平衡的角度,来考察税收对经济增长、经济稳定和社会公平的影响。

2. 税收乘数表明税收与国民收入变动之间存在一种反向关系。当政府增加税收时，国民收入将减少，减少的数额相当于税收增量的 $b/(1-b)$ 倍；而当政府减少税收时，国民收入将增加，增加的数额相当于税收减少量的 $b/(1-b)$ 倍。税收乘数的大小是由边际消费倾向 b 决定的。

3. 从国民储蓄的角度分析，如果个人和企业的边际储蓄倾向大于政府的边际储蓄倾向，减税有利于增加国民储蓄；反之，如果个人和企业的边际储蓄倾向小于政府的储蓄倾向，则征税有利于增加国民储蓄。

4. 在存在投资需求不足时，政府可以运用税收政策来刺激投资，以促进储蓄转化为投资。商品课税和财产课税将直接导致企业所得税前的收益减少，公司所得税将使投资者的净收益水平进一步下降。此外，亏损结转政策会减小企业投资风险，有利于鼓励企业进行风险投资。

5. 对新兴企业、企业技术改造、新产品开发以及高风险的科技产业给予减免税，对高新技术设备允许加速折旧、允许所得税前加计扣除研发费用等措施，都会起到鼓励技术进步、促进经济发展的作用。

6. 拉弗曲线描述了税率、经济增长及政府收入之间的相互依存关系。税收并不总是随着税率的增高不断增高，当税率高过一定点后，税收的总额不仅不会增加，反而还会下降。拉弗曲线实际上是在为减税政策或轻税政策寻找理论依据。

7. 税收在维护经济稳定、熨平经济波动方面，能发挥逆向调节作用。税收的逆向调节，具体是通过发挥税收的自动稳定器功能和采取相机抉择的税收政策两种方式来实现。税收政策时滞包括认识时滞、执行时滞和反应时滞等三个方面。

8. 税收对收入分配的调节作用主要是从两个方面来实现的，一是从收入来源方面减少个人可支配收入，这主要体现为对高收入群体征收高额累进个人所得税；二是从个人可支配收入的使用方面减少货币的实际购买力，对于主要由高收入群体消费的商品和劳务课以重税具有收入再分配功能。此外，课征财产税对于进行财富再分配、防止财富跨代集聚都有一定的作用。

复习思考题

1. 简述税收乘数和财政支出乘数效应的基本原理。
2. 我国当前实行结构性减税政策有何理论依据？
3. 税收自动稳定器和相机抉择税收政策各有哪些局限性？
4. 简述所得税、商品税、财产税进行收入再分配的功能。
5. 简述税收进行收入再分配的主要评价指标。

案例讨论题

我国实施结构性减税政策的利与弊

我国 2008 年底正式提出结构性减税政策，2009 年以来实施了一系列结构性减税

措施,具体有以下方面:

(1) 实行消费型增值税。自 2009 年 1 月 1 日起,在维持现行增值税税率不变的前提下,允许增值税一般纳税人抵扣其新购进设备所含的进项税额。同时,作为转型改革的配套措施,将小规模纳税人征收率统一调低至 3%。

(2) 上调增值税、营业税起征点。2011 年 11 月 1 日起,增值税起征点的幅度由月销售额 2 000—5 000 元调整为月销售额 5 000—20 000 元。为进一步支持小微企业,2014 年 10 月 1 日—2015 年 12 月 31 日,对月销售额 2 万—3 万元的增值税小规模纳税人,免征增值税;对月营业额 2 万—3 万元的营业税纳税人,免征营业税。

(3) 营改增。2012 年将交通运输业、部分现代服务业等生产性服务业征收的营业税在全国改征增值税;2014 年铁路运输和邮政电信服务纳入增值税范围。

(4) 个人所得税工资薪金免征额调整。从 2011 年 9 月 1 日起,个人所得税工资薪金所得的费用扣除额提高至 3 500 元,最低税率从 5% 降低到 3%。

(5) 小型微利企业所得税优惠范围扩大。从 2010 年 1 月 1 日起,对年应纳税所得额低于 3 万元(含 3 万元)的小型微利企业减半征收;之后,优惠范围扩大到应纳税所得额低于 6 万元、10 万元、20 万元。根据最新规定,2015 年 10 月 1 日—2017 年 12 月 31 日,对年应纳税所得额不超过 30 万元的小型微利企业,其所得均可减按 50% 计入应纳税所得额,并按 20% 的税率缴纳企业所得税。

资料来源:财政部、国家税务总局相关税收政策。

我国为什么实行结构性减税政策?实行结构性减税有何利与弊?

延伸阅读文献

1. 郭庆旺.税收与经济发展.中国财政经济出版社,1995.
2. 郭庆旺,贾俊雪,刘晓路.财政政策与宏观经济稳定:情势转变视角.管理世界,2007(5):7-15.
3. 刘怡,聂海峰.间接税负担对收入分配的影响分析.经济研究,2004(5):22-30.
4. 马拴友.宏观税负、投资与经济增长:中国最优税率的估计.世界经济,2001(9):41-46.
5. 平新乔等.增值税与营业税的福利效应研究.经济研究,2009(9):66-80.
6. 托马斯·皮凯蒂.21 世纪资本论.中信出版社,2014.
7. 万莹.缩小我国居民收入差距的税收政策研究.中国社会科学出版社,2013.
8. 王书瑶.财政支出最大与国民产出最大不相容原理.数量经济技术经济研究,1988(10):3-9.
9. 许建国.中国经济发展中的税收政策.中国财政经济出版社,1998.
10. 张伦俊.税收与经济增长关系数量分析.中国经济出版社,2006.

第十一章 最优税制理论

【本章要点】

1. 最优税制理论研究方法
2. 最优商品税理论
3. 拉姆齐法则与逆弹性法则
4. 最优所得税理论
5. 最优税制理论发展趋势

案 例 导 入

著名经济学家、哈佛大学教授曼昆(N. Gregory Mankiw)和他的合作者 Matthew Weinzierl 在 2010 年的美国经济学杂志 *Economic Policy* 上发表了一篇文章,讨论身高与最优税制问题。是否应该对矮个子实行税收优惠,而对高个子征收附加税呢?在标准的功利主义框架下,他们作出了肯定的回答。

运用身高和各自数据所进行的研究表明,最优税制要求,同样赚 50 000 美元,高个子应该比矮个子多支付 4 500 美元税收。在决定税收时,应该考虑与工资有关的个人特征因素。如果这样的身高税不被采纳的话,那么标准功利主义框架一定不能把握分配公正的直观概念。他们还讨论了身高税是否有助于帕累托效率改善的问题。他们认为,经济学家可能对这种税过于敏感。

其实,用身高来衡量个人工资,进而找到反映个人纳税能力的信息,一点也不奇怪。1971 年,莫里斯的文章就提到了众多可能显示个人赚钱能力的指标,如 IQ、学位数量、家庭住址、年龄、肤色等。还有人从男女劳动供给弹性的差异出发,专门用性别来代表赚钱能力。身高、性别等外生指标虽然有局限,但不容易造假,而且经济学家们对用这些指标来分析最优税制问题,仍乐此不疲。

资料来源:杨志勇.税收经济学.东北财经大学出版社,2011 年版,第 98 页.

最优税制理论是以福利经济学为基础、围绕税收超额负担问题展开的一种税制选择理论。该理论在社会效用函数、可供选择的税收工具、政府收入水平既定等约束条件下,研究如何制定税收政策,可以实现社会福利的最大化。

第一节 最优税制理论概述

最优税制理论(The Theory of Optimal Taxation),又称最适课税理论,该理论的核心议题是,从公平和效率的意义上研究使社会福利最大化的税收,或者说是在社会对公平的期望值一定的情况下,实现社会公平与经济效率最佳平衡的征税方式。

效率与公平是税收制度的两大基本原则,最优税制应该是同时兼顾效率原则与公平原则的税制。最优原则要求政府在设计税收制度与制定税收政策时,对纳税人的信息(如纳税能力、偏好等)有全面且准确的了解,而且政府的监管能力也应是全面和无所不能的。但是,在现实中,政府不仅不可能完全知晓纳税人的所有相关信息,而且政府的监管能力也不是万能的。信息不对称使政府在征税时丧失了信息优势,在博弈中处于一种不利的地位,在自然秩序作用下无法达到帕累托最优状态,因此,只能通过制度的安排使之接近于这个状态,最优税制理论也就应运而生。

一、最优税制理论的产生和发展

1927年,拉姆齐(Frank P. Ramsey)发表经典论文《对税收理论的贡献》,该论文被认为是现代最优税制理论的开山之作。拉姆齐假定一次总付税不可行,研究对于征收给定的税收收入,最优的商品税率应该是多少,才能使税收造成的超额负担最小化。在一系列假设条件下,拉姆齐得出结论,对商品课税的最优税率选择应当使课税后各种商品的需求数量按相同的比例减少。

20世纪40年代中期,美国哥伦比亚大学教授维克里(William Vickrey)中最早开始研究信息不对称状况下的最优税制结构问题,并在1949年出版《累进税制议程》一书,他强调累进所得税制对个人的激励作用,指出税收制度设计将面临两方面的问题:一是政府不能确切知道每个人的真实能力所造成的信息不对称;二是税收制度又会反过来直接影响个人工作的努力程度,因此必须考虑到私人信息的影响和激励相容问题,以便在彼此冲突的公平与效率目标之间找到一个最佳的平衡。1953年,科利特(Corlett)和黑格(Hague)发表了题为《税收的超额负担及其补偿》的论文,标志着最优税制理论的研究取得新的进展。

20世纪70年代,西方经济学家在税收理论研究中大量引入数学方法,使对最优税制的规范性研究取得了长足进展,形成了相对系统的"最优税制理论",并由此进入发展的鼎盛期。1971年,英国剑桥大学教授詹姆斯·米尔利斯(James Mirrlees)在题为《最优所得税理论探讨》的论文中,探讨了政府在信息不完全的情况下,如何设计出一种激励性相容的最优税收体制。在考虑了劳动能力分布状态、政府最大化收益、劳动者最大化效用,以及无外部性等一系列严格假定的情况下,他得出了一系列引人注目的结论,特别是对最高工资率和最低工资率都应课以零

(边际)税率①。

20世纪80年代以来,新增长理论的兴起为最优税制理论研究开拓了广阔的空间,主要表现在有关促进技术进步的最优所得税问题,包括资本所得税和劳动所得税及其相互关系。1986年,切米利(Chamley)率先提出,在长期,最优资本所得税率应为零,因为对资本所得课税会导致资本投资的跨代扭曲效应;而对劳动所得应课以重税,因为劳动所得税只能产生期内劳动与闲暇选择的扭曲,这和现实中对资本所得应课以重税的观点形成鲜明的对比。阿特卡森(Atkeson)等1999年通过逐一放宽切米利的假设条件,检验并支持了切米利的观点,认为不宜对资本所得课税。当人力资本作为内生投入参与生产时,其积累与物质资本积累一起构成了技术进步的基础,对劳动和资本所得课税会减低人力资本和物质资本的积累,进而降低增长率,所以,长期中,对资本和劳动所得的最优税率都应为零。

经过半个多世纪的发展,最优税制理论在税收学乃至整个经济学中,都占据了相当重要的地位。

二、最优税制理论的研究方法

最优税制理论旨在寻求政府征税过程中权衡公平与效率的思路和方法,提供让税收扭曲效应或福利损失最小化的途径。最优税制理论的基本方法是,运用个人效用和社会福利的概念,在赋予效率原则和公平原则不同权重的基础上,将这两个原则统一于社会福利概念之中。社会福利概念既可以体现效率原则的要求,也可以反映公平原则的诉求,因此,最优税收的两大标准都可以包含在社会福利函数当中,不同国家的税收制度就可以放在一起,用社会福利水平这一标准尺度来加以合衡量和比较。

最优税制理论,源自福利经济学中的"最优原则"。最优税制理论的具体分析,建立在一系列的假设前提基础之上,其中最重要的假设有三个:第一,完全竞争市场假设。在这个市场上,不存在垄断、外部经济、公共产品、优值品与劣值品、规模收益递增或其他导致市场失效的因素,市场机制能够有效配置资源。第二,行政管理能力假设。任何税收工具的使用,都不受政府行政管理能力的限制,并且行政管理成本是相当低廉的。第三,标准福利函数假设。标准福利函数给定了衡量最优税制的目标,即社会福利最大化。标准福利函数用于对各个可供选择的税收工具进行优选,从中得出最优的税收工具。此外,最优税制理论还包含其他一些假设,如个人偏好可以通过市场显示出来,财政支出同税制结构特征无关等等。然而即使在上述假设下,政府征税也会干扰资源配置,从而导致经济效率损失。也就是说,从效率原则的基本内涵来看,绝大部分的税收都不符合最优原则,因为税收在市场配置资源的过程中打入了一个"税收楔子"。

---

① 1996年10月8日,瑞典皇家科学院把该年度的诺贝尔经济学奖授予哥伦比亚大学的维克里与英国剑桥大学的米尔利斯,以表彰他们"在不对称信息下对激励经济理论作出的奠基性贡献"。

鉴于最优原则是无法实现的,学者们开始转用次优原则来研究"最优税收"问题①,即致力于寻求一种现实环境中的最优税收工具,确保在筹集既定收入的前提下,产生的超额负担最小化。由于政府不可能完全掌握纳税人和课税对象的各种信息,同时征管能力也有限,所以最优税制理论自然也要研究在信息不对称的情况下,政府如何征税才能兼顾效率原则和公平原则②。

现代最优税制理论,其实就是福利经济学中的次优概念和信息经济学中的信息不对称理论在税收中的具体运用。就内容而言,最优税制理论主要包括三个方面:一是应选择怎样的税率结构,才能使商品税的效率损失最小化;二是在假定收入体系是建立在所得课税而非商品课税的基础上,如何确定最优的累进或累退程度,以便既实现公平又兼顾效率;三是综合考虑商品税和所得税在效率和公平方面的优势,研究商品税和所得税的选择问题。

第二节　最优商品税理论

政府课征商品税,不可避免地会产生替代效应,进而造成效率损失或超额负担。最优商品课税(Optimal Commodity Taxation)理论所研究的就是通过对商品课税来取得既定税收收入时,应如何确定应税商品的范围和税率,才能使政府课征商品税带来的效率损失最小化。

一、最优课税范围

商品税按课税范围大小分为一般性商品税和选择性商品税。一般商品税是指对所有流通中的商品征税,而选择商品税则是指对流通中的一部分商品征税。政府为获得一定的税收收入,应课征一般商品税还是仅选择其中一部分商品征税,两种税孰优孰劣,这是设计商品税收制度时首先需解决的问题。政府在设计最优税收制度时,应结合税收的公平与效率原则进行分析,因此,下面就从税收的效率原则角度来分析比较一般商品税与选择商品税③。

税收的效率原则与税收产生的超额负担密切相关,而最优税制理论要求在保证政府获得一定税收收入的前提下,政府的征税行为带来的超额负担最小。因而,对一般商品税与选择商品税的比较就是看哪种税带来的超额负担更小。为简化分析,我们从只有两种商品的情况开始着手。

假设市场上只有甲和乙两种商品,如图 11-1 所示。政府征税以前,消费者的收入

---

① 次优原则与最优原则最大的不同在于,最优原则是研究在所有帕累托效率条件都能够得到满足的经济状况下的政策选择问题,而次优原则是研究如何在一些无法消除的重要扭曲环境下的政策选择问题,现实中的政策选择都是在次优情况下进行的.

② 王玮. 税收学原理(第 2 版). 清华大学出版社,2012 年版,第 294—295 页.

③ 李海莲. 税收经济学. 对外经济贸易大学出版社,2004 年版,第 174—175 页.

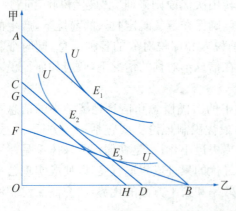

图 11-1 一般商品税与选择商品税的比较

预算约束线是 AB,斜率为商品甲和商品乙的价格之比,并且它与无差异曲线 U_1 相切,得到均衡消费组合 E_1。现在,如果政府决定对所有商品开征一般商品税,且对甲和乙课征相同的税率,那么商品甲和乙的价格将提高相同比例,表明商品甲和乙的税后价格之比不变,但消费者可购买的商品甲和乙的最大数量将会因价格的提高而下降,于是征收一般商品税后,消费者的收入预算约束线就会平行于 AB 并向内移动而变为 CD。它与无差异曲线 U_2 相切而得到新的均衡消费组合 E_2。如果政府不是决定开征一般商品税,而是决定只选择商品甲对其课征选择商品税,并且保证可以获得与课征一般商品税相同的税收收入,显然,选择商品税的税率应高于一般商品税的税率。由于对商品甲征税而使商品甲的价格上升,消费者可以购买的商品甲的最大数量应低于征税前的水平,但是又因为没有对商品乙征税,所以商品乙的价格没有变化,则消费者可以购买的商品乙的最大数量也没有变化。因而,图 11-1 中,当政府对商品甲课征商品税时,消费者的收入预算约束线将以 B 点为支点向左内旋而变为 BF,它与无差异曲线 U_3 相切得新均衡消费组合 E_3。显然,无差异曲线 U_2 的位置要高于无差异曲线 U_3,也就是说,一般商品税给消费者带来的福利损失要小于选择商品税给消费者造成的福利损失。

因此,通过比较课征一般商品税与选择商品税后形成的两个均衡消费组合 E_2 与 E_3,可以看出,在税收收入一定的情况下一般商品税比选择商品税更符合税收效率原则的要求。因为,用相同税率对所有商品征税只会产生税收的收入效应,不会产生替代效应,因而也不会扭曲消费者的消费选择,不会造成税收的超额负担;而对其中一部分商品课征选择商品税,不仅会产生收入效应,还会产生替代效应,从而使商品之间的边际替代率不再等于边际转换率,其结果必然会影响消费者的消费选择,并造成超额负担的产生。图 11-1 中,平行直线 CD 与 GH 之间的垂直距离可以代表选择性商品税造成的超额负担的大小。

从效率原则的角度分析,一般商品税要优于选择商品税。但是,如从社会公平的角度分析,对全部或大部分商品课征一般商品税,虽然可以减少税收造成的超额负担,有利于提高经济效率,但这种大范围的征税不可避免地会涉及一般生活必需品,而对生活必需品征税具有较强的累退性,因为与高收入者相比,低收入者通常将其大部分收入用于生活必需品的消费,这样低收入者承担的税收负担就可能会高于高收入者承担的税收负担,从而使一般商品税不符合税收的公平原则。所以,最优商品税收制度要兼顾税收的效率与公平原则,在尽可能广泛课征商品税的基础上,对一些基本的生活必需品给予免税,这种做法在许多国家的税收制度设计实践中得到广泛的应用。

二、最优税率结构

从税收的经济效率角度来看,一般商品税要优于选择商品税。那么接下来的问题就是,对所有商品课征商品税时应使用怎样的税率,是对全部商品使用统一的税率,还是按不同商品确定差别税率。这实际上就是如何确定最优税率结构的问题。

(一) 拉姆齐法则

明确提出最优商品税理论,尤其是运用数学推理进行研究,并作出重要贡献的是英国经济学家拉姆齐(Ramsey)。拉姆齐1927年发表了《对税收理论的贡献》一文,这篇文章是应剑桥大学庇古教授的要求撰写的。庇古对牛津大学埃奇沃思(Edgeworth)过分强调公平的税收理论不满,他让拉姆齐对此作进一步的研究。

拉姆齐假定经济处于完全竞争状态,而且是没有国际贸易的封闭状态,生产总是等于消费,不存在过剩问题,私人品和公共品总是相等,不存在外部性问题,货币的边际效用是常数,税收只是政府取得一定财政收入的手段,而不考虑收入分配调节问题,也不考虑相应的财政支出产生的各种影响问题。在这些严格假定的前提下,他从效率的角度对商品税进行了研究,在经过数学证明以后,提出要使征税后的效率损失最低,即额外负担最小,理想的商品税制应该保证所有相互独立的应税商品的生产等比例减少;如果应税商品在需求方面存在替代性或者互补性,则应当遵循的原则是征税应当使它们的消费比例保持不变。后来的学者将上述结论概述为等比例减少法则或拉姆齐法则(Ramsey Rule)。

拉姆齐认为,如果商品课税是最优的或者说要使政府征税带来的超额负担最小化,那么选择的税率应当使各种商品在需求量上按相同的比例减少,这可以用公式表示如下:

$$\frac{dx_1}{x_1} = \frac{dx_2}{x_2} = \cdots = \frac{dx_n}{x_n} \tag{11-1}$$

其中:x_n表示的是政府课税前某一种商品的需求量;dx_n表示的是政府课税所导致的某一种商品需求的减少数量。拉姆齐法则是建立在严格的假设条件基础之上的,具体包括整个经济中只有一个人或者人都是同质的、竞争性经济、劳动力是唯一的生产投入以及规模收益不变等。

(二) 逆弹性法则

鲍莫尔(Baumol)和布莱德福德(Bradford)在拉姆齐成果的基础上,通过对用来推导拉姆齐法则的经济条件施加进一步的约束,假定课税商品之间不存在交叉价格效应,推导出了逆弹性法则(Inverse Elasticity Rule)。逆弹性法则是指在最优商品课税体系中,当对各种商品的需求是相互独立时,对各种商品课征的税率必须与该商品自身的价格弹性呈反比例关系。逆弹性法则与拉姆齐法则在实质上是一致的,或者说只有符合逆弹性法则,商品税才能达到拉姆齐法则要求的最优状态。

加拿大经济学家鲍德威(Boadway)利用需求曲线解释了逆弹性法则[①]。图11-2

[①] 郭庆旺,苑新丽,夏文丽.当代西方税收学.东北财经大学出版社,1994年版,第321页。

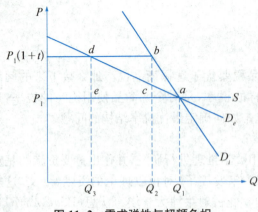

图 11-2 需求弹性与超额负担

阐释了作为决定最小超额负担税收制度的需求弹性的重要性。在没有税收的情况下,商品 Q 的价格和产量分别是 P_1 和 Q_1。考察两种不同的需求曲线:一种是弹性需求曲线 D_e,一种是无弹性需求曲线 D_i。现假定按税率 t 课征从价税,因而价格提高至 $P_1(1+t)$。如果需求曲线是有弹性的,需求将下降至 Q_3,税收收入是 $P_1(1+t)deP_1$,超额负担是 ade。在无弹性的情况下,产量是 Q_2,税收收入是 $P_1(1+t)bcP_1$,超额负担是 abc。比较这两种情况,很容易看出,无弹性情况下的每 1 元税收收入的超额负担 $(abc/P_1(1+t)bcP_1)$ 比有弹性情况下的超额负担 $(ade/P_1(1+t)deP_1)$ 要低。因此,应对需求弹性低的商品课以较高的税率。

逆弹性法则认为:只要几种商品的消费是相互不相关的,商品课税的税率应当与需求弹性呈反比例关系。用公式表达为:

$$\frac{t_e}{t_i} = \frac{\eta_i}{\eta_e} \tag{11-2}$$

t_e、t_i、η_e、η_i 分别代表有弹性商品和无弹性商品的税率和需求价格弹性。逆弹性法则的经济含义是,基于效率的要求,并不需要对所有商品按相同的税率来征税。最优商品课税要求,对需求弹性相对较小的商品课以相对高的税率,而对需求弹性相对较大的商品课以相对低的税率。这是因为一种商品的需求弹性越大,对其征税产生的潜在扭曲效应也就越大;反之,征税带来的扭曲效应就越小。

上述分析是从经济效率的角度指出了商品税的最优税率结构,并且得出了税率高低应与商品的价格需求弹性成反比的结论。但是,这一结论显然与税收的公平原则相背离,因为在现实中,生活必需品的需求价格弹性很低、奢侈品的需求价格弹性却很高,所以逆弹性法则的政策含义是应对生活必需品课以高税,而对奢侈品则课以轻税。这一结论在拉姆齐建立的单一消费者模型中是能够成立的。然而现实社会中的消费者并不是一个人,而存在着无数个"异质"的消费者。在这种情况下,依据逆弹性法则建立的商品税制就不一定是最优的,因为对低弹性商品按高税率课税,实际上意味着低收入者的税收负担高于高收入者的税收负担,而这显然忽略了收入分配,具有内在的不公平性,严重违背公平原则。当社会成员之间的收入水平存在一定差距时,商品税的税率设计就不可能完全遵循逆弹性法则。根据社会公平的要求,政府应对生活必需品制定较低的税率,而对奢侈品制定较高的税率,通过这种差别税率结构来增加商品税的累进性。虽然这种差别税率结构会给社会的经济效率带来一定损失,但最优税收制度要求兼顾公平与效率原则。

实践中,多数国家在设计本国的商品税税收制度时,在尽可能普遍课征商品税的基础上,对一些生活必需品予以免税或课征较低的税率,并且多数国家都是实行差别税率,将商品税的税率结构分为几个税率档次。同时,为了增加商品税的累进性,还对一些奢侈品加征消费税。比如,我国在对多数商品课征17%的增值税的基础上,对粮食、食用植物油、自来水等生活必需品则实行13%的低税率,此外,还对如贵重首饰、珠宝玉石、化妆品、小轿车等奢侈品加征消费税,从而提高了整个商品税体系的累进性,兼顾了税收的效率与公平原则。

资料链接 11-1

拉姆齐法则的局限性

从理论上看,拉姆齐法则立论的前提条件在现实中是不存在的。因为:其一,现实中任何一个国家的经济都是处于不完全竞争状态,或者更准确地讲是处于垄断竞争状态之中;其二,现实中任何一个国家的经济一般也不处于没有国际贸易的封闭状态之中;其三,生产并不总是等于消费,经济中经常出现供给不足或者供给过剩问题;其四,经济中不存在私人产品和公共产品总是相等,以及不发生外部性问题;货币的边际效用也不是常数,税收也不仅仅只是政府取得一定财政收入的手段,而不会不考虑收入分配调节问题,也不会不考虑相应的财政支出产生的各种影响问题。众所周知,作为对现实世界的真实说明与抽象概括的理论能否成立的关键,就是该理论假定的前提条件、出发点或者基础是否成立。如果不成立,哪怕你后面的演绎、推理逻辑再严密,也等于零,你的理论也只能是沙上建塔,最多只不过是建了一座漂亮的空中楼阁。

从实践上看,拉姆齐法则在现实中,也很难指导税收实践。其重大缺陷主要表现在两方面:第一,"逆弹性"的拉姆齐法则违背了税收的公平原则和社会公正价值观。比如,从商品的需求弹性来看,需求弹性的大小往往与商品的性质有关,一般来讲,属于生活必需品的商品往往需求弹性较小,而普通人在这方面需求占收入的比重较高;相反,属于生活非必需品,尤其是奢侈品的商品往往需求弹性较大,而富人的这方面需求占收入的比重较高。如果按照拉姆齐的"逆弹性"法则设计商品税税率,结果必然是负税能力小的普通人承担相对更重的税负,而负税能力强的富人承担相对更轻的税负,这不符合税收的公平原则和社会公正价值观。第二,按照拉姆齐的逆弹性法则设计商品税税率在征税实践上不可行。假定我们像拉姆齐一样只考虑税收的效率问题而不考虑公平问题,如果我们按照拉姆齐的逆弹性法则设计商品税税率,由于现实中的商品成千上万,其供给弹性、需求弹性又各不相同,政府要设计出符合拉姆齐法则的有效的商品税税率,首先就要充分掌握这近乎无穷多的商品的弹性信息,这在实践上是根本不可能的。其次,即使政府能设计出来,其商品税税率及税制也是非常复杂的,在实际操作中也是不可能的。正因为这些原因,在现实的商品税制的设计与实践中,迄今为止没有任何一个西方国家是按照拉姆齐法则操作的。

资料来源:王国清.税收经济学.西南财经大学出版社,2005年版,第127—128页.

(三) 科利特—黑格法则

拉姆齐法则和逆弹性法则所讨论的是不对闲暇进行课税的情形。科利特和黑格认为,商品税由于不对劳动所得课征,所以一般不会像所得税那样直接影响劳动力的供给,而且一般商品税并不把闲暇这种特殊商品包括在征税的税基里,但是,由于闲暇与某些商品之间存在替代性或互补性,因而课征一般商品税也会扭曲人们在闲暇与一般商品消费之间的选择,从而对劳动力供给产生影响。为纠正商品税对工作闲暇关系的干扰,有必要在设计商品税的税率结构时采取一种补偿性措施,即对与闲暇互补的商品,如高尔夫球场、游艇等课征较高的税率,而对与闲暇替代的商品,如工作服、劳保用品等课征较低的税率。这一结论就是通常所说的科利特—黑格法则(Corlett-Hague Rule)。

科利特—黑格法则与逆弹性法则是一致的,可以说是其一个具体实例。逆弹性法则要求对无需求弹性的商品课征高税,而科利特—黑格法则要求对与闲暇互补的商品课征高税。

资料链接 11-2

最优商品税理论前沿问题

针对拉姆齐最优商品税不考虑公平的问题,戴蒙德(Diamond)、米尔利斯(Mirrlees)、费尔德斯坦(Feldstein)、阿特金森(Atkinson)和斯蒂格里茨(Stigliz),相继将收入分配问题纳入考察视野,表明商品税的效率性目标和公平性目标难以兼得,在具体税制设计时需要进行权衡。斯特恩(Stern)考虑公平问题时指出,即使对需求弹性大的商品课税会产生较大的额外负担,但为达到社会公平起见,也应当对需求弹性低的商品征收较低的税收,而对需求弹性高的商品征收较高的税收。一些学者通过某一国家的数值计算,对最优商品税的税率作了估计,结果表明要使商品税具有再分配功能以实现公平目标,税率必须是差别税率,并且税率的设计常常要违反等比例减少法则和逆弹性法则。戴蒙德和米尔利斯也通过对不平等的经济分析,证明收入分配问题的引进实际上改变了等比例减少法则。这表明经典最优商品税理论的现实意义较差,其所推导的税收法则表明了最优税收结构的一般情形,但它们并没有准确的指导意义。

由于上述原因,一些学者就放弃了通过商品税体系本身来解决公平问题的思路,希望商品税只解决效率问题,公平问题通过其他途径来解决。其主要设想是在征收统一税率商品税的同时,通过转移支付、适当的总额补助而达到公平目标。迪顿(Deaton)和斯特恩认为,实现公平目标可以采用总额补助形式,而实现效率目标则可以采用征收商品税的方法,两种方法相结合就可以有效实现具有不同偏好的家庭之间的再分配目标。埃拉希米(Ebrahimi)和黑迪(Heady)进一步发展了这一结论。但是,总额补助不可行。从现实生活中来看,由于政治和管理的原因,很难实行这种转移,因为要实行总额补助,就需要根据每一个人收入边际效用的具体情况,而要获得这样的统计数据在目前的科技水平下还难以做到。

公共选择学派的学者陶利森(Tollison),引入税制运行过程的寻租问题,认为由于寻租现象的存在,差别税率越多的税制(等比例减少法则和逆弹性法则均要求根据不同商品的生产和消费弹性决定不同的税率),越容易导致通过寻租获得对纳税人最有利的结果(例如,模糊弹性低和弹性高的商品的界限,使低弹性的商品不一定要缴纳较高的税收)。当寻租保护成为全社会偏好时,其造成的福利损失可能要大大超过最优商品税引起的额外负担的减少水平。詹姆斯(James)考虑了公平、效率、奉行成本、管理成本、非奉行成本和实施成本等因素后认为,由拉姆齐发展起来的最优商品税没有可行性,商品税应当广泛地实行单一比例税率,这样的比例税率由于减少了区分商品种类的必要,会大大地减少奉行成本和管理成本,也降低政府施行成本。总之,最优商品税理论虽然经过几十年的研究,但与能够在实际中应用以指导一个国家的税制改革还有很大的距离。

资料来源:杨斌.税收学原理.高等教育出版社,2008 年版,第 104—105 页.

第三节 最优所得税理论

最优所得税的实质问题是:在选定以所得作为课税基础之后,设计何种程度的累进税率能实现公平准则?埃奇沃思最早对这一问题的研究进行了研究,后来,斯特恩、米尔利斯等进一步发展了该理论。

一、埃奇沃思模型

埃奇沃思(Edgeworth)1897 年通过建立一个简单的模型,考察了最优所得税问题。埃奇沃思以边沁主义社会福利学说为基础,认为最优税收的目标就是使社会福利即个人效用之和达到最大。如果 U_i 表示第 i 个人的效用,W 表示社会福利,n 代表社会成员的数量,税收制度应当满足:Max $W = U_1 + U_2 + \cdots + U_n$。

埃奇沃思假定各个人的效用函数完全相同;效用的大小仅仅取决于人们的收入水平;收入的边际效用是递减的,效用递减的比例超过收入增加的比例;可获得的收入总额是固定的,即使税率达到 100% 对产出也没有影响。在这些假定前提下,要使社会福利最大,则应使每个人的收入的边际效用相同。由于个人的效用函数完全相同,所以只有当收入水平也完全相同时,收入的边际效用才会相同。这就要求所设计的税制能够使税后收入完全平等。这样就应当对富人的所得课以高税,因为富人损失的边际效用比穷人的小;如果收入分配已达到完全平等,那么,政府如果要增加税收收入,增加的税款应该平均分配到各个人。可见,埃奇沃思模型意味着,所得税制要实行高度累进税率制度,从最高所得一端开始削减所得,直至达到所得完全均等。这实际上就意味着,高收入者的边际税率为100%。

埃奇沃思的结论是建立在所得税不会影响产出的假定前提下的,而实际上由于闲暇的存在,所得税会对劳动和闲暇之间的选择造成影响,高税率的所得税会对劳动供给产生抑制效应,从而造成税收的额外负担和效率损失。其次,个人的效用函数完全相同的假定也不符合实际。此外,设计一种所得税能够让税后个人收入的边际效用完全相等也没有现实性,因为个人收入的边际效用无法用数据表示①。

二、最优线性所得税

斯特恩(Stern)1976年在其《论最优所得税模型》一文中,把个人的工作积极性纳入最优所得税模型,即在考虑了个人在所得与闲暇之间进行选择基础上,研究所得税的累进程度问题。斯特恩将所得税对劳动供给的影响加以考虑,并结合负所得税设想,提出了一种线性所得税模型。这是一种具有固定的边际税率和固定的截距的线性税收模型,即:

$$T = -G + tY \qquad (11-3)$$

式11-3中:G为政府对个人的总额补助;T为税收收入;t为税率;Y表示个人的全部所得。

式11-3表示,当$Y=0$时,税收为负值,即可以从政府那里得到G元的补助;当$G/t \geqslant Y > 0$时,纳税人每获得1元所得,必须向政府缴纳t元的税收。因此,t是边际税率,即最后1元所得中应纳税额的比例,它是一个固定不变的常数。

斯特恩经过研究认为,劳动的供给弹性越大,边际税率t的值应当越小。他还在一些假定前提下,计算出要实现社会福利最大化的目标,边际税率t值应为19%。

斯特恩的研究否定了累进税率应当随收入递增最后达到100%的结论,但是斯特恩提出的税率为19%的主张是否具有可行性?回答是不确定的②。因为斯特恩这一结论具有严格的假定前提,即所得(劳动)与闲暇间的替代弹性为0.6,社会福利函数选择以罗尔斯主义为标准,即着眼于社会中境况最差者福利水平的增进。由于现实生活中出现劳动与闲暇替代弹性为0.6的情况是特殊的,如果这一数值发生了变化,最优所得税边际税率为19%就是不成立的。人们判断社会福利的标准不相同,在采用其他福利函数为基础时,这一结论也不成立。此外,线性所得税还基于一次总额补助,即对低于一定标准的低收入者,应纳税额为负数,意味着可以得到政府补助,而进行这样的总额补助难有可行性。

三、最优非线性所得税

与线性所得税不同,非线性所得税有多个边际税率,对不同的收入水平适用不同的税率,也就是说税率是累进的(或者累退的)。最优非线性所得税的核心问题是,应该如

---

① 杨斌.税收学原理.高等教育出版社,2008年版,第106页。
② 同上书,第107页。

何确定所得税的累进（累退）程度？换句话说，应该如何设定所得税的边际税率？

（一）米尔利斯最优所得税理论

米尔利斯在研究最优非线性所得税方面做出了重要贡献。他假定不考虑跨时问题，即假定经济是静态的，税收对储蓄没有影响，税收仅对劳动供给产生影响；只考虑劳动收入，不考虑财产收入；个人偏好没有差异，个人通过理性来决定所提供的劳动的数量和类型，每个人的效用函数都相同，适当地选择了个人效用函数后，福利可表示为个人效用之和；个人提供的劳动量不会对其价格产生影响，个人仅在他们的税前工资或生产率（就业技能水平）上有区别，只存在一种劳动，因此劳动的类别没有差异，一个人的劳动完全可以替代其他人的劳动，劳动的供给是连续的；移民不可能发生；政府对经济中的个人的效用及其行动拥有完整信息，实施最优税收方案的成本可忽略不计。

在上述假定条件下，米尔利斯经过研究，得出如下结论：

第一，一个具有行政管理方面优点的近似线性所得税方案是合意的。所谓近似线性所得税，其性质是边际税率近似不变，所得低于免税水平的人应当获得政府补助。

第二，所得税并不像我们通常所想象的那样，是一项缩小不平等程度的有效工具。因为税率低不一定导致多工作，在消费水平和技能水平处于最优的情况下，即使低税率也不会鼓励工作。因此找不出证据证明，对低收入者应当征收较低税收。同样，由于技能的差异，为了效率起见，我们应该让劳动技能最差的人少工作，而让劳动技能较高的人多工作。具有较高技能的人的劳动供给可能是相当稀缺的（假设中排除了移民的可能性），为了贫困集团的利益，对具有较高劳动技能并且具有较高收入的人征收高的边际税率，可能牺牲更多的产出。

第三，我们要设计与所得税互补的税收，从而避免所得税所面临的困难。如引入一种既依赖于工作时间又依赖于劳动所得的税收方案，还要考虑如何抵消我们中的某些人从基因和家庭背景中得到的先天优势。

斯特恩将米尔利斯以及后来的相关研究取得的成果概括为以下三个观点并通称之为米尔利斯模型的结论，即：

第一，边际税率处在 0 和 1 之间。

第二，对最高收入的个人的边际税应为 0。

第三，如果具有最低工资率的人正在最优状态下工作，那么对他们的边际税率也应为 0。

这就是著名的"倒 U 形"税率结构，即个人所得适用的边际税率应该先累进，然后转向累退。

从米尔利斯的文献中只能找到第一个观点，这一观点显然没多少实际意义，因为它概述了全部可能，绝大多数情况下税率不会低于 0（除非采用负所得税），如果边际税率为 0，政府没有增加的收入来源。边际税率也不会高于 100%，如果边际税率为 100%，那么，额外劳动的所得全部用于缴纳税款，对理性的个人而言，将减少劳动供给，而增加对闲暇的消费，从而使全社会的福利降低。而且这一结论与他所主张应采用近似线性所得税的说法存在不一致。米尔利斯自己也认为，这一结论不是很强有力的。后两个结论是斯特恩对米尔利斯以及后来其他学者研究成果的总结。

第二个结论表明,在天赋或劳动技能高的人收入也高的假定下,由于具有较高技能的人的劳动供给具有较大的弹性,按照拉姆齐逆弹性规则,为了提高效率,应当对他们征收较低的所得税,但达到最高收入时边际税率应当为零,即具有最高天赋或技能的人获得的边际收入其边际税率应当为零,从而鼓励他们做出更大的贡献,同时不影响财政收入和他人的效率(这里显然需要假定这种类型的劳动供给没有生理极限,即所谓劳动供给是连续的)。假定一个具有最高技能的人挣有最高的税前收入 Y 美元,在给定的税率表中边际税率是正的。现在对税率表进行修改,对达到 Y 以前的收入,边际税率为正数;而对超过 Y 的收入,边际税率为 0。再假定其供给的劳动没有生理极限(即劳动供给是连续的),那么,由于边际劳动小时的报酬提高了,这个人会选择多工作。这样,对政府而言,税收收入没有减少,因为对 Y 收入的征税数量没有改变;对其他人而言,其效用没有降低,但对这个获得最高收入的人而言,其效用却提高了。从帕累托效率的角度来看,整个社会的福利提高了,而没有任何人的福利降低,从而是一种帕累托改善。由此可见,原来的税率表不是最优的,对最高收入的边际税率应当改为 0。

第三个结论,说明对天赋或能力比较低的人而言,由于其已经尽力了(即已经处于最优状态),即使降低税率,他们也不能做出更大贡献。其边际税率也要为 0。因此收入越高、税率越高的累进税率从效率角度看不具有合理性。

(二)米尔利斯理论的贡献和缺陷

米尔利斯在学术上的重要贡献,在于他沿着拉姆齐的思路,试图找出一个办法让个人所得税只对个人的天赋课税,而不对个人的努力程度课税。由于天赋不会随着税收的变化而变化(类似于无弹性的商品),因此只对天赋课税不会影响产出,从而使税收的额外负担降到最低,最终达到最优税收的目的。但实际生活中很难对每一个人的能力或天赋做出准确计量,能够观察到的事实只能是所得,而所得是个人努力程度和天赋共同作用的结果。此外,收入与能力和天赋之间是否一定完全正相关也不确定,很多情况下具有很高天赋的人只能获得比较低的收入(就是说社会存在收入分配的不平等),而不具有很高天赋的人甚至能力低下的人也能依靠财产或通过其他途径获得很高的收入,因此即使假定可以仅仅对天赋课税,也会产生不公平。这样在取得一定的财政收入的条件约束下,所得税效率和公平问题仍然无法得到兼顾。尽管米尔利斯在研究上述信息不对称问题过程中给人们以巨大启发,但对实际税制设计而言难以直接借鉴。

米尔利斯(包括斯特恩)的研究有意义的地方还在于否定了一个传统观点的普遍性。这一传统观点是:为了实现公平目的,应当设计边际税率表,边际税率随收入的上升而上升。他们指出,在其所分析的特殊情况下,边际税率随收入的上升而上升这一观点不成立,所得税不是在任何情况下都是一项缩小不平等程度的有效工具。但是,我们同样不能将米尔利斯(或斯特恩)的结论视为具有普遍意义的原则,不能简单地按照他们提出的观点进行税制改革。科学的思维方式应当是全面考察结论的假定前提。如果现实社会中这些假定前提不存在或极其特殊,那么结论的实际意义就不是很大了。显然,不论是最优商品税还是最优所得税,其假定前提在现实生活中只是特殊现象,不是普遍现象,因此所得出的结论也仅仅是具有特殊性而非普遍性。此外,即使结论有意义,还要看实行的可能性。实行的可能性取决于一国政府的税收政策的政治目标、社会的福利函数取向、税收成本、经济发展水平和文化特征所决定的制度运行效率等①。

第四节 商品税与所得税的选择理论

综合考虑商品税和所得税在效率和公平方面的优势,不少专家研究了商品税(间接税)和所得税(直接税)的适当组合问题,特别是用差别商品税来补充所得税是否可取的问题。这里主要介绍有关直接税与间接税如何比较的一些基本理论②。

一、希克斯和约瑟夫的理论

希克斯(Hicks)和约瑟夫(Joseph)1939年利用序数福利经济学的方法,从税收中性的角度分析了所得税和商品税对消费者福利的不同影响。无论政府课征所得税还是商品税,消费者的福利都会不可避免的降低,但征收所得税还是商品税对消费者福利降低的程度是不同的,如何使消费者福利减少最小的情况下而政府获得相同的税收收入就是最优税制理论研究的范畴。该理论假设:(1)市场是完全竞争的;(2)储蓄供给和劳动供给是固定的;(3)政府的税收收入是既定的。

希克斯和约瑟夫分三种情况对所得税和商品税进行了比较。首先,该理论分析了政府的征税行为对课税商品与其他非课税商品的消费选择的影响。研究表明,当对消费者征收所得税时,对消费者征收所得税给消费者带来的福利损失要小于对消费者征收商品税所带来的福利损失。因此,在政府可获得相同税收收入的情况下,所得税要优于商品税,因为所得税不会引起消费者对课税商品与非课税商品消费的重新选择,也就不会因选择扭曲而带来超额负担。

接下来,该理论分析了政府的征税行为对工作与闲暇选择的影响。如果消费者的所得是可变的或者说劳动供给是可变的,对消费者征收一次总付税会比征收比例所得税带来更少的福利损失。如果消费者必须支付一定税额的情况下,从消费者获得最大福利的角度出发,与商品税相比,消费者更愿意缴纳同样多的所得税,进一步说,与比例所得税相比,消费者又更希望政府课征一次总付税。

最后,该理论分析了政府的征税行为对消费和储蓄之间的选择的影响。如果储蓄供给是可变的,政府征收所得税或一次总付税与商品税相比可以给消费者带来更少的福利损失。所以,在对消费和储蓄的影响上,所得税和一次总付税都要优于商品税。

二、莫格的理论

希克斯和约瑟夫的理论是假定税收收入既定或政府可以获得相同的税收收入,但

---

① 杨斌.税收学原理.高等教育出版社,2008年版,第108—109页.
② 郭庆旺,苑新丽,夏文丽.当代西方税收学.东北财经大学出版社,1994年版,第289—299页.

是,自凯恩斯革命以来,政府征税已不再局限于征收一定数额的税款,而是以税收作为调节个人可支配收入的手段而经常变动。在这种情况下,希克斯和约瑟夫针对征税行为对消费和储蓄之间的选择的影响进行分析,并得出所得税优于商品税的结论就有可能是不正确的。

莫格(Morag)1959 年撰文分析指出,当政府征税并非以获得既定的税收收入为前提,而是为实现减少相同的消费数量时,消费税要优于所得税。但是,莫格的结论是以消费者在课征消费税的情况下仍愿意保持一定的储蓄而减少消费为前提的,倘若消费者在课征消费税的情况下减少储蓄而维持税前的消费水平,那么,莫格的结论就需要进一步的论证。

三、弗里德曼的理论

希克斯和约瑟夫的理论及莫格的理论都属于局部均衡分析,只考虑政府的征税行为对商品价格和消费选择的影响,而忽略了生产者生产成本的变动。美国经济学家弗里德曼(Friedman)1952 年利用一般均衡分析,同时考虑了课税对消费和生产两方面的影响,而且该模型不受完全竞争假定的限制,还考虑到商品在递增成本条件下的生产情况,也不必假定税收收入一定。

如果以其他商品的减少作为生产商品 X 的生产成本(机会成本),则商品 X 的生产结构是递增成本,即若要增加商品 X 的生产,就必须以递增方式减少其他商品的生产。假如政府征收所得税,它没有对商品 X 与其他商品之间的消费和生产之间产生任何扭曲,因为所得税既没有改变商品 X 与其他商品之间的产品边际替代率 MRS_{XY}(Y 代表其他商品,MRS 代表边际替代率),也没有改变商品 X 与其他商品之间的产品边际转换率 MRT_{XY}(MRT 代表边际转换率),两者都仍然等于商品 X 与其他商品之间的价格比,即 $MRS_{XY} = MRT_{XY} = P_X/P_Y$。但是,假如政府对商品 X 征收商品税,虽然政府也能够获得相同的税收收入,但会扭曲 MRS_{XY} 与 MRT_{XY}。因为,对于消费者来说,对商品 X 征收商品税会提高商品 X 相对于其他商品的价格,从而使商品 X 的价格因为征税而提高到高于其边际生产成本的程度,使消费者的税后无差异曲线位于较低的位置,降低了消费者的福利水平,不仅如此,该无差异曲线不再与生产转换曲线相切而是相交,从而产生了超额负担。上述分析表明,选择性商品税扭曲了消费者在商品 X 与其他商品之间的消费选择,产生了超额负担,因此证明,所得税要优于选择性商品税。

四、李特尔的理论

李特尔(Little)1951 年认为无论是征收直接税还是间接税,劳动供给都不能假定为是固定不变的。因而,李特尔分析了政府征收各种商品税和所得税对商品 X、其他商品 Y 及闲暇 Z 的影响。当政府征收商品税时,相对于其他商品价格来说,商品税将扭曲课税商品的价格;而当政府征收所得税时,假设所得税仍然是对两种商品按比例课征的税,则相对于工资率而言,所得税将扭曲这两种商品的价格。比如,如果对商品 X 征收商品税,那么,该商品税将提高商品 X 的价格,从而改变了商品 X 与商品 Y、闲暇 Z 之间的价格比;如果征收比例所得税,那么,虽然该比例所得税没有改变商品 X 与商品 Y 的价格,亦即商品 X 与商品 Y 之间的价格比并没有改变,但相对于劳动力市场的工资率来说,由于所得税改变了劳动者实际获得的工资水平,所以所得税改变了商品 X、商品 Y 与闲暇之间的价格比。进一步来说,对商品 X 征收商品税,由于改变了商品 X 与商品 Y 及闲暇 Z 之间的价格比,使商品 X 与商品 Y、商品 X 与闲暇 Z 之间的边际替代率不再等于边际转换率,因此,对商品 X 课征商品税不是"最优税";而若征收所得税,虽然对商品 X 与商品 Y 来说,由于所得税并没有改变两种商品之间的价格比,所以商品 X 与商品 Y 的边际替代率仍然等于边际转换率,但是,所得税改变了劳动力市场的实际工资率,所以商品 X 与闲暇 Z、商品 Y 与闲暇 Z 之间的边际替代率不再等于边际转换率,因此,所得税也扭曲了商品 X 与闲暇 Z、商品 Y 与闲暇 Z 之间的选择,故而所得税也不能认为是"最优税"。由此可见,任何一种税都会对三个市场中的两个市场造成价格扭曲,所以,不能说哪一种税更好。

五、科利特和黑格的理论

虽然上述结论是由李特尔提出的,但科利特和黑格最先把最优税制理论与闲暇需求之间的关系具体化。科利特和黑格虽然没有确定哪种税或哪种税收组合是最优的,但他们的分析为此提供了思路。他们假定现已存在一种所得税,如果提高对某种商品的课税而降低对另一种商品的课税,以便获得相同的税收收入,那么,消费者的福利水平能否得到提高呢? 他们得出的结论是,如果这种边际变化使消费者占有的闲暇减少,那么该消费者的福利水平就会提高。而且,如果税率被提高的那种商品是与闲暇具有很大互补性的商品,税收的边际变化可能会使消费者占有的闲暇减少,从而使该商品税类似于对闲暇课征的一种间接税。

资料链接 11-3

最优税制理论的发展趋势

兼顾效率与公平是优化税制永恒的主题,未来最优税制理论的发展方向有四:

其一,建立最优财产税制度(主要是最优房产税制度)。从西方市场经济国家财政运行状况看,房产税的地位已显现出来,西方国家对房产税的依赖日益增强,建立最优房产税制度已成为最优税制理论的一项紧迫任务。

其二,构建考虑税收征管因素的最优税制。根据国外最优税制理论学者的最新研究成果,最优税制理论未来的发展应着眼于将对消费者偏好研究的重点转向对税收征管技术及影响税收征管因素的研究,使最优税制理论更好地解决税收工具的选择、税收征管的优化等问题。

其三,将不确定性引入最优税制理论模型。今后最优税制理论发展的趋势是从不确定性角度研究税制设置和优化问题,这就包括引入不完全信息作为税制改革和优化的既定前提和约束条件,研究在不确定性下税制对经济行为主体的激励和抑制作用。

其四,运用公共选择理论研究最优税制问题。最优税制与决策、执行密切相关。在最优税制"可望而不可即"的情况下,运用公共选择理论研究最优税制问题可以增强最优税制理论的现实操作性,达到税制现实优化的目的。

资料来源:任寿根.西方优化税制理论的发展及其前沿.江西社会科学,2000年第3期,第108—111页.

本 章 小 结

1. 最优税制理论旨在寻求政府征税过程中权衡公平与效率的思路和方法,提供让税收扭曲效应或福利损失最小化的途径。

2. 最优商品税理论所研究的就是通过对商品课税来取得既定税收收入时,应如何确定应税商品的范围和税率,才能使政府课征商品税带来的效率损失最小化。

3. 从效率原则的角度分析,一般商品税要优于选择商品税。但是,如果从社会公平的角度分析,一般商品税不符合税收的公平原则。

4. 拉姆齐法则,又称等比例减少法则。该法则认为,如果商品课税是最优的或者说要使政府征税带来的超额负担最小化,那么选择的税率应当使各种商品在需求量上按相同的比例减少。

5. 逆弹性法则是指在最优商品课税体系中,当对各种商品的需求是相互独立时,对各种商品课征的税率必须与该商品自身的价格弹性呈反比例关系。

6. 科利特和黑格法则认为,为纠正商品税对工作闲暇关系的干扰,有必要在设计商品税的税率结构时采取一种补偿性措施,即对与闲暇互补的商品课征较高的税率,而对与闲暇替代的商品课征较低的税率。

7. 米尔利斯最优非线性所得税模型结论有三:第一,边际税率处在0和1之间;第二,对最高收入的个人的边际税应为0;第三,如果具有最低工资率的人正在最优状态下工作,那么对他们的边际税率也应为0。

8. 综合考虑商品税和所得税在效率和公平方面的优势,存在商品税和所得税的适当组合问题,特别是用差别商品税来补充所得税是否可取的问题。

复习思考题

1. 简述最优税制理论的基本原理。
2. 拉姆齐最优商品税理论有何重要学术贡献?
3. 简述拉姆齐法则与逆弹性法则的联系。
4. 简评逆弹性法则在税收实践中的可行性。
5. 米尔利斯最优所得税理论有何重要学术贡献?

6. 简述最优税制理论对完善我国现行税制的启示。

案例讨论题

最优税收理论对深化财税制度有何借鉴意义？

党的十八届三中全会提出深化财税制度改革：

(1) 财政是国家治理的基础和重要支柱，科学的财税体制是优化资源配置、维护市场统一、促进社会公平、实现国家长治久安的制度保障。必须完善立法、明确事权、改革税制、稳定税负、透明预算、提高效率，建立现代财政制度，发挥中央和地方两个积极性。

(2) 完善税收制度。深化税收制度改革，完善地方税体系，逐步提高直接税比重。推进增值税改革，适当简化税率。调整消费税征收范围、环节、税率，把高耗能、高污染产品及部分高档消费品纳入征收范围。逐步建立综合与分类相结合的个人所得税制。加快房地产税立法并适时推进改革，加快资源税改革，推动环境保护费改税。

(3) 按照统一税制、公平税负、促进公平竞争的原则，加强对税收优惠特别是区域税收优惠政策的规范管理。税收优惠政策统一由专门税收法律法规规定，清理规范税收优惠政策。完善国税、地税征管体制。

资料来源：党的十八届三中全会公报.

深化财税制度改革对兼顾效率与公平有何具体要求？最优税制理论对完善我国现行税制有何借鉴意义？

延伸阅读文献

1. 白重恩,马琳.政府干预、最优税收与结构调整.税务研究,2015(6)：46-50.
2. 伯纳德·萨拉尼.税收经济学.中国人民大学出版社,2005.
3. 邓力平.诺贝尔经济学奖与优化税制理论.税务研究,1996(12)：9-14.
4. 郭庆旺,苑新丽,夏文丽.当代西方税收学.东北财经大学出版社,1994.
5. 李娜.世界税收制度发展的中长期趋势.国际税收,2014(1)：10-14.
6. 平新乔.最优税收理论及其政策含义.涉外税务,2000(11)：5-10.
7. 许善达等.发展中国家的税收理论.中国财经出版社,1992.
8. 阎坤,王进杰.最优税制改革理论研究.税务研究,2002(1)：10-13.
9. 杨志勇.21世纪的收入分配公平与财税政策：从皮凯蒂旋风谈起.国际税收,2015(4)：76-79.
10. 张维迎.詹姆斯·米尔利斯论文精选.商务印书馆,1998.

参 考 文 献

1. 坂入长太郎. 欧美财政思想史. 中国财政经济出版社,1987.
2. 伯纳德·萨拉尼. 税收经济学. 中国人民大学出版社,2005.
3. 甘行琼. 西方财税思想. 高等教育出版社,2014.
4. 各国税制比较研究课题组. 财产税制国际比较. 中国财政经济出版社,1996.
5. 各国税制比较研究课题组. 公司所得税制国际比较. 中国财政经济出版社,1996.
6. 各国税制比较研究课题组. 社会保障税制国际比较. 中国财政经济出版社,1996.
7. 各国税制比较研究课题组. 消费税制国际比较. 中国财政经济出版社,1996.
8. 各国税制比较研究课题组. 增值税制国际比较. 中国财政经济出版社,1996.
9. 谷志杰. 税收经济学. 学苑出版社,1990.
10. 郭庆旺等. 当代西方税收学. 东北财经大学出版社,1994.
11. 国家税务总局税收科学研究所. 西方税收理论. 中国财政经济出版社,1997.
12. 哈维·罗森,特德·盖亚. 财政学(第10版). 清华大学出版社,2014.
13. 郝春虹. 税收经济学. 南开大学出版社,2007.
14. 郝如玉. 当代税收理论研究. 中国财政经济出版社,2008.
15. 胡怡建. 税收经济学. 经济科学出版社,2009.
16. 靳东升,付树林. 外国税收管理的理论与实践. 经济科学出版社,2009.
17. 李海莲. 税收经济学. 对外经济贸易大学出版社,2004.
18. 马国强. 税收学原理. 中国财政经济出版社,1991.
19. 庞凤喜. 税收原理与中国税制(第4版). 中国财政经济出版社,2014.
20. 沈肇章. 税收概论. 暨南大学出版社,1998.
21. 王国清. 税收经济学. 西南财经大学出版社,2006.
22. 王乔,席卫群. 比较税制. 复旦大学出版社,2013.
23. 王书瑶. 赋税导论. 经济科学出版社,1994.
24. 王玮. 税收学原理(第2版). 清华大学出版社,2012.
25. 西蒙·詹姆斯,克里斯托弗·诺布斯. 税收经济学(第七版). 中国财政经济出版社,2002.
26. 小川乡太郎. 租税总论. 商务印书馆,1934.
27. 解学智等. 世界税制现状与趋势(2014). 中国税务出版社,2014.
28. 许建国,薛钢. 税收学. 经济科学出版社,2004.
29. 杨斌. 比较税收制度. 福建人民出版社,1993.

30. 杨斌.税收学原理.高等教育出版社,2008.
31. 杨斌.治税的效率和公平——宏观税收管理理论与方法的研究.经济科学出版社,1999.
32. 杨志勇.税收经济学.东北财经大学出版社,2011.
33. 於鼎丞.税收研究概论.暨南大学出版社,2003.
34. 袁振宇等.税收经济学.中国人民大学出版社,1995.
35. 张馨等.当代财政与财政学主流.东北财经大学出版社,2000.
36. 中国税务学会.税收史话.社会科学文献出版社,2014.

网络资源链接

国内网络资源：

中国国家税务总局网站：http://www.chinatax.gov.cn/
中国财政部网站：http://www.mof.gov.cn/index.htm
中国海关总署网站：http://www.cra-arc.gc.ca/
中国国家统计局网站：http://www.stats.gov.cn/
中国税务网：http://www.ctax.org.cn
中国财税法网：http://www.cftl.cn
中国税屋网：http://www.shui5.cn/

国外网络资源：

国际货币基金组织网站：http://www.imf.org/external/
世界银行网站：http://www.worldbank.org/
经济合作与发展组织网站：http://www.oecd.org/tax
国际财政文献局网站：http://www.ibfd.org/
美国布鲁金斯基金会税收政策网站：http://www.taxpolicycenter.org/
国际税收评论杂志网站：http://www.internationaltaxreview.com/
美国税法在线网站：http://fourmilab.ch/ustax/ustax.html
美国联邦税收管理联盟网站：http://www.taxadmin.org/
美国国家经济研究局网站：http://www.nber.org/papersbyprog/PE.html
美国国会预算办公室网站：http://www.cbo.gov/
美国联邦税务局网站：http://www.irs.gov/
英国国家税务局网站：http://www.hmrc.gov.uk/
加拿大国家税务局网站：http://www.cra-arc.gc.ca/
俄罗斯国家税务局网站：http://eng.nalog.ru/
澳大利亚国家税务局网站：http://www.ato.gov.au/
新加坡国家税务局网站：http://www.iras.gov.sg/

图书在版编目(CIP)数据

税收经济学/万莹编著.—上海:复旦大学出版社,2016.12(2021.1重印)
(信毅教材大系)
ISBN 978-7-309-12758-4

Ⅰ.税… Ⅱ.万… Ⅲ.税收理论-高等学校-教材 Ⅳ.F810.42

中国版本图书馆 CIP 数据核字(2016)第 305339 号

税收经济学
万 莹 编著
责任编辑/方毅超 谢同君

复旦大学出版社有限公司出版发行
上海市国权路 579 号 邮编:200433
网址:fupnet@fudanpress.com http://www.fudanpress.com
门市零售:86-21-65102580 团体订购:86-21-65104505
外埠邮购:86-21-65642846 出版部电话:86-21-65642845
常熟市华顺印刷有限公司

开本 787 × 1092 1/16 印张 24.5 字数 529 千
2021 年 1 月第 1 版第 4 次印刷

ISBN 978-7-309-12758-4/F·2339
定价:48.00 元

如有印装质量问题,请向复旦大学出版社有限公司出版部调换。
版权所有 侵权必究